当てずっぽうの法則

漢字でひらめく韓国語

リー先生の
日本人のための
韓国語レッスン
シリーズ

李 相杓 著
LEE SANGPYO

ナツメ社

はじめに

「当てずっぽう」でハングルが読める！？

　　　今から、少し「特別な話」をします。この話は、なかなかすぐには
　　信じてもらえません。まあ〜信じてもらえない場合のほうが多いわけですが。
　　　しかし、信じた人には、その日から、奇跡のように効果が出ます〜。
　　　　　いきなり信じなくてもいいですけど（笑）。

勉強もしてないのに、「ハングル文」がわかる！！

　　　　ウソみたいだけど、本当に韓国語の漢字語が「当てずっぽう」で
　　　　わかるようになります。そんな〜ウマイ話があるか？
　　　　と思うかもしれませんが……本当です。
　　　　　もちろん、100％わかるわけではありませんよ。
　　　　そりゃ〜勉強してないんだから〜（笑）。それはしかたがないですね。
　　　　しかし、勉強もしてないにもかかわらず、だいたいはわかっちゃうんですよ〜。
　　　　　不思議ですが、試してみればわかります。

日韓の共通点を生かした超シンプルな法則がある！

　　　この「当てずっぽうの法則」は、手品のタネ明かしと同じです。**「超シンプル」**です。
　　　　わかってしまえば、気が抜けて脱力してしまうぐらい簡単です。
　　　この本を読んで、たった1個でもその「ヒント」がわかったら試してみてください。
　　　　たった1個でも、やると、楽しくなります〜。
　　　　たまに、「リー先生も、最初、日本語を勉強していたときは、
　　　　ご苦労なさったのですよね？」と聞かれたりしますが、
　　　　そこで「はい！」と言わないと納得してくれなかったりします〜（笑）。
　　　　しかし、実は、苦労してないです〜（笑）。楽しかったです。
　　　　この「当てずっぽうの法則」は、韓国人が日本語を勉強するときも使えます〜。
　　　　それだけすごいんです。これに気づいているか、気づいていないかによって、
　　　　　　学習効率に雲泥の差が出てきます。
　　　　なぜかと言うと、日本と韓国は、同じ漢字文化圏だからです。
　　　　そこに注目するわけです。だけど、これは少しおかしな話ですが、
　　　　　その「コツ」をなかなか教えてくれない人もいます。
　　　　　自分だけ知りたいと思っているのかもしれませんが……。

コツをつかめば、努力は最小限で済む！

また、外国語は、とにかく「努力と根性！」と思っていたり、なかには「努力と根性」が好きな人もいたりします。努力するのがいけないと言っているわけではありませんよ。努力するのは、当たり前だけど。スポーツは、たとえばオリンピックに出る選手だったら、それは、努力と根性が必要ですよ。
でも、韓国語の勉強は違います（笑）。苦労しないで、勉強もしてないのに、「ハングル文」がわかる「コツ」があるんです。それが「当てずっぽうの法則」です。
これは冗談ですが、「若いときの苦労は、買ってでもせよ！」でしたっけ？はっきり言います。私は、苦労したくないです〜（笑）。苦労を買いたい方がいらっしゃるのであれば、売りたいぐらいです。いつでもお譲りしますからね（笑）。
「努力するな！」と言っているわけではありませんよ。
この「当てずっぽうの法則」がわかってから、それからの努力です。
「当てずっぽうの法則」を練習すればするほど、本当に、韓国語の勉強が楽しくなります〜。
どんどんわかってくるときの「喜び！」というものがあるんです。

この「当てずっぽうの法則」は、「超シンプル」。しかも、法則の数も少なくわかりやすい！
＊イレギュラーや細かい法則もありますが、たまに出てくるだけなので省いています。Simple is best です（笑）。そのようなイレギュラーや細かい法則は、そのうち、自然にわかるようになるからです。

お友だち3〜4人といっしょに練習すると、効果倍増！
＊自分だけ知って、友だちには教えてあげない人は、その心が美しくないから。不思議だけど当てずっぽうの当たる確率も低くなります（笑）。友だちといっしょにやると、ますます楽しくなりますよ！

この「当てずっぽうの法則」を信じた学生は、「やってみたら、むちゃくちゃ驚いた!!」と喜んでいました。びっくりして「喜んでる笑顔」を見るのが、とてもうれしかったです。
しかし、世の中に「完璧」はないし、また、向き・不向きもあると思います。まだ不十分なところもあると思いますが、何か不十分なところやご意見があれば、声を聞かせてください。今後、もっとよい本になるよう反映いたします（すべてのご連絡に返信できないかもしれません。自己紹介や状況がわかれば返信しやすくなります）。pokopoko64@hotmail.com（著者）
この本は、やさしくて、単純です。笑顔で韓国語の勉強を楽しんでください〜（笑）。

著者 拝

CONTENTS

この本の特徴と使い方
* 重要ポイント
  * 無視の法則 ································· 8
  * 法則の実践 ································· 10
* 確認しよう！　表の見方 ··················· 11
* 上達のコツ　上手な学習法 ··············· 12

PART 1
漢字の特徴を生かそう！
漢字の基礎
1. 韓国語における漢字語の特徴 ············ 16
2. 日本語における漢字語の特徴 ············ 24

PART 2
4つの法則でハングルが読める！
当てずっぽうの法則
- 法則1　「初声の法則」 ······················ 32
- 法則2　「母音の法則」 ······················ 35
- 法則3　「パッチムの法則」 ················· 38
- 法則4　「同音異字の法則」 ················· 41

PART 3
さあ、さっそく読んでみよう！
当てずっぽうの練習
1. 本格的に当てずっぽうの練習 ············ 46
2. イレギュラーな当てずっぽう！ ·········· 62
3. 実践！　当てずっぽうの練習！ ·········· 66

PART 4
実践でひらめき力をアップする！
韓国語の漢字語を読もう〜！

ア行

ア・アイ・アク	80
アン	81
イ	82
イク・イチ	86
イン	87
ウ	88
ウン・エイ	89
エキ	91
エン	92
オ・オウ	94
オク・オン	96

カ行

カ	98
ガ	103
カイ	104
ガイ	107
カク	109
ガク	112
カツ	113
ガツ	114
カン	115
ガン	120
キ	122
ギ	127
キツ	128
キャク	129
ギャク・キュウ	130
キョ	133
ギョ・キョウ	135
ギョウ・キョク	141
ギョク	142

キン	143
ギン・ク	145
クウ	146
グウ・クン	147
グン・ケイ	148
ゲイ	153
ゲキ・ケツ	154
ゲツ	155
ケン	156
ゲン	159
コ	162
ゴ	165
コウ	168
ゴウ	177
コク	178
ゴク	180
コツ・コン	181
ゴン	182

サ行

サ	183
ザ	184
サイ	185
ザイ	188
サク	189
サツ	190
ザツ・サン	192
ザン・シ	194
ジ	200
シキ	203
シチ・シツ	204
ジツ・シャ	206
シャク・ジャク	208
シュ	209

ジュ・シュウ	211
ジュウ	215
シュク	216
ジュク	217
シュツ・ジュツ・シュン	218
ジュン	219
ショ	221
ジョ	222
ショウ	224
ジョウ	230
ショク	233
シン	235
ジン	239
ズ・スイ	240
スウ・スン・セ	241
セイ	242
ゼイ	246
セキ	247
セツ	248
ゼツ	250
セン	251
ゼン	254
ソ	255
ソウ	257
ゾウ	262
ソク	263
ゾク	266
ソツ・ソン	267

タ行

タ・ダ	269
タイ	270
ダイ	274
タク	275

CONTENTS

ダク・タツ 276
ダツ・タン 277
ダン 279
チ 280
チク 282
チツ・チャ・チャク 283
チュウ 284
チョ・チョウ 286
チョク・チン 289
ツウ・テイ 290
テキ 292
テツ 293
テン 294
デン・ト 296
ド 298
トウ 299
ドウ 303
トク 305
ドク・トツ 306
トン 307
ドン 308

ナ行

ナイ・ナン 309
ニ 310
ニク・ニチ・ニュウ 311
ニョ・ニョウ 312
ニン・ネイ 313
ネツ・ネン 314
ノウ 315

ハ行

ハ 317
バ・ハイ 318
バイ 319
ハク 321
バク 322

ハチ・ハツ 323
バツ 324
ハン 325
バン 328
ヒ 329
ビ 332
ヒツ 333
ヒャク・ヒョウ 334
ビョウ 335
ヒン・フ 336
ブ・フウ 338
フク 339
ブツ 340
フン 341
ブン・ヘイ 342
ヘイ 343
ベイ・ヘキ 344
ベツ・ヘン 345
ホ 347
ボ 348
ホウ 349
ボウ 352
ホク 353
ボク 354
ホン・ボン 355

マ行

マ 356
マイ 357
マク・マツ・マン 358
ミ 359
ミツ・ミョウ 360
ミン・メイ 361
メツ・メン・モ 362
モウ 363
モク 364
モン 365

ヤ行

ヤ 366
ヤク 367
ユウ 368
ヨ 370
ヨウ 371
ヨク 373

ラ・ワ行

ラ・ライ 374
ラク・ラン 375
リ 376
リキ・リク 378
リツ・リュウ 379
リョ・リョウ 380
リョク・リン 382
ルイ 384
レイ 385
レキ 386
レツ 387
レン・ロ 388
ロウ 389
ロク 391
ロン 392
ワ・ワク 393
ワン 394

ハングルから引くさくいん 395

この本の 特徴と使い方

この本の目的

　韓国語を勉強するとき、何のとっかかりもない「ハングル文」を眺めていても、漢字へのイメージも湧かないし、ひたすら単語を暗記することも大変だから、韓国語は難しい！　と思う人が多いようです。
　しかし、韓国語の単語の約70％は漢字語です。「当てずっぽうの法則」さえわかれば、「ハングル文」を見るだけで、漢字のイメージが湧くようになり、自然と頭の中で「このハングルはこの漢字の音」というのが、わかるようになります。また、ハングルは、1漢字に1音しかないため、そのパターンも見えてきます。
　本書は、読者自らその法則を利用して応用できるように、「当てずっぽうの法則」を提示した本です。

この本の読者対象

この本は、以下のような読者を対象にしています。

＊初心者・中級者・上級者
➡ この「当てずっぽうの法則」は、韓国語を勉強するほぼすべての方に役立ちます。
なぜかと言えば、韓国語単語の約70％が漢字語だからです。
「当てずっぽうの法則」だけでも、効果は大きいですが、やはり言語というのは、「固有語・漢字語、文法」など、総合的な知識が必要ですので、基礎的な勉強もいっしょに行ってください。

＊韓国語の初歩的な文法がわからない方は……
① 「コツさえわかれば超かんたん！！
　　リー先生の日本人のための韓国語レッスン」（ナツメ社）
② 「原形からの変化がわかる！韓国語単語活用辞典」（ナツメ社）
を参考にしてください。
➡ ごく簡単な文法もわからないまま、「当てずっぽうの法則」だけを勉強したら、初歩的なところで、つまずいてしまいます。＾＾

重要ポイント

無視の法則

「無視の法則」とは、著者が勝手に名づけた名称です。正式な文法用語ではありません。

これは、大切な話です。無視の法則が何かといいますと……
日本語は、濁音「 ゛」があるかないかによって、言葉の意味が変わってきますが、この「当てずっぽうの法則」では、濁音「 ゛」を無視して考える現象を言います。**この本の全体にわたって、「無視の法則」**が適用されています。

①日本語の、濁音「 ゛」を無視する

たとえば、下の例のように、ハングルの読みが「G」の場合、日本語の読みは「G」「K」どちらの可能性もあるわけです。

例❶

기분　**G**i Bun　　気分（**き**ぶん）　　**K**i Bun

기술　**G**i Sul　　技術（**ぎ**じゅつ）　　**G**i Jyutsu

このように、**日本語の濁音「 ゛」の有無**を無視します。

> 日本では、韓国語の「初声は濁らない」と学ぶかも知れませんが、この「当てずっぽうの法則」では、「初声でも濁ります！」

例❷

재산　**J**ae San　　財産（**ざ**いさん）　　**Z**ai San

주소　**J**u So　　住所（**じ**ゅうしょ）　　**J**yuu Sho

日本語の「ざ行」などの濁音「 ゛」も無視します。カンを効かせましょう。

例③

자산 Ja San　　資産（しさん）　　Si San

준비 Jun Bi　　準備（じゅんび）　　Jyun Bi

다소 Da So　　多少（たしょう）　　Ta Shou

타격 Ta Gyeok　打撃（だげき）　　Da Geki

同じように、濁音「゛」を無視します。

このように「当てずっぽうの法則」では、濁音「゛」をつけてみたり取ってみたりしながら、カンを効かせて、日本語を推理します。

②日本語の長音「伸ばす音」を無視する

また、韓国語では、長音を区別して発音しません。たとえば下の例では、ハングルは同じ「도」ですが、日本語は「と」「どう」と異なります。

韓国語では、長音を区別しません。

例④

도시 Do Si　　都市（とし）　　To Si

도로 Do Ro　　道路（どうろ）　　Do U Ro

このように、「当てずっぽうの法則」では、長音（伸ばす音）も無視します。

法則の実践

「当てずっぽうの法則」は、１文字１文字、適用する！

　たとえば、何のとっかかりもない次のハングルを見たときに、1文字1文字に「当てずっぽうの法則」を適用して読むことができます。まず例1から見ていきましょう〜。超簡単！！です。

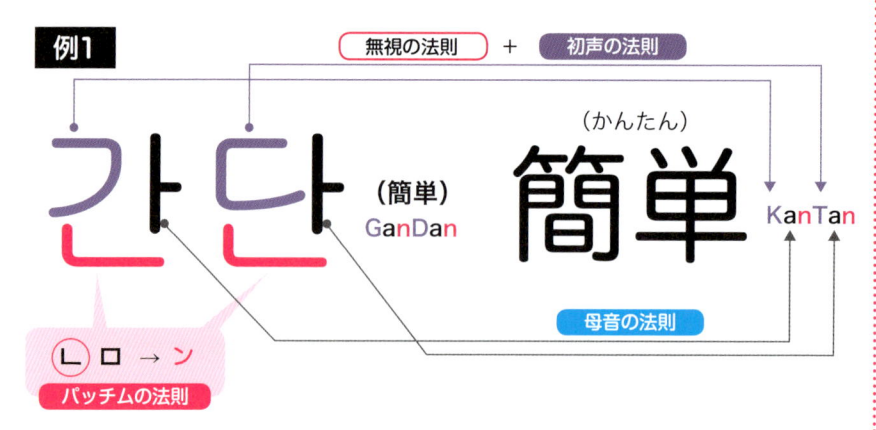

例1

無視の法則 ＋ 初声の法則

간단 (簡単) GanDan　簡単 (かんたん) KanTan

ㄴ ㅁ → ン　パッチムの法則

母音の法則

　この「当てずっぽうの法則」に少し慣れてくると、瞬時に頭の中でハングルが漢字へと変換されていきます！！　さっそく、例2も見てみましょう〜。

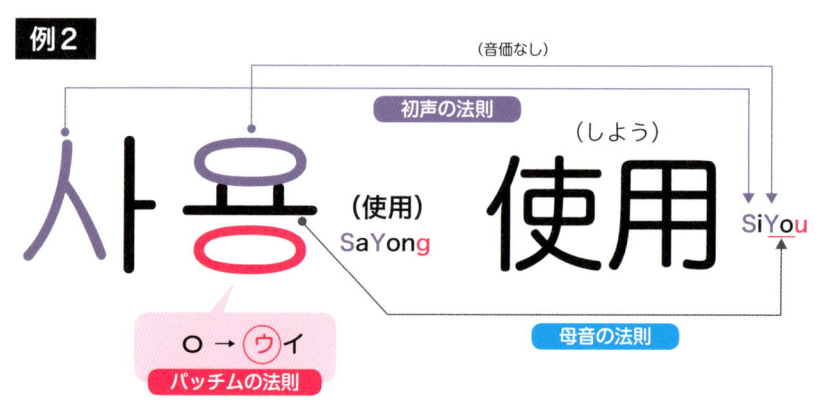

例2

（音価なし）

初声の法則

사용 (使用) SaYong　使用 (しよう) SiYou

ㅇ → ウイ　パッチムの法則

母音の法則

　少し、練習すれば、全員、できるようになります〜！

確認しよう！ 表の見方

Part4に便利な「当てずっぽう」の漢字表があります。資料として、問題として活用してください。

❶ 重要度
その「ハングル」の重要度を意味します。
★は最高で5つあり、★が多いほど重要です。

❷ ハングル
韓国語の漢字も同音異字が多いため、その代表となる発音を意味します。逆にいうと、その代表的な発音さえわかれば、芋づる式に単語がわかります。

❸ 日本語での発音
❷と同様、❸は日本語での発音を意味しています。つまり、日本語で発音が同じ漢字は、韓国語でも同じ発音になります（たまに日本語の読み方が違う場合もありますが、日本語の読み方が違うだけで意味は同じです）。

❹ ローマ字
韓国語の発音のローマ字で表記します。「初声の法則」と「母音の法則」を判断するときに参考にします。ローマ字が似ていたら、応用してみましょう〜（ローマ字の表記は、一般的な韓国語の発音です。しかし、連音・濃音・流音などのときは多少違う場合があります。あくまでも「当てずっぽうの法則」のために参考にしてください）。

❺ 当てずっぽうの法則
該当する「当てずっぽうの法則」です。
（場合によっては、まったく法則に該当しない場合もあります。そういう場合は、素直に覚えたほうが早いです（笑））。

425

❶ 重要度 ★★★★★
❷ 녀 Nyeo ❹
日本語
❸ ニョ Nyo

❺ 当てずっぽうの法則
初声の法則
ㄴ → ⓝ d

頭音法則（*）

重要度 ★★★★	漢字	❷ 単語の例	❸ 日本語の訓読み
녀	女	*여인　ヨイン　　女人 천녀　チョンニョ　天女 *여성　ヨソン　　*女性	おんな 여자 ヨ ジャ

➡「ジョ」p222　例文➡　여성을 위한 레스토랑　（女性のためのレストラン）
ヨソンウル ウィハン レ ス ト ラン

---

❶ 漢字
「漢字」は、日本語の漢字を表記しています（この本は、ハングルを読んで「当てずっぽうの法則」で漢字語をイメージするのが重要なので韓国語の漢字体は表記していません）。

❷ 単語の例
この「ハングル」を使った単語の例です。つまり、1つのハングルの発音がわかれば、その発音と同じ単語に応用できます。「*」のついた韓国語は、頭音法則（22ページ）でハングルが変化したもの（俗音には「*」）。「*」のついた日本語は、該当の箇所とは異なる音読みや、訓読みをする単語。

❸ 日本語の訓読み
参考までに、その「漢字」の日本語の訓読みや関連語に対する韓国語の意味です。
ただし、使用頻度の低い訓読みや1文字にいくつかの意味がある場合は除いています（韓国語には漢字の訓読みはありません。音読みだけです）。

❹ 例文
「単語の例」を使った「例文」です。

11

上達のコツ

上手な学習法

「当てずっぽうの法則」は、100％ではないです。
いい加減な部分もありますが、不思議だけど、
なぜかよく当たります（笑）。

　どの法則を適用すればいいのか曖昧な場合もあります。100％の法則はないので、ある程度は、自分の「カン」で考えてください。むしろ、「カン」を育てるほうがいいです。信じなくていいですが、細かいところにこだわらず、どんどん練習すると、大爆発するように漢字語がわかるようになりますよ〜。＾＾

＊暗記よりも、理解と練習が大切！

　一生懸命に単語を覚えようとするより、「当てずっぽうの法則」を理解して、応用してみてください。
　初めから信じなくてもいいですが、理解して練習すればするほど、奇跡が起こります。本当に大爆発するように、ある瞬間、サトリが開けます、、、。
　「さとる」ということは、それだけ、他の人と「差を取る」ことになります。
　初めて見るハングル文でも、カンで当てられるようになります。

＊"できる人"とは、コツをつかんだ人

　すべての単語を覚えられる人は、いません。。
　これは、言いづらいことですが、できる人は、あまり本当のことを、つまり、コツを教えてくれません。。。また、できる人は、死にものぐるいにがんばったりもしません。。。彼らは、コツをつかみ、それほど苦労をしなくても、漢字語がわかるようになります。
　しかし、できる人も、偶然、「当てずっぽうの法則」に気づいただけです。
　または、それが「当てずっぽうの法則」かどうかすら知らないまま、何げなく使っているか、あるいは、ものすごいがんばり屋です。
　1日3時間しか寝ないでがんばるような人もいますけど、、、そういう方は本当に素晴らしいと思います。。。尊敬します。が、普通の人は、そんなにがんばれません（私には到底できない。。無理、無理（笑）。私は、そこまでがんばりたくないです。。。）。

＊努力は大切だけど、、、努力のしかたを間違えないで！

　努力するのがいけないと、言ってるわけではありませんよ。
努力するのは、当たり前だけど、、、

　要するに、そんなに必死に勉強しなくても、コツさえわかれば、韓国語は簡単だよ！ということが言いたいだけです。それが、この「当てずっぽうの法則」です。

　要するに。

　この本に出てくる単語を全部、覚えようとしないでください。つらくなるだけです。。この「当てずっぽうの法則」を理解して、応用してみてください（でも、当てずっぽうの法則は、覚えてくださいね〜（笑））。

勉強もしてないのに、「ハングル文」がわかる‼（笑）

　どんどんわかってくるときの「喜び！」というものがあります。
「当てずっぽうの法則」でどんどん練習してみてください。ますますわかるようになります！＾＾

メンバー紹介

この本でいっしょに勉強するメンバーを紹介します。
仲間がいれば、勉強もはかどること間違いなし！（笑）
ぜひぜひ、みなさんの楽しい仲間に加えてください。

3人の中で、いちばんのしっかり者。真面目で勉強家。みんなをどんどん引っ張っていくよ！

韓国語は初心者レベル。おっとりしているけれどコツコツと着実に取り組むタイプ。

ちょっとドジなところもあるけれど、明るく元気なムードメーカー。韓国語の勉強は始めたばかり。

みんなの勉強につきあってくれる3人の楽しい相棒。ほかにもいろんな動物たちが登場するよ！

PART 1

漢字の特徴を生かそう！
漢字の基礎

どんどん読める法則がある！

基本の一番大切なことから話します。
信じなくてもいいですが、膨大な単語を簡単に、覚えるコツがあります。
全部覚えてください！　と言ってるわけではありません。むしろ、覚えるのではなく、当てずっぽうで、当てることができますから、**単語を苦労してすべて覚えなくてもいい**んです。
「覚えてもすぐ忘れちゃう〜！」という方もいらっしゃいますよね？（笑）
しかし、**ある法則がわかれば**、つまり、その法則さえ、わかってしまえば、韓国語の単語が、驚くほど、大爆発するくらい、わかるようになります。

漢字語は日本語に変換できる

めちゃくちゃ簡単な方法があります。それは、「漢字語」の制覇です。
韓国語の単語の割合は、「固有語：約 20％、漢字語：約 70％（外来語：約 10％）」です。すなわち、**漢字語がわかれば、語彙が飛躍的に増え**ます。
その漢字語には、ある法則がありますが、それが、**「当てずっぽうの法則」**です（笑）。

「当てずっぽうの法則」とは、著者が勝手に名づけた名称です。正式な文法用語ではありません。

＊韓国語の構成＊

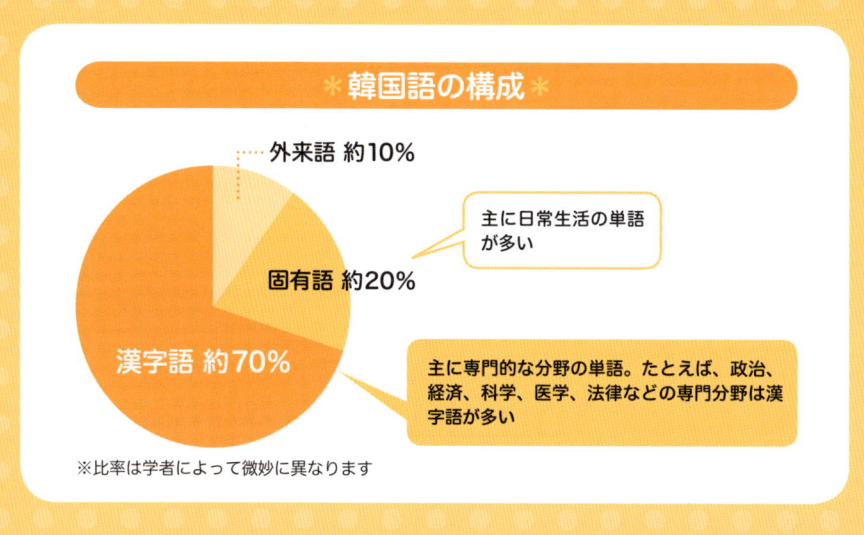

- 外来語 約10%
- 固有語 約20% — 主に日常生活の単語が多い
- 漢字語 約70% — 主に専門的な分野の単語。たとえば、政治、経済、科学、医学、法律などの専門分野は漢字語が多い

※比率は学者によって微妙に異なります

　みなさんは漢字がわかるから、日本語ネイティブにとっては鬼に金棒ですね。日本人だけの特権ともいえるでしょう〜。

　信じなくていいですが、やると、今まで暗号のように見えていた韓国語の単語が脳内で次々と漢字に変換されていき、日本語を覚える感覚で暗記することができるでしょう〜（笑）。

1 韓国語における漢字語の特徴

一番大きな特徴は、漢字1文字に1音読であること。

このことがわかると、ものすごく理解しやすくなります。

中国人は「漢字」がわかるから、日本語を簡単に覚えるかというと、実はそうでもありません。逆に、日本人も漢字がわかるから、中国語が簡単かというと、そうでもないですよね（笑）。

しかし、韓国語にも「漢字」がありますが、「当てずっぽうの法則」さえわかれば、超簡単です。

もちろん、日本の漢字と微妙に違うところもありますが、その違いさえわかれば、本当に、韓国語の単語がわかるようになるし、さらに、加速がついて、ますますわかるようになります（笑）。

では、早速、韓国語における漢字語の特徴について見てみましょう〜。簡単です。

＊韓国での漢字

かつては、すべて漢字で表記していた

韓国では、「**漢字（한자）**、または**漢文（한문）**」と言います。
ハンチャ　　　　　　　　　ハンムン

漢字が中国から韓国に入ってきたのは、紀元前2世紀ごろという説もありますが、6〜7世紀ごろから本格的に入ってきたと言われています。

韓国語は、歴史的に長い間、漢字語で翻訳して記録したので、本来は固有語だったものが、文字表記のため、漢字で記録した単語も多くあります。

しかし、**現在の韓国では、主に「ハングル」を使っています**。その理由としては、ハングルだけでも意味がわかることから、漢字の使用頻度は低いのです。通常はハングルのみで表記します。たまに、漢字で表記する場面は、地名や人名、また、道路標識やニュースにおける国名の漢字略称、新聞の見出し文字「例：李대통령（李大統領）」のように特定文字を強調したい場合などに限られています。
イ　デトンニョン

漢字は学ぶものの、使う場面がない

現在、教育としては、常用漢字のように、「よく使われている漢字1800字」を指定して中・高校で教えています（みなさんも、これぐらいの漢字がわかればいいわけですが、みなさんは、すでに漢字がわかるから「当てずっぽうの法則」だけ学べばOKです（笑））。

しかし、韓国の若者は学校で漢字は学ぶものの、ほとんどハングルだけでも不便がないし、日常生活でも漢字を使う場面が少ないから「書けない・読めない」人もいます。

＊3つの特徴

韓国語における漢字語の特徴は、次のとおりです。

特徴 ①

漢字1文字につき1つの音読みしかないって本当？（約99％）
※まれに2つの場合があります。

特徴 ②

音読みはあるけど、訓読みはないの？

特徴 ③

韓国語の漢字は、旧字体？
※日本の漢字は、「新字体」を使っていますが、韓国では、「旧字体」を使っています。

詳しくは、次のページから見ていきましょう〜。

特徴 ①

漢字1文字に1つの音読みしかないって本当？（約99％）

　一番大きな特徴は、漢字1文字に読み方はひと通りしかないことです。
　逆に言えば、超わかりやすい〜！！！
　読み方がひと通りしかないから、それさえ覚えてしまえば、膨大な漢字語を無限に覚えられるっていうことですね。超簡単ですね（笑）。
　たとえば、**会・社・員**という3つの漢字の韓国語読みを知っていれば、パズルみたいに簡単に組み立てることができます。

組み立ててみよう！

회 フェ 会 　　사 サ 社 　　원 ウォン 員

どんな場合でも、読みは1つしかありません！

사 サ 社　　회 フェ 会

회사원
会社員

사 サ 社　　원 ウォン 員

회 フェ 会　　원 ウォン 員

Check!

　このようにパズルみたいに組み立てれば、立派な単語になります。

　知らないハングル単語に出会っても「当てずっぽう」で「カンが効く」ようになります（笑）。

大原則：1文字＝1音

※原則的に1つの漢字に対して音は1つです。

　いかがですか？
　漢字1文字に、読み方がひと通りしかないってことは、すごいことです。全体の漢字の中で、ほぼ99％は、読みがひと通りしかありません。

だから、その**「韓国語の読み」さえ、覚えてしまえば**、信じなくていいですが、**苦労しなくても、膨大な韓国語の単語がわかる**ようになります（笑）。
　うそ！　そんなに簡単なの？　って信じられない人がいるかもしれませんが、本当です（笑）。でも、いくら簡単でも、練習しないと、自分のものになりませんから。
　今度は、**課・部・長**という3つの漢字の例を見てみましょう〜。

組み立ててみよう！

과 グァ 課
부 ブ 部
장 ジャン 長

과 課　장 長

부 部　장 長

회 会　장 長

사 社　장 長

사 社　회 会　부 部

사 社　회 会　과 課

부 部　원 員

漢字の「韓国語の読み」さえ、覚えてしまえば、驚くほど、単語を**芋づる式**に覚えることができます（笑）。

Check!
韓国語で漢字語は、どんな場合でも、読み方は1つしかありません（笑）。

　みなさんは漢字がわかるから、難しそうな単語でも、簡単に覚えられます（笑）。
　しかし、**まれに読みがふた通りある場合があります**。約1％ぐらいですが、数が少ないから、覚えてしまえば簡単です。次ページの、例を見ておきましょう〜。

19

ワン・モア・ステップ

1つの漢字に読みがふた通りある漢字

金
- 김 ギム （例）김준수（金俊秀）ギムジュンス：人の苗字に使うときは、「ギム」と発音
- 금 グム （例）금요일（金曜日）グミョイル：人の苗字以外はすべて「グム」と発音

省
- 성 ソン （例）반성（反省）パンソン：反省の場合は「ソン」と発音
- 생 セン （例）생략（省略）センニャク：省略の場合は「セン」と発音

切
- 절 ジョル （例）절단（切断）ジョルタン：切断の場合は「ジョル」と発音
- 체 チェ （例）일체（一切）イルチェ：一切の場合は「チェ」と発音

復
- 복 ボク （例）회복（回復）フェボク：回復の場合は「ボク」と発音
- 부 ブ （例）부활（復活）ブファル：復活の場合は「ブ」と発音

殺
- 살 サル （例）살인（殺人）サリン：殺人の場合は「サル」と発音
- 쇄 スェ （例）상쇄（相殺）サンスェ：相殺の場合は「スェ」と発音

北
- 북 ブク （例）남북（南北）ナムブク：南北の場合は「ブク」と発音
- 배 ベ （例）패배（敗北）ペベ：敗北の場合は「ベ」と発音

便
- 편 ピョン （例）편리（便利）ピョルリ：便利の場合は「ピョン」と発音
- 변 ビョン （例）변소（便所）ビョンソ：便所の場合は「ビョン」と発音

Check! 読みがふた通りある漢字は、これぐらいわかれば、十分です。(笑)

漢字の読みがふた通りあり、かつ使用頻度が高いのは、これくらい。本当に数が少ないです（この他にもありますが、使用頻度も低く、あまり使わないから気にしなくてもOKです（笑））。

特徴 ②

音読みはあるけど、訓読みはないの？

　日本語と違って、韓国の漢字は、「訓読み」をしません。
　日本語には、「音読み・訓読み」がありますが、韓国語には、「音読み」しかないのです。
　1443年に世宗大王が「ハングル」をつくる前は、漢字と固有語が別のものとして存在して、「郷札、口訣、吏読」などの借字表記における読み方（漢字で表記する方法）がありましたが、現在は、「訓読み」はしませんので、気にしなくてOKです（笑）。
　しかし、韓国にも漢字の「訓」は存在します。漢字を「訓」で読まないだけです。たとえば、「ハヌル 天」（「ハヌル（하늘）」は「天（천）」という意味の訓）のように、「訓＋音」をセットで覚えるときには使いますが、基本的に訓読みはしません（これも気にしなくて大丈夫ですよ〜（笑））。

特徴 ③

韓国語の漢字は、旧字体？

　韓国語の漢字は、正字体（旧字体）を使っています。つまり日本の旧字体が韓国の正字体とほとんどイコールです。
　さっそく、例を見てみましょう〜。

Check!
旧字体を覚える必要はないですよ〜（「あ、そうなんだ〜」という程度でいいですよ〜（笑））

●日韓の漢字対照表

韓国語 漢字	音	日本語
價	가 ガ	価
覺	각 ガヵ	覚
缺	결 ギョル	欠
輕	경 ギョン	軽
繼	계 グ	継
廣	광 グァン	広

韓国語 漢字	音	日本語
區	구 グ	区
舊	구 グ	旧
國	국 グヵ	国
團	단 ダン	団
圖	도 ド	図
戀	연 ヨン	恋

韓国語 漢字	音	日本語
萬	만 マン	万
發	발 バル	発
亞	아 ア	亜
與	여 ヨ	与
體	체 チェ	体
學	학 ハヵ	学

ワン・モア・ステップ

頭音法則のコツ！

「李さんは、リーさんですか？ それとも、イさんですか？」という質問が多くありますが、これには頭音法則の話をしなければなりません。頭音法則とは、漢字語において、語頭に「ㄹ，ㄴ」がくると、発音が難しくなるから、発音しやすくするために音を変えることです。

みなさんが、ハングルの漢字語を読むとき、難しく感じる部分がありますが、それが頭音法則です。

「頭音法則」は、一見、難しそうな文法ですが、実は、簡単な内容です。これがわかると、すぐ中級、あるいは上級になります（笑）。しかし、超簡単な概念です～。

簡単に言うと、語頭に「ㄹ」や「ㄴ」が来るのをいやがる現象で、「ㄹ」→「ㄴ，ㅇ」へと変わり、「ㄴ」→「ㅇ」へと変わる現象です。

さっそく、例を見てみましょう～。2つの場合があります。

❶ 語頭:「ㄹ」→「ㄴ・ㅇ」に変わる（発音しやすくするために）

語頭の「ㄹ」が「ㄴ」に変わる　「ㄴ」のほうが発音しやすい。

래일　내일
元々の漢字の発音　来（レ）日（イル）　頭音法則　来（ネ）日（イル）

例文：내일은 금요일입니다　来日（明日）は金曜日です
　　　ネイルン クミョイリムニダ

語頭の「ㄹ」が「ㅇ」に変わる　「ㅇ」のほうが発音しやすい。

리　이
元々の漢字の発音　李（リ）　頭音法則　李（イ）

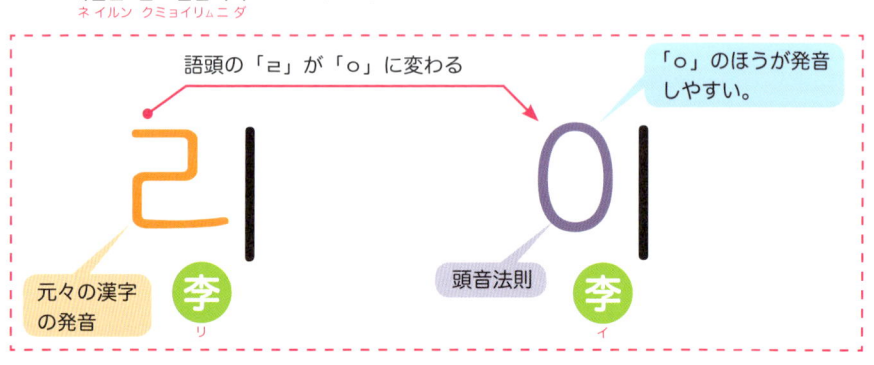

韓国では、頭音法則があるので「이（イ）」になります。
北朝鮮では、頭音法則がないから「리（リ）」のままです。

❷ 語頭：「ㄴ」→「ㅇ」に変わる（発音しやすくするために）

녀자 → **여자**

- 語頭の「ㄴ」が「ㅇ」に変わる
- 「ㅇ」のほうが発音しやすい。
- 元々の漢字の発音：女子（ニョジャ）
- 頭音法則：女子（ヨジャ）

ただし、頭音法則は、固有語や外来語には適用されません（漢字語のみ）。

まとめ！ 頭音法則は、漢字語において語頭に「ㄹ」や「ㄴ」が来るのをいやがる現象で、「ㄹ」→「ㄴ, ㅇ」へと変わり、「ㄴ」→「ㅇ」へと変わる現象です。

漢字語において、語頭に「ㄹ」あるいは「ㄴ」が来る場合、頭音法則で表記します。

●主な頭音法則の例

漢字語（本音）	頭音法則	本音で読む場合
女子（녀자）ニョジャ	여자 ヨジャ	남녀（男女）ナムニョ
年歳（년세）ニョンセ	연세 ヨンセ	학년（学年）ハンニョン
尿素（뇨소）ニョソ	요소 ヨソ	당뇨（糖尿）ダンニョ
流行（류행）リュヘン	유행 ユヘン	한류（韓流）ハルリュ
良心（량심）リャンシム	양심 ヤンシム	선량（善良）ソルリャン
理事（리사）リサ	이사 イサ	물리（物理）ムルリ
料金（료금）リョグム	요금 ヨグム	재료（材料）ジェリョ
老人（로인）ロイン	노인 ノイン	장로（長老）ジャンノ
労働（로동）ロドン	노동 ノドン	근로（勤労）グルロ

北朝鮮の読み方 / 韓国の読み方

漢字語で、語中に「ㄹ」、「ㄴ」が来る場合は、本来の音になります（語中の場合は、本音の発音がしやすいからです）。

PART 1 漢字の基礎

23

2 日本語における漢字語の特徴

日本語には、漢字に「音読み」と「訓読み」、2つの読み方がある。

　日本語の漢字語については、ネイティブのみなさんは、よくご存知だと思いますが。。。
　韓国語の漢字語と、どんな点が違い、また、どんな部分が似ているのかなどを比較しながら勉強すれば、より効率的に学習できると思います。日本語における漢字語の特徴についても、ひと通り見ておきましょう。

＊日本での漢字

日本の漢字はいろいろな音を取り入れた

　日本の漢字は、大きな波として、5世紀ごろに百済から伝来し、7世紀ごろからは、中国との交流により、その時代や地域の漢字音によって、「漢音」「呉音」「唐音」「宋音」などが使われるようになったと言われています。

　漢字は、本来「1字 ＝ 1音」が原則ですが、このような状況から、現在、日本語では、漢字1字に対して複数の読み方があります。その中でも、「漢音」「呉音」の漢字音が多いとされています。

中国のさまざまな時代、地域によって異なる漢字音が日本に伝わり、それを日本の言葉として取り入れていったんですね。だから、日本の漢字には1文字にたくさんの読み方があるんですね〜。

日本人の暮らしに密着している

　韓国では、漢字を学びはするものの、普段の生活のなかで漢字を使う場面がほとんどありません。そのため、漢字の読み書きができない人が多いと、17ページでも触れました。

　しかし日本では、小学校の1年生から漢字を学び、実際に漢字を使って勉強したり生活をしたりしています。もともと漢字の知識が身についていますから、日本人がハングルの漢字語を理解するのはとてもラクなんです。これを使わない手はないですね〜。

＊3つの特徴

日本語における漢字語の特徴は、次のとおりです。

特徴 ①
漢字1文字に「音読み」と「訓読み」がある

特徴 ②
漢字1文字に対して、読み方が複数ある

そうだよね！

特徴 ③
日本語の漢字は、新字体

　詳しくは、次のページから見ていきましょう〜。

特徴 ①

漢字1文字に「音読み」と「訓読み」がある

　韓国語の漢字との一番大きな違いは、日本語の漢字には「音読み」と「訓読み」がある点です。

　日本語は、世界でも最も難しい言語です。外国人が日本語を勉強するときは、漢字を覚えることさえ超大変なのに、しかも読み方も音読み、訓読みなど色々あるから、さらに難しい！！！　また、当て字もあるし、隠語、流行語、あいまいな表現、言い回し、根回し、など大変！！（笑）

　うん？　そんなの「空気を読め！」って？　外国人には、訳わかんないです〜（泣）。

　話がそれましたが、まず、基本的に、日本語の漢字には「音読み」「訓読み」があります。

●漢字1文字の「音読み」と「訓読み」

	山 音	山 訓	海 音	海 訓	星 音	星 訓
日本語	サン	やま	カイ	うみ	セイ	ほし
韓国語	산 サン	―	해 ヘ	―	성 ソン	―

> 基本的に韓国語では、訓読みはしません。

さらに、その中でも、「漢音」「呉音」などがあります。

●日本語の漢字の読み方

		日 音	日 〈例〉	明 音	明 〈例〉	行 音	行 〈例〉	人 音	人 〈例〉
日本語	漢音	ジツ	休日（きゅうじつ）	メイ	発明（はつめい）	コウ	旅行（りょこう）	ジン	人生（じんせい）
日本語	呉音	ニチ	在日（ざいにち）	ミョウ	明日（みょうにち）	ギョウ	行事（ぎょうじ）	ニン	人気（にんき）
韓国語		일 イル	휴일（休日） ヒュイル 재일（在日） ジェイル	명 ミョン	발명（発明） パルミョン 명일（明日） ミョンイル	행 ヘン	여행（旅行） ヨヘン 행사（行事） ヘンサ	인 イン	인생（人生） インセン 인기（人気） インキ

> 韓国語では、どんな場合でも読みは1つだけ！

これだけじゃないです。
日本語は、読み方が多くて、外国人には、「悪魔の言葉」とも言われたりします（泣）。

● 2文字以上の読み方

音 + 音	가족（家族） か + ぞく ガジョク	안심（安心） あん + しん アンシム	감사（感謝） かん + しゃ ガムサ
音 + 訓	공장（工場） こう + ば ゴンジャン	시합（試合） し + あい シハプ	음독（音読） おん + よ(み) ウムドク
訓 + 訓	편지（手紙） て + がみ ピョンジ	이야기（物語） もの + がたり イヤギ	표시（目印） め + じるし ピョシ
訓 + 音	견본（見本） み + ほん ギョンボン	신분（身分） み + ぶん シンブン	장소（場所） ば + しょ ジャンソ

韓国語では、どんな場合でも読みは１つだけ！

さらに、日本語では、日本独特の「当て字」というのもあります。
外国人にとって日本語は、本当に（ホンマに）難しいです（笑）。

● 当て字

- 大人（おとな）
- 目茶苦茶（めちゃくちゃ）
- 多分（たぶん）
- 兎に角（とにかく）
- 田舎（いなか）

Check!
当て字の数も多いから日本語は難しいね…

特徴 ❷

漢字1文字に対して、読み方が複数ある

　日本語の漢字は、1文字に読み方が複数あります。

　たとえば、日本語の「生」の漢字の例を下の図で見てみましょう。読み方がいっぱいありますね。

　外国人は、これを全部覚えなければなりません。

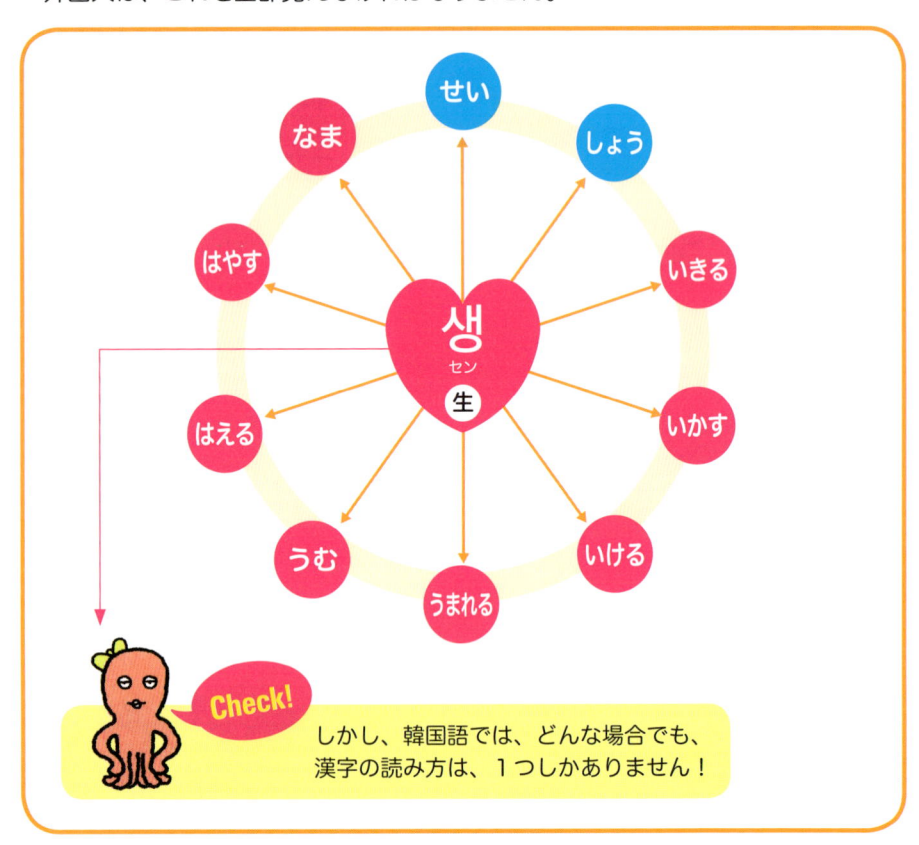

- せい
- しょう
- なま
- はやす
- はえる
- うむ
- うまれる
- いける
- いかす
- いきる

생
センス
生

Check!

しかし、韓国語では、どんな場合でも、漢字の読み方は、1つしかありません！

　こんなに難しい日本語の漢字を、みなさんはすでにわかっているわけです。だから、漢字の「韓国語の読み（ハングルの発音）」さえ覚えてしまえば、日本語ネイティブにとっては、本当に、鬼に金棒ですね。

　日本人だけの特権とも言えるでしょう〜。

特徴 ③

日本語の漢字は、新字体（韓国語は旧字体）

これは、わかりますよね〜。

たとえば、「日本語：区、韓国語：區」などですね！

とくに覚える必要はないけれど、21ページの「特徴③」も、もう一度おさらいで読んでおきましょう〜。

> うん、わかる〜

> これで「漢字の基礎」のお話は終わりです！
> 韓国語の漢字語と日本語の漢字語、
> その特徴や類似点、相違点について理解できたかな？
> 漢字が読める日本人にとって、ハングルの漢字語の読み方を
> 学ぶことがいかに効率のよい学習法か！
> まずはそこをわかってもらうことが第一歩です。
> 本当に簡単なんですよ〜。

> 簡単でラクチンなら、やらない手はないね!!
> どんどん読めるようになっちゃおう〜。

> それでは次のPART2では、具体的に読み解き方のコツを見ていきましょう〜。

PART 2
4つの法則でハングルが読める！
当てずっぽうの法則

日本人の特権をフル活用しよう！

　今から、非常にためになると思う話をします。
　韓国語の単語が、爆発するくらい、わかるようになる方法です。信じなくていいですが、初めて見る単語も、「当てずっぽう」で、当てることができるようになります。
　外国語をぺらぺらしゃべるには、1万〜3万語の単語を覚えなければなりません。
　しかし、気が遠くなるような単語数を、覚えたくもないし、覚えられそうもない。また、覚えてもすぐ忘れちゃう。。。だいたいそうですよね？（笑）
　しかし、簡単なルールだけわかれば、誰でも、「当てずっぽう」でハングルの漢字語がわかるようになります。
　また、その方法が、本当に簡単です。これは、みなさんが日本人だから可能なんです。
　同じ漢字文化圏だから、漢字がわかるから、みなさんの特権とも言えるでしょう〜。ぜひぜひ、その特権をフルに活用してください！

※注意：100％は当たらないですが、80〜90％ぐらいは当たります。
　あくまでも、「当てずっぽう」ですよ〜（笑））。

同音異字の
法則

初声の
法則

母音の
法則

パッチムの
法則

スイ
スイ

ラク
ラク

当てずっぽうの4法則って何だろう？

「当てずっぽうの法則」とは、漢字語を読むためのコツともいえる、4つの法則のことをいいます。これは著者が名づけたもので、正式な文法用語ではありません（笑）。

上のイラストにある「初声の法則」「母音の法則」「パッチムの法則」「同音異字の法則」の4つのコツをおさえておけば、韓国語の7割ほどを占める漢字語が読めてしまうんです！ 3つの風船は、それぞれの重要性を示しており、風船が大きいほど重要になります。「同音異字の法則」は、語彙力をより強固にする、もっとも強力な法則といえます。

さあ、みなさんも「当てずっぽうの4法則」をマスターしましょう！

1 法則1 「初声の法則」

覚えるよりも、理解するのが早道！

ハングル文字は「初声」「中声」「終声」に分けられます。
　日本語の場合は、ローマ字で書いて最初に来る字が初声になり、韓国語の漢字語の初声と同音になります（ただし、例外もありますよ〜）。

ㄱ ⓖ k
ㄴ n
ㄷ ⓓ t
ㄹ ⓡ l
ㅁ m
ㅂ ⓑ p
ㅅ s
ㅇ 無
ㅈ ⓙ ch
ㅊ ch
ㅋ k
ㅌ t
ㅍ p
ㅎ h

ココ基本

初声の法則

韓国語	日本語	韓国語	日本語
가(家) Ga	家 → Ka	기(技) Gi	技 → Gi
남(男) Nam	男 → Nam	남(男) Nam	男 → Dan
다(多) Da	多 → Ta	단(団) Dan	団 → Dan
락(楽) Rak	楽 → Raku	래(来) Rae	来 → Rai
마(魔) Ma	魔 → Ma	매(売) Mae	売 → Bai
배(倍) Bae	倍 → Bai	박(泊) Bak	泊 → Haku ※「は行」で読む
사(査) Sa	査 → Sa	사(事) Sa	事 → Ji
안(安) An	安 → An	아(我) A	我 → Ga ※「か（が）行」で読む
자(資) Ja	資 → Si ※「さ行」で読む	전(展) Jeon	展 → Ten ※「た行」で読む
차(差) Cha	差 → Sa ※「さ行」で読む	치(治) Chi	治 → Chi
쾌(快) Kwae	快 → Kai		
타(他) Ta	他 → Ta	타(妥) Ta	妥 → Da
파(破) Pa	破 → Ha ※「は行」で読む	폭(爆) Pok	爆 → Baku
하(下) Ha	下 → Ka ※「か行」で読む		

32

最初から、複雑に見えるかもしれませんが、本当は、超簡単です。
<u>ルビなしでハングルが読める人には簡単です。覚える必要もあまりないんです。</u>
アルファベットを考えればすぐわかるからです（笑）。

右の表に簡単にまとめました。

ココ重要

●初声の法則一覧

ㄱ	→	k, g
ㄴ	→	n, d
ㄷ	→	t, d
ㄹ	→	r
ㅁ	→	m, b
ㅂ	→	b, h
ㅅ	→	s, j, z
ㅇ	→	無, カ行
ㅈ	→	s, z, t(d)
ㅊ	→	s, j, ch
ㅋ	→	k
ㅌ	→	t, d
ㅍ	→	h, b
ㅎ	→	k, g, h

右の表を全部、<u>覚えようとするよりは、理解したほうがいいと思います</u>（笑）。

たとえば、「ㄱ → k, g」の場合で見てみましょう〜。

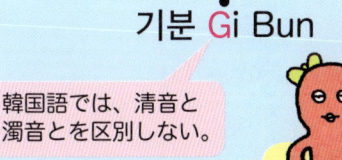

기분 Gi Bun　　　気分（きぶん）Ki Bun

韓国語では、清音と濁音とを区別しない。

Check!

日本語では、清音と濁音を区別するけど、「当てずっぽうの法則」では、韓国語の濁音「゛」を無視してください。いわゆる「無視の法則」です（笑）。

PART 2　当てずっぽうの法則

33

この「初声の法則」も、当てずっぽうの法則なので、100％は当たりません。

しかし、「初声」のローマ字を見ればわかると思いますが、発音がだいたい似ています。

もちろん、すべての文字に適用されるわけではありません。だいたい、こういう傾向がありますよ〜ということです。ハングルを読むとき、漢字へのイメージをつかむとき、「当てずっぽうの法則」は強力な力を発揮します。

初声、中声、終声とは？

ココ重要

M A N
初声　中声　終声

英語にも同じように「初声」があります。

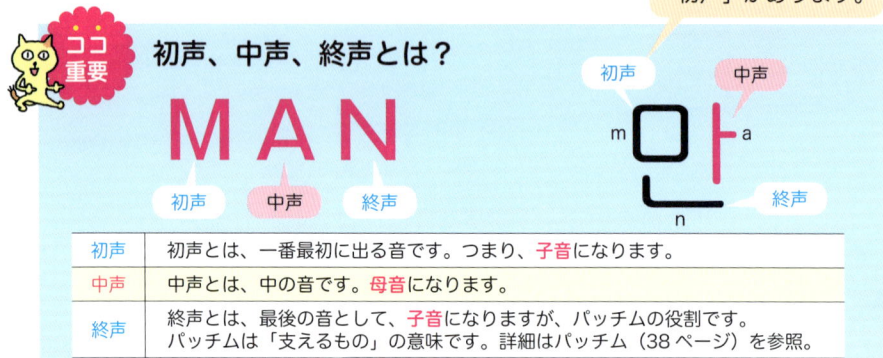

만
m　初声　ㅏ a 中声
ㄴ n 終声

初声	初声とは、一番最初に出る音です。つまり、子音になります。
中声	中声とは、中の音です。母音になります。
終声	終声とは、最後の音として、子音になりますが、パッチムの役割です。パッチムは「支えるもの」の意味です。詳細はパッチム（38ページ）を参照。

ここをチェック！

「初声法則」のまとめ

ココ基本

初声の法則は、細かいルールも結構ありますが、最初からすべてを覚えようとしないで、まずは基本的な法則を覚えましょう。

慣れると自然にサトリが開けます（笑）。

みなさんも自らパターンを探してみてください。

緑の欄は、基本初声以外にも該当する初声があるものです。

初声		日本語	代表ローマ字
基本初声	他の初声		
ㄱ	ㅋ / ㅎ	か行	K
ㄴ		な行	N
ㄷ	ㅌ	た行	T
ㄹ		ら行	R
ㅁ		ま行	M
ㅂ	ㅍ	は行	B
ㅅ	ㅈ / ㅊ	さ行	S
ㅇ		ア行	無

基本初声は覚えておきましょう〜。

34

法則2 「母音の法則」

少し練習すれば、ピーン！とくるときが来る！

この「母音の法則」は、そんなに大切ではありません。しかし、「当てずっぽう」で使う場合があります。簡単ですから、さらっと見ておきましょう～。

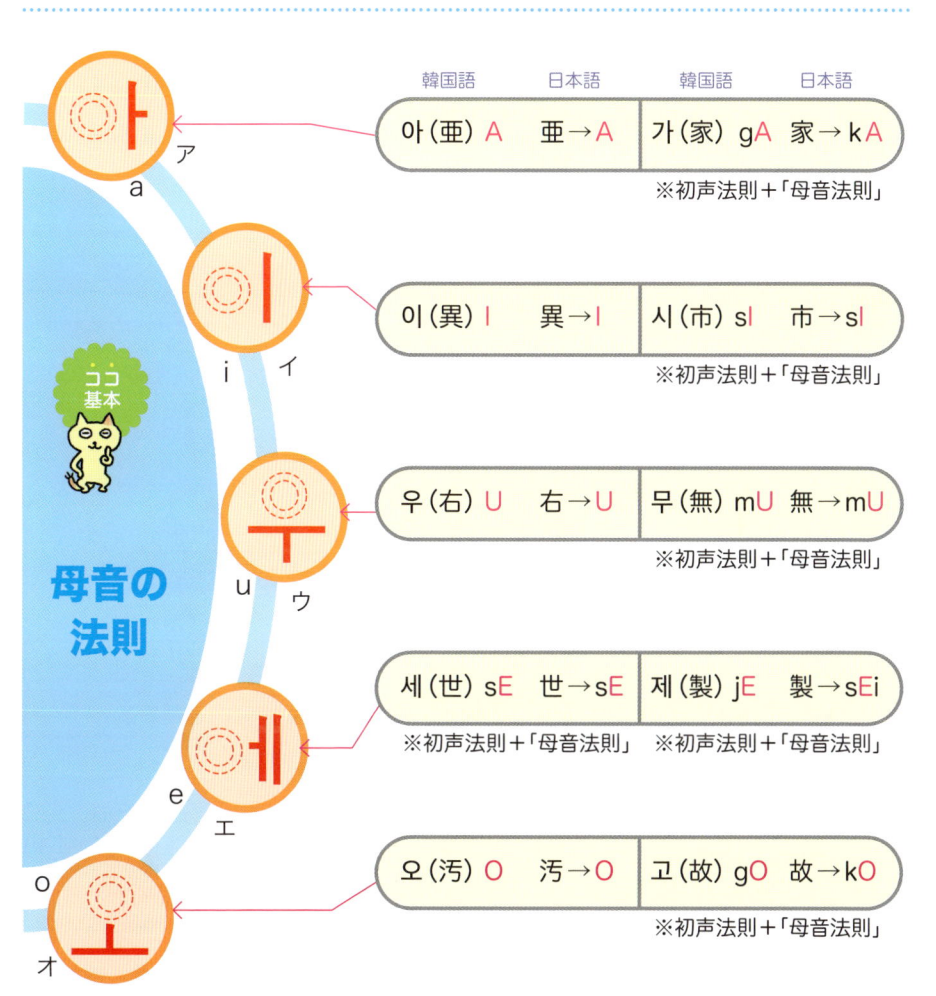

PART 2 当てずっぽうの法則

母音の法則

ㅏ ア / a

韓国語	日本語	韓国語	日本語
아(亜) A	亜→A	가(家) gA	家→kA

※初声法則＋「母音法則」

ㅣ イ / i

韓国語	日本語	韓国語	日本語
이(異) I	異→I	시(市) sI	市→sI

※初声法則＋「母音法則」

ココ基本

ㅜ ウ / u

韓国語	日本語	韓国語	日本語
우(右) U	右→U	무(無) mU	無→mU

※初声法則＋「母音法則」

ㅔ エ / e

韓国語	日本語	韓国語	日本語
세(世) sE	世→sE	제(製) jE	製→sEi

※初声法則＋「母音法則」　　※初声法則＋「母音法則」

ㅗ オ / o

韓国語	日本語	韓国語	日本語
오(汚) O	汚→O	고(故) gO	故→kO

※初声法則＋「母音法則」

母音は、少し簡単そうに見えますが、思ったより複雑になっています。

でも、心配しないでください。本当は、簡単です。これも「初声」と同じように、<u>ルビなしでハングルが読める人には、簡単です。覚える必要もあまりないです。</u>

アルファベットを考えればすぐわかるからです（笑）。

●母音の法則一覧

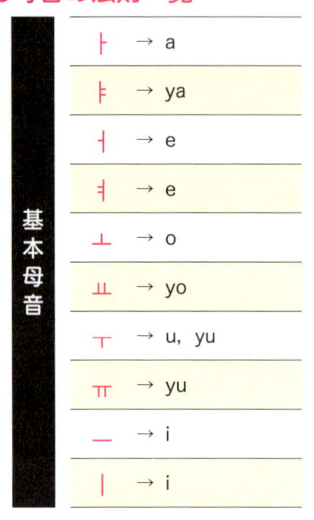

基本母音

| ㅏ → a |
| ㅑ → ya |
| ㅓ → e |
| ㅕ → e |
| ㅗ → o |
| ㅛ → yo |
| ㅜ → u, yu |
| ㅠ → yu |
| ㅡ → i |
| ㅣ → i |

複合母音

| ㅐ → ai |
| ㅔ → e |
| ㅖ → ei, ai |
| ㅘ → a |
| ㅙ → ai |
| ㅝ → e |
| ㅟ → i |
| ㅢ → i |

ココ重要

すべての母音に100％合ってるわけではないですが、本当によく当たります（笑）。

※アルファベットはよく使う日本語の母音です。
※これは100％ではなく、確率は約70〜80％ぐらいです。

「基本母音」をベースにして「複合母音」も当ててみてください。そのうち、ご自分なりの「カン」でつかめるようになります！！

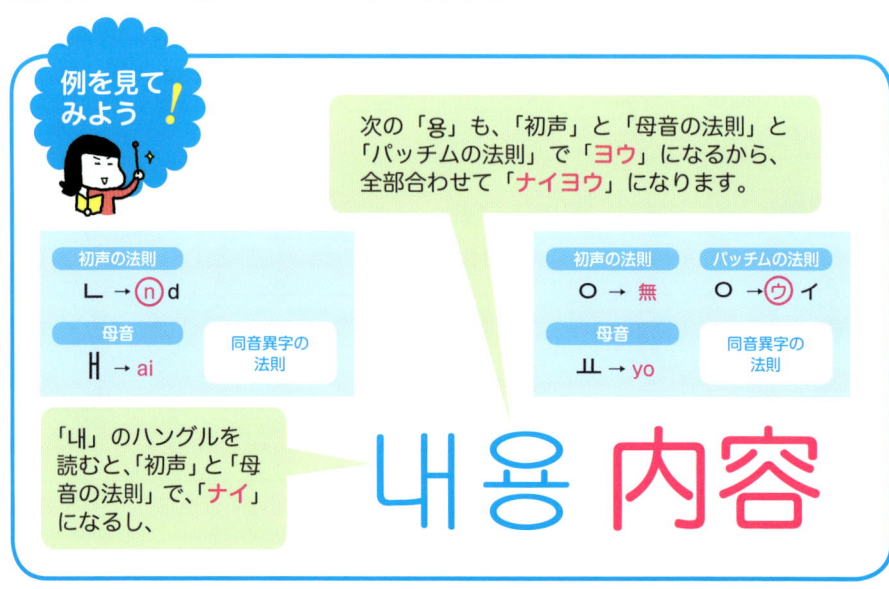

例を見てみよう！

| 初声の法則 |
| ㄴ → ⓝd |

| 母音 |
| ㅐ → ai |

同音異字の法則

| 初声の法則 |
| ㅇ → 無 |

| パッチムの法則 |
| ㅇ → ⓤイ |

| 母音 |
| ㅛ → yo |

同音異字の法則

「내」のハングルを読むと、「初声」と「母音の法則」で、「ナイ」になるし、

次の「용」も、「初声」と「母音の法則」と「パッチムの法則」で「ヨウ」になるから、全部合わせて「ナイヨウ」になります。

내용　内容

36

日本語の母音は、「あ、い、う、え、お」と、比較的に単純ですが、韓国語の母音は、「基本母音」と「複合母音」を合わせると、21個もあります。
　母音の数が大幅に異なるので、そこで規則性を見つけるのは少し難しいかもしれません。
　いくら「当てずっぽうの法則」といっても限界があります（笑）。
　でも、基本的に「母音の法則」も役に立ちますので、さらっと「まとめ」を見ておきましょう〜。

ここをチェック！

「母音の法則」のまとめ

　韓国語は母音の数が多いので、すべてを「法則化」することは難しいですから、基本的な母音の法則だけでも、覚えましょう〜。

基本的な母音は覚えておきましょう〜。

緑の欄は、基本的な母音以外にも該当する母音があるものです。

| 中声 ||日本語|代表ローマ字|
基本中声	他の中声		
ㅏ	ㅑ	ア	A
ㅣ		イ	I
ㅜ		ウ	U
ㅐ	ㅓ／ㅕ／ㅞ	エ	E
ㅗ		オ	O

母音は21個もあって大変そうに見えるけど上の「まとめ」の基本中声だけなら、かなり簡単ですね〜。

法則3 「パッチムの法則」

漢字をイメージするコツをつかむ！

ただハングルを眺めていても、漢字へのイメージはわきません。そこで、「パッチムの法則」は、とても重要な「当てずっぽうの法則」になります。ハングルの「パッチム」を見て、漢字へのイメージをつかむコツを知りましょう（もちろん、例外もありますよ〜）。

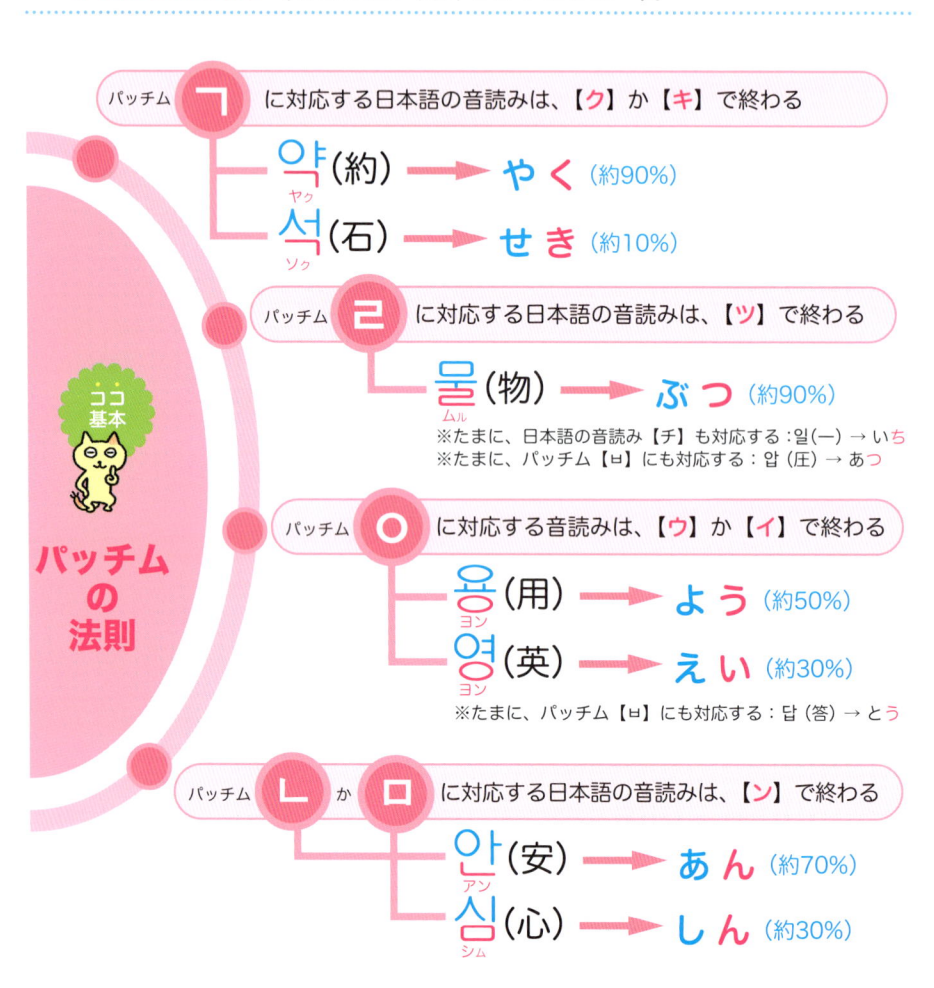

ココ基本　パッチムの法則

パッチム 【ㄱ】 に対応する日本語の音読みは、【ク】か【キ】で終わる

- 약(約) ヤク → やく （約90％）
- 석(石) ソク → せき （約10％）

パッチム 【ㄹ】 に対応する日本語の音読みは、【ツ】で終わる

- 물(物) ムル → ぶつ （約90％）

※たまに、日本語の音読み【チ】も対応する：일(一) → いち
※たまに、パッチム【ㅂ】にも対応する：압(圧) → あつ

パッチム 【ㅇ】 に対応する音読みは、【ウ】か【イ】で終わる

- 용(用) ヨン → よう （約50％）
- 영(英) ヨン → えい （約30％）

※たまに、パッチム【ㅂ】にも対応する：답(答) → とう

パッチム 【ㄴ】か【ㅁ】 に対応する日本語の音読みは、【ン】で終わる

- 안(安) アン → あん （約70％）
- 심(心) シム → しん （約30％）

この**「パッチムの法則」**も、当てずっぽうの法則なので、100％は当たらないです。しかし、**この「パッチムの法則」は、信じなくていいですが、本当に、よく当たります**（笑）。

もう少し、詳しく例を見てみましょう〜。

パッチム ㄱ に対応する日本語の音読みは、【ク】か【キ】で終わる

「く」の場合：
- 식사（食事）しょ**く**じ　シクサ
- 악수（握手）あ**く**しゅ　アクス
- 계약（契約）けいや**く**　ゲヤク
- 가족（家族）かぞ**く**　ガジョク
- 규칙（規則）きそ**く**　ギュチク
- 만족（満足）まんぞ**く**　マンジョク
- 도착（到着）とうちゃ**く**　ドチャク
- 축복（祝福）しゅ**く**ふく　チュクポク
- 박수（拍手）は**く**しゅ　パクス

約90％

「き」の場合：
- 조직（組織）そし**き**　ジョジク
- 자극（刺激）しげ**き**　ジャグク
- 인식（認識）にんし**き**　インシク

約10％

パッチム ㄹ に対応する日本語の音読みは【ツ】で終わる

- 출발（出発）しゅっぱ**つ**　チュルバル
- 시설（施設）しせ**つ**　シソル
- 속달（速達）そくた**つ**　ソクタル
- 지하철（地下鉄）ちかて**つ**　ジハチョル
- 설비（設備）せ**つ**び　ソルビ
- 소설（小説）しょうせ**つ**　ソソル
- 물리（物理）ぶ**つ**り　ムルリ
- 비밀（秘密）ひみ**つ**　ビミル
- 친절（親切）しんせ**つ**　チンジョル

約90％

※たまに、パッチム「ㄹ」に日本語の音読み【チ】も対応する：일（一）→いち

パッチム ㅇ に対応する日本語の音読みは【ウ】か【イ】で終わる

「う」の場合：
- 여행（旅行）りょこ**う**　ヨヘン
- 태풍（台風）たいふ**う**　テプン
- 청소（掃除）そ**う**じ　チョンソ
- 사용（使用）しよ**う**　サヨン
- 형제（兄弟）きょ**う**だい　ヒョンジェ
- 방송（放送）ほ**う**そう　パンソン
- 공기（空気）く**う**き　ゴンギ
- 고장（故障）こしょ**う**　ゴジャン
- 이상（以上）いじょ**う**　イサン

約50％

「い」の場合：
- 영어（英語）え**い**ご　ヨンオ
- 사명（使命）しめ**い**　サミョン
- 유명（有名）ゆうめ**い**　ユミョン
- 경위（経緯）け**い**い　ギョンウィ
- 부정（否定）ひて**い**　プジョン
- 예정（予定）よて**い**　イェジョン

約30％

両方の場合：
- 성공（成功）せ**い**こ**う**　ソンゴン
- 성능（性能）せ**い**の**う**　ソンヌン
- 영양（栄養）え**い**よ**う**　ヨンヤン
- 긍정（肯定）こ**う**て**い**　グンジョン
- 영향（影響）え**い**きょ**う**　ヨンヒャン
- 영상（映像）え**い**ぞ**う**　ヨンサン

約20％

パッチム ㄴ か ㅁ に対応する日本語の音読みは【ン】で終わる

「ㄴ」の場合：
- 준비（準備）じゅ**ん**び　ジュンビ
- 시민（市民）しみ**ん**　シミン
- 의견（意見）いけ**ん**　ウィギョン
- 사진（写真）しゃし**ん**　サジン
- 주인（主人）しゅじ**ん**　ジュイン
- 인구（人口）じ**ん**こう　イング
- 안심（安心）あ**ん**しん　アンシム
- 연구（研究）け**ん**きゅう　ヨング
- 선거（選挙）せ**ん**きょ　ソンゴ

約70％

「ㅁ」の場合：
- 감사（感謝）か**ん**しゃ　ガムサ
- 요금（料金）りょうき**ん**　ヨグム
- 참고（参考）さ**ん**こう　チャムゴ

約30％

漢字語をパッチムで見分けるコツ！

韓国語の単語は、「パッチム」を見れば、漢字語なのか固有語なのかを、「あてずっぽう」で、判断することも可能です（ほぼ、約90%の確率です）。

漢字語のパッチム	例
ㄱ	약속（約束）ヤクソク → やくそく
ㄴ	준비（準備）ジュンビ → じゅんび
ㄹ	물리（物理）ムルリ → ぶつり
ㅁ	감각（感覚）ガムガク → かんかく
ㅂ	기업（企業）ギオプ → きぎょう
ㅇ	방송（放送）パンソン → ほうそう

固有語のパッチム	例
ㄷ	닫다 ダッタ → 閉める
ㅅ	옷 オッ → 洋服
ㅈ	낮다 ナッタ → 低い
ㅊ	꽃 ッコッ → 花
ㅋ	부엌 プオク → 台所
ㅍ	앞 アプ → 前
ㅎ	하얗다 ハヤタ → 白い

パッチムを見て、漢字語かどうかを判断する

ここをチェック！

漢字語の「パッチムの法則」まとめ

ハングルを読むとき、まず、パッチムを見て、日本語の音読みで、当てずっぽうで判断しましょう〜。よく当たりますよ〜(笑)。

基本パッチムは覚えておきましょう〜

ハングルのパッチム	主な日本語の音読み	例
ㄱ	く	가족（家族）カジョク → かぞく
ㄴ, ㅁ	ん	온도（温度）オンド → おんど
ㄹ	つ	비밀（秘密）ピミル → ひみつ
ㅇ, ㅂ	う	성공（成功）ソンゴン → せいこう

4 法則4 「同音異字の法則」

語彙力がどんどんアップする！

「当てずっぽうの法則」の中でも、もっとも強力な当てずっぽうです。

ふつうは、韓国語を何年か勉強してから何となく気づくのが、この**「同音異字の法則」**です。しかし、不思議ですが、概念さえわかれば誰でもわかる超簡単な法則です。

その概念とは、**「漢字が違っても、日本語で同じ発音は、韓国語でも同じ発音である確率が高い」**です（ただし、例外もありますよ〜）。

例を見てみよう！

- 영(ヨン)英 / 어(オ)語
- 영(ヨン)栄 / 광(グァン)光
- 영(ヨン)エイ
- 영(ヨン)営 / 업(オプ)業
- 수(ス)水 / 영(ヨン)泳
- 영(ヨン)影 / 양(ヒャン)響

Check! 同音異字の法則

何のとっかかりもない「ハングル単語」をひたすら暗記する作業はとても大変です。
しかし、この「当てずっぽうの法則」で練習すれば、鬼に金棒です。

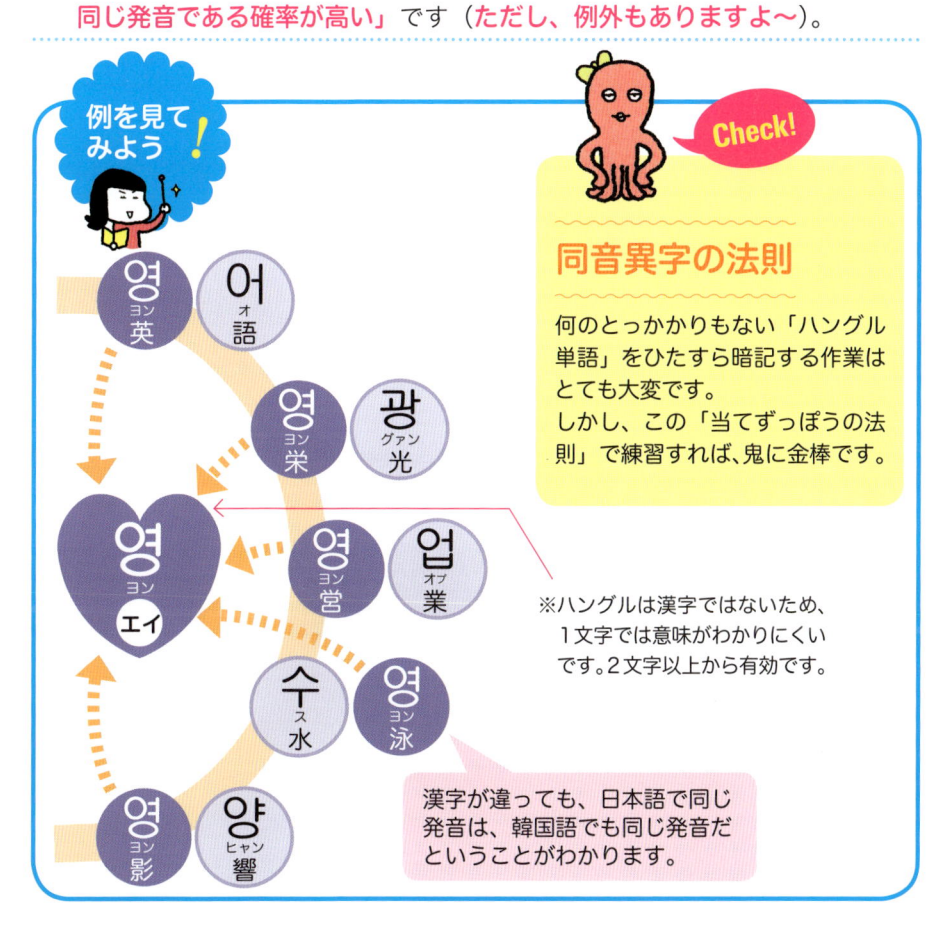

※ハングルは漢字ではないため、1文字では意味がわかりにくいです。2文字以上から有効です。

漢字が違っても、日本語で同じ発音は、韓国語でも同じ発音だということがわかります。

この「同音異字や他の当てずっぽうの法則」は、政治、経済、社会、科学、軍事、医学など、どんな分野の、初めての単語でも、当てずっぽうでほぼ当てることが可能になります。当てずっぽうの法則は、強力な武器です。不思議なんですが、頭の回転も速くなります（笑）。

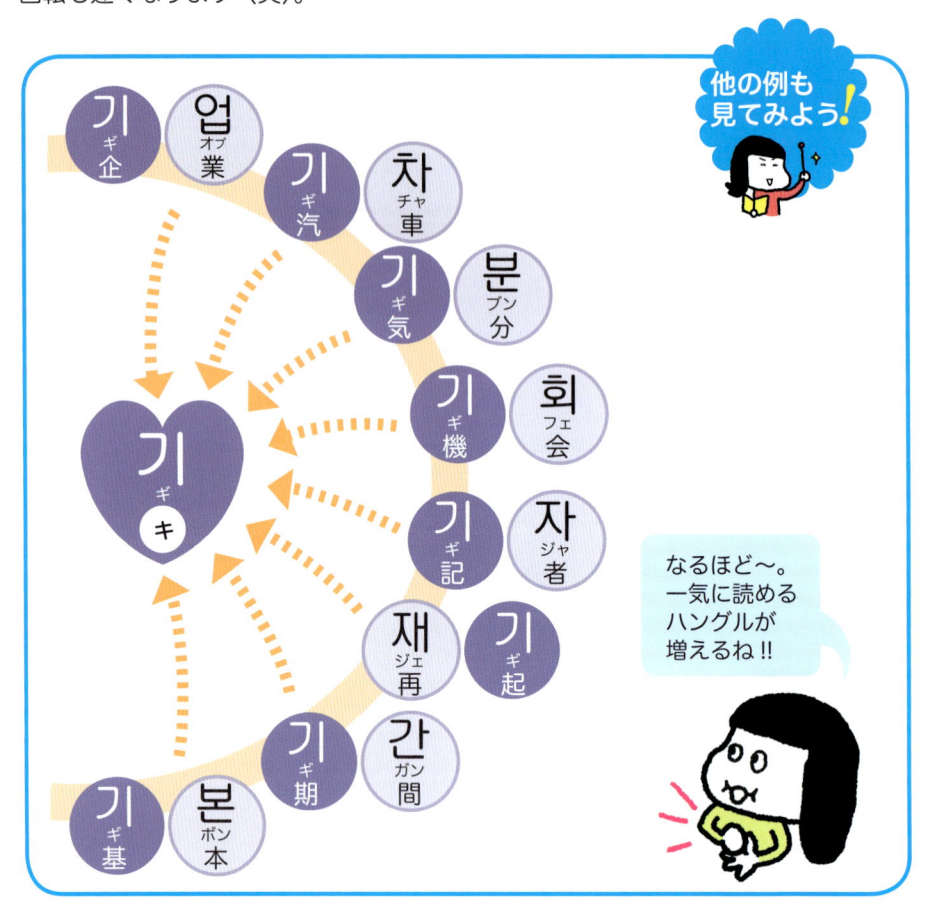

他の例も見てみよう！

- 기 ギ 企
- 업 オプ 業
- 기 ギ 汽
- 차 チャ 車
- 기 ギ 気
- 분 ブン 分
- 기 ギ 機
- 회 フェ 会
- 기 ギ 記
- 자 ジャ 者
- 재 ジェ 再
- 기 ギ 起
- 기 ギ 期
- 간 ガン 間
- 기 ギ 基
- 본 ポン 本

→ 기 ギ キ

なるほど〜。一気に読めるハングルが増えるね!!

ここをチェック！

漢字語の「同音異字の法則」まとめ

漢字が違っても、日本語で同じ発音は、韓国語でも同じ発音である確率が超高いです。

ここをチェック！

当てずっぽうの法則のまとめ

最初は、「当てずっぽうの法則」で、考えながら練習してみてください。
信じなくていいですが、慣れると、ハングルを見た瞬間、瞬時に頭の中で、【ハングル ➡ 漢字】へと変換されていきます。

1 初声の法則

初声		日本語	代表ローマ字
基本初声	他の初声		
ㄱ	ㅋ / ㅎ	か行	K
ㄴ		な行	N
ㄷ	ㅌ	た行	T
ㄹ		ら行	R
ㅁ		ま行	M
ㅂ	ㅍ	は行	B
ㅅ	ㅈ / ㅊ	さ行	S
ㅇ		ア行	無

緑の欄は、基本的な初声や中声以外にも、該当する初声や中声があるものです。

2 母音の法則

中声		日本語	代表ローマ字
基本中声	他の中声		
ㅏ	ㅑ	ア	A
ㅣ		イ	I
ㅜ		ウ	U
ㅐ	ㅕ / ㅖ / ㅞ	エ	E
ㅗ		オ	O

3 パッチムの法則

ハングルのパッチム	主な日本語の音読み
ㄱ	く
ㄴ, ㅁ	ん
ㄹ	つ
ㅇ, ㅂ	う

4 同音異字の法則

漢字が違っても、日本語で同じ発音は、韓国語でも同じ発音である確率が超高いです。

PART 3

さあ、さっそく読んでみよう！
当てずっぽうの練習

ハングルの発音さえわかれば「当てずっぽう」ができる

　ここまでにも何度も言ってきたことですが、この「当てずっぽうの法則」は、不思議だけど、なぜかよく当たります！！（笑）

　もちろん、韓国語の勉強を一度もしたことがない、韓国語の知識ゼロ、という人にはムリですよ〜。でも、最低限の情報、つまり、単語の意味はわからなくても、ハングルの読みだけだいたいわかっていれば、文章が読めるようになるんです！

　韓国語の文章には多くの漢字が隠されています。漢字語を読むとき、「当てずっぽうの法則」は、2文字以上から、効果が大きくなります（ハングル1文字だけでは、韓国人が読んでも意味がよくわかりません）。1文字の漢字ではなく、2文字以上の熟語だというところも、「当てずっぽう」が生かせるポイントだといえます。

韓国語の文章を読むにはコツがある！

　韓国語の勉強を始めたばかりのころ、何のとっかかりもない「韓国語文」を目の当たりにして。。。まったく読めなくてパニックになったことはありませんか？ 少しは勉強したのに、、、なんで！？ って悩んでしまいますよね。どうしてでしょう。それは、その「とっかかり」がなかったから、韓国語

44

文を読むためのコツを知らなかったから、なんです！ つまり、そのコツさえ知ることができれば、今まで、まったく読めなかった「ハングル文」が、当てずっぽうで、わかるようになります！

苦労せずにコツをつかもう！

　この「当てずっぽうの法則」は **100％ではないし、いい加減なところもある**のに、不思議ですが、**よく当たります**。どうして当たるのか？？ 手品のタネ明かしみたいに、わかってしまえば、「なぁ〜んだ」と思うほどに簡単です。
　だから、知らない人は、間違いなく損しますよ〜。
　さあ、それでは**本当に、この「当てずっぽうの法則」が使えるのかどうか**、この章で見ていきましょう〜。何でもそうですが、やり方がわからないと苦労します。
　「**私は正直、挫折したくないです。むしろ、楽しみたいです〜（笑）**」。
　みなさんは苦労したいですか？ そんなはずないですよね？ 苦労したくない方のために、簡単だけど「特別な話」、当てずっぽうのコツをお教えしましょう。
　寂しく一人でやるのではなく、お友だち３〜４人と一緒に練習すると、その効果は３倍です！

1 本格的に当てずっぽうの練習

例題と練習問題で読み解く力をつける！

実際の練習に入る前に、韓国語の勉強がうまくいかないパターンと成功の秘訣をお教えしましょう！

*案外勉強がうまくいかないパターンとは

1 日本人は漢字がわかるから有利だと思い、やる気が出る！

やる気があっちゃいけないと言っているわけではありません。やる気があるのはとても大切なことです（笑）。
（でも、もっと大切なのは、**気軽に楽しく続けること！**ですよね！）

2 韓国語は、1つの漢字に1つの読み方しかないから、「しりとり」で楽しく覚えられるかも!!　と「しりとり」をやってみる！

「しりとり」をやるのがいけないと言っているわけではありません。
「학생 (学生)」→「생활 (生活)」→
　ハクセン　　　　　センファル
「활동 (活動)」→「동물 (動物)」→・・・
　ファルトン　　　　ドンムル
単語をたくさん知っていたら楽しいかもしれません。が、辞書を調べることも面倒くさくなり、すぐ行き詰ってしまう。
何より、一人でやることの虚しさを感じますね。。。

3 「ハングルの漢字語の読み方法則」を一生懸命覚えようとする！

次は、ハングルの漢字語の読み方の法則を覚えようとしますが、その法則が多すぎて、また、微妙に違う発音など、同音異義語が多くて、うんざりしてしまいます。
シンプルな法則なら何とかなるけど、イレギュラーや細かい法則があまり多すぎると、だんだんやる気がなくなる。。。お手上げ状態。。。
（簡単な法則なら覚えたほうがいいですが、
まずは、理解するのがいいですね）。

46

＊当てずっぽうのタネ明かしとコツ

1 「ハングル文」がどんな内容に関するものか推測する！

まず、ハングルばかりの文章が、何に関する内容かを推測してみる。
たとえば、旅行に関する文章なのに、「核兵器、物理学」など、関係ない単語が出るはずがない！！まずは、わずかにわかる単語や写真などから「ハングル文」の背景や内容を推測してみることが大事。

2 「当てずっぽうの法則」を使いながら、内容も当てずっぽうで考える！

少しは覚えてきた漢字語もあるはずだから、それもヒントにします。たとえば、
신혼여행 → 신？여행（新？旅行）
シノンニョヘン　シン　　ヨヘン
この？の1文字がわからなかった場合、前後の内容から、、、「新婚」かな？ と、クイズみたいに考えれば、だいたい合ってます（笑）。

Check!
ただ読んで終わりではなく、「혼」というハングルは日本語で「コン」であることを意識しながら、次に出てきたときのために自分の中でヒントにすることが大切！

3 最初は、自分が知っている背景や内容で、練習する！

「当てずっぽうの法則」がわかってきたら、自分にわかる背景や内容で、どんどん練習する。
高度な内容にも挑戦しましょう。
NHKのハングルニュース
(http://www3.nhk.or.jp/nhkworld/korean/top/news.html) で練習すれば、日本のニュースをハングルにした内容だから、わかりやすい！（中・上級）

4 漢字語だけではなく、韓国語の基礎や文法、単語なども勉強する！

日本語と同様に、「ハングル文」にも韓国固有の言葉や外来語が混ざっていることを念頭に置く。ハングルを読めない人は、まずルビなしで読めるように勉強する。
基礎的な韓国語も一緒に勉強しながら、この「当てずっぽうの法則」を使うと、その効果に、びっくりします！！

うまくいくためのコツ、わかりましたか？　次のページから例題を解きながら、日本語と韓国語の発音がどれだけ似ているか、基礎的なことから見てみましょう〜。

例題

何のとっかかりもないように見えるけど…

무료신문

<ヒント> じつは、日本語と発音がそっくりです！

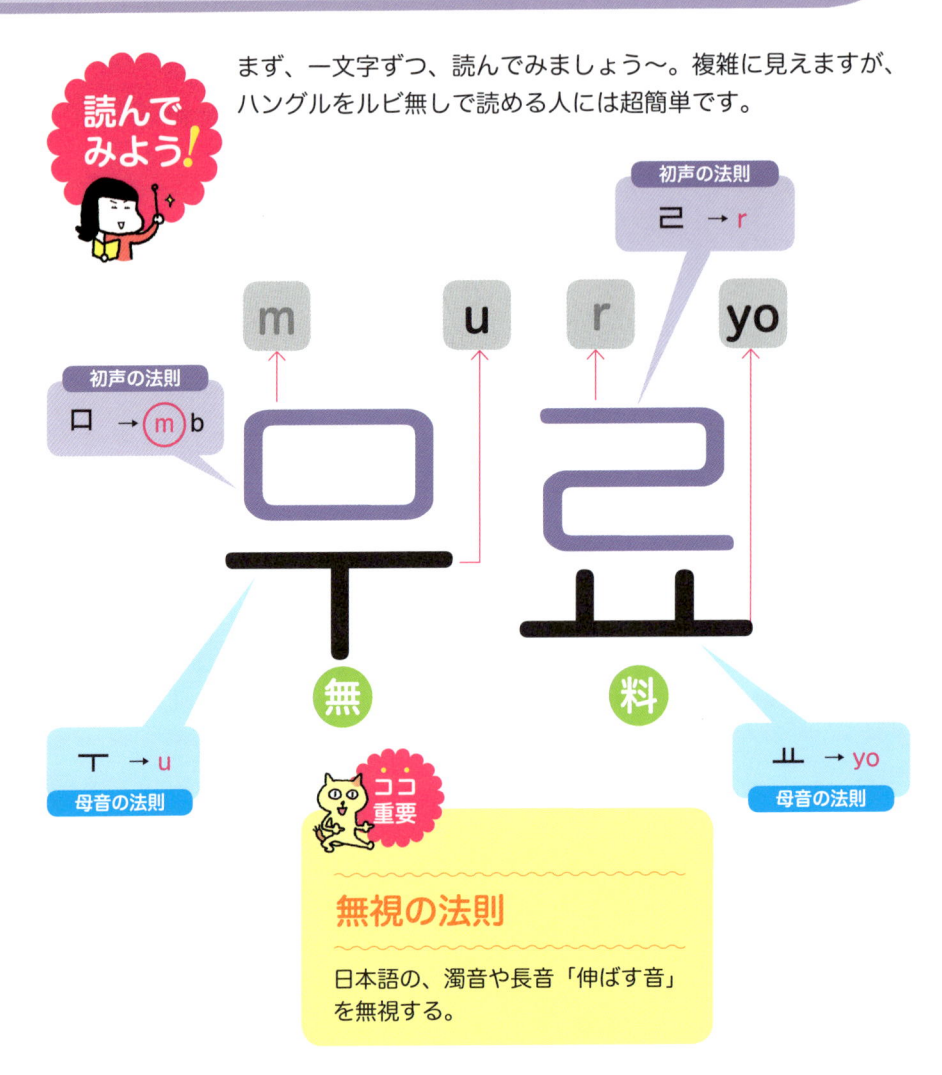

読んでみよう！

まず、一文字ずつ、読んでみましょう〜。複雑に見えますが、ハングルをルビ無しで読める人には超簡単です。

```
  m      u      r      yo
```

初声の法則
ㅁ → m / b

初声の法則
ㄹ → r

무 료
　無　　料

母音の法則
ㅜ → u

母音の法則
ㅛ → yo

ココ重要

無視の法則

日本語の、濁音や長音「伸ばす音」を無視する。

読んでみよう！

続けて、やってみましょう〜。

初声の「ㅁ」は、ローマ字で、「m か b」に該当するから、その中で当てずっぽうにします。

初声の法則
ㅁ → m ⓑ

s i ン b u ン

初声の法則
ㅅ → ⓢ j z

ㅣ → i
母音의法則

신문
新　　聞

ㅜ → u
母音의法則

ㄴ パッチム → ン
パッチムの法則

ㄴ パッチム → ン
パッチムの法則

ココ重要　パッチムがローマ字ではなく、「ン」である理由
「パッチム」だけは、日本語のカタカナにしたほうが、もっと、わかりやすいからです（当てずっぽうの法則）。

いかがですか？（笑）
「当てずっぽうの法則」は、とても「シンプル」です。
これは、日本語と発音も似ています。簡単でしたね。＾＾

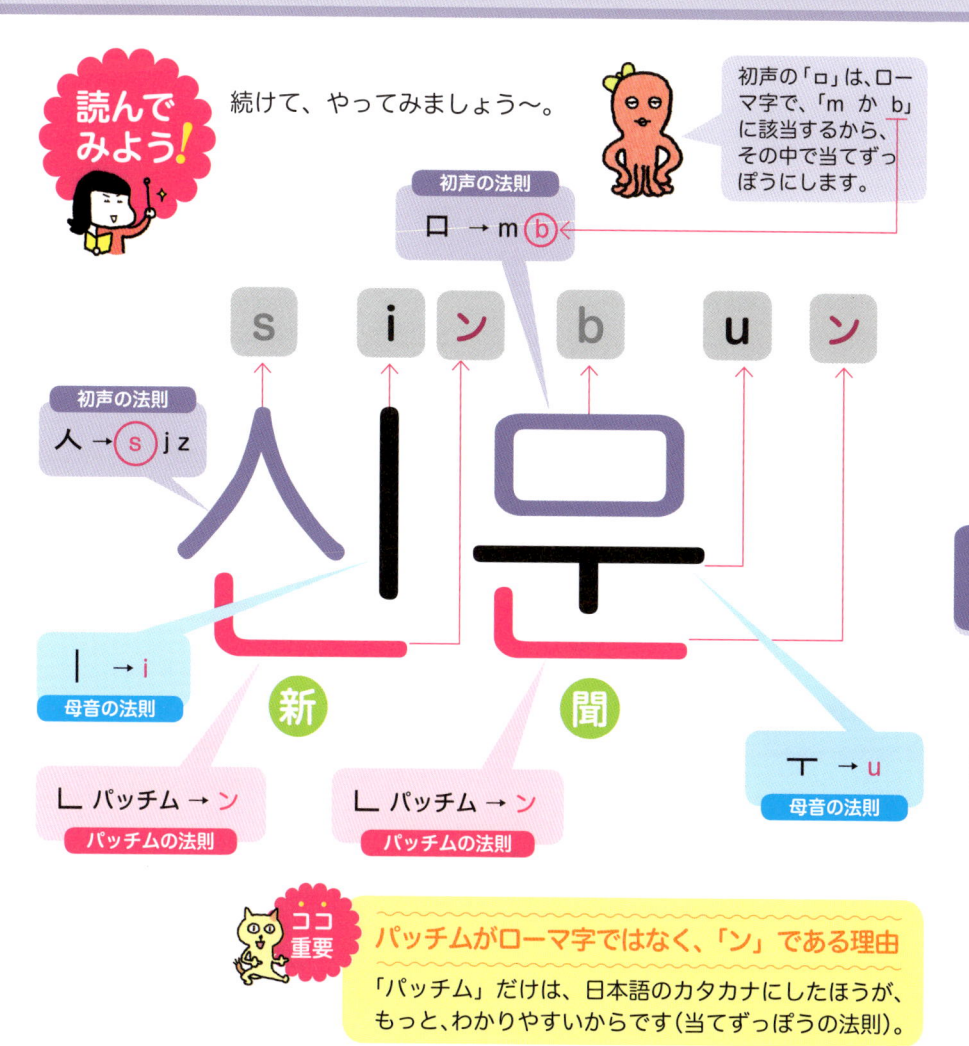

解答　무료신문＝無料新聞
　　　　　ム　リョ　シン　ムン

最初は、少し考える必要がありますが、慣れると、瞬時に頭の中で変換されて、すぐ、わかるようになります。信じなくていいですが、やってみればわかります（笑）。

PART 3　当てずっぽうの練習

練習問題

次のハングルを当てずっぽうの法則で読みなさい。

練習問題 01

무 리

ヒント!

意味も発音も
日本語と同じです。

解答 ➡ 73ページ

練習問題 02

무 시

ヒント!

意味も発音も
日本語と同じです。

解答 ➡ 73ページ

いかがですか？
何のとっかかりもないけど、読んで意味がわかりましたか？（笑）
日本語とほとんど同じだから、わかりやすいですよね〜。

それでは、もうひとつやってみましょう〜。
　また「시」が入っていますね。漢字が違っても、日本語で同じ発音は、韓国語でも同じ発音である確率が高いです。

練習問題 03

시 민

ヒント!

意味も発音も
日本語と同じです。

初声の「ㅁ」は、ローマ字で、
「m か b」に該当します。

解答➡73ページ

練習問題 04

시 야

ヒント!

意味も発音も
日本語と同じです。

初声の「ㅇ」の音価は
ありません。
だいたい、ZERO（無）だと
思ってもよいでしょう。

解答➡73ページ

PART 3 当てずっぽうの練習

どうですか？
　当てずっぽうで「当たった！」という楽しい感覚を、わかってもらえたでしょうか？　わかると本当にうれしくなりますよ〜。

51

例題

これも、ハングルをルビなしで読めれば、簡単ですね〜。

심야버스

<ヒント>漢字語と外来語が混ざっています！

読んでみよう！

「パッチム」に注意しながら、さっそく、読んでみましょう〜。

s　i　ン　無　　ya

初声の法則
ㅅ → s jz

母音の法則
ㅣ → i

深　　　　　夜

パッチムの法則
ㄴ ㅁ パッチム → ン

初声の法則
ㅇ → 無

母音の法則
ㅑ → ya

パッチム「ㄴ か ㅁ」は、ほとんど日本語の「ン」に該当します。ここで、当てずっぽうの法則として、自分のカンで読むわけです。

いかがですか？（笑）

少し「当てずっぽうの法則」について、理解できましたか？

日本語の場合、外来語は「カタカナ」で表記します。「버스（BUS）」は、韓国語ではないですが、韓国語ではそのままハングルで表記します。これも、日本語と発音も似ています。簡単ですね。＾＾

> **解答** 심야버스（BUS）＝深夜バス
> シ　ミャ　ボ　ス

　このように、韓国語でも、外来語が混ざっていますが、だいたいは、当てずっぽうでわかるレベルです。もちろん、最初は、少し考える必要がありますが、慣れると、瞬時に頭の中で変換されて、すぐ、わかるようになります（笑）。

練習問題

次のハングルを当てずっぽうの法則で読みなさい。

練習問題 05

안 심

ヒント！
意味も発音も
日本語と同じです。

パッチム「ㄴ か ㅁ」は、ほとんど日本語の「ン」に該当します。

解答 ➡ 73ページ

練習問題 06

안심 서비스

ヒント！
外来語が含まれています。

解答 ➡ 73ページ

PART 3　当てずっぽうの練習

例題

日本語と発音が似ている基礎的な漢字語です！

가족 사랑

<ヒント>これは簡単ですが、漢字語と韓国語の固有語が混ざっています。

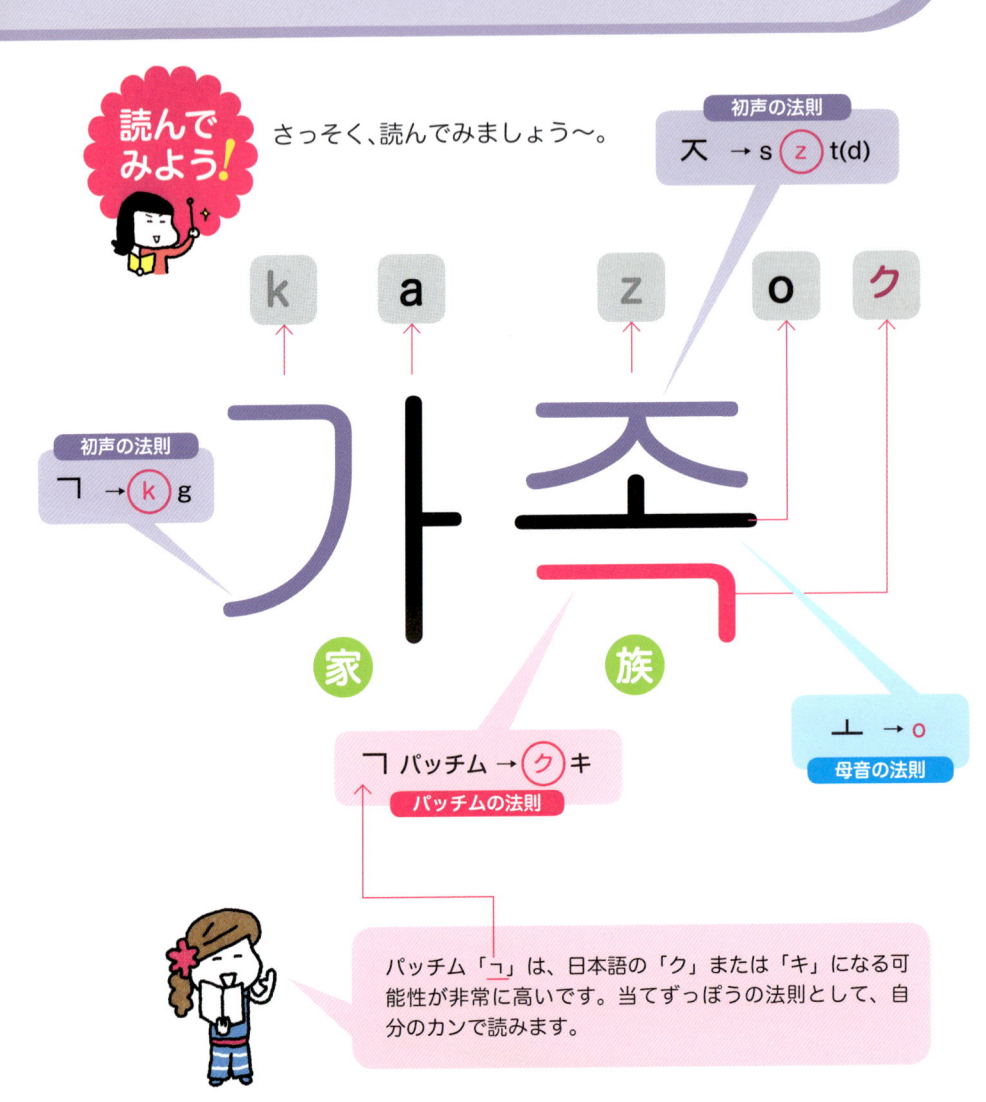

読んでみよう！

さっそく、読んでみましょう〜。

初声の法則
ㅈ → s (z) t(d)

k a z o ク

初声の法則
ㄱ → (k) g

가 족

家　族

ㅗ → o
母音の法則

ㄱ パッチム → (ク) キ
パッチムの法則

パッチム「ㄱ」は、日本語の「ク」または「キ」になる可能性が非常に高いです。当てずっぽうの法則として、自分のカンで読みます。

54

「사랑」は、純粋な韓国語です。
このように、韓国語は、漢字語だけではなく、外来語、固有語などが合わさって文章になります。
すなわち、

解答 가족 사랑 ＝ 家族の愛
ガ ジョㇰ　サ ラン

このように、**これまで少し覚えてきた「固有語」や「外来語」または「漢字語」もあるはずだから、それもヒントにします。** 簡単ですね（笑）。

練習問題

次のハングルを当てずっぽうの法則で読みなさい。

練習問題 07

약 속

ヒント！

意味も発音も
日本語と同じです。

「ㄱ パッチム」の当てずっぽうの法則で、発音してみます。

解答 ➡ 73ページ

練習問題 08

약속시간

ヒント！

「약속」と関係がある単語。

濁音をつけてみたり、取ったりして当てずっぽうで考えます。

解答 ➡ 73ページ

PART 3　当てずっぽうの練習

例題

これも基礎的で簡単な漢字語です！

비밀

<ヒント>「ㄹパッチム」は日本語の「ツ」か「チ」になる可能性が非常に高いです。

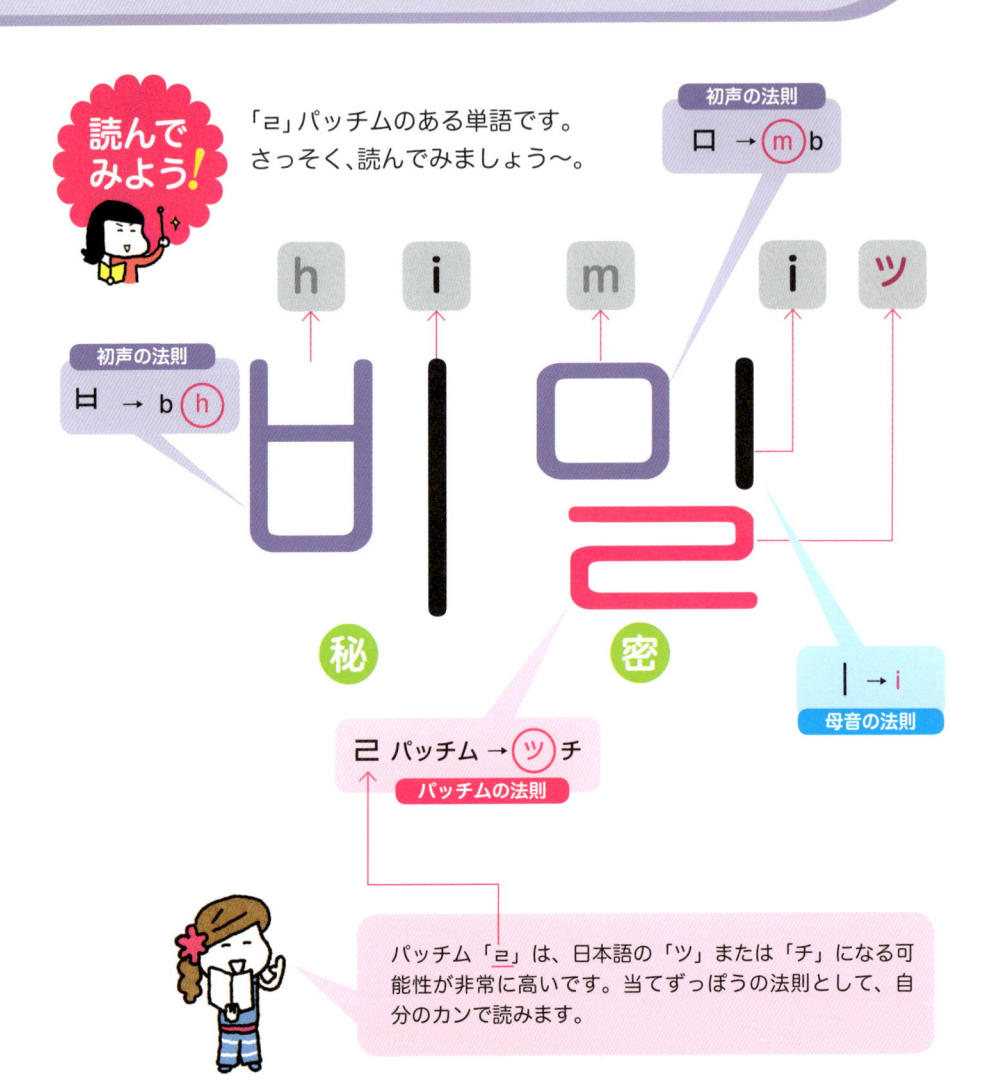

読んでみよう！

「ㄹ」パッチムのある単語です。さっそく、読んでみましょう〜。

初声の法則
ㅁ → ⓜb

初声の法則
ㅂ → b ⓗ

h i m i ツ

비 밀

㊙ ㊙

ㅣ → i
母音の法則

ㄹ パッチム → ⓣチ
パッチムの法則

パッチム「ㄹ」は、日本語の「ツ」または「チ」になる可能性が非常に高いです。当てずっぽうの法則として、自分のカンで読みます。

練習問題

次のハングルを当てずっぽうの法則で読みなさい。

練習問題 09

물리교실

ヒント

学ぶことと関係があります。

「ㄹパッチム」に注意します。

解答 ➡ 73ページ

練習問題 10

버스 출발

ヒント

ツアーと関係があります。

「ㄹパッチム」に注意しながら当てずっぽうの法則で考えます。

解答 ➡ 73ページ

練習問題 11

문화재 발굴

ヒント

考古学と関係があります。

「ㄹパッチム」に注意しながら当てずっぽうの法則で考えます。

解答 ➡ 73ページ

例題

基礎的だけど、少しレベルを上げてみましょう～(笑)

성공 전략

<ヒント>「oパッチム」は日本語の「イ」または「ウ」になる可能性が非常に高いです。

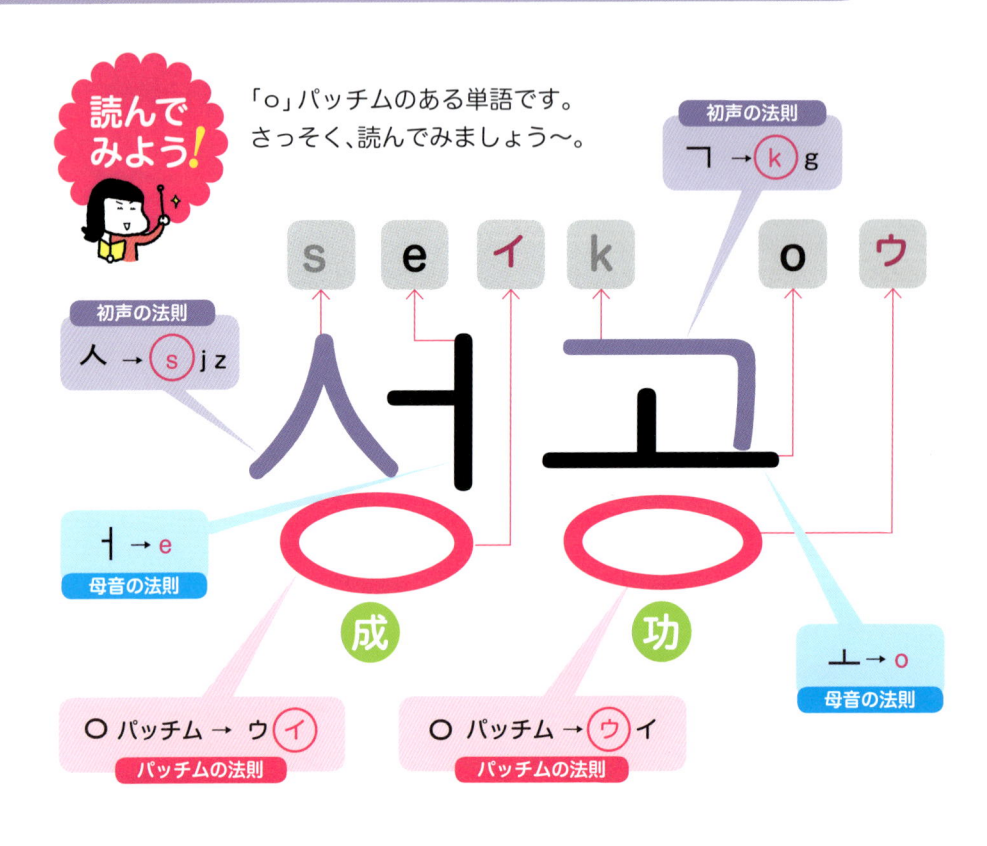

読んでみよう!

「o」パッチムのある単語です。
さっそく、読んでみましょう～。

初声の法則
ㄱ → k g

初声の法則
ㅅ → s j z

s e イ k o ウ

성공

成 功

ㅓ → e
母音の法則

ㅗ → o
母音の法則

○ パッチム → ウ イ
パッチムの法則

○ パッチム → ウ イ
パッチムの法則

パッチム「o」は、日本語の「イ」または「ウ」になる可能性が非常に高いです。当てずっぽうの法則として、自分のカンで読みます。

読んでみよう！

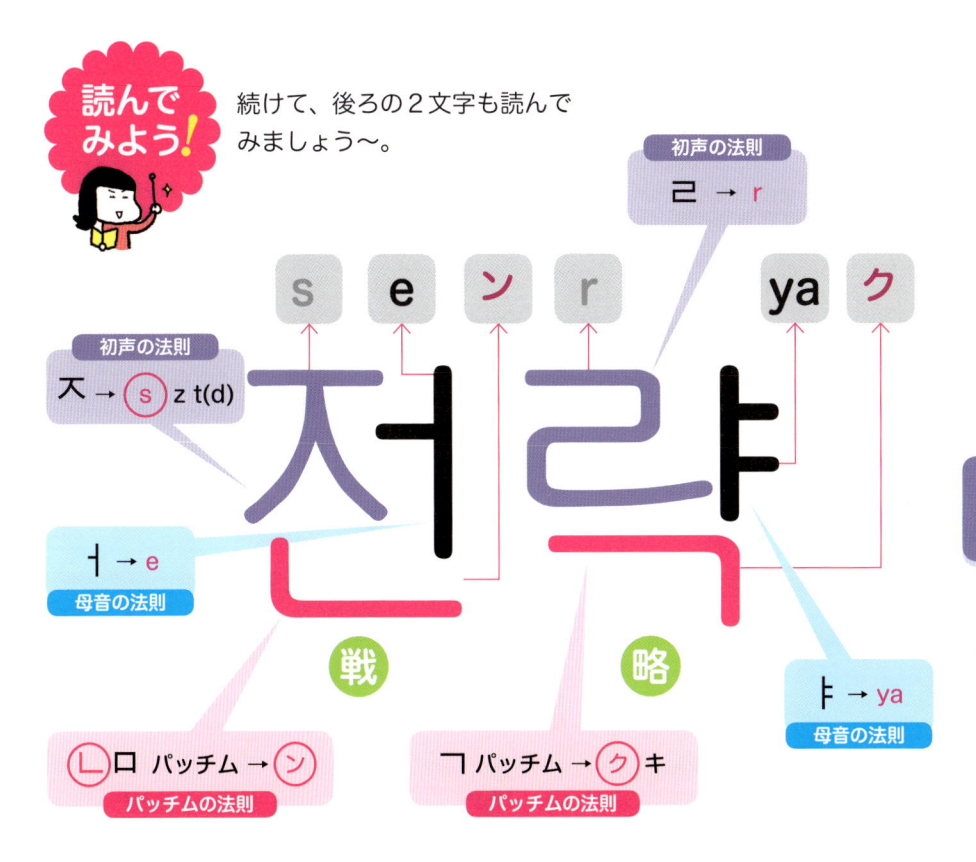

続けて、後ろの２文字も読んでみましょう～。

```
s    e    ン    r    ya   ク
```

- 初声の法則：ㅈ → s / z t(d)
- 母音の法則：ㅓ → e
- 戦
- パッチムの法則：ㄴㅁ パッチム → ン
- 略
- パッチムの法則：ㄱ パッチム → ク キ
- 初声の法則：ㄹ → r
- 母音の法則：ㅑ → ya

전략

このように、難しそうな単語も、「当てずっぽうの法則」さえわかれば、ハングルを眺めるだけで意味がわかる場合が多いんです（笑）。

すなわち、

解答 　**성공 전략＝成功戦略**
　　　　ソン　ゴン　ジョル　リャク

もちろん、ハングル文の背景や内容が推測できれば、もっとわかりやすくなります。
いかがですか？　簡単ではありませんか？（笑）

PART 3　当てずっぽうの練習

練習問題

次のハングルを当てずっぽうの法則で読みなさい。

練習問題 12

호텔 경영

ヒント
外来語が含まれています。

解答 ➡ 73ページ

練習問題 13

유명무실

ヒント
四字熟語です。

解答 ➡ 73ページ

練習問題 14

영원한 사랑

ヒント
望ましい男女関係。

「한」は「〜な」。形容詞の現在連体形です。

解答 ➡ 73ページ

いかがですか？（笑）

「当てずっぽうの法則」が、少しわかりましたか？

間違ってもいいから、どんどん練習問題を解いてみましょう〜。練習が大切です。＾＾

練習問題 15

次のハングルを当てずっぽうで解いて訳を漢字で書きなさい。

1 가구（　　）	11 도로（　　）	21 사기（　　）
2 가치（　　）	12 도시（　　）	22 유리（　　）
3 도구（　　）	13 치료（　　）	23 유료（　　）
4 온천（　　）	14 산만（　　）	24 기온（　　）
5 온도（　　）	15 기분（　　）	25 기간（　　）
6 기준（　　）	16 간단（　　）	26 분리（　　）
7 산소（　　）	17 심사（　　）	27 야간（　　）
8 속도（　　）	18 가속（　　）	28 기록（　　）
9 토론（　　）	19 요인（　　）	29 지식（　　）
10 민간（　　）	20 농민（　　）	30 독신（　　）

解答 ➡ 73ページ

PART 3　当てずっぽうの練習

2 イレギュラーな当てずっぽう！

「当てずっぽうの法則」は強力だが、なかにはイレギュラーもある。

法則どおりに読めないイレギュラーは、約2〜3割あります。でも残りの約7〜8割が「当てずっぽうの法則」で読めるわけですから、練習するうちに、ご自分の「カン」でわかるようになります。それでも、**ちょっとしたコツをつかめば大丈夫！　まあ〜少しのイレギュラーは、しかたないですね（汗）。**

例を見てみよう！

「여행（旅行）」は、よく使う単語ですが、イレギュラーです。例として見てみましょう。

여행 → Ryo k o ウ

- 初声の「ㅇ」は「無」なのに、なぜか「R」になります。
- 母音の「ㅕ」は「e」になるはずだけど、なぜか「yo」になります。
- 母音の「ㅐ」は「ai」になるはずだけど、なぜか「o」になります。

旅　ㅎ → k g h　【初声の法則】

行　ㅇ パッチム → ウ イ　【パッチムの法則】

※イレギュラーでも、「パッチムの法則」は、参考になります。

ココ重要

コツ：①ハングル文の背景や内容を推測して、当てずっぽうを使う。
　　　②イレギュラーの「単語」は、覚えてしまい、次に出たときのヒントにする。

> **ココ重要**
> イレギュラーも、「法則化」すると、「当てずっぽうの法則」があまりにも複雑になり、うんざりする原因となります。ですから「法則」はシンプルにしたほうがよいと思います。ということで、イレギュラーは法則化せず、「当てずっぽうの法則」を簡単にしました。

＊イレギュラーは法則にしない

「法則」というのは、わかりやすいのが一番です（笑）。

「当てずっぽうの法則」が効かないイレギュラーでも、**「初声とパッチムの法則」は当たる確率が大きい**です。つまり、**「母音の法則」にイレギュラーが多い**わけですが、それは、韓国語の母音が、「基本母音」と「複合母音」を合わせると、21個もありますから、母音の数が多すぎて、しかたがないところもあります（これは、あくまでも当てずっぽうですからね（笑））。

イレギュラーの例

単語	読み方	意味	備考
사용	サヨン	使用	「사」に注意
영어	ヨンオ	英語	「어」に注意
방송	バンソン	放送	「방」に注意
상황	サンファン	状況	「상황」両方に注意
규칙	ギュチㇰ	規則	「규칙」両方に注意
식품	シㇰプム	食品	「식품」両方に注意
식사	シㇰサ	食事	「식사」両方に注意

ワン・モア・ステップ

イレギュラーに対応する方法

韓国語の漢字語は、読み方が1つしかありませんから、イレギュラーでも同じです。**本当はイレギュラーを、覚えてしまうのが一番いいです。**

たとえば、「사용（使用）」の場合、「사」が「sa」にならず、「si」になるから、イレギュラーになりますが、漢字語である「사（使）」は、読み方が1つしかないから、他の単語でも同じくイレギュラーになります。

사용　使用　　**사**명　使命　　천**사**　天使　　대**사**관　大使館　　행**사**　行使

わかりますか？（笑）

> 漢字が違っても、日本語で同じ発音は、韓国語でも同じ発音である確率が超高いのに、同じ漢字だったら、読み方が1つしかないから、絶対に同じ発音になるわけです（笑）。

PART 3　当てずっぽうの練習

例題

イレギュラーも含めて、少しずつレベルの高い漢字語を見てみましょう〜（笑）

영업

<ヒント>「ㅂパッチム」は日本語の「ウ」になる可能性が高いですよ！

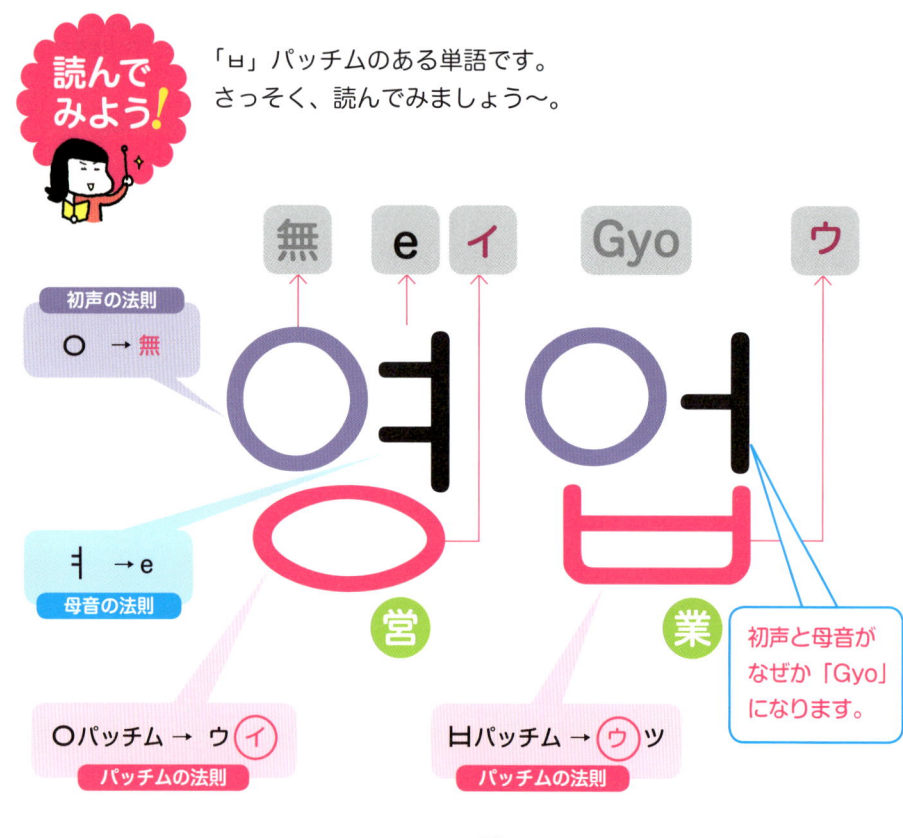

読んでみよう！

「ㅂ」パッチムのある単語です。
さっそく、読んでみましょう〜。

無　e　イ　　Gyo　ウ

初声の法則
ㅇ → 無

母音の法則
ㅕ → e

영(営)　업(業)

パッチムの法則
ㅇパッチム → ウ イ

パッチムの法則
ㅂパッチム → ウ ツ

初声と母音がなぜか「Gyo」になります。

イレギュラーでも、「パッチムの法則」は参考になります。

このように、「영（営）」は、「当てずっぽうの法則」でわかりますが、もう一つの文字は、イレギュラーになる場合もあります（笑）。だから、前後の文章があるときは、その内容や話の背景なども当てずっぽうで考えるようにしましょう。

すなわち、

解答　영업　=　営業
　　　　ヨン　オプ

ハングル文の背景や内容が推測できれば、もっとわかりやすくなりますよ〜。

ココ重要　「ㅂパッチム」は、ほとんどイレギュラーです。

練習問題

次のハングルを当てずっぽうの法則で読みなさい。

練習問題 16

기 업

ヒント！
営利を目的とする組織です。

解答 ➡ 73ページ

練習問題 17

모 집

ヒント！
広く呼びかけることです。

解答 ➡ 73ページ

3 実践！ 当てずっぽうの練習

文章のテーマを推測し、実際の文章を読み解く！

「百聞は一見にしかず」

「当てずっぽう」で、本当にハングルが読めるかどうか、やってみましょう〜。ここまで一緒にやってきた人には、きっとできるはずです（笑）。

＊「ハングル文」がどんな内容に関するものか推測する！

さあ、いよいよ実践的な練習に入ります。え〜、そんなにハングルばかり並んだ文章、とても読めない！　なんて尻込みしていませんか？

う〜ん、そうですね、みなさんは、まだ「当てずっぽう」を始めたばかりだから、まずヒントを提示しましょう！　これから読もうとする文章がどんな内容なのか？そのテーマだけでもわかっていると、格段に読みやすくなりますよ〜。

そのテーマは……

> 韓国人が日本に「新婚旅行」に来ます！

練習問題 18 〜 24 は、韓国人夫婦の新婚旅行がテーマです。それを念頭において、当てずっぽうのヒントとしてください。

最後の練習問題の 25 は、まったくの「ヒントなし」です。背景がわからない文章を読むのは少し難しいとは思いますが、ぜひ挑戦してください。ここまでがんばってきたみなさんなら、自分で覚えたこともない単語が読めるようになっているはずです！

これが、驚きの「当てずっぽうの法則」なんです（笑）。

実践練習

文章の背景を知れば、初めての文章もわかりやすい！

旅行パンフレットを読む

〈ヒント〉韓国人が日本へ新婚旅行に来たら、どこへ行く…？

練習問題

次のハングル文を当てずっぽうの法則で読みなさい。漢字語は青い文字で示してあります。

練習問題 18

신혼여행 일정표 (제 1 일)			
날자	시간	주요내용	비고
9/10 (목)	09:20	인천국제공항 출발 (KE003)	소요시간 약 2 시간
	11:30	나리타 국제공항 도착	리무진 버스로 이동
	15:00	호텔 체크인	
	16:00	신주쿠 관광	
	18:00	오다이바 관광	신바시역에서 유리카모메 이용
	22:00	호텔 숙박	(소요시간 약 13 분)

解答 ➡ 73ページ

　最初の問題はどうでしたか？　何かヒラメキがありましたか？（笑）
　まだ全部わからなくても大丈夫ですよ！
　何でもそうですが、練習は大切です〜。一人で寂しく練習するよりは、お友だちとみんなで練習すると、さらに効果的です。
　実際にやってみると、やっぱり背景や内容をわかっていれば、「当てずっぽう」もうまくいくでしょう？（笑）
　ここで、重要なことは、ただ読んで終わりではなく、**次に同じ単語が出てきたときのために、自分の中でヒントにすることです**（笑）。
　さあ、次のページから、どんどん読んでいきましょう〜。

練習問題 19

신주쿠 야경

일본 제1의 도시
일본의 중심지 신주쿠!

신주쿠는 시부야,
이케부쿠로와 함께
일본 최대의 도시

동경 도청 45층
무료 전망대

사진 촬영 OK

도쿄 도청

解答 ➡ 74 ページ

練習問題 20

일본을 대표하는
데이트 & 관광 에리아

오다이바
인기 시설, 오락·식사·쇼핑!

오다이바의 상징 레인보우 브릿지,
도쿄최대의 박람회장인
빅사이트와 오다이바에서 가장
인상적인 건축물인
○○TV 본사가 있으며,
온천 테마파크도 인기!

레인보우 브릿지

온천 테마파크

일본과학미래관

○○TV 본사 빌딩

解答 ➡ 74 ページ

今度は、ちょっと難しい「ハングル文」をやってみましょう～。＾＾

よし！
読んじゃうよ～

練習問題　21

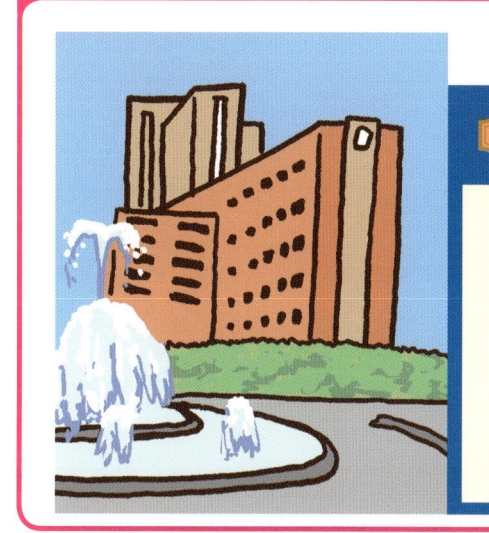

호텔 정보

동경 호텔

동경호텔은 전통의 서비스와
최신 설비를 겸비한
호텔입니다.

입지도 좋아서 고급 부티크가 많은
긴자와 마루노우치까지 도보로 5 분.
아사쿠사, 아키하바라,
도쿄디즈니랜드 등의 관광 명소로
이동도 편리합니다.

解答 ➡ 75 ページ

PART 3　当てずっぽうの練習

　いかがですか？　これは少し難易度が高いですね（笑）。あきらめないで挑戦してみてください。
　でも本当は、そんなに難しくないんです。信じなくていいですが、韓国語の基礎文法やある程度の単語がわかれば、当てずっぽうで全体の内容が「カン」で、わかるはずです。＾＾
　もちろん、あまりにも基礎がわからない方には、まだ難しいでしょう～。
　日本語と同じように、韓国語も、漢字語も多ければ外来語も多いです。
　しかし、今まではぜんぜんわからなかった文章も、こうやって「当てずっぽうの法則」で、いくらかわかるようになったのではないでしょうか？＾＾

漢字語だけではなく、韓国語の基礎や文法、
単語なども勉強しよう！

　当てずっぽうの法則は強力ですが、やっぱり韓国語の基礎文法や単語も勉強する必要があります（笑）。

練習問題 22

신혼여행 일정표 (제 2 일)

날자	시간	주요내용	비고
9/11 (금)	10:00	아사쿠사역으로 이동	지하철 긴자선 약 20 분
	11:30	아사쿠사 일본 전통 거리	
	15:00	신주쿠역으로 이동	JR 이용 약 30 분
	16:00	하코네로 이동	오다큐 이용 약 1 시간 30 분 소요
	18:00	하코네 도착	호텔로 이동
	22:00	호텔 체크인	

解答 ➡ 75 ページ

もう、「パッと見」でわかりますか？（笑）

練習問題 23

아사쿠사
에도 시대의 문화와 분위기가 그대로 !
아사쿠사는 동경의 역사적 · 전통적인 지역

센소지

에도 시대의 분위기를 체험할 수 있는 전통적인 거리 . 가미나리몬을 지나서 센소지로 들어가면 일본 고유의 전통 기념품을 판매하는 상점가 나카미세가 있다 .

가미나리몬

解答 ➡ 76 ページ

練習問題 24

절경! 후지산

웅대한 자연!

하코네 온천!

하코네

후지산, 아시노코, 해적선

오와쿠다니

온천

하코네는 후지하코네이즈국립공원 중앙에 있으며 도심에서 가까운 관광지·온천지·휴양지로 유명한 지역이다.

특히, 오와쿠다니, 아시노코, 해적선, 미술관, 온천 등이 인기!

〈참고〉
신주쿠에서 로망스카로 약 85 분
하코네 프리패스권 (2 일간 사용 가능)
5000 엔

하코네유모토역 → 등산열차 탑승 →
고라역 → 케이블카 탑승 → 소운잔 →
로프웨이 탑승 → 도겐다이 →
해적선 탑승 → 모토하코네 →
등산버스 → 하코네유모토역

解答 ➡ 76 ページ

PART 3　当てずっぽうの練習

パンフレット、読み終わったね！
絵もヒントになって結構読めたから、楽しかったな〜〜。
みんなはどうだった？
次の問題で最後だよ。上級者向けだけど、ぜひ挑戦してみてね！

実践練習

ヒント無し!! で読む

初心者は「ハングル文」を見ても、何が固有語で何が漢字語なのかすらもわからない場合が多いです。でも、練習するうちに徐々にわかってきます。次は、本当の「本番」ですよ～（笑）。

練習問題

次の何のとっかかりもない「ハングル文」を読んでみてください。

練習問題 25

세계유산 후지산

후지산의 귀중한 문화와 자연환경, 아름다운 경관을 보전하여 인류 공통의 유산으로서 후세에 계승해야 한다.

세계유산이란?
1972 년 유네스코 (국제연합 교육과학문화기관) 총회에서 결정된 세계유산조약 (※정식 명칭은「세계문화 및 자연유산 보호 조약」) 에 따라 세계유산 리스트에 등록되어 있는 물건 (유적, 건조물, 자연 등) 을 말합니다.

세계유산은 인류 공통의 재산으로서 국제적으로 보호, 보전하여 미래에 물려주어야 합니다.

解答 ➡ 77 ページ

　これは、上級者にも難しい文章です。これを当てずっぽうで、半分ぐらいでもわかったらスゴイですね～（笑）。100％わからなくても、大体の内容がわかるだけでも、スゴイと思います。
　寂しく一人じゃなくて、お友だちと一緒に、楽しく笑顔でがんばってくださいね～。

※参考：高度な内容に挑戦したい方は、日本のニュースをハングルにしたNHKのハングルニュースで練習したらいいかも!!（中～上級）
http://www3.nhk.or.jp/nhkworld/korean/top/news.html

練習問題 解答

01 무리→無理
ムリ

02 무시→無視
ムシ

03 시민→市民
シミン

04 시야→視野
シヤ

05 안심→安心
アンシム

06 안심 서비스→安心サービス
アンシム ソビス

07 약속→約束
ヤクソク

08 약속시간→約束時間
ヤクソク シガン

09 물리교실→物理教室
ムル リギョシル

10 버스 출발→バス出発
ボス チュルバル

11 문화재 발굴
ムヌァジェ バルグル
→文化財発掘

12 호텔 경영
ホ テル ギョンヨン
→ホテル経営

13 유명무실→有名無実
ユ ミョンムシル

14 영원한 사랑
ヨンウォナン サラン
→「永遠な愛」または「永遠の愛」

問題 → 50～60ページ

15

1	가구 ガグ	(家具)	11	도로 ドロ	(道路)	21	사기 サギ	(詐欺)
2	가치 ガチ	(価値)	12	도시 ドシ	(都市)	22	유리 ユリ	(有利)
3	도구 ドグ	(道具)	13	치료 チリョ	(治療)	23	유료 ユリョ	(有料)
4	온천 オンチョン	(温泉)	14	산만 サンマン	(散漫)	24	기온 ギオン	(気温)
5	온도 オンド	(温度)	15	기분 ギブン	(気分)	25	기간 ギガン	(期間)
6	기준 ギジュン	(基準)	16	간단 ガンダン	(簡単)	26	분리 ブルリ	(分離)
7	산소 サンソ	(酸素)	17	심사 シムサ	(審査)	27	야간 ヤガン	(夜間)
8	속도 ソクト	(速度)	18	가속 ガソク	(加速)	28	기록 ギロク	(記録)
9	토론 トロン	(討論)	19	요인 ヨイン	(要因)	29	지식 ジシク	(知識)
10	민간 ミンガン	(民間)	20	농민 ノンミン	(農民)	30	독신 ドクシン	(独身)

問題 → 61ページ

16 기업→企業
ギオプ

17 모집→募集
モジプ

問題 → 65ページ

18

ハングルの読み

신혼여행 일정표 (제 1 일)
シノン ニョヘン　イルチョンピョ　ジェ イ リル

날짜 ナルチャ	시간 シガン	주요내용 ジュヨネヨン	비고 ビゴ
9/10 (목) モク	09:20	인천국제공항 출발 (KE003) インチョン グッチェ ゴンハン チュルバル	소요시간 약 2 시간 ソヨ シガンヤッケ シガン
	11:30	나리타 국제공항 도착 ナリタ グッチェ ゴンハン ドチャク	리무진 버스로 이동 リムジン ボスロ イドン
	15:00	호텔 체크인 ホ テル チェク イン	
	16:00	신주쿠 관광 シンジュク グァングァン	
	18:00	오다이바 관광 オ ダイ バ グァングァン	신바역에서 유리카모메 이용 シンバ ヨゲソ ユリカモ メ イヨン
	22:00	호텔 숙박 ホ テル スクパク	(소요시간 약 13 분) ソヨ シガン ヤッ シザムブン

PART 3 当てずっぽうの練習

73

日本語訳

新婚旅行 日程表（第1日）

日付	時間	主要内容	備考
9/10 （木）	09:20	仁川国際空港 出発（KE003）	所要時間 約2時間
	11:30	成田 国際空港 到着	リムジンバスで 移動
	15:00	ホテル チェックイン	
	16:00	新宿 観光	
	18:00	お台場 観光	新橋駅から ゆりかもめ 利用
	22:00	ホテル 宿泊	(所要時間 約13分)

問題 ➡ 67 ページ

19

ハングルの読み

일본 제1의 도시
일본의 중심지 신주쿠！
신주쿠는 시부야,
이케부쿠로와 함께
일본 최대의 도시

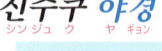

신주쿠 야경

동경 도청 45층
무료 전망대

사진 촬영 OK   도쿄 도청

日本語訳

日本第1の都市
日本の中心地新宿！
新宿は渋谷、
池袋と共に
日本最大の都市

新宿夜景

東京 都庁 45層(階)
無料 展望台

写真撮影 OK   東京都庁

問題 ➡ 68 ページ

20

ハングルの読み

일본을 대표하는
데이트 & 관광
에리어

오다이바

인기 시설, 오락・식사・쇼핑！

오다이바의 상징 레인보우 브릿지,
도쿄 최대의 박람회장인
빅사이트와 오다이바에서
가장 인상적인 건축물인
○○TV 본사가 있으며,
온천 테마파크도 인기！

레인보우 브릿지

온천 테마파크   일본과학미래관   ○○TV 본사빌딩

日本語訳

日本を 代表する
デート & 観光
エリア

お台場

人気施設、娯楽・食事・ショッピング！

お台場の象徴レインボーブリッジ、
東京最大の博覧会場である
ビックサイトとお台場で 一番
印象的な建築物である
○○TV 本社があり、
温泉テーマパークも 人気！

レインボーブリッジ

温泉テーマパーク    日本科学未来館   ○○TV 本社ビル

問題 ➡ 68 ページ

21

ハングルの読み

호텔 정보
ホ テル ジョンボ

동경호텔
ドン ギョン ホ テル

동경호텔은 전통의 서비스와
ドンギョン ホ テルン ジョントンエ ソ ビ ス ワ
최신 설비를 겸비한
チェシン ソルビルル ギョムビ ハン
호텔입니다.
ホ テ リム ニ ダ
입지도 좋아서 고급 부티크가 많은
イッチ ド ジョ ア ソ ゴ グプ ブ ティ ク ガ マヌン
긴자와 마루노우치까지 도보로 5 분.
ギンジャワ マル ノ ウ チ ッカ ジ ド ボ ロ オ ブン
아사쿠사, 아키하바라,
アサクサ アキハバラ
도쿄디즈니랜드 등의 관광 명소로
ド キョ ディ ジュ ニ レン ドゥ ドゥンエ グヮングヮン ミョンソ ロ
이동도 편리합니다.
イドンド ピョルリ ハム ニ ダ

日本語訳

ホテル 情報

東京 ホテル

東京ホテルは伝統のサービスと最新設備を兼備したホテルです。
立地もよくて高級ブティックが多い銀座と丸の内まで徒歩で5分。
浅草、秋葉原、東京ディズニーランド等の観光名所へ移動も便利です。

問題 ➡ 69ページ

22

ハングルの読み

신혼여행 일정표 (제 2 일)
シ ノン ニョヘン イルチョン ピョ ジェ イ イル

날짜 ナルチャ	시간 シガン	주요내용 ジュヨネヨン	비고 ビ ゴ
9/11 (금) グム	10:00	아사쿠사역으로 이동 アサクサヨグロ イドン	지하철 긴자선 약 20 분 ジ ハチョル ギンジャソン ヤッ イシップン
	11:30	아사쿠사 일본 전통 거리 アサクサ イルボン ジョントン ゴ リ	
	15:00	신주쿠역으로 이동 シンジュク ヨ グ ロ イドン	JR 이용 약 30 분 J R イヨン ヤッ サムシップン
	16:00	하코네로 이동 ハ コ ネ ロ イドン	오다큐 이용 약 1 시간 30 분 소요 オ ダキュ イヨン ヤッ ハンシガン サムシップン ソ ヨ
	18:00	하코네 도착 ハ コ ネ ド チャク	호텔로 이동 ホ テル ロ イドン
	22:00	호텔 체크인 ホ テル チェク イン	

日本語訳

新婚旅行 日程表 (第2日)

日付	時間	主要内容	備考
9/11 (金)	10:00	浅草駅へ移動	地下鉄銀座線約20分
	11:30	浅草日本伝統の町	
	15:00	新宿駅へ移動	JR利用約30分
	16:00	箱根へ移動	小田急利用約1時間30分所要
	18:00	箱根到着	ホテルへ移動
	22:00	ホテルチェックイン	

問題 ➡ 70ページ

23

ハングルの読み

아사쿠사
アサクサ

에도 시대의 문화와
エド シデエ ムヌァヮ

분위기가 그대로!
プヌイギガ グデロ

아사쿠사는 동경의 역사적·
アサクサヌン トンギョンエ ヨクサジョク

전통적인 지역
ジョントンジョギン ジヨク

에도 시대의 분위기를
エド シデエ プヌイギルル

체험할 수 있는 전통적인 거리.
チェホマル ス インヌン ジョントンジョギン ゴリ

가미나리몬을 지나서 센소지로
ガミナリモヌル ジナソ センソジロ

들어가면 일본 고유의 전통
ドゥロ ガミョン イルボン ゴユエ ジョントン

기념품을 판매하는 상점가
ギニョプムル パンメハヌン サンジョムガ

나카미세가 있다.
ナカミセガ イッタ

センソジ

가미나리몬

日本語訳

浅草

江戸時代の文化と
雰囲気がそのまま！

浅草は東京の歴史的・
伝統的な地域

浅草寺

江戸時代の雰囲気を
体験できる伝統的な町。
雷門を通って浅草寺へ
入ると日本固有の伝統
記念品を販売する商店街
仲見世がある。

雷門

問題➡70ページ

24

ハングルの読み

절경! 후지산
ジョルギョン フジサン

웅대한 자연
ウンデハン ジャヨン

하코네 온천
ハコネ オンチョン

하코네
ハコネ

후지산, 아시노코, 해적선
フジサン アシノコ ヘジョクソン

하코네는 후지하코네 이즈국립공원
ハコネヌン フジハコネ イジュグンニッコンウォン

중앙에 있으며 도심에서 가까운 관광지·
ジュンアンエ イッスミョ ドシメソ ガッカウン グァングァンジ

온천지·휴양지로 유명한 지역이다.
オンチョンジ ヒュヤンジロ ユミョンハン ジョギダ

특히, 오와쿠다니, 아시노코, 해적선,
トゥキ オワクダニ アシノコ ヘジョクソン

미술관, 온천 등이 인기!
ミスルグァン オンチョンドゥンイ インキ

〈참고〉 오와쿠다니
チャムゴ オワクダニ

신주쿠에서 로망스카로 약 85 분
シンジュクエソ ロマンスカロ ヤク プルシボブン

하코네 프리패스권 (2 일간 사용 가능)
ハコネ プリペスックォン イ イルガン サヨン ガヌン

5000 엔
オチョ ネン

日本語訳

絶景！富士山

雄大な 自然！

箱根 温泉！

箱根

富士山、芦ノ湖、海賊船

箱根は富士箱根伊豆国立公園
中央にあり都心から近い観光地・
温泉地・休養地として有名な地域である。

とくに、大涌谷、芦ノ湖、海賊船、
美術館、温泉等が人気！

〈参考〉 大涌谷

新宿からロマンスカーで約 85 分
箱根フリーパス券（2 日間使用可能）
5000 円

하코네유모토역→등산열차 탑승→
고라역→케이블카 탑승→소운잔→
로프웨이 탑승→도겐다이→
해적선 탑승→ 모토하코네
등산버스→하코네유모토역

온천

箱根湯元駅→登山列車搭乗→
強羅駅→ケーブルカー搭乗→早雲山→
ロープウェイ搭乗→桃源台
海賊船搭乗→元箱根
登山バス→箱根湯本駅

温泉

問題 ➡ 71 ページ

25

ハングルの読み

세계유산 후지산

후지산의 귀중한 문화와 자연 환경 , 아름다운 경관을 보전하여
인류 공통의 유산으로서 후세에 경승해야 한다 .

세계유산이란 ?
１９７２ 년 유네스코 (국제연합 교육과학문화기관) 총회에서 결정된 세계유산조약
(※정식 명칭은 「세계문화 및 자연유산 보호조약」)
에 따라 세계유산 리스트에 등록되어 있는 물건 (유적 , 건조물 , 자연 등) 을 말합니다 .

세계유산은 인류 공통의 재산으로서 국제적으로 보호 , 보전하여 , 미래에 물려주어야 합니다 .

日本語訳

世界遺産 富士山

富士山の貴重な文化と自然環境、美しい景観を保全し、
人類共通の遺産として後世に継承しなければならない。

世界遺産とは？
1972 年ユネスコ（国際連合教育科学文化機関）総会で決定された世界遺産条約
（※正式名称は「世界文化及び自然遺産保護条約」）
によって 世界遺産リストに登録されている物件（遺跡、建造物、自然等）を言います。

世界遺産は人類共通の財産として国際的に保護、保全して未来へ引き継がなければなりません。

問題 ➡ 72 ページ

これは、上級者レベルです。上級になればなるほど、直訳ではなく意訳も必要となりますが、まずは、基礎文法や固有語などの知識も当然必要ですので、楽しく笑顔で、お勉強を楽しんでください（笑）。コツさえわかれば、韓国語は簡単です。

PART 4

実践でひらめき力をアップする！

韓国語の漢字語を読もう〜！

日韓共通の漢字語を多数掲載！

　ここまで、「漢字の基礎」から「当てずっぽうの法則」、実践的な「当てずっぽうの練習」と読み進めてきましたが、、、いかがですか？　だいぶ読めるようになってきたのではないでしょうか？？（笑）
　この章では、日韓共通で使われている主な漢字を、日本語の読みの順に多数掲載しています。もちろん、これ以外にも漢字はありますが、これだけ読めるようになれば、かなりの文章の漢字語をカバーできますよ〜。
　ハングルのほうから調べたい、という人は、巻末にハングルから引ける「さくいん」がありますから、そちらを活用してくださいね！

クイズみたいに楽しんで解こう〜

　さあ、さっそく読んでみよう！　とページを開いてみて、、、「うわ〜、300ページもある！」なんてびっくりしなくても大丈夫ですよ〜。
　べつに、これを全部覚えなくちゃいけないわけじゃありません。むしろ、覚えないでください（笑）。ここまでに身につけた当てずっぽうの「ひらめき力」で、クイズみたいに楽しんで解いていけばいいんです。
　もちろん、まだ法則がきちんと頭に入っていなくても大丈夫です！「当てずっぽう」を使って読んでいるうちに、だんだんコツがつかめてきます。数を

こなすことも大切なんですね～。

みなさんも「わかる」感動を味わってください！

　次のページから始まる漢字表には、それぞれの漢字に、最大３つの漢字語（熟語）と、その漢字語を使った例文が掲載してあります。

　ルビなしでハングルが読める人は、まずは読み方のカタカナを隠して「当てずっぽう」にチャレンジしてください。なかなか日本語が浮かばないときは、「当てずっぽうの法則」の欄を参考にしてみます。どんな法則が働いているかわかるので、大きなヒントになりますよ～。

　読み方がわからないときは、カタカナを見て日本語を推理します（本当は、ハングルの発音は勉強してくださいね～）。

　ぜんぜん知らない単語なのに単語の意味がわかったとき、「わかった～～‼」と、それはもう、すごい感動に包まれることでしょう～（笑）。

　みなさんも、ぜひそんな感動を味わってください‼

001

重要度 ★☆☆☆☆ | 日本語 | 当てずっぽうの法則

아 (A) → **ア** (A)

初声の法則: ㅇ → 無
母音: ㅏ → a

重要度	漢字	単語の例	日本語の訓読み
★☆☆☆☆ 아	亜	아연 アヨン 亜鉛 아세아 アセア 亜細亜	—

例文 ➡ 동남아세아에 가고 싶어요 （東南アジアに行きたいです）
ドンナマセアエ ガゴ シポヨ

002

重要度 ★★☆☆☆ | 日本語 | 当てずっぽうの法則

애 (Ae) → **アイ** (Ai)

初声の法則: ㅇ → 無
母音: ㅐ → ai
同音異字の法則

重要度	漢字	単語の例	日本語の訓読み
★★★★★ 애	愛	애인 エイン 愛人 애정 エジョン 愛情 애국 エグク 愛国	いとしい 사랑스럽다 サランスロプタ

例文 ➡ 그는 애국자입니다 （彼は愛国者です）
クヌン エグクチャイムニダ

重要度	漢字	単語の例	日本語の訓読み
★☆☆☆☆ 애	哀	애절 エジョル 哀切 애통 エトン 哀痛 비애 ビエ 悲哀	哀れむ 불쌍히 여기다 プルサンヒ ヨギダ

例文 ➡ 비애를 느낍니다 （悲哀を感じます）
ビエルル ヌッキムニダ

003

重要度 ★★★★☆ | 日本語 | 当てずっぽうの法則

악 (Ak) → **アク** (Aku)

初声の法則: ㅇ → 無
パッチムの法則: ㄱ → ク キ
母音: ㅏ → a
同音異字の法則

80

重要度 ★★★★	漢字	単語の例		日本語の訓読み
악	悪	선악 ソナㇰ	善悪	悪い
		악마 アンマ	悪魔	나쁘다
		최악 チェアㇰ	最悪	ナップダ

例文 ➡ 최악의 남자 (最悪の男)
　　　　 チェアゲ ナムジャ

重要度 ★★★	漢字	単語の例		日本語の訓読み
악	握	악수 アㇰス	握手	握る
		파악 パアㇰ	把握	쥐다
		장악 ジャンアㇰ	掌握	ジュイダ

例文 ➡ 악수해 주세요 (握手してください)
　　　　 アㇰス ヘ ジュセヨ

004

重要度 ★★★★　**日本語**

안 → アン

当てずっぽうの法則
- 初声の法則　ㅇ → 無
- パッチムの法則　ㄴ → ン
- 母音　ㅏ → a
- 同音異字の法則

重要度 ★★★★	漢字	単語の例		日本語の訓読み
안	安	안심 アンシム	安心	安い
		불안 プラン	不安	싸다
		안녕 アンニョン	安寧	ッサダ

例文 ➡ 안심할 수 있어요 (安心できます)
　　　　 アンシマル ス イッソヨ

重要度 ★★★	漢字	単語の例		日本語の訓読み
안	案	안내 アンネ	案内	—
		고안 ゴアン	考案	
		제안 ジェアン	提案	

例文 ➡ 제가 안내하겠습니다 (私が案内します)
　　　　 ジェガ アンネ ハ ゲッスㇺ ニダ

> 「ㅐ→アイ」は覚えちゃうしかないね…。
> でも、「인=人」「정=情」「국=国」みたいに
> 組み合わせの漢字がわかりやすいときは、
> こちらから攻めるのもイイかも。
> 「○人」「○情」「○国」、「○」に共通して入る漢字は？
> …なんて、連想ゲームみたいに楽しんで解こう！

PART 4　韓国語の漢字語を読もう〜！

ア　カ　サ　タ　ナ　ハ　マ・ヤ　ラ・ワ

005

重要度 ★★★

암 (Am) → **アン** (An)

当てずっぽうの法則
- 初声の法則：ㅇ → 無
- バッチムの法則：ㅁ → ン
- 母音：ㅏ → a

重要度 ★★☆☆☆	漢字	単語の例		日本語の訓読み
암	暗	암시 アムシ / 암호 アモ / 암산 アムサン	暗示 / 暗号 / 暗算	暗い / 어둡다 オドゥプタ

例文 ▶ 암산이 빠르네요 （暗算が速いですね）
　　　アムサニ ッパル ネ ヨ

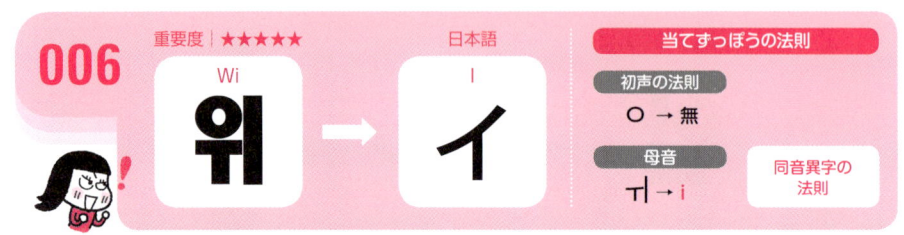

006

重要度 ★★★★★

위 (Wi) → **イ** (I)

当てずっぽうの法則
- 初声の法則：ㅇ → 無
- 母音：ㅟ → i
- 同音異字の法則

重要度 ★★★★★	漢字	単語の例		日本語の訓読み
위	位	위치 ウィチ / 학위 ハグィ / 품위 プムィ	位置 / 学位 / 品位	くらい / 지위 ジウィ

例文 ▶ 수상의 위치 （首相の位置）
　　　ス サンエ ウィチ

重要度 ★★★★☆	漢字	単語の例		日本語の訓読み
위	囲	범위 ボムィ / 주위 ジュウィ / 분위기 プヌィギ	範囲 / 周囲 / 雰囲気	囲む / 둘러싸다 ドゥルロッサダ

例文 ▶ 두 사람을 둘러싼 분위기 （2人を囲んでいる雰囲気）
　　　ドゥ サ ラ ムル ドゥル ロ ッサン プヌィギ

重要度 ★★★☆☆	漢字	単語の例		日本語の訓読み
위	偉	위인 ウィイン / 위대 ウィデ / 위용 ウィヨン	偉人 / 偉大 / 偉容	偉い / 훌륭하다 フルリュンハダ

例文 ▶ 그 노력이 위대해요 （その努力が偉大です）
　　　グ ノ リョギ ウィデ ヘ ヨ

82

重要度	★☆☆☆☆	漢字	単語の例		日本語の訓読み
위		尉	소위 ソウィ 중위 ジュンウィ 대위 デウィ	少尉 中尉 大尉	―

例文 → 그는 소위가 되었습니다　（彼は少尉になりました）
　　　　ク ヌン　ソ ウィガ　デ オッスム ニ ダ

重要度	★★☆☆☆	漢字	単語の例		日本語の訓読み
위		威	위협 ウィヒョプ 위력 ウィリョク 권위 グォヌィ	威脅(威嚇) 威力 権威	おどす 협박하다 ヒョ バ カ ダ

例文 → 상대를 위협했습니다　（相手を威嚇しました）
　　　　サン デ ルル　ウィ ヒョ ペッス ム ニ ダ

重要度	★★★☆☆	漢字	単語の例		日本語の訓読み
위		胃	위 ウィ 위암 ウィアム 위궤양 ウィグェヤン	胃 胃癌 胃潰瘍	―

例文 → 위가 아파요　（胃が痛いです）
　　　　ウィガ　ア パ ヨ

重要度	★★★★☆	漢字	単語の例		日本語の訓読み
위		違	위반 ウィバン 위법 ウィポプ 위화감 ウィファガム	違反 違法 違和感	違う 틀리다 トゥルリダ

例文 → 교통위반을 했어요　（交通違反をしました）
　　　　ギョトンウィ バヌル　ヘッ ソ ヨ

重要度	★★★★☆	漢字	単語の例		日本語の訓読み
위		委	위원 ウィウォン 위탁 ウィタク 위임 ウィイム	委員 委託 委任	ゆだねる 맡기다 マッキダ

例文 → 당신에게 위임합니다　（あなたに委任します）
　　　　ダン シ ネ ゲ　ウィ イ マム ニ ダ

重要度	★★☆☆☆	漢字	単語の例		日本語の訓読み
위		慰	위자료 ウィジャリョ 위문 ウィムン 위로 ウィロ	慰謝料 慰問 慰労	慰める 위로하다 ウィロ ハ ダ

例文 → 남자 친구를 위로했습니다　（彼氏を慰めました）
　　　　ナムジャ チング ルル　ウィ ロ ヘッス ム ニ ダ

PART 4　韓国語の漢字語を読もう〜！

ア　カ　サ　タ　ナ　ハ　マ・ヤ　ラ・ワ

重要度	★★★★☆	漢字	単語の例		日本語の訓読み
위	為	행위	ヘンウィ	行為	ために
		소위	ソウィ	所為	위하여
		인위적	イヌィジョク	人為的	ウィハ ヨ

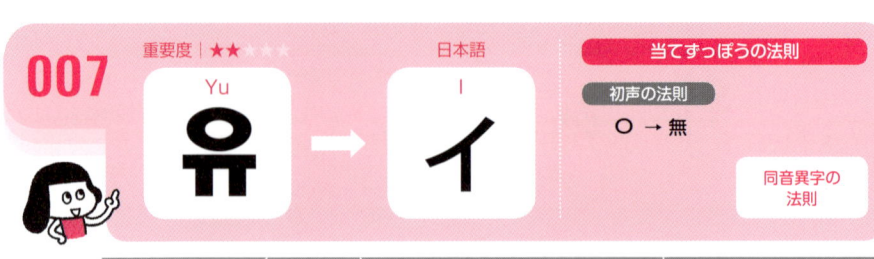

例文 ➡ 그것은 인위적이에요 （それは人為的です）
　　　 ク ゴスン　イヌィジョギ エ ヨ

007

重要度 ★★☆☆☆　　日本語　　当てずっぽうの法則

Yu　　　　　　　　　I

유 ➡ イ

初声の法則
ㅇ → 無

同音異字の法則

重要度	★☆☆☆☆	漢字	単語の例		日本語の訓読み
유	維	유지	ユジ	維持	—
		유신	ユシン	維新	
		섬유	ソミュ	繊維	

例文 ➡ 현재의 상태를 유지했습니다 （現在の状態を維持しました）
　　　 ヒョンジェエ サンテ テルル　ユ ジヘッスムニ ダ

重要度	★★★★☆	漢字	単語の例		日本語の訓読み
유	遺	유언	ユオン	*遺言	のこす
		유산	ユサン	遺産	남기다
		유전자	ユジョンジャ	遺伝子	ナムギダ

例文 ➡ 아버지가 유산을 남겼습니다 （お父さんが遺産をのこしました）
　　　 ア ボ ジ ガ　ユ サヌル ナムギョッスムニ ダ

008

重要度 ★★★★☆　　日本語　　当てずっぽうの法則

Ui　　　　　　　　　I

의 ➡ イ

初声の法則
ㅇ → 無

母音
ㅢ → i

同音異字の法則

重要度	★★☆☆☆	漢字	単語の例		日本語の訓読み
의	依	의뢰	ウィルェ	依頼	よる
		의존	ウィジョン	依存	따르다, 의하다
		의거	ウィゴ	依拠	ッタルダ　ウィハダ

例文 ➡ 알코올 의존증을 극복했습니다 （アルコール依存症を克服しました）
　　　 アル コオル ウィジョンチュンウル　グクポケッスム ニ ダ

重要度	★★★★☆	漢字	単語の例			日本語の訓読み
의		意	의견	ウィギョン	意見	—
			의미	ウィミ	意味	
			의욕	ウィヨク	意欲	

例文➡ 의견이 틀렸습니다 （意見が違いました）
ウィギョニ トゥルリョッスムニダ

重要度	★★★☆☆	漢字	単語の例			日本語の訓読み
의		衣	의복	ウィボク	衣服	ころも
			의식주	ウィシクチュ	衣食住	옷
			의류	ウィリュ	衣類	オッ

例文➡ 의식주는 인간생활의 3대 요소 （衣食住は人間生活の3大要素）
ウィシクチュヌン インガンセンファレ サムデ ヨソ

重要度	★★★★☆	漢字	単語の例			日本語の訓読み
의		医	의사	ウィサ	医師	—
			의원	ウィウォン	医院	
			의약품	ウィヤクプム	医薬品	

例文➡ 저는 의사가 되고 싶어요 （私は医師になりたいです）
ジョヌン ウィサガ デゴ シポヨ

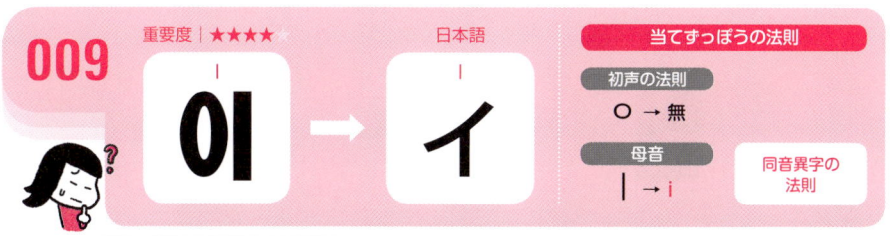

009

重要度 ★★★★☆　　**日本語**

이 → イ

当てずっぽうの法則

初声の法則　ㅇ → 無

母音　ㅣ → i

同音異字の法則

重要度	★★★★☆	漢字	単語の例			日本語の訓読み
이		以	이상	イサン	以上	—
			이전	イジョン	以前	
			이후	イフ	以後	

例文➡ 이상입니다 （以上です）
イサンイムニダ

重要度	★★★★☆	漢字	単語の例			日本語の訓読み
이		異	이성	イソン	異性	異なる
			이국	イグク	異国	다르다
			특이	トゥギ	特異	ダルダ

例文➡ 이성 친구 （異性の友だち）
イソン チング

PART 4　韓国語の漢字語を読もう～！

ア
カ
サ
タ
ナ
ハ
マ・ヤ
ラ・ワ

重要度 ★★★☆☆	漢字	単語の例	日本語の訓読み
이	移	이전 イジョン 移転 이동 イドン 移動 이민 イミン 移民	移す 옮기다 オムギダ

例文 ➡ 이쪽으로 이동해 주세요 （こちらへ移動してください）
イッチョグ ロ イドンヘ ジュセヨ

010

重要度 ★★★☆☆ Yuk 육 → Iku イク 日本語

当てずっぽうの法則
初声の法則 ㅇ → 無
パッチムの法則 ㄱ → ク キ

重要度 ★★★☆☆	漢字	単語の例	日本語の訓読み
육	育	교육 ギョユク 教育 보육 ボユク 保育 육아 ユガ 育児	育てる 기르다, 키우다 ギルダ　キウダ

例文 ➡ 학교 교육이 중요합니다 （学校の教育が重要です）
ハッキョ ギョユギ ジュンヨ ハムニダ

011

重要度 ★★★★☆ Il 일 → Ichi イチ 日本語

当てずっぽうの法則
初声の法則 ㅇ → 無
パッチムの法則 ㄹ → ッ チ
母音 ㅣ → i

重要度 ★★★★☆	漢字	単語の例	日本語の訓読み
일	一	일반 イルバン *一般 제일 ジェイル 第一 단일 ダニル *単一	ひとつ 하나 ハナ

例文 ➡ 당신이 제일 중요합니다 （あなたが第一重要です）
ダンシニ ジェイル ジュンヨ ハムニダ

「一」の例文「제일 중요합니다」は、直訳すると「第一重要です」。韓国語では助詞を省くことが多いから、補って訳さないとね。「陰」の単語例「음지」はちょっと難しいかも。日本語は訓読みの場合もあるから想像力を働かせよう！

012

重要度 ★★★★	日本語	当てずっぽうの法則
Won **원** →	In **イン**	初声の法則 ○→無 / パッチムの法則 ⓝㅁ→ン / 同音異字の法則

重要度 ★★★	漢字	単語の例	日本語の訓読み
원	院	원장 ウォンジャン 院長 병원 ピョンウォン 病院 입원 イボン 入院	―

例文 ➡ 아버지가 병원에 입원했어요 （父が病院に入院しました）
アボジガ ピョンウォネ イボネッソヨ

重要度 ★★★★	漢字	単語の例	日本語の訓読み
원	員	위원 ウィウォン 委員 회원 フェウォン 会員 사무원 サムウォン 事務員	―

例文 ➡ 회원이 모였습니다 （会員が集まりました）
フェウォニ モヨッスムニダ

013

重要度 ★★★★	日本語	当てずっぽうの法則
Eum **음** →	In **イン**	初声の法則 ○→無 / パッチムの法則 ⓝㅁ→ン / 母音 ー→i / 同音異字の法則

重要度 ★★★	漢字	単語の例	日本語の訓読み
음	陰	음지 ウムジ *陰地 음모 ウムモ 陰謀 음양 ウミャン 陰陽	かげ 그늘, 응달 グヌル ウンダル

例文 ➡ 음지는 시원합니다 （陰地は涼しいです）
ウムジヌン シウォナムニダ

重要度 ★★★	漢字	単語の例	日本語の訓読み
음	飲	음식 ウムシク 飲食 음주 ウムジュ 飲酒 음료수 ウムニョス 飲料水	飲む 마시다 マシダ

例文 ➡ 음주운전을 해서는 안 됩니다 （飲酒運転をしてはいけません）
ウムジュウンジョヌル ヘソヌン アン デムニダ

014

重要度 ★★★★☆ 　日本語

인 → **イン**
In　　In

当てずっぽうの法則

初声の法則　ㅇ → 無
パッチムの法則　ㄴㅁ → ン
母音　ㅣ → i
同音異字の法則

重要度 ★★★☆☆	漢字	単語の例		日本語の訓読み
인	印	인상　インサン　印象 인감　インガム　印鑑 인세　インセ　印税		しるし 표시 ピョシ

例文 ➡ 첫인상이 중요합니다　(第一印象が重要です)
　　　チョディンサン　イ　ジュンヨ　ハムニ　ダ

重要度 ★★★★☆	漢字	単語の例		日本語の訓読み
인	引	인도　インド　引導 인용　イニョン　引用 할인　ハリン　*割引		引く 끌다, 당기다 ックルダ　ダンギダ

例文 ➡ 이 상품은 할인됩니다　(この商品は割引できます)
　　　イ　サンプムン　ハリンデムニダ

015

重要度 ★★★★☆ 　日本語

우 → **ウ**
U　　U

当てずっぽうの法則

初声の法則　ㅇ → 無
母音　ㅜ → u
同音異字の法則

重要度 ★★★★☆	漢字	単語の例		日本語の訓読み
우	右	우측　ウチュク　*右側 좌우　ジョアウ　*左右 우익　ウイク　右翼		みぎ 오른쪽 オルンチョク

例文 ➡ 여기는 우측통행입니다　(ここは右側通行です)
　　　ヨギヌン　ウチュクトンヘンイムニダ

重要度 ★★☆☆☆	漢字	単語の例		日本語の訓読み
우	宇	우주　ウジュ　宇宙		―

例文 ➡ 우주는 신비합니다　(宇宙は神秘です)
　　　ウジュヌン　シンビハムニダ

重要度 ★★★★☆	漢字	単語の例			日本語の訓読み
우	雨	우천 ウチョン	雨天		あめ 비 ピ
		호우 ホウ	豪雨		
		폭우 ポグ	暴雨		
	例文 →	지금 폭우가 내리고 있어요　(今、暴雨が降っています) ジグム ポグガ ネリゴ イッソ ヨ			

016

重要度 ★★★★☆　日本語

운 (Un) → **ウン** (Un)

当てずっぽうの法則
- 初声の法則: ㅇ → 無
- パッチムの法則: ㄴ → ン
- 母音: ㅜ → u
- 同音異字の法則

重要度 ★★★★☆	漢字	単語の例			日本語の訓読み
운	運	행운 ヘンウン	幸運		運ぶ 나르다, 옮기다 ナルダ オムギダ
		운전 ウンジョン	運転		
		운동 ウンドン	運動		
	例文 →	행운의 여신이 미소짓습니다　(幸運の女神がほほえみます) ヘンウネ ヨシニ ミソジッスムニダ			

重要度 ★★☆☆☆	漢字	単語の例			日本語の訓読み
운	雲	운해 ウネ	雲海		くも 구름 グルム
		운우 ウヌ	雲雨		
	例文 →	비행기에서 본 운해　(飛行機から見た雲海) ビヘンギエソ ボン ウネ			

017

重要度 ★★★★★　日本語

영 (Yeong) → **エイ** (Ei)

当てずっぽうの法則
- 初声の法則: ㅇ → 無
- パッチムの法則: ㅇ → ウ(イ)
- 母音: ㅕ → e
- 同音異字の法則

重要度 ★★★★★	漢字	単語の例			日本語の訓読み
영	影	영향 ヨンヒャン	影響		かげ 그림자 グリムジャ
		투영 トゥヨン	投影		
		음영 ウミョン	陰影		
	例文 →	사회적인 영향　(社会的な影響) サフェジョギン ヨンヒャン			

PART 4　韓国語の漢字語を読もう〜!

ア カ サ タ ナ ハ マ・ヤ ラ・ワ

重要度	★★★★★	漢字	単語の例			日本語の訓読み	
	영	栄	영광	ヨングヮン	栄光	栄える	
			영예	ヨンイェ	栄誉	번영하다, 번창하다	
			허영	ホヨン	虚栄	ポニョンハダ ポンチャンハダ	

例文 ➡ 만나뵈서 영광입니다 （お会いできて光栄です）
マンナ ベ ソ ヨングヮンイムニダ

重要度	★★★★★	漢字	単語の例			日本語の訓読み
	영	映	영화	ヨンファ	映画	映る
			영상	ヨンサン	映像	비치다
			반영	パニョン	反映	ピ チ ダ

例文 ➡ 토요일에 영화 보러 갑시다 （土曜日に映画見に行きましょう）
ト ヨ イ レ ヨンファ ボ ロ ガプ シ ダ

重要度	★★★★★	漢字	単語の例			日本語の訓読み
	영	営	영업	ヨンオプ	営業	営む
			운영	ウニョン	運営	영위하다, 경영하다
			경영	ギョンヨン	経営	ヨンウィ ハ ダ ギョンヨンハダ

例文 ➡ 영업은 몇 시까지입니까? （営業は何時までですか）
ヨンオブン ミョッ シッカ ジイムニ カ

重要度	★★★★★	漢字	単語の例			日本語の訓読み
	영	永	영원	ヨンウォン	永遠	―
			영구	ヨング	永久	
			영주	ヨンジュ	永住	

例文 ➡ 영원한 사랑 （永遠の愛）
ヨンウォナン サラン

重要度	★★★★★	漢字	単語の例			日本語の訓読み
	영	泳	수영	スヨン	水泳	泳ぐ
			배영	ベヨン	背泳	헤엄치다
			유영	ユヨン	遊泳	ヘオム チ ダ

例文 ➡ 수영을 배우고 있어요 （水泳を習っています）
スヨヌル ベ ウ ゴ イッソ ヨ

重要度	★★★★★	漢字	単語の例			日本語の訓読み
	영	英	영어	ヨンオ	英語	―
			육영	ユギョン	育英	
			영재	ヨンジェ	英才	

例文 ➡ 영어도 잘하시네요 （英語もお上手ですね）
ヨンオド ジャラシ ネ ヨ

重要度 ★★★★★	漢字	単語の例	日本語の訓読み
영	詠	영가 ヨンガ 詠歌	—

例文 ➡ 영가를 가르쳤습니다 (詠歌を教えました)
ヨンガルル ガルチョッスムニダ

018

重要度 ★★★★★
Aek　→　Eki
액　→　エキ

当てずっぽうの法則
初声の法則　ㅇ → 無
パッチムの法則　ㄱ → ク(キ)

重要度 ★★★★★	漢字	単語の例	日本語の訓読み
액	液	액체 エクチェ 液体 액정 エクチョン 液晶 혈액 ヒョレク 血液	—

例文 ➡ 오늘 혈액검사를 했어요 (今日、血液検査をしました)
オヌル ヒョレッコムサルル ヘッソヨ

019

重要度 ★★★★★
Yeok　→　Eki
역　→　エキ

当てずっぽうの法則
初声の法則　ㅇ → 無
パッチムの法則　ㄱ → ク(キ)
母音　ㅕ → e
同音異字の法則

重要度 ★★★★★	漢字	単語の例	日本語の訓読み
역	駅	역장 ヨクチャン 駅長 역무원 ヨンムウォン 駅務員	—

例文 ➡ 친절한 역무원 (親切な駅務員〈駅員〉)
チンジョラン ヨンムウォン

重要度 ★★★★★	漢字	単語の例	日本語の訓読み
역	役	역할 ヨクァル *役割 병역 ピョンヨク 兵役 복역 ボギョク 服役	—

例文 ➡ 그 역할이 중요합니다 (その役割が重要です)
グ ヨクァリ ジュンヨハムニダ

020

重要度 ★★★

연 (Yeon) → **エン** (En)

- 当てずっぽうの法則
- 初声の法則：ㅇ → 無
- パッチムの法則：ㄴㅁ → ン
- 母音：ㅕ → e
- 同音異字の法則

연 / 延　重要度 ★★☆☆☆

単語の例			日本語の訓読み
연기	ヨンギ	延期	延びる
연장	ヨンジャン	延長	연장되다, 연기되다
지연	ジヨン	遅延	ヨンジャンデダ　ヨンギデダ

例文 ➡ 회의는 연기되었습니다 （会議は延期されました）
フェイヌン ヨンギ デオッスムニダ

연 / 演　重要度 ★★★☆☆

単語の例			日本語の訓読み
연기	ヨンギ	演技	―
연출	ヨンチュル	演出	
연설	ヨンソル	演説	

例文 ➡ 재미있는 연출 （おもしろい演出）
ジェミインヌン ヨンチュル

연 / 煙　重要度 ★★☆☆☆

単語の例			日本語の訓読み
애연	エヨン	愛煙	けむり
금연	グミョン	禁煙	연기
흡연	フビョン	吸煙（喫煙）	ヨンギ

例文 ➡ 여기는 금연입니다 （ここは禁煙です）
ヨギヌン グミョンニムニダ

021

重要度 ★★★

염 (Yeom) → **エン** (En)

- 当てずっぽうの法則
- 初声の法則：ㅇ → 無
- パッチムの法則：ㄴㅁ → ン
- 母音：ㅕ → e
- 同音異字の法則

염 / 塩　重要度 ★★★☆☆

単語の例			日本語の訓読み
염소	ヨムソ	塩素	しお
천일염	チョニルリョム	天日塩	소금
식염	シギョム	食塩	ソグム

例文 ➡ 천일염은 조금 비싸요 （天日塩は少し高いです）
チョニルリョムン ジョグム ピッサヨ

重要度 ★★★☆☆	漢字	単語の例	日本語の訓読み
염	炎	간염 ガニョム 肝炎 소염 ソヨム 消炎 염증 ヨムチュン 炎症	ほのお 화염, 불길 ファヨム ブルキル

例文 → 이 약에는 소염작용이 있습니다　（この薬には消炎作用があります）
イ ヤゲヌン ソヨムジャギョンイ イッスムニダ

022

重要度 ★★★★☆

Won 원 → エン En

当てずっぽうの法則
- 初声の法則: ㅇ → 無
- パッチムの法則: ㄴㅁ → ン
- 母音: ㅝ → e
- 同音異字の法則

重要度 ★★★★☆	漢字	単語の例	日本語の訓読み
원	円	원활 ウォヌアル 円滑 원만 ウォンマン 円満 타원형 タウォニョン 楕円形	―

例文 → 원만한 인간 관계　（円満な人間関係）
ウォンマナン インガン グヮンゲ

重要度 ★★★☆☆	漢字	単語の例	日本語の訓読み
원	園	공원 ゴンウォン 公園 정원 ジョンウォン 庭園 낙원 ナグォン 楽園	その 동산 ドンサン

例文 → 공원에 산보하러 갑시다　（公園へ散歩に行きましょう）
ゴンウォネ サンボ ハロ ガプシダ

重要度 ★★★★☆	漢字	単語の例	日本語の訓読み
원	遠	영원 ヨンウォン 永遠 원정 ウォンジョン 遠征 소원 ソウォン 疎遠	遠い 멀다 モルダ

例文 → 영원한 생명　（永遠の生命）
ヨンウォナン センミョン

こそあど言葉
覚えておくと便利だよ～

この 이 イ	その 그 グ	あの 저 チョ	どの 어느 オヌ
これ 이것 イゴッ	それ 그것 グゴッ	あれ 저것 チョゴッ	どれ 어느 것 オヌゴッ
ここ 여기 ヨギ	そこ 거기 ゴギ	あそこ 저기 チョギ	どこ 어디 オディ

PART 4　韓国語の漢字語を読もう～！

ア カ サ タ ナ ハ マ・ヤ ラ・ワ

023

重要度 ★★★★　日本語　当てずっぽうの法則

O　　→　　O

오 → オ

初声の法則
ㅇ → 無

母音
ㅗ → o

重要度 ★★★★	漢字	単語の例	日本語の訓読み
오	汚	오명　オミョン　汚名 오물　オムル　汚物 오염　オヨム　汚染	汚い 더럽다 ドロプタ

例文 ➡ 대기오염물질　（大気汚染物質）
　　　　デ ギ オ ヨム ムルチル

024

重要度 ★★★　日本語　当てずっぽうの法則

Ang　　→　　Ou

앙 → オウ

初声の法則　　バッチムの法則
ㅇ → 無　　　 ㅇ → ウイ

重要度 ★★★	漢字	単語の例	日本語の訓読み
앙	央	중앙　ジュンアン　中央	—

例文 ➡ 중앙선의 운행상황　（中央線の運行状況）
　　　　ジュンアン ソ ネ　ウネンサンファン

025

重要度 ★★★　日本語　当てずっぽうの法則

Wang　　→　　Ou

왕 → オウ

初声の法則　　バッチムの法則
ㅇ → 無　　　 ㅇ → ウイ

重要度 ★★★	漢字	単語の例	日本語の訓読み
왕	王	왕국　ワングク　王国 왕자　ワンジャ　王子 대왕　デワン　大王	王様 임금님 イムグムニム

例文 ➡ 백마를 탄 왕자님　（白馬に乗った王子様）
　　　　ペン マ ルル タン ワンジャニム

94

026

重要度 ★★★★☆	日本語	当てずっぽうの法則
Eung **응**	Ou **オウ**	初声の法則 ○ → 無　バッチムの法則 ○ → ⓤイ

重要度 ★★★★☆	漢字	単語の例	日本語の訓読み
응	応	응원　ウンウォン　応援 응용　ウンヨン　応用 적응　ジョグン　適応	応する 응하다 ウンハダ

例文➡ 통밥의 법칙을 응용했습니다　（当てずっぽうの法則を応用しました）
トンバベ ボブチグル ウンヨンヘッスムニダ

026

重要度 ★★★★☆	日本語	当てずっぽうの法則
Hwang **황**	Ou **オウ**	バッチムの法則 ○ → ⓤイ

重要度 ★★★☆☆	漢字	単語の例	日本語の訓読み
황	黄	황금　ファングム　黄金 황혼　ファンホン　*黄昏 황사　ファンサ　*黄砂	黄色い 노랗다 ノラタ

➡「コウ」p176　例文➡ 얼굴의 황금비율　（顔の黄金比率）
オルグレ ファングムビユル

028

重要度 ★★★★☆	日本語	当てずっぽうの法則
Hoeng **횡**	Ou **オウ**	バッチムの法則 ○ → ⓤイ

重要度 ★★★☆☆	漢字	単語の例	日本語の訓読み
횡	横	횡단　フェンダン　横断 횡령　フェンニョン　横領 횡포　フェンポ　横暴	よこ 가로, 옆 ガロ ヨプ

例文➡ 일본열도 횡단　（日本列島横断）
イルボンニョルト フェンダン

PART 4 韓国語の漢字語を読もう〜！

029

重要度 ★★★★

日本語

Eok　→　Oku

억 → オク

当てずっぽうの法則
- 初声の法則　ㅇ → 無
- パッチムの法則　ㄱ → ㋗ キ
- 同音異字の法則

重要度	漢字	単語の例		日本語の訓読み
★★★★ 억	億	억조　オㇰチョ　億兆 일억 원　イログォン　一億ウォン		—

例文 ➡ 일억 원을 벌었습니다　（一億ウォンを稼ぎました）
　　　　イ ロ グォヌル ボロッスムニ ダ

重要度	漢字	単語の例		日本語の訓読み
★★☆☆ 억	憶	억측　オㇰチュク　憶測 기억　ギオㇰ　記憶 추억　チュオㇰ　追憶		—

例文 ➡ 수면과 기억에 관하여　（睡眠と記憶について）
　　　　スミョングァ ギ オ ゲ グァナ ヨ

030

重要度 ★★★★

日本語

Ok　→　Oku

옥 → オク

当てずっぽうの法則
- 初声の法則　ㅇ → 無
- パッチムの法則　ㄱ → ㋗ キ
- 母音　ㅗ → o

重要度	漢字	単語の例		日本語の訓読み
★★☆☆ 옥	屋	옥상　オㇰサン　屋上 옥외　オゲ　屋外		—

例文 ➡ 옥외 광고물　（屋外広告物）
　　　　オ ゲ グァンゴ ムル

031

重要度 ★★★★

日本語

On　→　On

온 → オン

当てずっぽうの法則
- 初声の法則　ㅇ → 無
- パッチムの法則　ㄴ → ン
- 母音　ㅗ → o
- 同音異字の法則

重要度	★★★★	漢字	単語の例			日本語の訓読み
온		温	온천	オンチョン	温泉	温かい
			기온	ギオン	気温	따뜻하다
			온도	オンド	温度	ッタットゥタ ダ

例文 ➡ 같이 온천에 가실래요？ （一緒に温泉に行きませんか）
ガ チ オンチョネ ガ シル レ ヨ

重要度	★★★★	漢字	単語の例			日本語の訓読み
온		穏	안온	アノン	安穏	穏やかだ
			온건	オンゴン	穏健	평온하다
			평온	ピョンオン	平穏	ピョンオ ナ ダ

例文 ➡ 평온한 나날 （平穏な日々）
ピョンオナン ナ ナル

032

重要度 ★★★★　日本語
Eun　　　　On
은 → オン

当てずっぽうの法則
初声の法則　　パッチムの法則
ㅇ → 無　　　　ⓝㅁ → ン

重要度	★★★★	漢字	単語の例			日本語の訓読み
은		恩	은혜	ウネ	恩恵	―
			은인	ウニン	恩人	
			보은	ボウン	報恩	

例文 ➡ 은혜를 베풀었습니다 （恩恵を施しました）
ウ ネルル ベ プロッスムニ ダ

033

重要度 ★★★★　日本語
Eum　　　　On
음 → オン

当てずっぽうの法則
初声の法則　　パッチムの法則
ㅇ → 無　　　　ㄴⓜ → ン

重要度	★★★★	漢字	単語の例			日本語の訓読み
음		音	음악	ウマㇰ	音楽	おと
			음성	ウムソン	音声	소리
			음치	ウムチ	音痴	ソ リ

例文 ➡ 저는 음치입니다 （私は音痴です）
チョヌン ウムチイムニ ダ

PART 4　韓国語の漢字語を読もう〜！

ア　カ　サ　タ　ナ　ハ　マ・ヤ　ラ・ワ

97

034

重要度 ★★★★★　日本語

Ga → Ka

가 → カ

- 当てずっぽうの法則
- 無視の法則
- 初声の法則　ㄱ → ⓚ g
- 母音　ㅏ → a
- 同音異字の法則

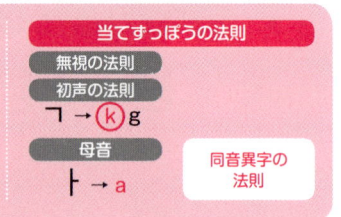

重要度 ★★☆☆☆	漢字	単語の例		日本語の訓読み
가	可	가능 ガヌン 불가능 ブルガヌン 허가 ホガ	可能 不可能 許可	—

例文 ➡ 그것은 가능합니다　（それは可能です）
　　　　グ ゴスン ガヌンハムニ ダ

重要度 ★★☆☆☆	漢字	単語の例		日本語の訓読み
가	苛	가혹 ガホク 가열 ガヨル	苛酷 苛烈	いじめる 괴롭히다 グェロ ピ ダ

例文 ➡ 가혹한 현실　（苛酷な現実）
　　　　ガ ホ カン ヒョンシル

重要度 ★★☆☆☆	漢字	単語の例		日本語の訓読み
가	仮	가정 ガジョン 가명 ガミョン 가설 ガソル	仮定 仮名 仮説	—

例文 ➡ 그 사람은 가명을 사용하고 있어요　（その人は仮名を使っています）
　　　　グ サ ラムン ガミョンウル サヨン ハ ゴ　イッソ ヨ

重要度 ★★★★★	漢字	単語の例		日本語の訓読み
가	価	가치 ガチ 평가 ピョンカ 정가 ジョンカ	価値 評価 定価	あたい 값, 가격 ガプ　ガ ギョク

例文 ➡ 그것은 가치 있는 일입니다　（それは価値のあることです）
　　　　グ ゴスン ガ チ　インヌン イリムニ ダ

重要度 ★★★★☆	漢字	単語の例		日本語の訓読み
가	歌	가수 ガス 가사 ガサ 가요 ガヨ	歌手 歌詞 歌謡	うた 노래 ノ レ

例文 ➡ 저는 한국 가수를 좋아해요　（私は韓国の歌手が好きです）
　　　　ジョヌン ハングッ カ スルル ジョア ヘ ヨ

重要度	★★★★★	漢字	単語の例			日本語の訓読み
	가	架	가교	ガギョ	架橋	—
			가설	ガソル	架設	
			십자가	シプチャガ	十字架	

例文 → 한국과 일본의 가교가 되고 싶어요　（韓国と日本の架橋になりたいです）
ハングッカ イルボネ ガギョガ デゴ シポヨ

重要度	★★★★★	漢字	単語の例			日本語の訓読み
	가	稼	가동	ガドン	稼働	稼ぐ
			가동률	ガドンニュル	稼働率	벌다 ボルダ

例文 → 재가동은 반대입니다　（再稼働は反対です）
ジェガドウン バンデイムニダ

重要度	★★★★★	漢字	単語の例			日本語の訓読み
	가	加	가산	ガサン	加算	加える
			가공	ガゴン	加工	보태다, 더하다 ボテダ ドハダ
			가입	ガイプ	加入	

例文 → 보험에 가입했습니다　（保険に加入しました）
ボホメ ガイペッスムニダ

重要度	★★★★★	漢字	単語の例			日本語の訓読み
	가	家	가정	ガジョン	家庭	いえ
			가족	ガジョク	家族	집 ジプ
			국가	グッカ	国家	

例文 → 행복한 가정을 만들고 싶어요　（幸せな家庭を築きたいです）
ヘンボカン ガジョンウル マンドゥルゴ シッポヨ

重要度	★★★★★	漢字	単語の例			日本語の訓読み
	가	暇	휴가	ヒュガ	休暇	ひま
			여가	ヨガ	余暇	틈, 짬 トゥム ッチャム

例文 → 휴가는 언제예요 ?　（休暇はいつですか）
ヒュガヌン オンジェエヨ

PART 4 韓国語の漢字語を読もう〜！

> 「架（가）」の単語例「架橋」なんかは、韓国語では普通に使われているけど日本語ではなじみが薄い単語だよね。「日本語にはこんな単語ないし…」なんてすぐにあきらめてしまわず、音読みを訓読みに読み替えてみたりして、日本語を推理してみて！

035

重要度 ★★★★★　日本語

과 (Gwa) → **カ** (Ka)

- 当てずっぽうの法則
- 無視の法則
- 初声の法則　ㄱ → ⓚ g
- 母音　ㅘ → a
- 同音異字の法則

重要度 ★★★★☆	漢字	単語の例	日本語の訓読み
과	科	과학　グァハク　科学 과목　グァモク　科目 외과　ウェックァ　外科	―

例文 ➡ 저는 과학을 좋아합니다　（私は科学が好きです）
　　　ジョヌン グァハグル ジョ アハム ニ ダ

重要度 ★★☆☆☆	漢字	単語の例	日本語の訓読み
과	菓	과자　グァジャ　菓子	―

例文 ➡ 이 과자는 맛있어요　（このお菓子はおいしいです）
　　　イ グァジャヌン　マシッ ソ ヨ

重要度 ★★★★★	漢字	単語の例	日本語の訓読み
과	課	과장　グァジャン　課長 과제　グァジェ　課題 일과　イルグァ　日課	―

例文 ➡ 학교 과제가 많아요　（学校の課題が多いです）
　　　ハッキョ グァジェガ　マ ナ ヨ

重要度 ★★☆☆☆	漢字	単語の例	日本語の訓読み
과	過	과정　グァジョン　過程 과거　グァゴ　過去 통과　トングァ　通過	過ぎる 지나다 ジ ナ ダ

例文 ➡ 결과보다 과정이 중요합니다　（結果より過程が重要です）
　　　ギョルグァボ ダ　グァジョンイ ジュンヨハム ニ ダ

重要度 ★★☆☆☆	漢字	単語の例	日本語の訓読み
과	果	결과　ギョルグァ　結果 인과　イングァ　因果 효과　ヒョグァ　効果	はて 끝 ックッ

例文 ➡ 그 방법은 효과가 있습니다　（その方法は効果があります）
　　　グ パンボブン ヒョグァガ イッスム ニ ダ

036

重要度	★★★★★	日本語	当てずっぽうの法則
Ha		Ka	初声の法則
하	→	カ	ㅎ → ⓚ g h
			母音 ㅏ → a
			同音異字の法則

重要度	★★★★★	漢字	単語の例	日本語の訓読み
하	下	이하 イハ 以下 하기 ハギ 下記 상하 サンハ *上下		下りる 내리다 ネリダ

例文 ➡ 이하와 같이 연락드립니다 （以下のようにご連絡いたします）
　　　イ ハワ　ガ チ　ヨルラクトゥリムニ ダ

重要度	★★★☆☆	漢字	単語の例	日本語の訓読み
하	夏	하기 ハギ 夏期 하계 ハゲ 夏季 하지 ハジ *夏至		なつ 여름 ヨルム

例文 ➡ 하계 올림픽 （夏季オリンピック）
　　　ハ ゲ　オルリムピク

重要度	★★☆☆☆	漢字	単語の例	日本語の訓読み
하	河	운하 ウナ 運河 하천 ハチョン 河川 은하 ウナ 銀河		かわ 하천, 강 ハチョン ガン

例文 ➡ 은하수가 아름다워요 （銀河水〈天の川〉が美しいです）
　　　ウ ナ ス ガ　アルム ダウォ ヨ

PART 4 韓国語の漢字語を読もう～！

ア／カ／サ／タ／ナ／ハ／マ・ヤ／ラ・ワ

「河（하）」の例文の「銀河水（은하수）」が、まさか「天の川」のことだったなんて！ビックリだね。
なにか不思議な力のある水とかを想像しちゃう？（笑）

037

重要度 | ★★★★★
Hwa
화 → **カ**
Ka
日本語

当てずっぽうの法則
初声の法則
ㅎ → ⓚ g h
母音
ㅘ → a
同音異字の法則

重要度 ★★★★	漢字	単語の例	日本語の訓読み
화	化	화학　ファハク　　化学 염화　ヨムァ　　塩化 화장　ファジャン　＊化粧	化ける 변하다, 바뀌다 ビョナダ バッキィダ

例文 ➡ 화장이 진합니다　（化粧が濃いです）
　　　ファジャンイ ジナム ニ ダ

重要度 ★★★★★	漢字	単語の例	日本語の訓読み
화	火	화염　ファヨム　　火炎 화기　ファギ　　　火気 화재　ファジェ　　火災	ひ 불 ブル

例文 ➡ 화재가 발생했어요　（火災が発生しました）
　　　ファジェガ バルセンヘッソ ヨ

重要度 ★★★	漢字	単語の例	日本語の訓読み
화	花	화단　ファダン　　花壇 화분　ファブン　　花粉 국화　グクァ　　　国花	はな 꽃 ッコッ

例文 ➡ 화단의 꽃이 예뻐요　（花壇の花がきれいです）
　　　ファダ ネ ッコチ イェッポ ヨ

重要度 ★★	漢字	単語の例	日本語の訓読み
화	華	중화　ジュンファ　中華 영화　ヨンファ　　栄華 화려　ファリョ　　華麗	はな 꽃 ッコッ

例文 ➡ 화려한 이력서　（華麗な履歴書）
　　　ファリョハン イリョクソ

重要度 ★★	漢字	単語の例	日本語の訓読み
화	貨	화폐　ファペ　　　貨幣 외화　ウェファ　　外貨 잡화　ジャプァ　　雑貨	—

例文 ➡ 화폐 개혁이 필요합니다　（貨幣改革が必要です）
　　　ファペ ゲヒョギ ピリョハムニ ダ

重要度	★★☆☆☆	漢字	単語の例		日本語の訓読み
화		靴	군화 グヌァ 운동화 ウンドンファ	軍靴 *運動靴	くつ 구두 グドゥ

例文 ➡ 운동화를 샀어요 （運動靴を買いました）
　　　　ウンドンファルル サッソヨ

038

重要度 ★★☆☆☆

日本語

아 A → **ガ** Ga

当てずっぽうの法則

初声の法則
ㅇ → ガ行

母音
ㅏ → a

同音異字の法則

重要度	★★☆☆☆	漢字	単語の例		日本語の訓読み
아		我	자아 ジャア	自我	われ 나 ナ

例文 ➡ 자아 실현 （自我実現）
　　　　ジャア シリョン

重要度	★★☆☆☆	漢字	単語の例		日本語の訓読み
아		餓	기아 ギア 아사 アサ	飢餓 餓死	餓える 굶주리다 グムジュリダ

例文 ➡ 아사하는 어린이를 구하고 싶어요 （餓死する子供を救いたいです）
　　　　アサハヌン オリニルル グ ハゴ シポヨ

039

重要度 ★★★★☆

日本語

화 Hwa → **ガ** Ga

当てずっぽうの法則

無視の法則

初声の法則
ㅎ → k ⓖ h

母音
ㅘ → a

重要度	★★★★☆	漢字	単語の例		日本語の訓読み
화		画	영화 ヨンファ 화가 ファガ 화면 ファミョン	映画 画家 画面	―

➡「カク」p112　例文 ➡ 같이 영화 보러 갑시다 （一緒に映画を見に行きましょう）
　　　　　　　　　　　ガチ ヨンファ ボロ ガプシダ

PART 4 韓国語の漢字語を読もう～！

ア
カ
サ
タ
ナ
ハ
マ・ヤ
ラ・ワ

040

重要度 | ★★★★☆
日本語

개 (Gae) → **カイ** (Kai)

当てずっぽうの法則
- 無視の法則
- 初声の法則　ㄱ → (k) g
- 母音　ㅐ → ai
- 同音異字の法則

重要度	漢字	単語の例		日本語の訓読み
★★☆☆☆	개 介	소개　ソゲ 중개　ジュンゲ 개입　ゲイプ	紹介 仲介 介入	—

例文 ➡ 남자 친구를 소개시켜 주세요　（彼氏を紹介してください）
　　　ナムジャ　チングルル　ソ　ゲシキョ　ジュ　セ　ヨ

重要度	漢字	単語の例		日本語の訓読み
★★★☆☆	개 改	개선　ゲソン 개정　ゲジョン 개조　ゲジョ	改善 改正 改造	改める 고치다, 변경하다 ゴ チ ダ　ビョンギョン ハ　ダ

例文 ➡ 자동차를 개조했습니다　（自動車を改造しました）
　　　ジャドンチャルル　ゲジョヘッスム ニ ダ

重要度	漢字	単語の例		日本語の訓読み
★★★★★	개 開	개발　ゲバル 공개　ゴンゲ 개업　ゲオプ	開発 公開 開業	開く 열리다 ヨル リ ダ

例文 ➡ 신장 개업했어요　（新装開業しました）
　　　シンジャン　ゲ　オ ペッソ　ヨ

041

重要度 | ★★★★☆
日本語

계 (Gye) → **カイ** (Kai)

当てずっぽうの法則
- 無視の法則
- 初声の法則　ㄱ → (k) g
- 母音　ㅖ → ai
- 同音異字の法則

重要度	漢字	単語の例		日本語の訓読み
★★☆☆☆	계 械	기계　ギゲ	機械	—

例文 ➡ 기계는 어렵습니다　（機械は難しいです）
　　　ギ ゲヌン　オリョプスムニダ

重要度 ★★★★	漢字	単語の例			日本語の訓読み
계	界	세계	セゲ	世界	—
		각계	ガッケ	各界	
		외계	ウェゲ	外界	

例文 → 세계에서 가장 아름다운 당신　(世界で一番美しいあなた)
セゲエソ ガジャン アルム ダウン ダンシン

重要度 ★★★★	漢字	単語の例			日本語の訓読み
계	階	계단	ゲダン	階段	—
		계급	ゲグプ	階級	
		계층	ゲチュン	階層	

例文 → 계단을 청소해 주세요　(階段を掃除してください)
ゲダヌル チョンソヘ ジュセヨ

042

重要度 ★★★★　日本語
괴 → カイ　Goe / Kai

当てずっぽうの法則
無視の法則
初声の法則　ㄱ → k
母音　ㅚ → ai
同音異字の法則

重要度 ★★★★	漢字	単語の例			日本語の訓読み
괴	壞	파괴	パゲ	破壊	壊す
		괴멸	グェミョル	壊滅	부수다, 파괴하다
		전괴	ジョングェ	全壊	ブスダ パゲハダ

例文 → 전쟁은 모든 것을 파괴합니다　(戦争はすべてを破壊します)
ジョンジェンウン モドゥン ゴスル パゲハムニダ

重要度 ★★★★	漢字	単語の例			日本語の訓読み
괴	怪	괴물	グェムル	怪物	怪しい
		괴인	グェイン	怪人	수상하다
		괴력	グェリョク	怪力	スサン ハダ

例文 → 그 남자는 괴물입니다　(その男は怪物です)
グ ナムジャヌン グェムリムニダ

重要度 ★★★★	漢字	単語の例			日本語の訓読み
괴	拐	유괴	ユゲ	誘拐	—

例文 → 그 사람은 유괴되었습니다　(その人は誘拐されました)
グ サラムン ユゲデオッスムニダ

PART 4　韓国語の漢字語を読もう〜!

105

043

重要度 ★★☆☆☆ | 日本語

쾌 (Kwae) → **カイ** (Kai)

当てずっぽうの法則
初声の法則
ㅋ → k

重要度	漢字	単語の例		日本語の訓読み
★★☆☆☆ 쾌	快	쾌락 クェラク 快楽 쾌속 クェソク 快速 불쾌 ブルクェ 不快		快い 상쾌하다 サンクェハ ダ

例文 ➡ 쾌락이 왜 나쁜가요? （快楽がなぜ悪いですか）
クェラ ギ ウェ ナップンガ ヨ

044

重要度 ★★★★☆ | 日本語

해 (Hae) → **カイ** (Kai)

当てずっぽうの法則
初声の法則
ㅎ → ⓚ g h
母音
ㅐ → ai
同音異字の法則

重要度	漢字	単語の例		日本語の訓読み
★★★★☆ 해	海	해군 ヘグン 海軍 서해 ソヘ 西海 해병 ヘビョン 海兵		うみ 바다 バ ダ

例文 ➡ 해군은 강합니다 （海軍は強いです）
ヘ グヌン カンハム ニ ダ

重要度	漢字	単語の例		日本語の訓読み
★★☆☆☆ 해	解	해답 ヘダプ 解答 해산 ヘサン 解散 분해 ブネ 分解		とく 풀다 プルダ

例文 ➡ 여기에서 해산합시다 （ここで解散しましょう）
ヨ ギ エ ソ ヘ サナプ シ ダ

045

重要度 ★★★★★ | 日本語

회 (Hoe) → **カイ** (Kai)

当てずっぽうの法則
初声の法則
ㅎ → ⓚ g h
母音
ㅚ → ai
同音異字の法則

重要度 ★★★★★	漢字	単語の例		日本語の訓読み
회	会	회사 フェサ	会社	会う
		교회 ギョフェ	教会	만나다
		사회 サフェ	社会	マンナダ

例文 ➡ 저는 회사원입니다 （私は会社員です）
ジョヌン フェサウォニム ニ ダ

重要度 ★★★★☆	漢字	単語の例		日本語の訓読み
회	回	회수 フェス	回収	回る
		회로 フェロ	回路	돌다
		철회 チョルェ	撤回	ドルダ

例文 ➡ 폐품을 회수합니다 （廃品を回収します）
ペ ブ ム ル フェス ハム ニ ダ

046

重要度 ★★★☆☆

日本語

Ga
가 → **Gai**
ガイ

当てずっぽうの法則

初声の法則
ㄱ → k (g)

母音
ㅏ → a

重要度 ★★★☆☆	漢字	単語の例		日本語の訓読み
가	街	가로등 ガロドゥン	街路灯〈街灯〉	まち
		시가 シガ	市街	거리
		가두 ガドゥ	街頭	ゴリ

例文 ➡ 가로등이 예쁘네요 （街灯がキレイですね）
ガロドゥンイ イェップ ネ ヨ

047

重要度 ★★★☆☆

日本語

Gae
개 → **Gai**
ガイ

当てずっぽうの法則

初声の法則
ㄱ → k (g)

母音
ㅐ → ai

同音異字の法則

重要度 ★★★★☆	漢字	単語の例		日本語の訓読み
개	概	개요 ゲヨ	概要	—
		개념 ゲニョム	概念	
		개략 ゲリャク	概略	

例文 ➡ 개요가 중요합니다 （概要が重要です）
ゲ ヨ ガ ジュンヨハム ニ ダ

重要度 ★★☆☆☆	漢字	単語の例			日本語の訓読み
개	凱	개선문	ゲソンムン	凱旋門	—
		개선	ゲソン	凱旋	
		개가	ゲガ	凱歌	

例文 ➡ 프랑스의 개선문 （フランスの凱旋門）
プランス エ ゲソンムン

048

重要度 ★★★★☆

Oe **외** → Gai **ガイ**

当てずっぽうの法則
初声の法則　ㅇ → ガ行
母音　ㅚ → ai

重要度 ★★★★☆	漢字	単語の例			日本語の訓読み
외	外	외국	ウェグク	外国	そと
		의외	ウィウェ	意外	밖, 바깥
		해외	ヘウェ	海外	パク バッカッ

例文 ➡ 해외여행 가고 싶어요 （海外旅行に行きたいです）
ヘウェ ヨヘン ガゴ シボヨ

049

重要度 ★★★★☆

Hae **해** → Gai **ガイ**

当てずっぽうの法則
無視の法則
初声の法則　ㅎ → k ⓖ h
母音　ㅐ → ai
同音異字の法則

重要度 ★★★★☆	漢字	単語の例			関連語
해	害	공해	ゴンヘ	公害	害する
		살해	サレ	殺害	해치다
		유해	ユヘ	有害	ヘ チ ダ

例文 ➡ 그것은 소음공해입니다 （それは騒音公害です）
グゴスン ソウムゴンヘイム ニダ

重要度 ★★☆☆☆	漢字	単語の例			日本語の訓読み
해	該	해당	ヘダン	該当	—
		해박	ヘバク	該博	
		당해	ダンヘ	当該	

例文 ➡ 해당하는 사항을 참고해 주세요 （該当する事項を参考にしてください）
ヘダンハ ヌン サハンウル チャムゴ ヘ ジュセ ヨ

050

重要度 ★★★★★

Gak
각 → **カク**
Kaku

日本語

当てずっぽうの法則

無視の法則　バッチムの法則
初声の法則　ㄱ → ㋗ キ
ㄱ → ⓚ g
母音　同音異字の法則
ㅏ → a

重要度 ★★★★☆	漢字	単語の例			日本語の訓読み
각	各	각자	ガクチャ	各自	おのおの
		각위	ガグィ	各位	각각
		각각	ガッカク	各々	ガッカク

例文➡ 각자 공부해 주세요 （各自で勉強してください）
　　　ガクチャ ゴンブ ヘ ジュセヨ

重要度 ★★★★☆	漢字	単語の例			日本語の訓読み
각	覚	각서	ガクソ	覚書	覚える
		각오	ガゴ	覚悟	외우다, 기억하다
		시각	シガク	視覚	ウェウダ ギオカダ

例文➡ 각오했습니다 （覚悟しました）
　　　ガゴ ヘッスムニダ

重要度 ★★★★☆	漢字	単語の例			日本語の訓読み
각	角	각질	ガクチル	角質	かど
		사각	サガク	死角	모퉁이
		두각	ドゥガク	頭角	モトゥンイ

例文➡ 자동차의 사각에 관하여 （自動車の死角について）
　　　ジャドンチャエ サガ ゲ グァナヨ

重要度 ★★★★☆	漢字	単語の例			日本語の訓読み
각	閣	내각	ネガク	内閣	—
		각하	ガカ	閣下	
		누각	ヌガク	楼閣	

例文➡ 내각총리대신 （内閣総理大臣）
　　　ネ ガクチョン ニ デ シン

「해（日本語読み：ガイ）」の漢字には、ここで紹介した以外に「亥」もあるよ。日本語には「亥（ガイ）」の読みの熟語はほとんどないけど、韓国語では時刻などを十二支で表すときに使われてるよ。日本でも、「亥（い）の刻」とか、時刻や方位に十二支が使われているよね（→ P110）。

PART 4　韓国語の漢字語を読もう〜！

ア
カ
サ
タ
ナ
ハ
マ・ヤ
ラ・ワ

109

051

重要度 ★★★★　日本語
Gyeok　Kaku

격 → カク

当てずっぽうの法則
無視の法則　バッチムの法則
初声の法則
ㄱ → ⓚ g　ㄱ → ⓚ キ
同音異字の法則

重要度 ★★★★	漢字	単語の例	日本語の訓読み
격	格	합격　ハプキョク　合格 자격　ジャギョク　資格 성격　ソンキョク　性格	—

例文 ➡ 한국어 시험 1급에 합격했어요　(韓国語試験の1級に合格しました)
　　　ハング　ゴ　シホム　イル グベ　ハプキョケッソ　ヨ

重要度 ★★★★	漢字	単語の例	日本語の訓読み
격	隔	격리　ギョンニ　隔離 원격　ウォンギョク　遠隔 간격　ガンギョク　間隔	隔てる 멀리 두다 モルリ ドゥダ

例文 ➡ 노선버스의 배차 간격　(路線バスの配車間隔)
　　　ノソン ボス エ　ベチャ　ガンギョク

052

重要度 ★★★★　日本語
Haek　Kaku

핵 → カク

当てずっぽうの法則
初声の法則　バッチムの法則
ㅎ → ⓚ g h　ㄱ → ⓚ キ

重要度 ★★★★★	漢字	単語の例	日本語の訓読み
핵	核	핵심　ヘクシム　核心 결핵　ギョレク　結核 핵폭탄　ヘクポクタン　核爆弾	—

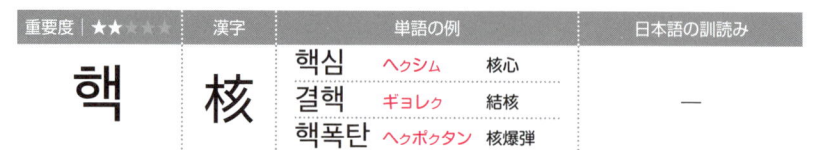

例文 ➡ 이것이 문제의 핵심입니다　(これが問題の核心です)
　　　イ ゴ　シ ムンジェ エ　ヘクシミムニダ

歴史ドラマに出てくるんだよね（笑）。

十二支で表した時刻の言い方

자시（子時）　축시（丑時）　인시（寅時）　묘시（卯時）
チャシ　　　　チュクシ　　　インシ　　　　ミョシ

진시（辰時）　사시（巳時）　오시（午時）　미시（未時）
シンシ　　　　サシ　　　　　オシ　　　　　ミシ

신시（申時）　유시（酉時）　술시（戌時）　해시（亥時）
シンシ　　　　ユシ　　　　　スルシ　　　　ヘシ

「子時」が前日の23時～当日の1時ごろ、以降、丑・寅…と2時間ずつすれて、「亥時」は21時～23時を指します。

053

重要度 ★★★

Hyeok → Kaku

혁 → カク

当てずっぽうの法則
- 初声の法則: ㅎ → ⓚ g h
- パッチムの法則: ㄱ → ⓚ ㅋ

重要度	漢字	単語の例	日本語の訓読み
혁 ★★★	革	개혁 ゲヒョク 改革 혁신 ヒョクシン 革新 혁명 ヒョンミョン 革命	かわ 가죽 ガジュク

例文 → 노동 개혁이 필요합니다 （労働改革が必要です）
ノドン ゲヒョギ ピリョハムニダ

054

重要度 ★★★

Hwak → Kaku

확 → カク

当てずっぽうの法則
- 初声の法則: ㅎ → ⓚ g h
- パッチムの法則: ㄱ → ⓚ ㅋ
- 母音: ㅘ → a
- 同音異字の法則

重要度	漢字	単語の例	日本語の訓読み
확 ★★	拡	확산 ファクサン 拡散 확대 ファクテ 拡大 확장 ファクチャン 拡張	—

例文 → 서비스가 확대 개선되었습니다 （サービスが拡大改善されました）
ソビスガ ファクテ ゲソンデオッスムニダ

重要度	漢字	単語の例	日本語の訓読み
확 ★★★★	確	확실 ファクシル 確実 명확 ミョンファク 明確 확보 ファクポ 確保	確かめる 확인하다 ファギナダ

例文 → 그것은 아직 확실하지 않아요 （それはまだ確実ではありません）
グゴスン アジク ファクシラジ アナヨ

重要度	漢字	単語の例	日本語の訓読み
확 ★★★★	穫	수확 スファク 収穫	—

例文 → 수확은 날씨에 좌우됩니다 （収穫は天気に左右されます）
スファグン ナルシエ ジョウデムニダ

PART 4 韓国語の漢字語を読もう〜！

ア カ サ タ ナ ハ マ・ヤ ラ・ワ

055

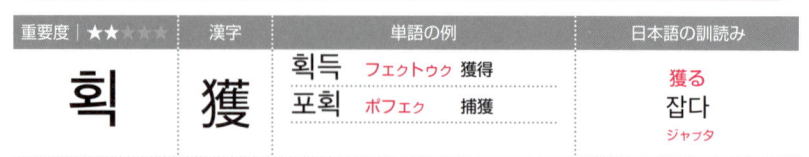

重要度 ★★☆☆☆
日本語
Hoek 획 → **Kaku** カク

当てずっぽうの法則
初声の法則： ㅎ → ⓚ g h
パッチムの法則： ㄱ → ⓚ キ
同音異字の法則

重要度 ★★☆☆☆	漢字	単語の例		日本語の訓読み
획	獲	획득　フェクトゥク　獲得 포획　ポフェク　捕獲		獲る 잡다　ジャプタ

例文 ➡ 소유권을 획득했습니다 （所有権を獲得しました）
　　　ソユックォヌル フェクトゥケッスムニ ダ

重要度 ★★☆☆☆	漢字	単語の例		日本語の訓読み
획	画	획일　フェギル　画一		—

➡「ガ」p103　例文 ➡ 획일적인 교육 방식 （画一的な教育方式）
　　　　　　　　　フェギルチョギン ギョユク バンシク

056

重要度 ★★★☆☆
日本語
Ak 악 → **Gaku** ガク

当てずっぽうの法則
初声の法則： ㅇ → ガ行
パッチムの法則： ㄱ → ⓚ キ
母音： ㅏ → a
同音異字の法則

重要度 ★★☆☆☆	漢字	単語の例		日本語の訓読み
악	岳	산악　サナク　山岳		—

例文 ➡ 산악 자전거는 비싸요 （山岳自転車〈マウンテンバイク〉は高い〈高価〉です）
　　　サナク ジャジョンゴヌン ビッサ ヨ

重要度 ★★★☆☆	漢字	単語の例		日本語の訓読み
악	楽	음악　ウマク　音楽 악곡　アッコク　楽曲 현악기　ヒョナッキ　弦楽器		楽しい 즐겁다　ジュルゴプタ

➡「ラク」p375　例文 ➡ 저는 음악을 좋아해요 （私は音楽が好きです）
　　　　　　　　　　ジョヌン ウマグル ジョア ヘヨ

057

重要度 ★★★☆☆
日本語
当てずっぽうの法則

Aek　　　　　Gaku
액 → ガク

初声の法則　ㅇ → ガ行
バッチムの法則　ㄱ → ⓒク㋖

重要度	漢字	単語の例		日本語の訓読み
★★☆☆☆		고액　ゴエㄱ　　高額		ひたい
액	額	총액　チョンエㄱ　総額		이마
		거액　ゴエㄱ　　巨額		イマ

例文 ➡ 수출 총액은 1억 달러입니다　（輸出総額は1億ドルです）
　　　スチュル チョンエ グン イ ロㄱ タル ロ イム ニ ダ

058

重要度 ★★★★★
日本語
当てずっぽうの法則

Hak　　　　　Gaku
학 → ガク

無視の法則
初声の法則　ㅎ → kⓖh
母音　ㅏ → a
バッチムの法則　ㄱ → ⓒク㋖

重要度	漢字	単語の例		日本語の訓読み
★★★★★		학생　ハㄱセン　学生		学ぶ
학	学	학교　ハㄱキョ　学校		배우다
		수학　スハㄱ　　数学		ベ ウ ダ

例文 ➡ 저는 학생입니다　（私は学生です）
　　　ジョヌン ハㄱセンイム ニ ダ

059

重要度 ★★★☆☆
日本語
当てずっぽうの法則

Hal　　　　　Katsu
할 → カツ

初声の法則　ㅎ → ⓚgh
母音　ㅏ → a
バッチムの法則　ㄹ → ⓣチ㋡

重要度	漢字	単語の例		日本語の訓読み
★★★★☆		할인　ハリン　　＊割引		割る
할	割	분할　ブナル　　分割		나누다
		역할　ヨカル　　＊役割		ナ ヌ ダ

例文 ➡ 할인 항공권은 인기입니다　（割引航空券は人気です）
　　　ハリン ハンゴンクォヌン インキイム ニ ダ

PART 4　韓国語の漢字語を読もう～！

060

重要度 ★★★★★

Hwal **활** → Katsu **カツ**

当てずっぽうの法則
- 初声の法則: ㅎ → k / g h
- 母音: ㅘ → a
- パッチムの法則: ㄹ → ッ / チ
- 同音異字の法則

重要度	漢字	単語の例	日本語の訓読み
★★★★★	활 / 活	생활 センファル 生活 활동 ファルトン 活動 활용 ファリョン 活用	いかす 활용하다, 살리다 ファリョンハダ サルリダ

例文 → 학교 생활이 재미있어요 （学校の生活が面白いです）
ハッキョ センファリ ジェミイッソヨ

重要度	漢字	単語の例	日本語の訓読み
★★★★☆	활 / 滑	원활 ウォヌァル 円滑 윤활 ユヌァル 潤滑 활주로 ファルチュロ 滑走路	滑る 미끄러지다 ミックロジダ

例文 → 현금 흐름이 원활합니다 （現金の流れが円滑です）
ヒョングム フルミ ウォヌァラムニダ

061

重要度 ★★★★★

Wol **월** → Gatsu **ガツ**

当てずっぽうの法則
- 初声の法則: ○ → ガ行
- パッチムの法則: ㄹ → ッ / チ

重要度	漢字	単語の例	日本語の訓読み
★★★★★	월 / 月	월요일 ウォリョイル ＊月曜日 월간 ウォルガン ＊月間 정월 ジョンウォル 正月	つき 달 ダル

→「ゲツ」p155　例文 → 내일은 월요일입니다 （明日は月曜日です）
ネイルン ウォリョイリムニダ

> 単語例には、日本語の読みが違うものも
> あえて混ぜてあるんだよ。
> 「月（ガツ・ゲツ）」「間（カン・ゲン）」、
> いろいろ試してみよう！

062

重要度 ★★★★

Gan
간 → カン
Kan

日本語

当てずっぽうの法則
- 無視の法則
- 初声の法則 ㄱ → k / g
- 母音 ㅏ → a
- パッチムの法則 ㄴㅁ → ン
- 同音異字の法則

重要度 ★★★★	漢字	単語の例		日本語の訓読み
간	刊	간행 ガネン	刊行	—
		주간 ジュガン	週刊	
		석간 ソッカン	夕刊	

例文 ➡ 이것은 정기 간행물입니다 （これは定期刊行物です）
　　　イ ゴ スン ジョンギ　ガ ネ ン ム リ ム ニ ダ

重要度 ★★★★	漢字	単語の例		日本語の訓読み
간	看	간호 ガノ	看護	—
		간파 ガンパ	看破	
		간병 ガンビョン	看病	

例文 ➡ 그녀는 간호사가 되었습니다 （彼女は看護師になりました）
　　　グ ニョヌン　ガ ノ サ ガ　デ オッスム ニ ダ

重要度 ★★★★	漢字	単語の例		日本語の訓読み
간	簡	간단 ガンダン	簡単	—
		간소 ガンソ	簡素	
		간략 ガルリャク	簡略	

例文 ➡ 한국어는 간단합니다 （韓国語は簡単です）
　　　ハング ゴ ヌン　ガンダ ナ ム ニ ダ

重要度 ★★★★	漢字	単語の例		日本語の訓読み
간	肝	간염 ガニョム	肝炎	きも
		간장 ガンジャン	肝臓	간 ガン

例文 ➡ 저는 간염에 걸린 적이 있어요 （私は肝炎にかかったことがあります）
　　　ジョヌン　ガ ニョメ　ゴルリン ジョギ イッソ ヨ

重要度 ★★★★	漢字	単語の例		日本語の訓読み
간	間	시간 シガン	時間	あいだ
		인간 インガン	*人間	사이 サイ
		순간 スンガン	瞬間	

例文 ➡ 행복한 시간이었어요 （幸せな時間でした）
　　　ヘンボカン　シ ガ ニオッソ ヨ

PART 4　韓国語の漢字語を読もう〜！

ア カ サ タ ナ ハ マ・ヤ ラ・ワ

115

063

重要度 ★★★★	日本語	当てずっぽうの法則
Gam **감**	Kan **カン**	無視の法則 / 初声の法則 ㄱ→ⓚg / 母音 ㅏ→a / パッチムの法則 ㄴㅁ→ン / 同音異字の法則

重要度 ★★★★	漢字	単語の例			関連語
감	感	감사	ガムサ	感謝	感じる 느끼다 ヌッキダ
		감정	ガムジョン	感情	
		감격	ガムギョク	感激	

例文 → 정말 감사합니다 （本当に感謝します）
　　　 ジョンマル　ガムサハムニダ

重要度 ★★☆☆	漢字	単語の例			日本語の訓読み
감	敢	용감	ヨンガム	勇敢	あえて 굳이 グジ
		감행	ガメン	敢行	

例文 → 그 주인공은 용감했습니다 （その主人公は勇敢でした）
　　　 グ　ジュインゴンウン　ヨンガメッスムニダ

重要度 ★★☆☆	漢字	単語の例			日本語の訓読み
감	監	감사	ガムサ	監査	―
		감시	ガムシ	監視	
		감독	ガムドク	監督	

例文 → 영화감독이 되고 싶어요 （映画監督になりたいです）
　　　 ヨンファガムドギ　デゴ　シポヨ

064

重要度 ★★★★	日本語	当てずっぽうの法則
Gwan **관**	Kan **カン**	無視の法則 / 初声の法則 ㄱ→ⓚg / 母音 ㅘ→a / パッチムの法則 ⓛㅁ→ン / 同音異字の法則

重要度 ★★★★	漢字	単語の例			日本語の訓読み
관	慣	관행	グァネン	慣行	慣れる 익숙해지다 イクスケジダ
		관습	グァンスプ	慣習	
		습관	スプクァン	習慣	

例文 → 좋은 습관은 인생을 바꾼다 （良い習慣は人生を変える）
　　　 ジョウン　スプクァネン　インセンウル　バックンダ

重要度 ★★★★☆	漢字	単語の例	日本語の訓読み
관	管	관리 グァルリ 管理 보관 ボグァン 保管 관할 グァナル 管轄	くだ 管 グァン

例文 ➡ 뭐든지 관리가 중요합니다 （何でも管理が重要です）
ムォドゥンジ グァルリガ ジュンヨハムニダ

重要度 ★★★☆☆	漢字	単語の例	日本語の訓読み
관	観	관광 グァングァン 観光 주관 ジュグァン 主観 관측 グァンチュク 観測	みる 보다 ボダ

例文 ➡ 관광객이 1000만 명을 넘었습니다 （観光客が1000万人を越えました）
グァングァンゲギ チョン マンミョンウル ノモッスムニ ダ

重要度 ★★★★☆	漢字	単語の例	日本語の訓読み
관	関	관계 グァンゲ 関係 관심 グァンシム 関心 현관 ヒョングァン 玄関	—

例文 ➡ 그는 여자 관계가 복잡합니다 （彼は女性関係が複雑です）
グヌン ヨジャ グァンゲガ ボクチャパムニ ダ

重要度 ★★★★☆	漢字	単語の例	日本語の訓読み
관	館	여관 ヨグァン 旅館 신관 シングァン 新館 박물관 バンムルグァン 博物館	—

例文 ➡ 여관으로 돌아갑시다 （旅館に帰りましょう）
ヨグァヌロ ドラガプシダ

065

重要度 ★★★★☆ 日本語

완 Wan → **カン** Kan

当てずっぽうの法則
- 初声の法則: ㅇ → カ行
- パッチムの法則: ㄴㅁ → ン
- 母音: ㅘ → a

重要度 ★★★★☆	漢字	単語の例	日本語の訓読み
완	完	완성 ワンソン 完成 완전 ワンジョン 完全 완료 ワルリョ 完了	—

例文 ➡ 작품을 완성했습니다 （作品を完成しました）
ジャクプムル ワンソンヘッスムニ ダ

PART 4 韓国語の漢字語を読もう〜！

066

重要度 ★★★★

Han **한** → Kan **カン** 日本語

当てずっぽうの法則
- 初声の法則: ㅎ → ⓚ g h
- 母音: ㅏ → a
- パッチムの法則: ㄴ ㅁ → ン
- 同音異字の法則

重要度 ★★☆☆☆	漢字	単語の例			日本語の訓読み
한	寒	엄한	オマン	厳寒	寒い 춥다 チュプタ
		혹한	ホカン	酷寒	
		한식	ハンシㇰ	寒食	

例文 ➡ 혹한 속에서 훈련했어요　(酷寒の中で訓練しました)
　　　ホカン ソㇰ ゲソ フルリョネッソ ヨ

重要度 ★☆☆☆☆	漢字	単語の例			日本語の訓読み
한	汗	한증	ハンジュン	＊汗蒸	あせ 땀 ッタム
		발한	バラン	発汗	

例文 ➡ 한국은 한증막이 유명합니다　(韓国は汗蒸幕〈ハンジュンマク〉が有名です)
　　　ハンググン ハンジュンマㇰ ギ　ユミョンハムニ ダ

重要度 ★★★★☆	漢字	単語の例			日本語の訓読み
한	漢	한자	ハンチャ	漢字	―
		문외한	ムヌェハン	門外漢	
		한방	ハンバン	漢方	

例文 ➡ 한자는 어려워요　(漢字は難しいです)
　　　ハンチャヌン　オリョウォヨ

重要度 ★★☆☆☆	漢字	単語の例			日本語の訓読み
한	閑	한산	ハンサン	閑散	―
		농한기	ノンハンギ	農閑期	

例文 ➡ 거리가 한산합니다　(町が閑散としています)
　　　ゴリガ　ハンサナムニダ

重要度 ★★★★☆	漢字	単語の例			日本語の訓読み
한	韓	한국	ハングㇰ	韓国	―
		한비자	ハンビジャ	韓非子	

例文 ➡ 한국에 여행 가고 싶어요　(韓国に旅行に行きたいです)
　　　ハングゲ　ヨヘン ガゴ　シポヨ

067

重要度 ★☆☆☆☆ 日本語
Ham → Kan
함 → **カン**

当てずっぽうの法則
- 初声の法則: ㅎ → ⓚ g h
- パッチムの法則: ㄴㅁ → ン
- 母音: ㅏ → a
- 同音異字の法則

重要度 ★★☆☆☆	漢字	単語の例		日本語の訓読み
함	陥	결함 ギョラム	欠陥	陥る 빠지다 ッパジダ
		함몰 ハムモル	陥没	
		함락 ハムナク	陥落	

例文➡ 시스템에 결함이 있어요 (システムに欠陥があります)
　　　シ ス テ メ ギョラ ミ イッソ ヨ

重要度 ★☆☆☆☆	漢字	単語の例		日本語の訓読み
함	艦	함선 ハムソン	艦船	―
		함대 ハムデ	艦隊	
		군함 グナム	軍艦	

例文➡ 그 군함은 전쟁에 참전했어요 (その軍艦は戦争に参戦しました)
　　　グ グ ナムン ジョンジェンエ チャムジョネッソ ヨ

068

重要度 ★★★☆☆ 日本語
Hwan → Kan
환 → **カン**

当てずっぽうの法則
- 初声の法則: ㅎ → ⓚ g h
- パッチムの法則: ㄴㅁ → ン
- 母音: ㅘ → a
- 同音異字の法則

重要度 ★★★☆☆	漢字	単語の例		日本語の訓読み
환	患	환자 ファンジャ	患者	患う 앓다 アルタ
		환부 ファンブ	患部	

例文➡ 의사가 환자를 진찰합니다 (医者が患者を診察します)
　　　ウィサ ガ ファンジャルル ジンチャラム ニ ダ

重要度 ★★☆☆☆	漢字	単語の例		日本語の訓読み
환	換	환산 ファンサン	換算	換える 바꾸다 バックダ
		치환 チファン	置換	
		환기 ファンギ	換気	

例文➡ 사랑은 돈으로 환산할 수 없다 (愛はお金で換算できない)
　　　サランウンド ヌ ロファンサナル ス オプタ

PART 4 韓国語の漢字語を読もう〜！

119

重要度 ★★★☆☆	漢字	単語の例			日本語の訓読み
환	歓	환영	ファニョン	歓迎	—
		환희	ファニ	歓喜	
		환성	ファンソン	歓声	

例文 ➡ 여러분을 환영합니다 （皆さんを歓迎します）
　　　ヨ ロ ブヌル ファニョンハムニダ

重要度 ★★☆☆☆	漢字	単語の例			日本語の訓読み
환	環	환경	ファンギョン	環境	—
		순환	スヌァン	循環	

例文 ➡ 가정 환경을 조사합니다 （家庭環境を調べます）
　　　ガ ジョン ファンギョンウル ジョ サ ハムニ ダ

069

重要度 ★★★★☆

日本語

안 An → **ガン** Gan

当てずっぽうの法則

初声の法則　ㅇ → ガ行
バッチムの法則　ㄴ → ン
母音　ㅏ → a
同音異字の法則

重要度 ★★★★☆	漢字	単語の例			日本語の訓読み
안	眼	안과	アンクァ	眼科	—
		안구	アング	眼球	
		혈안	ヒョラン	*血眼	

例文 ➡ 내일 안과에 갈 예정입니다 （明日眼科に行く予定です）
　　　ネ イル アンクァエ ガル リェジョンイムニ ダ

重要度 ★★☆☆☆	漢字	単語の例			日本語の訓読み
안	顔	안색	アンセㇰ	顔色	かお
		동안	ドンアン	童顔	얼굴 オルグル

例文 ➡ 안색이 좋네요 （顔色がいいですね）
　　　アンセ ギ ジョンネ ヨ

実際の文章には、漢字語ばかりじゃなくて助詞や固有語などがたくさん使われているからどんな文章でも当てずっぽうで読めるわけじゃない。でも、「環（환）」の例文「가정 환경을（家庭環境を）」「조사（調査）」みたいに、ほとんどわかっちゃうのもある！勇気を出して読んでみて！

070

重要度 ★★★★ / 日本語

암 (Am) → ガン (Gan)

当てずっぽうの法則
- 初声の法則: ㅇ → ガ行
- パッチムの法則: ㄴㅁ → ン
- 母音: ㅏ → a
- 同音異字の法則

重要度	漢字	単語の例			日本語の訓読み
★★★★ 암	癌	위암	ウィアム	胃癌	―
		암세포	アムセポ	癌細胞	
		폐암	ペアム	肺癌	

例文➡ 할머니가 위암으로 돌아가셨습니다 (お婆さんが胃癌で亡くなりました)
ハルモニガ ウィアムロ ドラ ガショッスムニダ

重要度	漢字	単語の例			日本語の訓読み
★★ 암	岩	암석	アムソク	岩石	いわ 바위 バウィ
		용암	ヨンアム	溶岩	
		암벽	アムビョク	岩壁	

例文➡ 달 표면의 암석 (月の表面の岩石)
ダル ピョミョネ アムソク

071

重要度 ★★★★ / 日本語

원 (Won) → ガン (Gan)

当てずっぽうの法則
- 初声の法則: ㅇ → ガ行
- パッチムの法則: ㄴㅁ → ン
- 同音異字の法則

重要度	漢字	単語の例			日本語の訓読み
★★★★ 원	願	원망	ウォンマン	願望	願う 원하다, 바라다 ウォナダ バラダ
		원서	ウォンソ	願書	
		염원	ヨムォン	念願	

例文➡ 오늘이 원서 마감일입니다 (今日が願書締切日です)
オヌリ ウォンソ マガミリムニダ

重要度	漢字	単語の例			日本語の訓読み
★★★★ 원	元	원조	ウォンジョ	元祖	―
		차원	チャウォン	*次元	
		복원	ポグォン	*復元	

➡「ゲン」p161 例文➡ 이것은 차원이 다릅니다 (これは次元が違います)
イゴスン チャウォニ ダルムニダ

PART 4 韓国語の漢字語を読もう～！

072

重要度 ★★★☆☆
Gwi 귀 → キ Ki

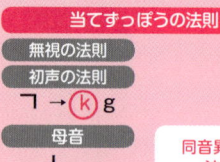

日本語

当てずっぽうの法則
- 無視の法則
- 初声の法則　ㄱ → ⓚ g
- 母音　ㅟ → i
- 同音異字の法則

重要度 ★★★☆☆	漢字	単語の例		日本語の訓読み
귀	帰	귀화　グィファ　帰化 복귀　ボックィ　復帰 귀환　グィファン　帰還		帰る 돌아오다, 돌아가다 ドラオダ　ドラガダ

例文 ➡ 그녀는 한국에 귀화했습니다　（彼女は韓国に帰化しました）
　　　　グニョヌン ハング ゲ グィファヘッスムニ ダ

重要度 ★★★★☆	漢字	単語の例		日本語の訓読み
귀	貴	귀하　グィハ　貴下 고귀　ゴグィ　高貴 귀인　グィイン　貴人		とうとい 귀중하다 グィジュンハ ダ

例文 ➡ 그는 신분이 고귀한 사람입니다　（彼は身分が高貴な人です）
　　　　グヌン シンブ ニ ゴグィハン サ ラミムニダ

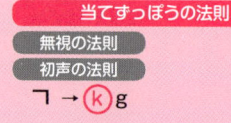

073

重要度 ★★★★☆
Gyu 규 → キ Ki

日本語

当てずっぽうの法則
- 無視の法則
- 初声の法則　ㄱ → ⓚ g

重要度 ★★★★☆	漢字	単語の例		日本語の訓読み
규	規	규칙　ギュチㇰ　規則 신규　シンギュ　新規 규격　ギュギョㇰ　規格		―

例文 ➡ 규칙은 매우 간단합니다　（規則はとても簡単です）
　　　　ギュチグン メ ウ ガンダナムニ ダ

074

重要度 ★★★★★
Gi 기 → キ Ki

日本語

当てずっぽうの法則
- 無視の法則
- 初声の法則　ㄱ → ⓚ g
- 母音　ㅣ → i
- 同音異字の法則

122

重要度	★★★★★	漢字	単語の例	日本語の訓読み
기	企	기업 ギオプ 企業 기획 ギフェク 企画		企てる 기도하다 ギドハダ

例文 ➡ 기획 상품을 판매했습니다 （企画商品を販売しました）
ギフェク サン プムル パン メヘッスムニ ダ

重要度	★★☆☆☆	漢字	単語の例	日本語の訓読み
기	器	기관 ギグァン 器官 용기 ヨンギ 容器 흉기 ヒュンギ 凶器		うつわ 그릇 グルッ

例文 ➡ 위는 중요한 기관입니다 （胃は重要な器官です）
ウィヌン ジュンヨ ハン ギ グァニム ニ ダ

重要度	★★★★★	漢字	単語の例	日本語の訓読み
기	基	기준 ギジュン 基準 기초 ギチョ 基礎 기본 ギボン 基本		基づく 의거하다 ウィゴ ハ ダ

例文 ➡ 판단 기준은 무엇입니까 ? （判断基準は何ですか）
パンダン ギジュヌン ム オ シムニッカ

重要度	★★☆☆☆	漢字	単語の例	日本語の訓読み
기	奇	기인 ギイン 奇人 기적 ギジョク 奇跡 호기심 ホギシム 好奇心		―

例文 ➡ 기적이 일어났습니다 （奇跡が起こりました）
ギジョギ イ ロナッスムニ ダ

重要度	★★☆☆☆	漢字	単語の例	日本語の訓読み
기	岐	기로 ギロ 岐路 분기 ブンギ 分岐		―

例文 ➡ 그는 인생의 기로에 섰습니다 （彼は人生の岐路に立っています）
グヌン インセンエ ギ ロ エ ソッスムニ ダ

重要度	★☆☆☆☆	漢字	単語の例	日本語の訓読み
기	幾	기하학 ギハハク 幾何学		いくら 얼마 オルマ

例文 ➡ 기하학적인 모양 （幾何学的な模様）
ギ ハハクチョギン モヤン

重要度 ★★☆☆☆	漢字	単語の例		日本語の訓読み
기	忌	기일 ギイル 금기 グムギ 기피 ギピ	忌日 禁忌 忌避	忌まわしい 불길하다 ブル ギ ラ ダ

例文 ➡ 그것은 금기사항입니다 （それは禁忌事項です）
　　　　ク ゴスン　グムギ　サハンイム ニ ダ

重要度 ★★☆☆☆	漢字	単語の例		日本語の訓読み
기	旗	기수 ギス 백기 ベッキ 만국기 マングッキ	旗手 白旗 万国旗	はた 깃발 ギッパル

例文 ➡ 그는 평화의 기수입니다 （彼は平和の旗手です）
　　　　ク ヌン　ピョンファエ　ギ スイム ニ ダ

重要度 ★★☆☆☆	漢字	単語の例		日本語の訓読み
기	既	기혼 ギホン 기존 ギジョン 기성 ギソン	既婚 既存 既成	既に 이미, 벌써 イミ　ポルソ

例文 ➡ 일하는 기혼 남성들 （働いている既婚男性たち）
　　　　イ ラヌン　ギホン　ナムソンドゥル

重要度 ★★★★☆	漢字	単語の例		日本語の訓読み
기	期	기간 ギガン 기한 ギハン 사춘기 サチュンギ	期間 期限 思春期	─

例文 ➡ 그녀는 지금 사춘기입니다 （彼女は今、思春期です）
　　　　ク ニョヌン　ジグム　サチュンギイム ニ ダ

重要度 ★☆☆☆☆	漢字	単語の例		日本語の訓読み
기	棋	장기 ジャンギ 기사 ギサ	将棋 棋士	─

例文 ➡ 그는 장기를 잘 둡니다 （彼は将棋が上手です）
　　　　ク ヌン　ジャンギルル　ジャル　ドゥム ニ ダ

重要度 ★★☆☆☆	漢字	単語の例		日本語の訓読み
기	棄	폐기 ペギ 기권 ギックォン 파기 パギ	廃棄 棄権 破棄	─

例文 ➡ 아직 기권하면 안 됩니다 （まだ棄権しちゃ駄目です）
　　　　アジク　ギックオナミョン　アン　デム ニ ダ

重要度	★★☆☆☆	漢字	単語の例		日本語の訓読み
기		機	기계 ギゲ	機械	—
			기회 ギフェ	機会	
			비행기 ピヘンギ	飛行機	

例文 → 이 기계는 편리합니다 （この機械は便利です）
　　　　イ ギ ゲ ヌン ピョ리 ハムニダ

重要度	★★★★★	漢字	単語の例		日本語の訓読み
기		気	기분 ギブン	気分	—
			기합 ギハプ	気合	
			경기 ギョンギ	景気	

例文 → 아빠는 기분이 아주 좋습니다 （父は気分がとてもいいです）
　　　　アッパヌン ギブニ アジュ ジョッスムニダ

重要度	★★☆☆☆	漢字	単語の例		日本語の訓読み
기		汽	기차 ギチャ	汽車	—
			기선 ギソン	汽船	
			기적 ギジョク	汽笛	

例文 → 기차가 출발하려고 합니다 （汽車が出発しようとしています）
　　　　ギチャガ チュルバ ラリョゴ ハムニダ

重要度	★★☆☆☆	漢字	単語の例		日本語の訓読み
기		祈	기원 ギウォン	祈願	祈る
			기념 ギニョム	祈念	기원하다, 기도하다
					ギウォナダ ギドハダ

例文 → 이 가정의 평화를 기원합니다 （この家庭の平和を祈願します）
　　　　イ ガジョンエ ピョンファルル ギウォナムニダ

重要度	★☆☆☆☆	漢字	単語の例		日本語の訓読み
기		紀	세기 セギ	世紀	—
			기원 ギウォン	紀元	
			세기말 セギマル	世紀末	

例文 → 이것은 세기말적인 현상입니다 （これは世紀末的な現象です）
　　　　イ ゴスン セ ギマルチョギン ヒョンサンイムニダ

重要度	★★★☆☆	漢字	単語の例		日本語の訓読み
기		起	재기 ジェギ	再起	起きる
			기소 ギソ	起訴	일어나다
			기립 ギリプ	起立	イロナダ

例文 → 모두 기립해 주십시오 （みんな起立してください）
　　　　モドゥ ギリペ ジュシプシオ

重要度	★★☆☆☆	漢字	単語の例		日本語の訓読み
기		飢	기아 ギア	飢餓	飢える
			기근 ギグン	飢饉	굶다, 굶주리다 グムタ グムジュリダ

例文 ➡ 수년간 기근이 있었습니다　（数年間飢饉がありました）
スニョンガン　ギ グ ニ　イッソッスムニダ

重要度	★★★★☆	漢字	単語の例		日本語の訓読み
기		騎	기사 ギサ	騎士	―
			기마 ギマ	騎馬	

例文 ➡ 백마를 탄 기사　（白馬に乗った騎士）
ペンマルル タン ギ サ

075

重要度 ★★★☆☆

日本語

Wi　위 → Ki　キ

当てずっぽうの法則
初声の法則
ㅇ → カ行
母音
ㅟ → i

重要度	★★★☆☆	漢字	単語の例		日本語の訓読み
위		危	위험 ウィホム	危険	危ない
			위기 ウィギ	危機	위험하다 ウィホマダ

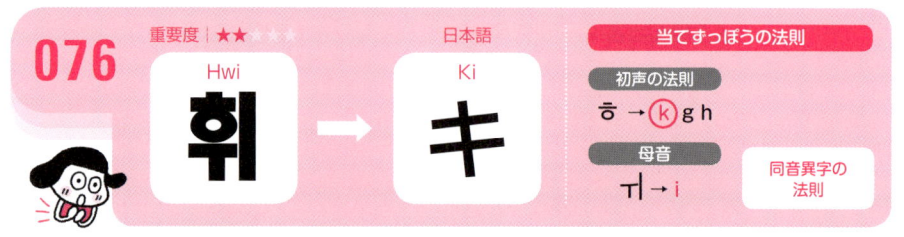

例文 ➡ 호랑이는 정말 위험합니다　（虎は本当に危険です）
ホランイヌン ジョンマル ウィ ホマムニ ダ

076

重要度 ★★☆☆☆

日本語

Hwi　휘 → Ki　キ

当てずっぽうの法則
初声の法則
ㅎ → ⓚ g h
母音
ㅟ → i

同音異字の法則

重要度	★★☆☆☆	漢字	単語の例		日本語の訓読み
휘		揮	휘발 フィバル	揮発	―
			지휘 ジフィ	指揮	
			발휘 バルイ	発揮	

例文 ➡ 당신의 능력을 발휘해 주세요　（あなたの能力を発揮してください）
ダン シ ネ ヌンニョグル バルイヘ ジュセ ヨ

重要度	★☆☆☆☆	漢字	単語の例		日本語の訓読み
	휘	輝	광휘 グァンフィ	光輝	輝く 빛나다 ピンナダ

例文 ➡ 영광의 광휘 （栄光の光輝）
ヨングァンエ グァンフィ

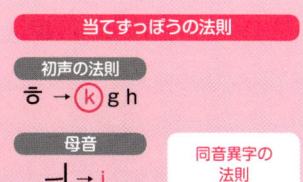

077

Hui → Ki
희 → キ

当てずっぽうの法則
初声の法則　ㅎ → (k) g h
母音　ㅢ → i
同音異字の法則

重要度	★★☆☆☆	漢字	単語の例		日本語の訓読み
	희	喜	희색 ヒセク 환희 ファニ 희열 ヒヨル	喜色 歓喜 喜悦	喜ぶ 기뻐하다 ギッポハダ

例文 ➡ 슬픔이 환희로 바뀌었습니다 （悲しみが歓喜に変わりました）
スルプミ ファニロ パッキオッスムニダ

重要度	★★☆☆☆	漢字	単語の例		日本語の訓読み
	희	希	희망 ヒマン 희소 ヒソ	希望 希少	―

例文 ➡ 아직 희망이 있어요 （まだ希望があります）
アジク ヒマンイ イッソヨ

078

Gi → Gi
기 → ギ

当てずっぽうの法則
初声の法則　ㄱ → k (g)
母音　ㅣ → i
同音異字の法則

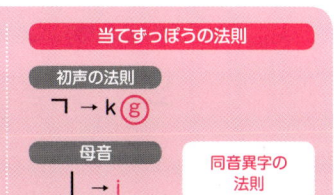

重要度	★★★★★	漢字	単語の例		日本語の訓読み
	기	技	기술 ギスル 기능 ギヌン 특기 トゥッキ	技術 技能 特技	わざ 기술, 기법 ギスル ギボプ

例文 ➡ 정보기술은 매우 중요합니다 （情報技術はとても重要です）
ジョンボギスルン メウ ジュンヨハムニダ

PART 4　韓国語の漢字語を読もう～！

ア カ サ タ ナ ハ マ・ヤ ラ・ワ

127

重要度 ★★★★☆	漢字	単語の例	日本語の訓読み
기	欺	사기　サギ　　詐欺	欺く 속이다 ソギダ

例文 ➡ 어제 사기사건이 발생했습니다　（昨日、詐欺事件が発生しました）
オジェ サギ サッコニ パルセンヘッスムニダ

079

重要度 ★★★★★

Ui → Gi

의 → ギ

当てずっぽうの法則

初声の法則
ㅇ → ガ行

母音
ㅢ → i

同音異字の法則

重要度 ★★☆☆☆	漢字	単語の例	日本語の訓読み
의	疑	의문　ウィムン　疑問 용의　ヨンイ　　容疑 의혹　ウィホク　疑惑	疑う 의심하다 ウィシマダ

例文 ➡ 이 문제에 의문이 있습니다　（この問題に疑問があります）
イ ムンジェエ ウィム ニ イッスムニダ

重要度 ★★★★★	漢字	単語の例	日本語の訓読み
의	義	의리　ウィリ　　義理 의무　ウィム　　義務 정의　ジョンイ　正義	—

例文 ➡ 국민은 납세의 의무가 있습니다　（国民は納税の義務があります）
グンミヌン ナプセ エ ウィム ガ イッスムニダ

重要度 ★★★★☆	漢字	単語の例	日本語の訓読み
의	議	회의　フェイ　　会議 의원　ウィウォン　議員 협의　ヒョビ　　協議	—

例文 ➡ 부장님은 회의에 참석했습니다　（部長は会議に参席しました）
プジャンニ ムン フェ イ エ チャムソ ケッスムニ ダ

080

重要度 ★☆☆☆☆

Gil → Kitsu

길 → キツ

当てずっぽうの法則

無視の法則
初声の法則
ㄱ → ⓚ g

母音
ㅣ → i

パッチムの法則
ㄹ → ⓣチ

128

重要度	★☆☆☆☆	漢字	単語の例		日本語の訓読み
길		吉	대길 デギル	＊大吉	—
			길흉 ギリュン	吉凶	
			길조 ギルチョ	吉兆	

例文 ➡ 돼지꿈은 길조입니다 （豚の夢は吉兆です）
ドェジックムン ギルチョイムニ ダ

081

重要度 ★★☆☆☆

日本語

Gak 각 → キャク Kyaku

当てずっぽうの法則
- 無視の法則
- 初声の法則　ㄱ → ⓚg
- バッチムの法則　ㄱ → ⓒキ
- 同音異字の法則

重要度	★★☆☆☆	漢字	単語の例		日本語の訓読み
각		却	기각 ギガㇰ	棄却	かえって
			각하 ガカ	却下	오히려
			소각 ソガㇰ	焼却	オ ヒリョ

例文 ➡ 소송은 기각되었습니다 （訴訟は棄却されました）
ソソンウン ギガクテオッスムニ ダ

重要度	★★★★☆	漢字	単語の例		日本語の訓読み
각		脚	각광 ガックァン	脚光	あし
			각본 ガクポン	脚本	다리
			각선미 ガクソンミ	脚線美	ダリ

例文 ➡ 그것은 각본 없는 드라마였습니다 （それは脚本のないドラマでした）
グ ゴスン ガクポ ノムヌン ドゥラマ ヨッスムニ ダ

082

重要度 ★★★★★

日本語

Gaek 객 → キャク Kyaku

当てずっぽうの法則
- 無視の法則
- 初声の法則　ㄱ → ⓚg
- バッチムの法則　ㄱ → ⓒキ

重要度	★★★★★	漢字	単語の例		関連語
객		客	승객 スンゲㇰ	乗客	お客
			고객 ゴゲㇰ	顧客	손님
			관객 グァンゲㇰ	観客	ソンニム

例文 ➡ 고객은 엄격합니다 （顧客は厳しいです）
ゴ ゲ グン オムギョカムニ ダ

PART 4　韓国語の漢字語を読もう～！

ア　カ　サ　タ　ナ　ハ　マ・ヤ　ラ・ワ

129

083

重要度 ★★★☆☆

Yeok → Gyaku

역 → ギャク

当てずっぽうの法則
- 初声の法則: ㅇ → ガ行
- パッチムの法則: ㄱ → ク/キ

重要度	漢字	単語の例			関連語
★★★☆☆	역 / 逆	역전	ヨクチョン	逆転	逆に 반대로 パンデロ
		반역	パニョク	反逆	
		역순	ヨクスン	逆順	

例文 ➡ 시합이 역전되었습니다 （試合が逆転されました）
　　　シ ハ ビ ヨクチョンデオッスム ニ ダ

084

重要度 ★★★★★

Gu → Kyuu

구 → キュウ

当てずっぽうの法則
- 無視の法則
- 初声の法則: ㄱ → k/g
- 同音異字の法則

重要度	漢字	単語の例			日本語の訓読み
★★☆☆☆	구 / 久	영구적	ヨングジョク	永久的	久しぶり 오래간만 オ レ ガンマン
		지구력	ジグリョク	持久力	
		내구력	ネグリョク	耐久力	

例文 ➡ 부품의 내구력 테스트 （部品の耐久力テスト）
　　　ブ プ メ ネ グリョク テ ストゥ

重要度	漢字	単語の例			日本語の訓読み
★★★★☆	구 / 救	구원	グウォン	救援	救う 구하다, 건지다 グ ハ ダ ゴンジ ダ
		구제	グジェ	救済	
		구국	ググク	救国	

例文 ➡ 십자가는 구원의 표시입니다 （十字架は救援の印です）
　　　シプチャガヌン グウォネ ピョ シ イムニ ダ

重要度	漢字	単語の例			日本語の訓読み
★★★☆☆	구 / 求	구애	グエ	求愛	求める 구하다, 요구하다 グ ハ ダ ヨ グハ ダ
		구인	グイン	求人	
		청구	チョング	請求	

例文 ➡ 구인광고를 봤습니다 （求人広告を見ました）
　　　グイングァンゴル ル パッスム ニ ダ

重要度	★★★★★	漢字	単語の例		日本語の訓読み
	구	球	탁구 야구 직구	タック ヤグ ジック	卓球 野球 直球	たま 공 ゴン

例文 ➡ 저는 야구를 좋아해요 （私は野球が好きです）
ジョヌン ヤ グルル ジョア ヘ ヨ

重要度	★★★★★	漢字	単語の例		日本語の訓読み
	구	究	연구 탐구 추구	ヨング タムグ チュグ	研究 探究 追究	究める 추구하다 チュグ ハ ダ

例文 ➡ 그는 학회에 연구를 발표했습니다 （彼は学会に研究を発表しました）
グヌン ハケエ ヨングルル パルピョヘッスムニ ダ

重要度	★★★★★	漢字	単語の例		日本語の訓読み
	구	旧	구소련 구석기 구헌법	グソリョン グソッキ グホンポプ	旧ソ連 旧石器 旧憲法	―

例文 ➡ 구소련은 붕괴되었습니다 （旧ソ連は崩壊しました）
グ ソリョヌン ブングェデ オッスムニ ダ

重要度	★★★★★	漢字	単語の例		日本語の訓読み
	구	九	구십 구회 구사일생	グシプ グフェ グサイルセン	九十 九回 九死一生	ここのつ 아홉 ア ホプ

例文 ➡ 아버지는 구십세입니다 （お父さんは 90 歳です）
ア ボ ジ ヌン グシプセ イムニ ダ

085

重要度 ★★★★★ 日本語

Gung **궁** → Kyuu **キュウ**

当てずっぽうの法則
無視の法則　バッチムの法則
初声の法則　ㅇ →ウイ
ㄱ → ⓚ g
同音異字の法則

重要度	★★★★★	漢字	単語の例		日本語の訓読み
	궁	宮	왕궁 궁정 미궁	ワングン グンジョン ミグン	王宮 宮廷 迷宮	みや 궁 グン

例文 ➡ 내일 왕궁 투어 갑니다 （明日、王宮ツアーに行きます）
ネイル ワングン トゥア ガムニ ダ

PART 4 韓国語の漢字語を読もう〜！

重要度	★☆☆☆☆	漢字	単語の例			日本語の訓読み
궁		弓	궁도	グンド	弓道	ゆみ 활 ファル

例文 ➡ 대한궁도협회 （大韓弓道協会）
デハングンドヒョペ

086

重要度 ★★★★☆ 日本語

Geup 급 → キュウ Kyuu

当てずっぽうの法則
無視の法則　パッチムの法則
初声の法則
ㄱ→ⓚg　ㅂ→ⓤツ
同音異字の法則

重要度	★★★★☆	漢字	単語の例			日本語の訓読み
급		急	응급 급행 긴급	ウングプ グペン ギングプ	応急 急行 緊急	急ぐ 서두르다 ソドゥルダ

例文 ➡ 그는 응급실에 갔습니다 　（彼は応急室に行きました）
グヌン ウングプシレ カッスムニダ

重要度	★★★★☆	漢字	単語の例			日本語の訓読み
급		級	초급 중급 고급	チョグプ ジュングプ ゴグプ	初級 中級 高級	―

例文 ➡ 제 한국어는 초급 레벨입니다　（私の韓国語は初級レベルです）
ジェ ハングゴヌン チョグム ネベリムニダ

重要度	★★★★☆	漢字	単語の例			日本語の訓読み
급		給	월급 급여 공급	ウォルグプ グピョ ゴングプ	月給 給与 供給	―

例文 ➡ 어제 월급을 받았습니다　（昨日月給をもらいました）
オジェ ウォルグブル パダッスムニダ

「弓（궁）」の単語例には、ほかに「궁수（弓手）」もあるよ。
この「弓手（きゅうしゅ）」は、日本語の「射手」の意味。
日本語で「弓手（ゆんで）」って言うと、
弓を持つほうの手、つまり「左手、左」のこと。
同じ漢字語でも全然違う意味になることもあるんだね。

087

重要度 | ★★★★☆
日本語
当てずっぽうの法則

Hyu → Kyuu
休 → キュウ

初声の法則
ㅎ → ⓚ g h

重要度	漢字	単語の例		日本語の訓読み
★★★★☆				
휴	休	휴가 ヒュガ 休暇		休む
		휴식 ヒュシク 休息		쉬다
		연휴 ヨニュ 連休		シュィダ

例文 ➡ 회사에서 휴가를 신청했습니다 （会社で休暇を申請しました）
フェサ エ ソ ヒュ ガルル シンチョンヘッスムニ ダ

088

重要度 | ★★☆☆☆
日本語
当てずっぽうの法則

Heup → Kyuu
흡 → キュウ

初声の法則　パッチムの法則
ㅎ → ⓚ g h　ㅂ → ⓤ ッ

重要度	漢字	単語の例		日本語の訓読み
★★☆☆☆				
흡	吸	호흡 ホフプ 呼吸		吸う
		흡수 フプス 吸収		빨다, 피우다
				ッパルダ　ピ ウ ダ

例文 ➡ 그는 심호흡을 했습니다 （彼は深呼吸をしました）
グヌン シ モ フ プル ヘッスムニ ダ

089

重要度 | ★★★☆☆
日本語
当てずっぽうの法則

Geo → Kyo
거 → キョ

無視の法則
初声の法則
ㄱ → ⓚ g

同音異字の法則

重要度	漢字	単語の例		日本語の訓読み
★★☆☆☆				
거	去	과거 グァゴ *過去		去る
		제거 ジェゴ 除去		떠나다
		철거 チョルゴ 撤去		ットナ ダ

例文 ➡ 과거가 있으니까 오늘이 있습니다 （過去があるから今日があります）
グァゴ ガ イッスニッカ オ ヌ リ イッスムニ ダ

重要度 ★★☆☆☆	漢字	単語の例			日本語の訓読み
거	居	거주	ゴジュ	居住	居る
		별거	ビョルゴ	別居	있다
		거류	ゴリュ	居留	イッタ

例文 → 그들은 별거하고 있습니다 （彼らは別居しています）
　　　グドゥルン ビョルゴ ハ ゴ イッスムニ ダ

重要度 ★★★☆☆	漢字	単語の例			日本語の訓読み
거	巨	거인	ゴイン	巨人	―
		거대	ゴデ	巨大	
		거액	ゴエㇰ	巨額	

例文 → 그는 역사를 바꾼 거인입니다 （彼は歴史を変えた巨人です）
　　　グヌン ヨㇰサルル バックンゴ イニムニ ダ

重要度 ★★☆☆☆	漢字	単語の例			日本語の訓読み
거	拒	거절	ゴジョル	拒絶	こばむ
		거부	ゴブ	拒否	거부하다
					ゴブハダ

例文 → 입국을 거부당했습니다 （入国を拒否されました）
　　　イㇷ゚ククル ゴ ブ ダンヘッスムニ ダ

重要度 ★★★☆☆	漢字	単語の例			日本語の訓読み
거	距	거리	ゴリ	距離	―
		단거리	タンゴリ	短距離	
		장거리	チャンゴリ	長距離	

例文 → 그는 장거리 선수입니다 （彼は長距離選手です）
　　　グヌン ジャンゴ リ ソンス イムニ ダ

090

重要度 ★★★☆☆
日本語 Kyo
Heo

허 → キョ

当てずっぽうの法則
初声の法則
ㅎ → ⓚ g h

重要度 ★★★☆☆	漢字	単語の例			日本語の訓読み
허	許	허락	ホラㇰ	許諾	許す
		허가	ホガ	許可	허가하다, 허락하다
		특허	トゥコ	特許	ホガハダ　ホラカダ

例文 → 입국 허가를 받았어요 （入国許可をもらいました）
　　　イㇷ゚ク コ ガルル バダッソ ヨ

091

重要度 ★★★☆☆

어 (Eo) → **ギョ** (Gyo)

当てずっぽうの法則
- 初声の法則　○ → ガ行
- 同音異字の法則

重要度	漢字	単語の例		日本語の訓読み
★★★★☆	魚	어류 オリュ	魚類	さかな
어		인어 イノ	人魚	물고기 ムルコギ
		어뢰 オルェ	魚雷	

例文 → 인어공주（人魚姫）
　　　イ ノ ゴンジュ

重要度	漢字	単語の例		日本語の訓読み
★☆☆☆☆	御	제어 ジェオ	制御	—
어				

例文 → 제 꿈은 로보트 제어입니다　（私の夢はロボット制御です）
　　　ジェ クムン ロ ボトゥ ジェ オ イムニ ダ

092

重要度 ★★★★☆

강 (Gang) → **キョウ** (Kyou)

当てずっぽうの法則
- 無視の法則
- 初声の法則　ㄱ → k g
- パッチムの法則　○ → ウイ

重要度	漢字	単語の例		日本語の訓読み
★★★★☆	強	강제 ガンジェ	強制	強い
강		강도 ガンド	*強盗	강하다 ガンハダ
		강력 ガンニョク	強力	

→「ゴウ」p177　例文 → 은행강도가 체포되었습니다　（銀行強盗が逮捕されました）
　　　　　　　　　　ウネン ガンド ガ チェポ デオッスムニ ダ

「거」の「巨」「拒」「距」は漢字の形が似ているね〜。

093

重要度 ★★★★
Gyeong
경 → **キョウ**
Kyou

日本語

当てずっぽうの法則
- 無視の法則
- 初声の法則　ㄱ → ⓚ g
- パッチムの法則　ㅇ → ⓘイ
- 同音異字の法則

重要度 ★★★☆☆	漢字	単語の例	日本語の訓読み
경	境	환경　ファンギョン　環境 경우　ギョウ　境遇 경계　ギョンゲ　境界	さかい 경계 ギョンゲ

例文 ➡ 환경을 보호합시다　（環境を保護しましょう）
　　　ファンギョンウル　ポ　ホ　ハプ　シ　ダ

重要度 ★★★★☆	漢字	単語の例	日本語の訓読み
경	鏡	안경　アンギョン　眼鏡	かがみ 거울 ゴウル

例文 ➡ 그는 안경을 썼어요　（彼は眼鏡をかけています）
　　　グ　ヌン　アンギョンウル　ッソッ　ソ　ヨ

重要度 ★★★★☆	漢字	単語の例	日本語の訓読み
경	京	상경　サンギョン　上京 동경　ドンギョン　東京 귀경　グィギョン　帰京	―

例文 ➡ 동경은 대도시입니다　（東京は大都市です）
　　　ドンギョンウン　デド　シイムニダ

重要度 ★★☆☆☆	漢字	単語の例	日本語の訓読み
경	競	경기　ギョンギ　競技 경쟁　ギョンジェン　競争 경매　ギョンメ　競売	競う 경쟁하다 ギョンジェン ハ ダ

➡「ケイ」p149　例文 ➡ 집을 경매에서 구입했어요　（家を競売で購入しました）
　　　　　　　　　　　ジブル ギョンメ エ ソ　グ イペッソ ヨ

「京（경）」の日本語読みには、「ケイ」もあるけど日本語では、「京（ケイ）」は「京浜」「京介」みたいに地名や人名に使うよね。でも、地名・人名は元の音に近いハングルで表すから、「京浜＝게이힌」「京介＝게이스케」ってなる。普通名詞ではあまり「京（ケイ）」にあたる韓国語がないんだね。

094

重要度 ★★★★★

공 (Gong) → **キョウ** (Kyou)

当てずっぽうの法則
- 無視の法則
- 初声の法則　ㄱ → ⓚ g
- パッチムの法則　ㅇ → ウイ
- 同音異字の法則

重要度 ★★★★☆	漢字	単語の例	日本語の訓読み
공	供	제공　ジェゴン　提供 공급　ゴングプ　供給	供える 바치다 バ チ ダ

例文 ➡ 정보를 제공하는 사업　（情報を提供する事業）
　　　　ジョンボ ルル ジェゴン ハヌン　サ オプ

重要度 ★★★★☆	漢字	単語の例	日本語の訓読み
공	共	공산당　ゴンサンダン　共産党 공동　ゴンドン　共同 공통　ゴントン　共通	ともに 함께 ハムケ

例文 ➡ 그들은 공통의 취미가 있어요　（彼らは共通の趣味があります）
　　　　グ ドゥルン ゴントンエ チュィミ ガ イッ ソ ヨ

重要度 ★★★★☆	漢字	単語の例	日本語の訓読み
공	恐	공포　ゴンポ　恐怖 공갈　ゴンガル　恐喝	恐ろしい 두렵다, 무섭다 ドゥリョプタ　ムソプタ

例文 ➡ 공포영화는 무서워요　（恐怖〈ホラー〉映画は怖いです）
　　　　ゴンポ ヨンファヌン ム ソ ウォ ヨ

095

重要度 ★★★★☆

교 (Gyo) → **キョウ** (Kyou)

当てずっぽうの法則
- 無視の法則
- 初声の法則　ㄱ → ⓚ g
- 母音　ㅛ → yo
- 同音異字の法則

重要度 ★★★★☆	漢字	単語の例	日本語の訓読み
교	教	교육　ギョユク　教育 교실　ギョシル　教室 교훈　ギョフン　教訓	教える 가르치다 ガルチダ

例文 ➡ 교육은 중요합니다　（教育は重要です）
　　　　ギョ グン ジュンヨ ハム ニ ダ

PART 4　韓国語の漢字語を読もう〜！

ア　カ　サ　タ　ナ　ハ　マ・ヤ　ラ・ワ

重要度	★★★☆☆	漢字	単語の例		日本語の訓読み
교		橋	교량 ギョリャン 橋梁 가교 ガギョ 架橋 육교 ユッキョ 陸橋		はし 다리 タリ

例文 ➡ 한국과 일본의 가교가 되고 싶어요　(韓国と日本の架橋になりたいです)
ハングックァ イル ボネ ガギョガ デゴ シポヨ

096

重要度 ★★★☆☆

Hyang **향** → Kyou **キョウ**

当てずっぽうの法則
初声の法則　ㅎ → ⓚ g h
パッチムの法則　ㅇ → ⓤ イ
同音異字の法則

重要度	★★★★☆	漢字	単語の例		日本語の訓読み
향		郷	고향 ゴヒャン 故郷 향토 ヒャント 郷土		—

例文 ➡ 서울은 제이의 고향입니다　(ソウルは第二の故郷です)
ソ ウルン ジェイエ ゴヒャンイムニ ダ

重要度	★★★★☆	漢字	単語の例		日本語の訓読み
향		響	영향 ヨンヒャン 影響 음향 ウミャン 音響 반향 バニャン 反響		響く 울리다 ウルリ ダ

例文 ➡ 그는 영향력이 있는 사람입니다　(彼は影響力のある人です)
グヌン ヨンヒャンニョギ インヌン サ ラ ミムニ ダ

097

重要度 ★★★★☆

Hyeop **협** → Kyou **キョウ**

当てずっぽうの法則
初声の法則　ㅎ → ⓚ g h
パッチムの法則　ㅂ → ⓤ ッ
同音異字の法則

重要度	★★★★☆	漢字	単語の例		日本語の訓読み
협		協	협력 ヒョムニョク 協力 협조 ヒョプチョ 協調 협동 ヒョプトン 協同		—

例文 ➡ 경쟁보다는 협력이 좋습니다　(競争よりは協力がいいです)
ギョンジェンボ ダ ヌン ヒョムニョギ ジョッスム ニ ダ

重要度 ★★★★	漢字	単語の例	日本語の訓読み
협	狭	협소 ヒョプソ 狭小 협의 ヒョビ 狭義	狭い 좁다 ジョプタ

例文 → 이곳은 협소합니다 （ここは狭小です）
イ ゴスン ヒョプソ ハム ニ ダ

重要度 ★★★★	漢字	単語の例	日本語の訓読み
협	脅	협박 ヒョッパク 脅迫	脅かす 위협하다 ウィヒョパ ダ

例文 → 협박하지 마세요 （脅迫しないでください）
ヒョッパ カジ マセヨ

098

重要度 ★★★★
日本語
Hyeong → Kyou
형 → キョウ

当てずっぽうの法則
初声の法則: ㅎ → ⓚ g h
パッチムの法則: ㅇ → ⓤ イ

重要度 ★★	漢字	単語の例	日本語の訓読み
형	兄	형제 ヒョンジェ 兄弟	あに 형 ヒョン

➡「ケイ」p152　例文 → 우리는 형제입니다 （我々は兄弟です）
ウ リ ヌン ヒョンジェ イム ニ ダ

099

重要度 ★★★
日本語
Hwang → Kyou
황 → キョウ

当てずっぽうの法則
初声の法則: ㅎ → ⓚ g h
パッチムの法則: ㅇ → ⓤ イ

重要度 ★★★	漢字	単語の例	日本語の訓読み
황	況	상황 サンファン 状況 현황 ヒョヌァン 現況 근황 グヌァン 近況	まして 하물며 ハ ムルミョ

例文 → 상황을 판단하고 싶어요 （状況を判断したいです）
サンファンウル パンダンナ ゴ シポ ヨ

100

重要度 ★★★☆☆

Hyung 흉 → キョウ 日本語

当てずっぽうの法則
- 初声の法則: ㅎ → ⓚ g h
- パッチムの法則: ○ → ⓤ イ
- 同音異字の法則

重要度 ★★★☆☆	漢字	単語の例			日本語の訓読み
흉	凶	흉악	ヒュンアㇰ	凶悪	—
		흉기	ヒュンギ	凶器	
		흉폭	ヒュンポㇰ	凶暴	

例文 ➡ 범인이 흉기를 가지고 있어요　(犯人が凶器を持っています)
　　　ポ ミ ニ ヒュンギルル ガ ジ ゴ イッソ ヨ

重要度 ★★★★☆	漢字	単語の例			日本語の訓読み
흉	胸	흉부	ヒュンブ	胸部	むね
		흉중	ヒュンジュン	胸中	가슴　ガスム

例文 ➡ 흉부 사진을 찍읍시다　(胸部の写真を撮りましょう)
　　　ヒュンブ　サ ジ ヌルッチグプ シ ダ

101

重要度 ★★☆☆☆

Heung 흥 → キョウ 日本語

当てずっぽうの法則
- 初声の法則: ㅎ → ⓚ g h
- パッチムの法則: ○ → ⓤ イ

重要度 ★★☆☆☆	漢字	単語の例			日本語の訓読み
흥	興	흥미	フンミ	興味	—
		부흥	ブフン	*復興	
		흥분	フンブン	*興奮	

例文 ➡ 그는 이성에 흥미가 있습니다　(彼は異性に興味があります)
　　　グ ヌン イソン エ フンミ ガ イッスムニ ダ

う～ん、「興（흥）」の「부흥」「흥분」、難しいね。
日本語の読みは1つじゃないよ！
142ページの「玉」の単語例「백옥」なんかも
想像力を働かせて！

102

重要度 ★★★★

업 Eop → ギョウ Gyou

当てずっぽうの法則
初声の法則: ○ → ガ行
パッチムの法則: ㅂ → ウ ッ

重要度	漢字	単語の例	日本語の訓読み
★★★★	業	사업 サオプ 事業 업무 オムム 業務 직업 チゴプ 職業	―

→「ゴウ」p178

例文 → 저는 사업을 하고 싶어요 （私は事業をやりたいです）
ジョヌン サ オブル ハゴ シポヨ

103

重要度 ★★★★

행 Haeng → ギョウ Gyou

当てずっぽうの法則
無視の法則
初声の法則: ㅎ → k g h
パッチムの法則: ○ → ウ イ

重要度	漢字	単語の例	日本語の訓読み
★★★★	行	수행 スヘン 修行 진행 ジネン *進行 행사 ヘンサ 行事	行く 가다 ガダ

→「コウ」p174

例文 → 말보다 행동이 중요합니다 （言葉より行動が重要です）
マルボ ダ ヘンドンイ ジュンヨハム ニ ダ

104

重要度 ★★★★

곡 Gok → キョク Kyoku

当てずっぽうの法則
無視の法則
初声の法則: ㄱ → k g
パッチムの法則: ㄱ → ク キ

重要度	漢字	単語の例	日本語の訓読み
★★★☆☆	曲	작곡 ジャッコク 作曲 곡명 ゴンミョン 曲名 서곡 ソゴク 序曲	曲げる 구부리다 グブリダ

例文 → 그는 천재적인 작곡가입니다 （彼は天才的な作曲家です）
グ ヌン チョンジェジョギン ジャッコッ カ イム ニ ダ

105

重要度 ★★★

국 (Guk) → **キョク** (Kyoku)

当てずっぽうの法則
- 無視の法則
- 初声の法則　ㄱ → ⓚ g
- パッチムの法則　ㄱ → ㋗ キ

重要度 ★★★☆☆	漢字	単語の例		日本語の訓読み
국	局	방송국　バンソングゥ　放送局 결국　ギョルグゥ　結局 약국　ヤックゥ　薬局		―

例文➡ 방송국에 취직했어요　(放送局に就職しました)
　　　パンソン グ ゲ チュィジ ケッ ソ ヨ

106

重要度 ★★☆☆☆

극 (Geuk) → **キョク** (Kyoku)

当てずっぽうの法則
- 無視の法則
- 初声の法則　ㄱ → ⓚ g
- パッチムの法則　ㄱ → ㋗ キ

重要度 ★★☆☆☆	漢字	単語の例		日本語の訓読み
극	極	남극　ナムグゥ　南極 북극　ブックゥ　北極 극동　クゥトン　極東		―

例文➡ 언젠가는 남극에 가고 싶어요　(いつかは南極に行きたいです)
　　　オンジェンガ ヌン ナム グ ゲ　ガ ゴ　シ ボ ヨ

107

重要度 ★★☆☆☆

옥 (Ok) → **ギョク** (Gyoku)

当てずっぽうの法則
- 初声の法則　○ → ガ行
- パッチムの法則　ㄱ → ㋗ キ

重要度 ★★☆☆☆	漢字	単語の例		日本語の訓読み
옥	玉	옥석　オクソクゥ　玉石 백옥　ベゴクゥ　＊白玉 황옥　ファンオクゥ　黄玉		たま 구슬 グ スル

例文➡ 백옥 같은 피부　(白玉のような皮膚)
　　　ベ ゴクゥ カットゥン ピ ブ

108

重要度 ★★★

균 Gyun → キン Kin

当てずっぽうの法則
- 無視の法則
- 初声の法則　ㄱ → ⓚ g
- パッチムの法則　ㄴㅁ → ン
- 同音異字の法則

重要度 ★★★	漢字	単語の例	日本語の訓読み
균	均	평균　ピョンギュン　平均 균일　ギュニル　均一 균등　ギュンドゥン　均等	ならす 고르게 하다 ゴ ル ゲ ハ ダ

例文 → 그의 점수는 평균 이하입니다　（彼の点数は平均以下です）
　　　グ エ ジョㇺス ヌン ピョンギュン イ ハ イㇺニ ダ

重要度 ★★★	漢字	単語の例	日本語の訓読み
균	菌	세균　セギュン　細菌 살균　サルギュン　殺菌 유산균　ユサンギュン　乳酸菌	―

例文 → 유산균은 몸에 좋습니다　（乳酸菌は体にいいです）
　　　ユサンギュヌン モ メ ジョッスㇺニ ダ

109

重要度 ★★★★

근 Geun → キン Kin

当てずっぽうの法則
- 無視の法則
- 初声の法則　ㄱ → ⓚ g
- 母音　ㅡ → i
- パッチムの法則　ㄴㅁ → ン
- 同音異字の法則

重要度 ★★★★	漢字	単語の例	日本語の訓読み
근	勤	근무　グンム　勤務 근면　グンミョン　勤勉 야근　ヤグン　夜勤	勤める 근무하다 グンムハダ

例文 → 어제는 야근을 했어요　（昨日は夜勤をしました）
　　　オジェヌン ヤ グ ヌル ヘッソ ヨ

重要度 ★★	漢字	単語の例	日本語の訓読み
근	筋	근육　グニュク　筋肉 철근　チョルグン　鉄筋 복근　ボックン　腹筋	すじ 힘줄, 줄거리 ヒㇺチュル ジュルゴ リ

例文 → 그의 복근은 멋있어요　（彼の腹筋は格好いいです）
　　　グ エ ボックヌン モシッソヨ

PART 4　韓国語の漢字語を読もう〜！

143

重要度 ★★★★☆	漢字	単語の例		日本語の訓読み
근	近	최근 チェグン 부근 ブグン 접근 ジョプクン	最近 付近 接近	近い 가깝다 ガッカプタ

例文 ➡ 최근에 뭐가 유행하고 있어요? （最近何がはやっていますか？）
チェグ ネ ムォガ ユヘンハ ゴ イッソ ヨ

110

重要度 ★★★★★

日本語

Geum 금 → キン Kin

当てずっぽうの法則
無視の法則
初声の法則　ㄱ → ⓚ g
母音　ㅡ → i
パッチムの法則　ㄴ ㅁ → ン
同音異字の法則

重要度 ★★★★★	漢字	単語の例		日本語の訓読み
금	金	금요일 グミョイル 황금 ファングム 금메달 グムメダル	金曜日 ＊黄金 金メダル	お金 돈 ドン

➡「キン」p144　例文 ➡ 금요일이 가장 즐겁습니다 （金曜日が一番楽しいです）
グミョ イ リ ガジャン ジュルゴプスム ニ ダ

重要度 ★★☆☆☆	漢字	単語の例		関連語
금	禁	금지 グムジ 금연 グミョン 금욕 グミョク	禁止 禁煙 禁欲	禁じる 금하다, 금지하다 グ マ ダ グムジ ハ ダ

例文 ➡ 그것은 법률로 금지되어 있습니다 （それは法律で禁じられています）
グ ゴスン ポムニュルロ グムジ デ オ イッスムニ ダ

111

重要度 ★★★★★

日本語

Gim 김 → キン Kin

当てずっぽうの法則
無視の法則
初声の法則　ㄱ → ⓚ g
母音　ㅣ → i
パッチムの法則　ㄴ ㅁ → ン

重要度 ★★★★★	漢字	単語の例		日本語の訓読み
김	金	김포공항 ギムポゴンハン 김태희 ギムテヒ 김준수 ギムジュンス	金浦空港 キム・テヒ キム・ジュンス	お金 돈 ドン

➡「キン」p144　例文 ➡ 하네다에서 김포공항으로 갑니다 （羽田から金浦空港へ行きます）
ハ ネ ダ エ ソ ギムポ ゴンハンウロ ガムニダ

112

重要度 ★★★★ | 日本語 | 当てずっぽうの法則

Gin **긴** → Kin **キン**

- 無視の法則
- 初声の法則　ㄱ → ⓚ g
- 母音　ㅣ → i
- パッチムの法則　ⓝ ㅁ → ン

重要度 ★★★★	漢字	単語の例	日本語の訓読み
긴	緊	긴장　ギンジャン　緊張 긴급　ギングプ　緊急 긴박　ギンバク　緊迫	―

例文➡ 면접은 긴장됩니다　（面接は緊張します）
　　　ミョンジョブン　ギンジャンデムニダ

113

重要度 ★★★★ | 日本語 | 当てずっぽうの法則

Eun **은** → Gin **ギン**

- 初声の法則　ㅇ → ガ行
- 母音　ㅡ → i
- パッチムの法則　ⓝ ㅁ → ン

重要度 ★★★★	漢字	単語の例	日本語の訓読み
은	銀	은행　ウネン　銀行 은하　ウナ　銀河 은메달　ウンメダル　銀メダル	―

例文➡ 은행은 몇 시까지입니까？　（銀行は何時までですか？）
　　　ウネヌン　ミョッ　シッカジ　イムニッカ

114

重要度 ★★★★ | 日本語 | 当てずっぽうの法則

Go **고** → Ku **ク**

- 無視の法則
- 初声の法則　ㄱ → ⓚ g

重要度 ★★★★	漢字	単語の例	日本語の訓読み
고	苦	고통　ゴトン　苦痛 고난　ゴナン　苦難 고전　ゴジョン　苦戦	苦しい 괴롭다 グェロプタ

例文➡ 환자는 고통을 호소합니다　（患者は苦痛を訴えます）
　　　ファンジャヌン　ゴトンウル　ホソハムニダ

115

重要度 ★★★★ 日本語

Gu → Ku

구 → ク

当てずっぽうの法則
- 無視の法則
- 初声の法則 ㄱ → ⓚ g
- 母音 ㅜ → u
- 同音異字の法則

重要度 ★☆☆☆☆	漢字	単語の例		日本語の訓読み
구	句	고구려 ゴグリョ	高句麗	—
		구점 グッチョム	句点	

例文 ➡ 이것은 고구려의 유물입니다　(これは高句麗の遺物です)
　　　イ ゴスン ゴ グリョエ ユ ム リム ニ ダ

重要度 ★★★★☆	漢字	単語の例		日本語の訓読み
구	区	중구 ジュング	中区	—
		동구 ドング	東区	
		서구 ソグ	西区	

例文 ➡ 저는 중구에서 살고 있어요　(私は中区で住んでいます)
　　　ジョヌン ジュング エソ サルゴ イッソ ヨ

116

重要度 ★★★★ 日本語

Gong → Kuu

공 → クウ

当てずっぽうの法則
- 無視の法則
- 初声の法則 ㄱ → ⓚ g
- パッチムの法則 ㅇ → ⓤイ

重要度 ★★★★☆	漢字	単語の例		日本語の訓読み
공	空	공항 ゴンハン	空港	そら
		항공 ハンゴン	航空	하늘
		공군 ゴングン	空軍	ハ ヌル

例文 ➡ 공항에 마중을 갔습니다　(空港へ迎えに行きました)
　　　ゴンハン エ マ ジュンウル ガッスムニダ

> パッチムは数が少ないから、有力な情報だよね。
> 「ㅇ」を見たら、まず「ウ」、ダメだったら「イ」、
> 「ㄴ」を見たら迷わず「ン」。
> すぐに当てはめてみよう〜。

146

117

重要度 ★★★

日本語

우 (U) → グウ (Guu)

当てずっぽうの法則
- 初声の法則: ㅇ → ガ行
- 母音: ㅜ → u

重要度 ★★★	漢字	単語の例		日本語の訓読み
우	偶	우연 ウヨン	偶然	—
		우상 ウサン	偶像	
		배우자 ベウジャ	配偶者	

例文 ➡ 이것은 우연이 아니라 필연입니다 (これは偶然ではなく必然です)
イ ゴスン ウ ヨ ニ アニラ ピリョニムニダ

118

重要度 ★★★★

日本語

군 (Gun) → クン (Kun)

当てずっぽうの法則
- 無視の法則
- 初声の法則: ㄱ → ⓚ g
- 母音: ㅜ → u
- パッチムの法則: ㄴ ㅁ → ン

重要度 ★★★★	漢字	単語の例		日本語の訓読み
군	君	김 군 ギム グン	キム君	きみ
		군자 グンジャ	君子	자네 ジャネ
		부군 ブグン	父君	

例文 ➡ 김 군은 부지런합니다 (キム君は真面目です)
ギム グヌン ブ ジ ロナムニダ

119

重要度 ★★★

日本語

훈 (Hun) → クン (Kun)

当てずっぽうの法則
- 初声の法則: ㅎ → ⓚ g
- 母音: ㅜ → u
- パッチムの法則: ㄴ ㅁ → ン

重要度 ★★★	漢字	単語の例		日本語の訓読み
훈	訓	교훈 ギョフン	教訓	—
		훈련 フルリョン	訓練	
		훈독 フンドク	訓読	

例文 ➡ 오늘 중요한 교훈을 배웠습니다 (今日、重要な教訓を学びました)
オヌル ジュンヨ ハン ギョフヌル ペウォッスムニ ダ

PART 4 韓国語の漢字語を読もう〜！

120

重要度 ★★★★☆
Gun
군 → **グン**
Gun

日本語

当てずっぽうの法則
初声の法則　ㄱ → k(g)
パッチムの法則　ㄴㅁ → ン
母音　ㅜ → u
同音異字の法則

重要度 ★★★★☆	漢字	単語の例		日本語の訓読み
군	群	군중　グンジュン　群衆 발군　バルグン　抜群 군집　グンジプ　群集		むれ 무리 ム　リ

例文 ➡ 그는 군중 속으로 사라졌습니다　（彼は群衆の中へ消えました）
　　　グ ヌン グンジュン ソ グ ロ サラジョッスム ニ ダ

重要度 ★★★★☆	漢字	単語の例		日本語の訓読み
군	軍	군대　グンデ　軍隊 군인　グニン　軍人 군사　グンサ　軍事		—

例文 ➡ 남자는 군대에 갑니다　（男は軍隊に行きます）
　　　ナムジャヌン グン デ エ ガム ニ ダ

121

重要度 ★★★☆☆
Ge
게 → **ケイ**
Kei

日本語

当てずっぽうの法則
無視の法則
初声の法則　ㄱ → (k)g
母音　ㅔ → e
同音異字の法則

重要度 ★★★★☆	漢字	単語の例		日本語の訓読み
게	憩	휴게실　ヒュゲシル　休憩室		憩う 쉬다 シュィダ

例文 ➡ 휴게실에서 조금 쉽시다　（休憩室で少し休みましょう）
　　　ヒュゲ シ レ ソ ジョグム シュィプシ ダ

重要度 ★★★★☆	漢字	単語の例		日本語の訓読み
게	掲	게재　ゲジェ　掲載 게시　ゲシ　掲示 게시판　ゲシパン　掲示板		掲げる 내걸다 ネ ゴル ダ

例文 ➡ 잡지에 사진이 게재되었습니다　（雑誌に写真が掲載されました）
　　　ジャプチ エ サジ ニ ゲジェ デオッスム ニ ダ

148

122

重要度 ★★★★★ | 日本語 | 当てずっぽうの法則
Gyeong | Kei | 無視の法則 ／ パッチムの法則
경 → ケイ | 初声の法則 ㄱ → ⓚ g ／ ㅇ → ウ ⓘ
 | 母音 ㅕ → e ／ 同音異字の法則

경 — 競

重要度 ★★☆☆☆

漢字	単語の例		日本語の訓読み
競	경쟁 ギョンジェン	*競争	競う
	경주 ギョンジュ	*競走	경쟁하다
	경마 ギョンマ	競馬	ギョンジェンハダ

➡「キョウ」p136

例文➡ 한국은 경쟁사회입니다 （韓国は競争社会です）
ハング グン ギョンジェンサフェイムニダ

경 — 傾

重要度 ★★★★☆

漢字	単語の例		日本語の訓読み
傾	경향 ギョンヒャン	傾向	傾く
	경사 ギョンサ	傾斜	기울다
	경청 ギョンチョン	傾聴	ギウルダ

例文➡ 그런 경향이 있어요 （そういう傾向があります）
グロン ギョンヒャンイ イッソ ヨ

경 — 径

重要度 ★★☆☆☆

漢字	単語の例		日本語の訓読み
径	반경 バンギョン	半径	—
	직경 ジッキョン	直径	

例文➡ 그는 행동 반경이 넓습니다 （彼は行動半径が広いです）
グヌン ヘンドン バンギョンイ ノルスムニダ

경 — 慶

重要度 ★★☆☆☆

漢字	単語の例		日本語の訓読み
慶	경조 ギョンジョ	慶弔	—
	경주 ギョンジュ	慶州	
	경축 ギョンチュク	慶祝	

例文➡ 저는 경주에 간 적이 있어요 （私は慶州に行ったことがあります）
ジョヌン ギョンジュエ ガン ジョギ イッソ ヨ

경 — 敬

重要度 ★★★☆☆

漢字	単語の例		日本語の訓読み
敬	존경어 ジョンギョンオ	尊敬語	敬う
	경의 ギョンイ	敬意	공경하다
	경례 ギョンニェ	敬礼	ゴンギョンハダ

例文➡ 존경어는 어려워요 （尊敬語は難しいです）
ジョンギョンオヌン オリョウォヨ

PART 4 韓国語の漢字語を読もう〜！

ア｜カ｜サ｜タ｜ナ｜ハ｜マ・ヤ｜ラ・ワ

149

重要度	★★★★★	漢字	単語の例		日本語の訓読み
경		景	경치 ギョンチ	*景致(景色)	—
			경기 ギョンギ	景気	
			풍경 プンギョン	風景	

例文 ➡ 경치가 정말 좋네요 　(景色が本当にいいですね)
ギョンチ ガ ジョンマル ジョンネ ヨ

重要度	★★★★★	漢字	単語の例		日本語の訓読み
경		経	경제 ギョンジェ	経済	たつ
			경리 ギョンニ	経理	지나다, 경과하다
			신경 シンギョン	神経	ジ ナ ダ ギョングァ ハ ダ

例文 ➡ 경제에 관한 지식은 필요합니다 　(経済に関する知識は必要です)
ギョンジェ エ グァナン ジ シグン ピリョハム ニ ダ

重要度	★★★★★	漢字	単語の例		日本語の訓読み
경		警	경찰 ギョンチャル	警察	—
			경계 ギョンゲ	警戒	
			경고 ギョンゴ	警告	

例文 ➡ 고양이가 경계하고 있어요 　(猫が警戒しています)
ゴヤン イ ガ ギョンゲ ハ ゴ イッソ ヨ

重要度	★★☆☆☆	漢字	単語の例		日本語の訓読み
경		軽	경쾌 ギョンクェ	軽快	軽い
			경시 ギョンシ	軽視	가볍다
					ガ ビョプ タ

例文 ➡ 경쾌한 음악을 좋아해요 　(軽快な音楽が好きです)
ギョンクェ ハン ウ マグル ジョ ア ヘ ヨ

重要度	★★★☆☆	漢字	単語の例		日本語の訓読み
경		頃	한시 경 ハンシギョン	*1時頃	ごろ
			두시 경 ドゥシギョン	*2時頃	경, 무렵, 쯤
			세시 경 セシギョン	*3時頃	ギョン ムリョプ ッチュム

例文 ➡ 한시 경에 식사를 했습니다 　(1時ごろ食事をしました)
ハン シ ギョン エ シク サ ルル ヘッスム ニ ダ

123

重要度 ★★★★☆
Gye
계 ➡ **ケイ**
Kei

日本語

当てずっぽうの法則
- 無視の法則
- 初声の法則　ㄱ → ⓚ g
- 母音　ㅖ → ei
- 同音異字の法則

150

重要度 ★★☆☆☆	漢字	単語の例			日本語の訓読み
계	係	관계	グァンゲ	関係	かかわる
		무관계	ムグァンゲ	無関係	関係되다
		계수	ゲス	係数	グァンゲ デ ダ

例文 → 남녀 관계에서 우정은 없습니다　(男女関係で友情はありません)
　　　ナムニョ グァンゲ エ ソ ウジョンウン オプスムニ ダ

重要度 ★★☆☆☆	漢字	単語の例			日本語の訓読み
계	啓	계몽	ゲモン	啓蒙	―
		계발	ゲバル	啓発	
		계시	ゲシ	啓示	

例文 → 그는 농촌 계몽 운동을 했습니다　(彼は農村啓蒙運動をしました)
　　　グ ヌン ノンチョン ゲモン ウンドンウル ヘッスム ニ ダ

重要度 ★★☆☆☆	漢字	単語の例			日本語の訓読み
계	契	계약	ゲヤク	契約	―
		계기	ゲギ	契機	

例文 → 계약을 체결했어요　(契約を締結しました)
　　　ゲ ヤ グル チェギョレッ ソ ヨ

重要度 ★★☆☆☆	漢字	単語の例			日本語の訓読み
계	渓	계곡	ゲゴク	渓谷	―
		계류	ゲリュ	渓流	

例文 → 여름에는 계곡이 시원합니다　(夏は渓谷が涼しいです)
　　　ヨ ル メヌン ゲゴ ギ シウォナム ニ ダ

重要度 ★★★☆☆	漢字	単語の例			日本語の訓読み
계	系	태양계	テヤンゲ	太陽系	―
		직계	ジッケ	直系	
		계통	ゲトン	系統	

例文 → 지구는 태양계에 속해 있어요　(地球は太陽系に属しています)
　　　ジグ ヌン テヤンゲ エ　ソ ケ イッ ソ ヨ

重要度 ★★☆☆☆	漢字	単語の例			日本語の訓読み
계	継	계속	ゲソク	継続	継ぐ
		계승	ゲスン	継承	잇다
		후계	フゲ	後継	イッタ

例文 → 그는 아들을 후계자로 지명했습니다　(彼は息子を後継者に指名しました)
　　　グ ヌン アドゥルル フ ゲジャロ ジミョンヘッスム ニ ダ

重要度	★★★★★	漢字	単語の例		日本語の訓読み
	계	計	시계 シゲ	時計	はかる
			계산 ゲサン	計算	재다
			계획 ゲフェク	計画	ジェ ダ

例文 ➡ 제가 계산하겠습니다 (私が計算します)
　　　ジェガ　ゲサンハ　ゲッスムニ ダ

重要度	★★★☆☆	漢字	単語の例		日本語の訓読み
	계	鶏	계란 ゲラン	鶏卵	にわとり
			투계 トゥゲ	闘鶏	닭 ダク

例文 ➡ 그는 계란을 좋아합니다 (彼は鶏卵が好きです)
　　　グヌン　ゲ ラ ヌル　ジョアハムニ ダ

124

重要度 ★★★★☆

Hyeong → Kei

형 → ケイ

当てずっぽうの法則
- **初声の法則**: ㅎ → (k) g h
- **パッチムの法則**: ㅇ → イ
- **母音**: ㅕ → e
- **同音異字の法則**

重要度	★★★★☆	漢字	単語の例		日本語の訓読み
	형	型	신형 シニョン	*新型	—
			원형 ウォニョン	原型	
			모형 モヒョン	模型	

例文 ➡ 이것은 신형 모델입니다 (これは新型モデルです)
　　　イ ゴスン　シニョン　モ　デリムニ ダ

重要度	★★☆☆☆	漢字	単語の例		日本語の訓読み
	형	蛍	형광등 ヒョングァンドゥン	蛍光灯	ほたる
					반딧불이, 개똥벌레 パンディプリ ケットンボルレ

例文 ➡ LED 형광등이 인기입니다 (LED 蛍光灯が人気です)
　　　LED ヒョングァンドゥンイ インキイムニ ダ

重要度	★★★☆☆	漢字	単語の例		日本語の訓読み
	형	兄	형제 ヒョンジェ	*兄弟	あに
			부형 ブヒョン	父兄	형 ヒョン

➡「キョウ」p139　例文 ➡ 그는 형제가 없습니다 (彼は兄弟がいないです)
　　　　　　　　　　　　グヌン ヒョンジェガ オプスムニ ダ

重要度 ★★★☆☆	漢字	単語の例	日本語の訓読み
형	刑	형사　ヒョンサ　刑事 형벌　ヒョンボル　刑罰 무기형　ムギヒョン　無期刑	—

例文➡ 이것은 형사 사건입니다　（これは刑事事件です）
　　　イゴ スン ヒョンサ サッコ ニムニダ

重要度 ★★★★☆	漢字	単語の例	日本語の訓読み
형	形	형태　ヒョンテ　形態 기본형　ギボニョン　基本形 원형　ウォニョン　原形	かたち 형태, 모양 ヒョンテ　モヤン

例文➡ 근무 형태는 사람에 따라서 틀립니다　（勤務形態は人によって違います）
　　　グンム ヒョンテヌン サラメ ッタラソ トゥルリムニダ

125
重要度 ★★★☆☆　　日本語
Hyu　　Kei
휴 → ケイ

当てずっぽうの法則
初声の法則
ㅎ → ⓚ g h

重要度 ★★★☆☆	漢字	単語の例	日本語の訓読み
휴	携	휴대　ヒュデ　携帯 제휴　ジェヒュ　提携	携わる 종사하다 ジョンサハダ

例文➡ 휴대전화 요금이 비싸요　（携帯電話料金が高いです）
　　　ヒュデジョヌァ ヨグミ ビッサヨ

126
重要度 ★★★☆☆　　日本語
Yeong　　Gei
영 → ゲイ

当てずっぽうの法則
初声の法則　　パッチムの法則
ㅇ → ガ行　　ㅇ → ウⓘ
母音
ㅕ → e

重要度 ★★★☆☆	漢字	単語の例	日本語の訓読み
영	迎	환영　ファニョン　歓迎 송영　ソンヨン　送迎	迎える 맞이하다 マジハダ

例文➡ 환영파티를 하고 싶어요　（歓迎パーティをしたいです）
　　　ファニョンパティルル ハゴ シボヨ

127

重要度 ★★★☆
日本語
当てずっぽうの法則

Gyeok → Geki

격 → ゲキ

初声の法則　ㄱ → k(g)
パッチムの法則　ㄱ → ク(キ)
母音　ㅕ → e
同音異字の法則

重要度 ★★★☆☆	漢字	単語の例		日本語の訓読み
격	撃	공격　ゴンギョク　攻撃 사격　サギョク　射撃 충격　チュンギョク　衝撃		撃つ 쏘다 ッソ ダ

例文 ➡ 문화적인 충격을 받았어요　（文化的な衝撃を受けました）
ムヌァジョギン　チュンギョ グル　パ ダッ ソ ヨ

重要度 ★★★★☆	漢字	単語の例		日本語の訓読み
격	激	감격　ガムギョク　感激 과격　グァギョク　過激 격려　ギョンニョ　激励		激しい 격하다 ギョカ ダ

例文 ➡ 감격했습니다. 감사합니다　（感激しました。感謝します）
ガムギョケッスム ニ ダ．ガム サハム ニ ダ

128

重要度 ★★★★☆
日本語
当てずっぽうの法則

Gyeol → Ketsu

결 → ケツ

無視の法則
初声の法則　ㄱ → k g
パッチムの法則　ㄹ → ッ チ
母音　ㅕ → e
同音異字の法則

重要度 ★★★☆☆	漢字	単語の例		日本語の訓読み
결	欠	결석　ギョルソク　欠席 결근　ギョルグン　欠勤 결함　ギョラム　欠陥		欠ける 빠지다, 결여되다 ッパジ ダ　ギョリョ デダ

例文 ➡ 그는 오늘도 결석했습니다　（彼は今日も欠席しました）
グヌン　オ ヌルド　ギョル ソ ケッスム ニ ダ

重要度 ★★★★☆	漢字	単語の例		日本語の訓読み
결	決	결정　ギョルチョン　決定 결심　ギョルシム　決心		決める 정하다 ジョン ハ ダ

例文 ➡ 그는 금연을 결심했습니다　（彼は禁煙を決心しました）
グヌン　グミョヌル　ギョルシ メッスム ニ ダ

重要度 ★★★★	漢字	単語の例	日本語の訓読み
결	結	결과 ギョルグァ 結果 연결 ヨンギョル 連結 결혼 ギョロン 結婚	結ぶ 묶다, 맺다 ムクタ メッタ

例文 → 시험 결과가 좋았습니다 （試験結果がよかったです）
シホム ギョルグァガ ジョアッスムニダ

129

重要度 ★★★★

Hyeol 혈 → Ketsu ケツ

当てずっぽうの法則
- 初声の法則: ㅎ → ⓚ g h
- バッチムの法則: ㄹ → ㉡ チ
- 母音: ㅕ → e
- 同音異字の法則

重要度 ★☆☆☆	漢字	単語の例	日本語の訓読み
혈	穴	경혈 ギョンヒョル 経穴	あな 구멍 グモン

例文 → 이것은 중요한 경혈입니다 （これは重要な経穴です）
イ ゴスン ジュンヨハン ギョンヒョリムニダ

重要度 ★★★★	漢字	単語の例	日本語の訓読み
혈	血	혈압 ヒョラプ 血圧 혈액 ヒョレク 血液 헌혈 ホニョル 献血	ち 피 ピ

例文 → 그는 혈압이 높습니다 （彼は血圧が高いです）
グヌン ヒョラビ ノプスムニダ

130

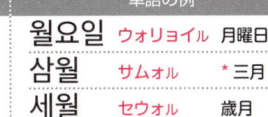

重要度 ★★★★

Wol 월 → Getsu ゲツ

当てずっぽうの法則
- 初声の法則: ㅇ → ガ行
- バッチムの法則: ㄹ → ㉡ チ
- 母音: ㅝ → e

重要度 ★★★★	漢字	単語の例	日本語の訓読み
월	月	월요일 ウォリョイル 月曜日 삼월 サムオル *三月 세월 セウォル 歳月	つき 달 ダル

→「ガツ」p114 例文 → 내일은 월요일입니다 （明日は月曜日です）
ネイルン ウォリョイリムニダ

PART 4 韓国語の漢字語を読もう～！

131

重要度 ★★★★★
Geon
건 → ケン
Ken

日本語

当てずっぽうの法則
- 無視の法則
- 初声の法則　ㄱ → ⓚ g
- 母音　ㅓ → e
- パッチムの法則　ㄴ → ン
- 同音異字の法則

重要度 ★★★★☆	漢字	単語の例		日本語の訓読み
건	件	조건　ジョッコン　条件 사건　サッコン　事件 안건　アンコン　案件		―

例文 ➡ 조건이 있습니다　（条件があります）
ジョッコ ニ イッスムニダ

重要度 ★★★☆☆	漢字	単語の例		日本語の訓読み
건	健	건강　ゴンガン　健康 건전　ゴンジョン　健全 건재　ゴンジェ　健在		健やかだ 튼튼하다, 건강하다 トゥントゥ ナ ダ　ゴンガンハ ダ

例文 ➡ 건강에는 자신이 있어요　（健康には自信があります）
ゴンガン エヌン ジャシ ニ イッソ ヨ

重要度 ★★★★☆	漢字	単語の例		日本語の訓読み
건	建	건물　ゴンムル　*建物 건축　ゴンチュク　建築 건국　ゴングク　建国		建てる 짓다, 세우다 チッタ　セウダ

例文 ➡ 그는 건국의 아버지입니다　（彼は建国の父です）
グヌン ゴングゲ ア ボ ジ イムニダ

132

重要度 ★★★★★
Geom
검 → ケン
Ken

日本語

当てずっぽうの法則
- 無視の法則
- 初声の法則　ㄱ → ⓚ g
- 母音　ㅓ → e
- パッチムの法則　ㅁ → ン
- 同音異字の法則

重要度 ★☆☆☆☆	漢字	単語の例		日本語の訓読み
검	劍	검도　ゴムド　剣道 검술　ゴムスル　剣術		―

例文 ➡ 아들은 검도를 배우고 있어요　（息子は剣道を習っています）
アドゥルン ゴムドルル ペ ウ ゴ イッソ ヨ

重要度	★★★★☆	漢字	単語の例		日本語の訓読み
검		検	검사 ゴムサ	検事	—
			검증 ゴムジュン	検証	
			검토 ゴムト	検討	

例文 ➡ 이것은 검토해 보겠습니다 （これは検討してみます）
　　　　イ ゴスン ゴムト ヘ ボ ゲッスムニダ

133

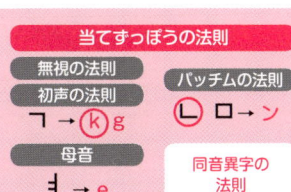

重要度 ★★★★☆

Gyeon → Ken

견 → ケン

- 当てずっぽうの法則
- 無視の法則
- 初声の法則　ㄱ → k / g
- 母音　ㅕ → e
- パッチムの法則　ㄴ → ン
- 同音異字の法則

重要度	★☆☆☆☆	漢字	単語の例		日本語の訓読み
견		堅	견고 ギョンゴ	堅固	堅い
			견실 ギョンシル	堅実	딱딱하다
			견지 ギョンジ	堅持	ッタクタ カ ダ

例文 ➡ 견고한 시스템이 필요합니다 （堅固なシステムが必要です）
　　　　ギョンゴ ハン シ ス テ ミ ピリョハムニダ

重要度	★★★★☆	漢字	単語の例		日本語の訓読み
견		犬	맹도견 メンドギョン	盲導犬	いぬ
			투견 トゥギョン	闘犬	개
			견원 ギョヌォン	犬猿	ゲ

例文 ➡ 그들은 견원지간입니다 （彼らは犬猿の仲です）
　　　　グドゥルン ギョンジ ガ ニ ム ニ ダ

重要度	★★★★☆	漢字	単語の例		日本語の訓読み
견		肩	오십견 オシプキョン	*五十肩	かた
			견갑골 ギョンガプコル	肩甲骨	어깨
			노견 ノギョン	*路肩	オッケ

例文 ➡ 오십견은 개선할 수 있어요 （五十肩は改善できます）
　　　　オシプキョヌン ゲ ソナル ス イッソヨ

重要度	★★★★☆	漢字	単語の例		日本語の訓読み
견		見	의견 ウィギョン	意見	見る
			회견 フェギョン	会見	보다
			발견 バルギョン	発見	ボダ

例文 ➡ 새로운 발견을 했습니다 （新しい発見をしました）
　　　　セ ロ ウン バルギョヌル ヘッスム ニ ダ

PART 4　韓国語の漢字語を読もう～！

ア カ サ タ ナ ハ マ・ヤ ラ・ワ

134

重要度 ★★★★☆
Gwon / Ken

권 → ケン

- 当てずっぽうの法則
- 無視の法則
- 初声の法則　ㄱ → k / g
- 母音　ㅝ → e
- パッチムの法則　ㄴ → ン
- 同音異字の法則

重要度 ★★★☆☆	漢字	単語の例	日本語の訓読み
권	券	증권　ジュンクォン　証券 채권　チェックォン　債権 식권　シックォン　食券	―

例文 ➡ 채권 금리가 올랐습니다 （債権の金利が上がりました）
　　　チェックォン　グムニ　ガ　オルラッスムニダ

重要度 ★★☆☆☆	漢字	単語の例	日本語の訓読み
권	圏	대기권　デギクォン　大気圏 아시아권　アシアックォン　アジア圏 유로권　ユロックォン　ユーロ圏	―

例文 ➡ 우주선이 대기권에 진입했습니다 （宇宙船が大気圏に進入しました）
　　　ウジュ　ソニ　デギクォネ　ジニベッスムニダ

重要度 ★★★★☆	漢字	単語の例	日本語の訓読み
권	権	권리　グォルリ　権利 권한　グォナン　権限 권력　グォルリョク　権力	―

例文 ➡ 투표는 국민의 권리입니다 （投票は国民の権利です）
　　　トゥピョヌン　グンミネ　グォルリイムニダ

135

重要度 ★★★☆☆
Yeon / Ken

연 → ケン

- 当てずっぽうの法則
- 初声の法則　ㅇ → カ行
- 母音　ㅕ → e
- パッチムの法則　ㄴ → ン

重要度 ★★★☆☆	漢字	単語の例	日本語の訓読み
연	研	연구　ヨング　研究 연수　ヨンス　研修 연마　ヨンマ　研磨	研ぐ 갈다 ガルダ

例文 ➡ 그는 연구 결과를 발표했습니다 （彼は研究結果を発表しました）
　　　グヌン　ヨング　ギョルグァルル　バルピョヘッスムニダ

136

重要度 ★★★
Heom **험** → Ken **ケン**
日本語

当てずっぽうの法則
- 初声の法則: ㅎ → ⓚ g h
- 母音: ㅓ → e
- パッチムの法則: ㅁ ⓛ → ン
- 同音異字の法則

重要度	漢字	単語の例	日本語の訓読み
★★★★☆	험 / 険	위험 ウィホム 危険 / 보험 ポホム 保険 / 험악 ホマク 険悪	険しい 험하다 ホマダ

例文 ➡ 여행자보험에 가입했어요 （旅行者保険に加入しました）
ヨヘンジャボ ホ メ ガ イペッソヨ

重要度	漢字	単語の例	日本語の訓読み
★★★★☆	험 / 験	시험 シホム 試験 / 경험 ギョンホム 経験 / 실험 シロム 実験	—

例文 ➡ 그는 경험이 풍부합니다 （彼は経験が豊かです）
グ ヌン ギョンホ ミ プンブ ハムニ ダ

137

重要度 ★★★
Gam **감** → Gen **ゲン**
日本語

当てずっぽうの法則
- 初声の法則: ㄱ → k ⓖ
- パッチムの法則: ㅁ ⓛ → ン

重要度	漢字	単語の例	日本語の訓読み
★★★☆☆	감 / 減	감소 ガムソ 減少 / 절감 ジョルガム 節減 / 저감 ジョガム 低減	減る 줄다, 감소하다 ジュルダ ガムソハダ

例文 ➡ 향후 인구가 감소합니다 （今後、人口が減少します）
ヒャンフ イング ガ ガ ム ソ ハムニ ダ

コツがつかめてくると、
どんどん楽しくなってくるね〜。

138

重要度 ★★★★☆
日本語

Eon → Gen
언 → ゲン

当てずっぽうの法則
- 初声の法則　ㅇ → ガ行
- バッチムの法則　ㄴ → ン
- 母音　ㅓ → e

重要度 ★★★★☆	漢字	単語の例		日本語の訓読み
언	言	언어　オノ　言語 언급　オングプ　言及 발언　バロン　発言		言う 말하다 マラダ

➡「ゴン」p182　例文 ➡ 새로운 언어를 배우고 싶어요　（新しい言語を習いたいです）
セロウン　オノルル　ペウゴ　シポヨ

139

重要度 ★★☆☆☆
日本語

Eom → Gen
엄 → ゲン

当てずっぽうの法則
- 初声の法則　ㅇ → ガ行
- バッチムの法則　ㅁ → ン
- 母音　ㅓ → e

重要度 ★★☆☆☆	漢字	単語の例		日本語の訓読み
엄	厳	엄밀　オムミル　厳密 엄벌　オムボル　厳罰 엄숙　オムスク　厳粛		厳しい 엄하다 オマダ

例文 ➡ 엄밀하게 말하면…　（厳密に言うと…）
オムミラゲ　マ ラミョン…

140

重要度 ★★★★☆
日本語

Won → Gen
원 → ゲン

当てずっぽうの法則
- 初声の法則　ㅇ → ガ行
- バッチムの法則　ㄴ → ン
- 母音　ㅝ → e
- 同音異字の法則

重要度 ★★★★☆	漢字	単語の例		日本語の訓読み
원	原	원인　ウォニン　原因 원자로　ウォンジャロ　原子炉 원가　ウォンカ　原価		はら 들, 벌판 ドゥル　ボルパン

例文 ➡ 모든 결과에는 원인이 있습니다　（すべての結果には原因があります）
モドゥン　ギョルグァ エ ヌン ウォ ニ ニ イッスムニダ

重要度 ★★★	漢字	単語の例	日本語の訓読み
원	源	자원　ジャウォン　資源 원천　ウォンチョン　源泉 원천징수　ウォンチョンジンス　源泉徴収	みなもと 근원 グヌォン

例文 ➡ 러시아는 자원 대국입니다　（ロシアは資源大国です）
　　　　ロ　シ　ア　ヌン　ジャウォン　デ　グ　ギム ニ ダ

重要度 ★★★★	漢字	単語の例	日本語の訓読み
원	元	원조　ウォンジョ　＊元祖 차원　チャウォン　次元 복원　ボグォン　復元	―

➡「ガン」p121　例文 ➡ 이것은 차원이 다릅니다　（これは次元が違います）
　　　　　　　　　　イ ゴ スン　チャウォニ　ダ ル ム ニ ダ

141

重要度 ★★★★

日本語

Han　한　→　Gen　ゲン

当てずっぽうの法則
無視の法則
初声の法則　ㅎ → k ⓖ h
パッチムの法則　ⓛ ㄴ → ン

重要度 ★★★★	漢字	単語の例	日本語の訓読み
한	限	한정　ハンジョン　限定 제한　ジェハン　制限 무한　ムハン　無限	限る 한하다, 한정하다 ハ ナ ダ　ハンジョンハ ダ

例文 ➡ 이것은 한정 판매입니다　（これは限定販売です）
　　　　イ ゴ スン　ハンジョン　パン メ イ ム ニ ダ

142

重要度 ★★★

日本語

Hyeon　현　→　Gen　ゲン

当てずっぽうの法則
無視の法則
初声の法則　ㅎ → k ⓖ h
母音　ㅕ → e
パッチムの法則　ⓛ ㄴ → ン
同音異字の法則

重要度 ★☆☆☆☆	漢字	単語の例	日本語の訓読み
현	弦	현악기　ヒョナッキ　弦楽器	―

例文 ➡ 저는 현악기를 좋아해요　（私は弦楽器が好きです）
　　　　ジョヌン　ヒョナッキ ルル　ジョ ア　ヘ　s ヨ

PART 4　韓国語の漢字語を読もう～！

ア　カ　サ　タ　ナ　ハ　マ・ヤ　ラ・ワ

161

重要度 ★★★☆☆	漢字	単語の例		日本語の訓読み
현	玄	현미 현관	ヒョンミ　玄米 ヒョングァン　玄関	—

例文 ➡ 현미는 건강에 좋습니다　（玄米は健康にいいです）
　　　　ヒョンミ ヌン ゴンガン エ ジョッスム ニ ダ

重要度 ★★★★☆	漢字	単語の例		日本語の訓読み
현	現	현대 현금 표현	ヒョンデ　現代 ヒョングム　現金 ピョヒョン　表現	現れる 나타나다 ナ タ ナ ダ

例文 ➡ 지금은 현금을 확보해야 합니다　（今は現金を確保しなければなりません）
　　　　ジ グ ムン ヒョング ムル ファクポ ヘ ヤ ハム ニ ダ

143

重要度 ★★★★★　　日本語
Gae → Ko
개 → ㄱ

当てずっぽうの法則
無視の法則
初声の法則
ㄱ → ⓚ g

重要度 ★★★★★	漢字	単語の例		関連語
개	個	개인 개성 개별적	ゲイン　個人 ゲソン　個性 ゲビョルチョク　個別的	こ 개 ゲ

例文 ➡ 그는 개성이 강합니다　（彼は個性が強いです）
　　　　グヌン ゲ ソンイ ガンハム ニ ダ

144

重要度 ★★★★☆　　日本語
Go → Ko
고 → ㄱ

当てずっぽうの法則
無視の法則
初声の法則
ㄱ → ⓚ g
母音
ㅗ → o
同音異字の法則

重要度 ★★★☆☆	漢字	単語の例		日本語の訓読み
고	古	고전 고어 고고학	ゴジョン　古典 ゴオ　古語 ゴゴハク　考古学	古い 오래되다, 낡다 オ レ デ ダ　ナ ク タ

例文 ➡ 그는 고고학을 전공했어요　（彼は考古学を専攻しました）
　　　　グヌン ゴ ゴ ハ グル ジョンゴンヘッ ソ ヨ

重要度	★★★★☆	漢字	単語の例			日本語の訓読み
고		固	고유 ゴユ	固有		固い
			고체 ゴチェ	固体		단단하다, 딱딱하다
			완고 ワンゴ	頑固		ダンダナ ダッタッタカダ

例文 → 한글은 한국 고유의 문자입니다 （ハングルは韓国固有の文字です）
ハングルン ハングッコ ユ エ ムンチャイムニダ

重要度	★★☆☆☆	漢字	単語の例			日本語の訓読み
고		孤	고독 ゴドク	孤独		―
			고아 ゴア	孤児		
			고립 ゴリプ	孤立		

例文 → 저는 고독하지 않습니다 （私は孤独ではありません）
ジョヌン ゴ ド カジ アンスムニダ

重要度	★★☆☆☆	漢字	単語の例			日本語の訓読み
고		庫	차고 チャゴ	車庫		―
			재고 ジェゴ	在庫		
			창고 チャンゴ	倉庫		

例文 → 식량을 창고에 보관했습니다 （食糧を倉庫に保管しました）
シンニャンウル チャンゴ エ ボグァネッスム ニ ダ

重要度	★★★☆☆	漢字	単語の例			日本語の訓読み
고		故	고장 ゴジャン	故障		ゆえ
			고국 ゴグク	故国		이유, 까닭
			사고 サゴ	事故		イユ ッカダク

例文 → 시계가 고장났어요 （時計が故障しました）
シ ゲ ガ ゴジャンナッ ソ ヨ

重要度	★☆☆☆☆	漢字	単語の例			日本語の訓読み
고		雇	해고 ヘゴ	解雇		雇う
			고용 ゴヨン	雇用		고용하다
						ゴヨンハ ダ

例文 → 정부는 고용을 확대할 방침입니다 （政府は雇用を拡大する方針です）
ジョブ ヌン ゴヨンウル ファクテハル バン チ ミムニダ

重要度	★★☆☆☆	漢字	単語の例			日本語の訓読み
고		顧	고객 ゴゲク	顧客		顧みる
			고려 ゴリョ	顧慮		되돌아보다
			고문 ゴムン	顧問		デトラボダ

例文 → 고객 만족을 넘어서 고객 감동입니다 （顧客満足を超えて顧客感動です）
ゴゲン マンジョグル ノ モ ソ ゴゲク カムドンイムニダ

PART 4 韓国語の漢字語を読もう～！

ア カ サ タ ナ ハ マ・ヤ ラ・ワ

145

重要度 ★★☆☆☆
Gwa → Ko
과 → コ

当てずっぽうの法則
無視の法則
初声の法則
ㄱ → ⓚ g

重要度 ★★☆☆☆	漢字	単語の例		日本語の訓読み
과	誇	과장 グァジャン 誇張 과시 グァシ 誇示 과대 グァデ 誇大		誇る 자랑하다 ジャランハ　ダ

例文➡ 그 선전은 과장되었습니다 （その宣伝は誇張されています）
　　　グ　ソンジョヌン　グァジャンデオッスム　ニ　ダ

146

重要度 ★★☆☆☆
Gi → Ko
기 → コ

当てずっぽうの法則
無視の法則
初声の法則
ㄱ → ⓚ g

重要度 ★★☆☆☆	漢字	単語の例		日本語の訓読み
기	己	자기 ジャギ 自己 이기주의 イギジュイ 利己主義 극기 グッキ ＊克己		おのれ 나, 자기 자신 ナ　ジャギ　ジャシン

例文➡ 자기 자신을 믿는 것이 중요합니다 （自己(自分)自身を信じることが重要です）
　　　ジャギ　ジャ　シ　ヌル　ミンヌン　ゴ　シ　ジュンヨハム　ニ　ダ

147

重要度 ★★★☆☆
Ho → Ko
호 → コ

当てずっぽうの法則
初声の法則
ㅎ → ⓚ g h
母音
ㅗ → o
同音異字の法則

重要度 ★★★☆☆	漢字	単語の例		日本語の訓読み
호	呼	호흡 ホフプ 呼吸 환호 ファノ 歓呼 점호 ジョモ 点呼		呼ぶ 부르다 ブルダ

例文➡ 수영은 호흡이 중요합니다 （水泳は呼吸が重要です）
　　　スヨウン　ホ　フ　ビ　ジュンヨハム　ニ　ダ

重要度 ★★★★★	漢字	単語の例	日本語の訓読み
호	戸	호적 ホジョク 戸籍 호적등본 ホジョクトゥンボン 戸籍謄本 호주 ホジュ 戸主	—

例文➡ 호적등본이 필요합니다 （戸籍謄本が必要です）
　　　ホジョクトゥンボ ニ　ピリョハム ニ ダ

重要度 ★★★★★	漢字	単語の例	日本語の訓読み
호	湖	호수 ホス 湖水 강호 ガンホ 江湖	みずうみ 호수 ホ ス

例文➡ 호수에서 배를 타고 싶어요 （湖水で船に乗りたいです）
　　　ホスエソ ベルル タゴ シポヨ

重要度 ★★★★★	漢字	単語の例	日本語の訓読み
호	虎	맹호 メンホ 猛虎 백호 ベコ 白虎	とら 호랑이 ホ ランイ

例文➡ 그는 맹호부대 출신입니다 （彼は猛虎部隊出身です）
　　　グヌン メンホ ブ デチュルシニム ニ ダ

148

重要度 ★★★★★　日本語
Eo → Go
어 → ゴ

当てずっぽうの法則
初声の法則
ㅇ → ガ行

重要度 ★★★★★	漢字	単語の例	日本語の訓読み
어	語	영어 ヨンオ 英語 일본어 イルボノ 日本語 한국어 ハングゴ 韓国語	かたる 이야기하다 イヤギ ハ ダ

例文➡ 그는 영어도 잘합니다 （彼は英語も上手です）
　　　グヌン ヨン オ ド ジャラムニ ダ

> 「己 (기)」の例文「자기 자신」は、直訳すると「自己自身」で、日本人にはなじみのない言い方だけど、意味はわかるよね。柔軟に考えて訳をしよう！

PART 4 韓国語の漢字語を読もう〜！

ア
カ
サ
タ
ナ
ハ
マ・ヤ
ラ・ワ

165

149

重要度	★★★★★	日本語	当てずっぽうの法則
오 O	→	**ご** Go	初声の法則 ㅇ → ガ行 / 母音 ㅗ → o / 同音異字の法則

重要度 ★★★★★	漢字	単語の例	日本語の訓読み
오	五	오월 オウォル 五月 오감 オガム 五感 오십 オシプ 五十	いつつ 다섯 ダソッ

例文 ➡ 저는 오월을 가장 좋아합니다 （私は五月が一番好きです）
ジョヌン オ ウォルル ガ ジャン ジョ アハム ニ ダ

重要度 ★★★★☆	漢字	単語の例	日本語の訓読み
오	午	오전 オジョン 午前 오후 オフ 午後 정오 ジョンオ 正午	—

例文 ➡ 오전10시 비행기입니다 （午前10時の飛行機です）
オジョン ヨル シ ビ ヘン ギ イム ニ ダ

重要度 ★★★★☆	漢字	単語の例	日本語の訓読み
오	誤	오해 オヘ 誤解 오차 オチャ 誤差 오진 オジン 誤診	誤る 틀리다, 잘못하다 トゥリ ダ ジャルモ タ ダ

例文 ➡ 오해하지 마세요 （誤解しないでください）
オ ヘ ハ ジ マ セ ヨ

重要度 ★★★★☆	漢字	単語の例	日本語の訓読み
오	呉	오지호 オジホ オ・ジホ	—

例文 ➡ 오지호는 한류스타입니다 （オ・ジホは韓流スターです）
オ ジ ホ ヌン ハルリュス タ イム ニ ダ

重要度 ★★★★☆	漢字	単語の例	日本語の訓読み
오	娯	오락 オラク 娯楽	—

例文 ➡ 이 영화는 오락성이 강합니다 （この映画は娯楽性が強いです）
イ ヨンファヌン オ ラク ソンイ ガンハム ニ ダ

166

150

重要度 ★★★★　日本語

호 → ゴ
Ho　Go

当てずっぽうの法則
無視の法則
初声の法則
ㅎ → k (g) h
母音
ㅗ → o
同音異字の法則

重要度 ★★★★	漢字	単語の例		日本語の訓読み
호	互	상호 サンホ	相互	お互いに
		호환 ホファン	互換	서로
		호각 ホガク	互角	ソロ

例文 ➡ 이것은 상호 작용으로 반응합니다　（これは相互作用で反応します）
　　　イゴスン サン ホ ジャギョンウロ パヌンハムニ ダ

重要度 ★★★★	漢字	単語の例		日本語の訓読み
호	護	보호 ボホ	保護	—
		간호 ガノ	看護	
		개호 ゲホ	介護	

例文 ➡ 그녀는 간호사가 되었습니다　（彼女は看護師になりました）
　　　グニョヌン ガノサガ デオッスムニ ダ

151

重要度 ★★★★　日本語

후 → ゴ
Hu　Go

当てずっぽうの法則
無視の法則
初声の法則
ㅎ → k (g) h

重要度 ★★★★	漢字	単語の例		日本語の訓読み
후	後	이후 イフ	以後	後ろ
		오후 オフ	午後	뒤 ドゥィ
		후일 フイル	後日	

➡「コウ」p177　例文 ➡ 일요일 오후에 영화를 봅시다　（日曜日の午後に映画を見ましょう）
　　　　　　　　　　イリョイル オ フ エ ヨンファルル ボプ シ ダ

数の数え方には、漢字の音読み「イチ、ニ、サン…」のほかに、和語の「ひとつ、ふたつ、みっつ…」もあるけど、これは韓国語も同じ。韓国固有の数え方、
「ひとつ 하나　ふたつ 둘　みっつ 셋　よっつ 넷
いつつ 다섯　むっつ 여섯　ななつ 일곱　やっつ 여덟
ここのつ 아홉　とお 열…」は、99まで数えられるよ。

PART 4　韓国語の漢字語を読もう〜！

ア カ サ タ ナ ハ マ・ヤ ラ・ワ

152

重要度 ★★★★

Gang **강** → Kou **コウ**

当てずっぽうの法則
無視の法則
初声の法則 ㄱ → ⓚ g
パッチムの法則 ㅇ → ⓤイ
同音異字の法則

重要度 ★★★★☆	漢字	単語の例	日本語の訓読み
강	康	건강　ゴンガン　健康	—

例文 ➡ 건강을 위해서 수영을 합니다　（健康のために水泳をします）
ゴンガンウル　ウィヘソ　スヨンウル　ハムニダ

重要度 ★★★★☆	漢字	単語の例	日本語の訓読み
강	講	강의　ガンイ　講義 강연　ガンヨン　講演 강사　ガンサ　講師	—

例文 ➡ 그 선생님의 강의는 재미있어요　（その先生の講義はおもしろいです）
グ　ソンセンニ　メガンイヌン　ジェミイッソヨ

重要度 ★★★★☆	漢字	単語の例	日本語の訓読み
강	鋼	강철　ガンチョル　鋼鉄 강재　ガンジェ　鋼材 강관　ガングァン　鋼管	—

例文 ➡ 그는 강철 같은 의지가 있습니다　（彼は鋼鉄のような意志があります）
グヌン　ガンチョルガットゥンウイジ　ガ　イッスムニダ

重要度 ★★★★☆	漢字	単語の例	日本語の訓読み
강	降	하강　ハガン　下降 승강기　スンガンギ　昇降機 강수량　ガンスリャン　降水量	降りる 내리다 ネリダ

例文 ➡ 금년에는 강수량이 적습니다　（今年は降水量が少ないです）
グムニョネ　ヌン　ガンスリャンイ　ジョクスムニダ

「更（경）」の単語例「更新」は、記録の更新について言う場合には「경신」、それ以外の更新について言う場合は「갱신（ゲンシン）」を使うよ。

153

重要度 ★★★
Gyeong
경 → **コウ** Kou

当てずっぽうの法則
- 無視の法則
- 初声の法則　ㄱ → ⓚ g
- パッチムの法則　ㅇ → ウイ
- 同音異字の法則

重要度 ★★★☆☆	漢字	単語の例	日本語の訓読み
경	更	변경　ピョンギョン　変更 갱신　ギョンシン　更新	更に 더욱더　ドウクト

例文 ▶ 기록을 갱신해야 합니다　（記録を更新しなければなりません）
　　　ギ ログル ギョンシ ネ ヤ ハム ニ ダ

重要度 ★★★☆☆	漢字	単語の例	日本語の訓読み
경	硬	강경　ガンギョン　強硬 경직　ギョンジク　硬直 경화　ギョンファ　硬貨	硬い 딱딱하다　ッタクタ カ ダ

例文 ▶ 외국의 경화 수집이 취미입니다　（外国の硬貨収集が趣味です）
　　　ウェグ ゲギョンファ ス ジ ビ チュィミ イム ニ ダ

重要度 ★★☆☆☆	漢字	単語の例	日本語の訓読み
경	耕	경작　ギョンジャク　耕作 경지　ギョンジ　耕地	耕す 갈다, 경작하다　ガル ダ ギョンジャ カ ダ

例文 ▶ 그는 토지를 경작하고 있어요　（彼は土地を耕作しています）
　　　グヌン ト ジルル ギョンジャ カ ゴ イッ ソ ヨ

154

重要度 ★★★★
Go
고 → **コウ** Kou

当てずっぽうの法則
- 無視の法則
- 初声の法則　ㄱ → ⓚ g
- 母音　ㅗ → o
- 同音異字の法則

重要度 ★★★★☆	漢字	単語の例	日本語の訓読み
고	考	고려　ゴリョ　考慮 사고　サゴ　思考 참고　チャムゴ　参考	考える 생각하다　センガ カ ダ

例文 ▶ 이 자료는 참고만 해 주세요　（この資料は参考にだけしてください）
　　　イ ジャリョヌン チャムゴマン ヘ ジュセヨ

重要度	★★★★☆	漢字	単語の例		日本語の訓読み	
고		高	고등학교 ゴドゥンハッキョ	高等学校	高い 높다, 비싸다 ノブタ ビッ サダ	
			고가 ゴッカ	高価		
			고령자 ゴリョンジャ	高齢者		
例文 ➡	매년 고령자가 증가하고 있습니다 （毎年高齢者が増加しています）
	メニョン ゴリョンジャガ ジュンガ ハ ゴ イッスム ニ ダ

155

重要度 ★★★★☆ 　日本語

Gong 공 → Kou コウ

当てずっぽうの法則
無視の法則
初声の法則 ㄱ→ⓚg
母音 ㅗ→o
パッチムの法則 ㅇ→ウイ
同音異字の法則

重要度	★★★★☆	漢字	単語の例		日本語の訓読み	
공		公	주인공 ジュインゴン	主人公	おおやけ 공공 ゴンゴン	
			공개 ゴンゲ	公開		
			불공평 ブルゴンピョン	不公平		
例文 ➡	오늘의 주인공은 당신입니다 （今日の主人公はあなたです）
	オ ヌ レ ジュインゴンウン ダン シニム ニ ダ

重要度	★★★★☆	漢字	単語の例		日本語の訓読み	
공		功	성공 ソンゴン	成功	―	
			공로 ゴンノ	功労		
			공적 ゴンジョク	功績		
例文 ➡	성실은 성공의 열쇠입니다 （誠実は成功の鍵です）
	ソンシルン ソンゴン エ ヨルスェイム ニ ダ

重要度	★★★★☆	漢字	単語の例		日本語の訓読み	
공		工	공장 ゴンジャン	工場	―	
			공사 ゴンサ	工事		
			공학 ゴンハク	工学		
例文 ➡	여기는 공사 현장입니다 （ここは工事現場です）
	ヨ ギ ヌン ゴンサ ヒョンジャンイム ニ ダ

重要度	★★★★☆	漢字	単語の例		日本語の訓読み	
공		攻	공격 ゴンギョク	攻撃	攻める 공격하다 ゴンギョカ ダ	
			공략 ゴンニャク	攻略		
			침공 チムゴン	侵攻		
例文 ➡	틈새시장을 공략했습니다 （隙間市場を攻略しました）
	トゥムセ シ ジャンウル ゴンニャケッスム ニ ダ

156

重要度 ★★★

Gwang
광 → Kou
コウ

当てずっぽうの法則
- 無視の法則
- 初声の法則　ㄱ → k / g
- パッチムの法則　ㅇ → ウ
- 同音異字の法則

重要度 ★★★★	漢字	単語の例	日本語の訓読み
광	光	영광　ヨングァン　栄光 관광　グァングァン　観光 야광　ヤグァン　夜光	光る 빛나다 ピン ナ ダ

例文 ➡ 만나뵈서 영광입니다　（お目にかかれて光栄です）
　　　マンナブェソ　ヨングァンイムニダ

重要度 ★★★★	漢字	単語の例	日本語の訓読み
광	広	광장　グァンジャン　*広場 광고　グァンゴ　広告 광대　グァンデ　広大	広い 넓다 ノルタ

例文 ➡ 그 광고가 대상을 수상했습니다　（その広告が大賞を受賞しました）
　　　グ　グァンゴ ガ　デサンウル　スサンヘッスムニダ

重要度 ★★★★	漢字	単語の例	日本語の訓読み
광	鉱	광산　グァンサン　鉱山 탄광　タングァン　炭鉱 철광　チョルグァン　鉄鉱	―

例文 ➡ 그는 광산에 투자했습니다　（彼は鉱山に投資しました）
　　　グ ヌン グァンサネ　トゥジャヘッスムニダ

157

重要度 ★★★★

Gyo
교 → Kou
コウ

当てずっぽうの法則
- 無視の法則
- 初声の法則　ㄱ → k / g
- 同音異字の法則

重要度 ★★★★	漢字	単語の例	日本語の訓読み
교	交	외교　ウェギョ　外交 교환　ギョファン　交換 교제　ギョジェ　交際	交じる 섞이다 ソッキダ

例文 ➡ 저는 외교관이 되고 싶어요　（私は外交官になりたいです）
　　　ジョヌン　ウェギョグァニ　デゴ　シボヨ

重要度	★★★★	漢字	単語の例		日本語の訓読み
교		校	학교 ハッキョ	学校	—
			모교 モギョ	母校	
			하교 ハギョ	下校	

例文 ➡ 학교 교육이 중요합니다　(学校の教育が重要です)
ハッキョ ギョ ユ ギ ジュン ヨ ハム ニ ダ

158

重要度 ★★★　　日本語

Gu → Kou

구 → コウ

当てずっぽうの法則
無視の法則
初声の法則
ㄱ → ⓚ g

同音異字の法則

重要度	★★	漢字	単語の例		日本語の訓読み
구		拘	구속 グソク	拘束	こだわる
			구금 ググム	拘禁	구애받다
			구류 グリュ	拘留	グ エ バッタ

例文 ➡ 저를 구속하지 마세요　(私を拘束しないでください)
ジョルル グ ソ カ ジ マ セ ヨ

重要度	★★★	漢字	単語の例		日本語の訓読み
구		構	구성 グソン	構成	かまう
			구조 グジョ	構造	상관하다
			구상 グサン	構想	サング ァ ナ ダ

例文 ➡ 새로운 내각이 구성되었다　(新しい内閣が構成された)
セ ロ ウン ネ ガ ギ グソンデオッタ

重要度	★★	漢字	単語の例		日本語の訓読み
구		購	구매 グメ	購買	—
			구입 グイプ	購入	
			구독 グドク	購読	

例文 ➡ 어제 충동구매를 했어요　(昨日、衝動購買〈衝動買い〉をしました)
オジェ チュンドング メ ルル ヘッ ソ ヨ

重要度	★★★★	漢字	単語の例		日本語の訓読み
구		口	인구 イング	人口	くち
			구실 クシル	口実	입
			비상구 ビサング	＊非常口	イプ

例文 ➡ 비상구는 저쪽입니다　(非常口はあちらです)
ビサングヌン ジョッチョギム ニ ダ

159

重要度 ★★★★★

Geung 긍 → **Kou** コウ

当てずっぽうの法則
- 無視の法則
- 初声の法則　ㄱ→ⓚg
- パッチムの法則　ㅇ→Ⓤイ

重要度 ★★★★★	漢字	単語の例	日本語の訓読み
긍	肯	긍정　グンジョン　肯定	うなずく 수긍하다 スグンハダ

例文 → 긍정적인 자세가 중요합니다 （肯定的な姿勢が重要です）
グンジョンジョギン ジャセガ ジュンヨハムニダ

160

重要度 ★★★★★

Hang 항 → **Kou** コウ

当てずっぽうの法則
- 初声の法則　ㅎ→ⓚgh
- パッチムの法則　ㅇ→Ⓤイ
- 同音異字の法則

重要度 ★★★★★	漢字	単語の例	日本語の訓読み
항	港	공항　ゴンハン　空港 항구　ハング　港口 개항　ゲハン　開港	みなと 항구 ハング

例文 → 나리타는 국제공항입니다 （成田は国際空港です）
ナリタヌン グクチェゴンハンイムニダ

重要度 ★★★★★	漢字	単語の例	日本語の訓読み
항	航	항공　ハンゴン　航空 결항　ギョラン　欠航 직항　ジカン　直航	ー

例文 → 비행기가 태풍으로 결항되었습니다 （飛行機が台風で欠航になりました）
ビヘンギガ テプンウロ ギョランデオッスムニダ

重要度 ★★★★★	漢字	単語の例	日本語の訓読み
항	項	사항　サハン　事項 항목　ハンモク　項目 조항　ジョハン　条項	ー

例文 → 주의사항을 읽어 주세요 （注意事項を読んでください）
ジュイサハンウル イルゴ ジュセヨ

PART 4　韓国語の漢字語を読もう〜！

ア
カ
サ
タ
ナ
ハ
マ・ヤ
ラ・ワ

173

161

重要度 ★★★★

행 (Haeng) → **コウ** (Kou)

当てずっぽうの法則
- 初声の法則: ㅎ → (k) g h
- パッチムの法則: ㅇ → ⓤ イ
- 同音異字の法則

重要度	漢字	単語の例	日本語の訓読み
★★★★	행 / 幸	행복 ヘンポク 幸福 / 행운 ヘンウン 幸運 / 불행 プレン 不幸	しあわせ / 행복 ヘンポク

例文 → 저는 행복한 사람입니다 （私は幸せな人です）
ジョヌン ヘンポカン サ ラ ミム ニ ダ

重要度	漢字	単語の例	日本語の訓読み
★★★★	행 / 行	급행 グペン 急行 / 행동 ヘンドン 行動 / 비행기 ビヘンギ 飛行機	行く / 가다 ガダ

→「ギョウ」p141　例文 → 서울행 급행열차를 탔습니다 （ソウル行きの急行列車に乗りました）
ソ ウ レン グ ペンニョルチャルル タッスム ニ ダ

162

重要度 ★★★

향 (Hyang) → **コウ** (Kou)

当てずっぽうの法則
- 初声の法則: ㅎ → (k) g h
- パッチムの法則: ㅇ → ⓤ イ
- 同音異字の法則

重要度	漢字	単語の例	日本語の訓読み
★★★★	향 / 向	향상 ヒャンサン 向上 / 경향 ギョンヒャン 傾向 / 의향 ウィヒャン 意向	向かう / 향하다 ヒャンハダ

例文 → 영어 실력이 향상되었습니다 （英語の実力が向上しました）
ヨン オ シルリョギ ヒャンサン デオッスム ニ ダ

重要度	漢字	単語の例	日本語の訓読み
★★★★	향 / 香	향수 ヒャンス 香水 / 향기 ヒャンギ 香気 / 향료 ヒャンニョ 香料	香る / 향기가 나다 ヒャンギ ガ ナダ

例文 → 향수를 뿌렸습니다 （香水をかけました）
ヒャンス ルル ップリョッスム ニ ダ

163

重要度 ★★★☆☆

호 (Ho) → **コウ** (Kou)

当てずっぽうの法則
- 初声の法則: ㅎ → ⓚ g h
- 母音: ㅗ → o
- 同音異字の法則

重要度	漢字	単語の例	日本語の訓読み
★★★★☆	호 好	호기심 ホギシム 好奇心 호황 ホファン 好況 양호 ヤンホ 良好	好きだ 좋아하다 ジョア ハ ダ

例文 ➡ 그는 호기심이 강합니다 (彼は好奇心が強いです)
　　　 グヌン ホ ギ シ ミ ガンハムニ ダ

重要度	漢字	単語の例	日本語の訓読み
★☆☆☆☆	호 浩	호연 ホヨン 浩然	―

例文 ➡ 호연지기 (浩然の気)
　　　 ホヨンジ ギ

164

重要度 ★★☆☆☆

홍 (Hong) → **コウ** (Kou)

当てずっぽうの法則
- 初声の法則: ㅎ → ⓚ g h
- 母音: ㅗ → o
- パッチムの法則: ㅇ → ウイ

重要度	漢字	単語の例	日本語の訓読み
★★★★☆	홍 洪	홍수 ホンス 洪水	―

例文 ➡ 지금은 정보의 홍수시대입니다 (今は情報の洪水時代です)
　　　 ジ グムンジョンボ エ ホンス シ デイムニ ダ

「洪（홍）」の例文の訳「今は情報の洪水時代です」。
意味はわかるけど、日本語としては、
ちょっと「ん？？」って思うかな。
でも、韓国語ではこういう言い方をするんだよね。
ハングルと日本語を対応させやすく訳しているので、
自分で訳すときには、意訳してね！

PART 4 韓国語の漢字語を読もう〜！

ア カ サ タ ナ ハ マ・ヤ ラ・ワ

165

重要度 ★★☆☆☆
日本語
Hwang → Kou
황 → コウ

当てずっぽうの法則
初声の法則: ㅎ → (k) g h
パッチムの法則: ㅇ → ウイ
同音異字の法則

重要度 ★★☆☆☆	漢字	単語の例	日本語の訓読み
황	黄	황금 ファングム *黄金 황사 ファンサ 黄砂 황혼 ファンホン 黄昏	きいろい 노랗다 ノラタ

➡「オウ」p95　例文➡ 황금 시간대（黄金の時間帯〈ゴールデンタイム〉）
　　　　　　　　　ファングム シ ガン デ

重要度 ★★☆☆☆	漢字	単語の例	日本語の訓読み
황	皇	황제 ファンジェ 皇帝 교황 ギョファン 教皇 황태자 ファンテジャ 皇太子	―

例文➡ 그는 골프황제로 불린다 （彼はゴルフの皇帝と呼ばれる）
　　　 グヌン ゴルフ ファンジェロ プルリン ダ

166

重要度 ★★★☆☆
日本語
Hyo → Kou
효 → コウ

当てずっぽうの法則
初声の法則: ㅎ → (k) g h
同音異字の法則

重要度 ★★★★☆	漢字	単語の例	日本語の訓読み
효	効	효과 ヒョグァ 効果 효력 ヒョリョク 効力 유효 ユヒョ 有効	効く 듣다, 효과가 있다 ドゥッタ ヒョグァガ イッタ

例文➡ 일석이조의 효과가 있어요 （一石二鳥の効果があります）
　　　 イルソ ギジョエ ヒョグァガ イッソ ヨ

重要度 ★★★★☆	漢字	単語の例	日本語の訓読み
효	孝	효자 ヒョジャ 孝子 효녀 ヒョニョ 孝女 효도 ヒョド 孝道	―

例文➡ 그는 정말 효자입니다 （彼は本当に孝子〈親孝行〉です）
　　　 グヌン ジョンマル ヒョジャイムニ ダ

167

重要度 ★★★ ／ 日本語

후 (Hu) → **コウ** (Kou)

当てずっぽうの法則
- 初声の法則：ㅎ → ⓚ g h
- 同音異字の法則

重要度	漢字	単語の例			日本語の訓読み
★★★ 후	後	오후	オフ	*午後	後に 나중에 ナジュンエ
		후회	フフェ	後悔	
		후유증	フユッチュン	後遺症	

➡ 「ゴ」p167　例文 ➡ 후회 없는 인생을 보내고 싶어요 （後悔のない人生を送りたいです）
　　フフェ オムヌン インセヌウル ポ ネゴ シポ ヨ

重要度	漢字	単語の例		日本語の訓読み
★ 후	喉	후두염	フドゥヨム　喉頭炎	のど 목구멍 モックモン

例文 ➡ 어제 후두염 검사를 했어요 （昨日喉頭炎の検査をしました）
　　オジェ フドゥヨム ゴム サルル ヘッ ソヨ

168

重要度 ★★★★ ／ 日本語

강 (Gang) → **ゴウ** (Gou)

当てずっぽうの法則
- 初声の法則：ㄱ → k ⓖ
- パッチムの法則：ㅇ → ⓤイ

重要度	漢字	単語の例			日本語の訓読み
★★★★ 강	強	강도	ガンド	強盗	強い 강하다 ガン ハ ダ
		강탈	ガンタル	強奪	
		강력	ガンニョク	*強力	

➡ 「キョウ」p135　例文 ➡ 지금 강력한 태풍이 오고 있어요 （今、強力な台風が来ています）
　　ジグム ガンニョカン テプンイ オゴ イッソヨ

「孝（효）」の単語例にある「孝子（효자）」は、親孝行な子のこと。
「孝女」も、日本ではあまり一般的に使われないけど、親孝行な娘という意味だね。

PART 4　韓国語の漢字語を読もう〜！

169

重要度 ★★★★

Eop → Gou

업 → ゴウ

当てずっぽうの法則
初声の法則: ㅇ → ガ行
パッチムの法則: ㅂ → ウッ

重要度	漢字	単語の例		日本語の訓読み
★★★★☆	業	악업 アゴプ	悪業	—
업		영업 ヨンオプ	*営業	
		업무 オムム	*業務	

➡「ギョウ」p141

例文➡ 오늘은 10시까지 영업합니다 （今日は10時まで営業します）
オ ヌルン ヨル シッカジ ヨン オパムニ ダ

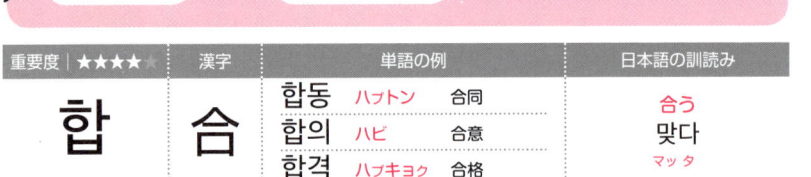

170

重要度 ★★★★

Hap → Gou

합 → ゴウ

当てずっぽうの法則
無視の法則
初声の法則: ㅎ → k g h
パッチムの法則: ㅂ → ウッ

重要度	漢字	単語の例		日本語の訓読み
★★★★☆	合	합동 ハプトン	合同	合う
합		합의 ハビ	合意	맞다 マッタ
		합격 ハプキョク	合格	

例文➡ 그녀는 시험에 합격했습니다 （彼女は試験に合格しました）
グニョヌン シ ホ メ ハプキョケッスムニ ダ

171

重要度 ★★★★

Go → Koku

고 → コク

当てずっぽうの法則
無視の法則
初声の法則: ㄱ → k g
母音: ㅗ → o

重要度	漢字	単語の例		日本語の訓読み
★★★☆☆	告	광고 グァンゴ	広告	告げる
고		보고 ポゴ	報告	이르다, 고하다 イルダ ゴハダ
		경고 ギョンゴ	警告	

例文➡ 출장 보고서를 제출했습니다 （出張報告書を提出しました）
チュルチャン ポ ゴ ソ ルル ジェチュレッスムニ ダ

172

重要度 ★★☆☆☆	日本語	当てずっぽうの法則
Gok	Koku	無視の法則 / 初声の法則 ㄱ→ⓀG / 母音 ㅗ→o / パッチムの法則 ㄱ→Ⓚキ / 同音異字の法則
곡 → コク		

重要度 ★★☆☆☆	漢字	単語の例	日本語の訓読み
곡	穀	곡물 ゴンムル 穀物 잡곡 ジャプコク 雑穀	—

例文 ➡ 곡물 가격의 추이 （穀物価格の推移）
　　　　 ゴンムル ガギョゲ チュイ

重要度 ★★☆☆☆	漢字	単語の例	日本語の訓読み
곡	谷	계곡 ゲゴク 渓谷 협곡 ヒョプコク 峡谷	たに 골짜기 ゴルチャギ

例文 ➡ 계곡 물이 차가워요 （渓谷の水が冷たいです）
　　　　 ゲゴン ム リ チャガウォ ヨ

173

重要度 ★★★★★	日本語	当てずっぽうの法則
Guk	Koku	無視の法則 / 初声の法則 ㄱ→ⓀG / パッチムの法則 ㄱ→Ⓚキ
국 → コク		

重要度 ★★★★★	漢字	単語の例	日本語の訓読み
국	国	국가 グッカ 国家 국산 グクサン 国産 한국 ハングク 韓国	くに 나라, 국가 ナラ グッカ

例文 ➡ 역시 국산이 좋아요 （やっぱり国産がいいです）
　　　　 ヨクシ グクサ ニ ジョア ヨ

> 日本語の読みが「コク」になるハングルは
> いろんな種類があるね〜。
> パッチムのおかげで当てずっぽうで読むほうは
> わりとラクだけど、ハングルのつづりを書くときは
> 韓国語の発音をきちんと把握していないとね！

PART 4　韓国語の漢字語を読もう〜！

179

174

重要度 ★★☆☆☆

Geuk → Koku

극 → コク

当てずっぽうの法則
- 無視の法則
- 初声の法則　ㄱ → ⓚ g
- パッチムの法則　ㄱ → ⓚ キ

重要度	漢字	単語の例		日本語の訓読み
★★★★☆	克	극기　グッキ	克己	—
		극복　グクポク	克服	

例文 ➡ 그들은 나이 차이를 극복했습니다　（彼らは年の差を克服しました）
　　　グ ドゥルン ナイ チャイ ルル グクポケッスム ニ ダ

175

重要度 ★★★☆☆

Heuk → Koku

흑 → コク

当てずっぽうの法則
- 初声の法則　ㅎ → ⓚ g
- パッチムの法則　ㄱ → ⓚ キ

重要度	漢字	単語の例		日本語の訓読み
★★★☆☆	黒	암흑　アムク	暗黒	黒い
		흑막　フンマク	*黒幕	검다
		흑백　フクペク	黒白	ゴムタ

例文 ➡ 예전에는 흑백 TV였습니다　（昔は白黒テレビでした）
　　　イェジョネ ヌン フクペク TV ヨッスム ニ ダ

176

重要度 ★★☆☆☆

Ok → Goku

옥 → ゴク

当てずっぽうの法則
- 初声の法則　ㅇ → ガ行
- 母音　ㅗ → o
- パッチムの法則　ㄱ → ⓚ キ

重要度	漢字	単語の例		日本語の訓読み
★★☆☆☆	獄	지옥　ジオク	地獄	—
		감옥　ガモク	監獄	
		탈옥　タロク	脱獄	

例文 ➡ 그는 감옥에서 탈옥했습니다　（彼は監獄から脱獄しました）
　　　グヌン ガモゲソ タロケッスム ニ ダ

177

重要度 ★★★☆☆

日本語

Gol 骨 → Kotsu コツ

当てずっぽうの法則
- 無視の法則
- 初声の法則　ㄱ → k g
- 母音　ㅗ → o
- パッチムの法則　ㄹ → ツ チ

重要度 ★★★☆☆	漢字	単語の例		日本語の訓読み
골	骨	골반　ゴルバン	骨盤	ほね
		골격　ゴルギョク	骨格	뼈
		골절　ゴルチョル	骨折	ッピョ

例文 ➡ 골반체조는 다이어트에 좋아요　(骨盤体操はダイエットにいいです)
　　　　ゴルバンチェジョヌン　ダ　イ　オ　トゥ　エ　ジョ　ア　ヨ

178

重要度 ★★★★☆

日本語

Geun 근 → Kon コン

当てずっぽうの法則
- 無視の法則
- 初声の法則　ㄱ → k g
- パッチムの法則　ㄴ ㅁ → ン

重要度 ★★★★☆	漢字	単語の例		日本語の訓読み
근	根	근거　グンゴ	根拠	ね
		근본적　グンボンジョク	根本的	뿌리
		근성　グンソン	根性	ップリ

例文 ➡ 근본적으로 문제를 제거합시다　(根本的に問題を除去しましょう)
　　　　グンボンジョグ　ロ　ムンジェルル　ジェゴハプ　シ　ダ

179

重要度 ★★★☆☆

日本語

Geum 금 → Kon コン

当てずっぽうの法則
- 無視の法則
- 初声の法則　ㄱ → k g
- パッチムの法則　ㄴ ㅁ → ン

重要度 ★★★☆☆	漢字	単語の例		日本語の訓読み
금	今	고금　ゴグム	古今	いま
		금일　グミル	今日	지금
		금생　グムセン	今生	ジグム

例文 ➡ 동서고금　(古今東西)
　　　　ドン　ソ　ゴ　グム

180

重要度 ★★☆☆☆ | 日本語

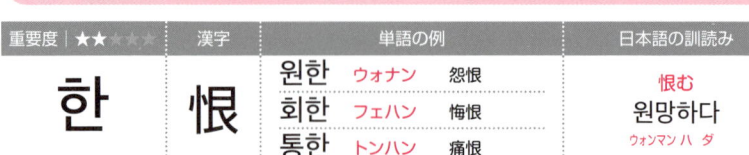

한 (Han) → **コン** (Kon)

当てずっぽうの法則
- 初声の法則: ㅎ → ⓚ g h
- パッチムの法則: ㄴ ㅁ → ン

重要度 ★★☆☆☆	漢字	単語の例			日本語の訓読み
한	恨	원한	ウォナン	怨恨	恨む
		회한	フェハン	悔恨	원망하다
		통한	トンハン	痛恨	ウォンマン ハ ダ

例文 ➡ 통한의 눈물을 흘렸습니다 （痛恨の涙を流しました）
トンハネ ヌン ムルル フルリョッスムニ ダ

181

重要度 ★★☆☆☆ | 日本語

혼 (Hon) → **コン** (Kon)

当てずっぽうの法則
- 初声の法則: ㅎ → ⓚ g h
- パッチムの法則: ㄴ ㅁ → ン
- 母音: ㅗ → o

重要度 ★★☆☆☆	漢字	単語の例			日本語の訓読み
혼	婚	결혼	ギョロン	結婚	―
		미혼	ミホン	未婚	
		기혼	ギホン	既婚	

例文 ➡ 그는 연애결혼을 했습니다 （彼は恋愛結婚をしました）
グヌン ヨ ネギョロヌル ヘッスムニ ダ

182

重要度 ★★★★☆ | 日本語

언 (Eon) → **ゴン** (Gon)

当てずっぽうの法則
- 初声の法則: ㅇ → ガ行
- パッチムの法則: ㄴ ㅁ → ン

重要度 ★★★★☆	漢字	単語の例			日本語の訓読み
언	言	전언	ジョノン	伝言	言う
		유언	ユオン	遺言	말하다, 이야기하다
		언어	オノ	*言語	マラダ イヤギハダ

➡ 「ゲン」p160　例文 ➡ 할아버지의 유언대로 기부했습니다 （お祖父さんの遺言通りに寄付しました）
ハラボジエ ユオンデロ ギ ブヘッスムニ ダ

183

重要度 ★☆☆☆☆ 　日本語
Da 다 → **Sa** サ

当てずっぽうの法則
母音 ㅏ → a

重要度	漢字	単語の例	日本語の訓読み
★☆☆☆☆	다 茶	다도 ダド 茶道 다방 ダバン 茶房	お茶 녹차, 차 ノクチャ　チャ

➡「チャ」p283　例文➡ 일본은 다도가 유명합니다　(日本は茶道が有名です)
　　　　　　　　　　イルボヌン　ダドガ　ユミョンハムニダ

184

重要度 ★★★★☆ 　日本語
Sa 사 → **Sa** サ

当てずっぽうの法則
初声の法則　ㅅ → ⓢ j z
母音 ㅏ → a
同音異字の法則

重要度	漢字	単語の例	日本語の訓読み
★★★★☆	사 査	검사 ゴムサ 検査 감사 ガムサ 監査 심사 シムサ 審査	―

例文➡ 혈액검사가 필요합니다　(血液検査が必要です)
　　　ヒョレッコム　サ ガ　ピリョハムニダ

重要度	漢字	単語の例	日本語の訓読み
★★★★☆	사 詐	사기 サギ 詐欺	―

例文➡ 그는 사기당했습니다　(彼は詐欺にあいました)
　　　グヌン　サギダンヘッスムニダ

重要度	漢字	単語の例	日本語の訓読み
★★★★☆	사 砂	사막 サマク 砂漠 황사 ファンサ 黄砂 토사 トサ *土砂	すな 모래 モレ

➡「シャ」p206　例文➡ 오늘은 황사가 심합니다　(今日は黄砂がひどいです)
　　　　　　　　　　オヌルン　ファンサガ　シマムニダ

PART 4　韓国語の漢字語を読もう〜!

ア
カ
サ
タ
ナ
ハ
マ・ヤ
ラ・ワ

185

重要度 ★★★

Jwa **좌** → Sa **サ**

当てずっぽうの法則
初声の法則
ㅈ → (s) z t(d)
母音
ㅘ → a

重要度	漢字	単語の例		日本語の訓読み
좌	左	좌우 ジュアウ	左右	ひだり 왼쪽 ウェンチョク
		좌익 ジュアイク	左翼	
		좌측 ジュアチュク	*左側	

例文 ➡ 이곳은 좌측통행입니다 （ここは左側通行です）
　　　イ ゴ スン ジュアチュクトン ヘン イム ニ ダ

186

重要度 ★★★

Cha **차** → Sa **サ**

当てずっぽうの法則
初声の法則
ㅊ → (s) ch j
母音
ㅏ → a

重要度	漢字	単語の例		日本語の訓読み
차	差	차별 チャビョル	差別	—
		격차 ギョクチャ	格差	
		차이 チャイ	差異	

例文 ➡ 사람을 차별하면 안 됩니다 （人を差別してはいけません）
　　　サ ラ ムル チャビョ ラミョン アン デム ニ ダ

187

重要度 ★★★

Jwa **좌** → Za **ザ**

当てずっぽうの法則
無視の法則
初声の法則
ㅈ → s (z) t(d)
母音
ㅘ → a

重要度	漢字	単語の例		日本語の訓読み
좌	座	좌석 ジュアソク	座席	座る 앉다 アン タ
		좌담 ジュアダム	座談	
		좌우명 ジュアウミョン	座右(の)銘	

例文 ➡ 좌석에 앉아 주세요 （座席に座ってください）
　　　ジュアソ ゲ アンジャ ジュセ ヨ

188

重要度 ★★★★ | 日本語 | 当てずっぽうの法則

Seo → Sai

서 → サイ

初声の法則
ㅅ → ⓢ j z

重要度 ★★★★	漢字	単語の例		日本語の訓読み
서	西	동서 ドンソ 東西 서양 ソヤン *西洋 서해 ソヘ 西海		にし 서쪽 ソッチョク

➡「セイ」p242　例文➡ 서양문화를 받아들였습니다 （西洋文化を受け入れました）
　　　　　　　　　　ソヤン ムヌァルル　バ ダ ドゥリョッスム ニ ダ

189

重要度 ★★★★ | 日本語 | 当てずっぽうの法則

Se → Sai

세 → サイ

初声の法則
ㅅ → ⓢ j z

同音異字の法則

重要度 ★★☆☆	漢字	単語の例		日本語の訓読み
세	歳	세월 セウォル 歳月 만세 マンセ 万歳 세모 セモ *歳暮		とし 나이, 살 ナイ　サル

例文➡ 세월은 정말 빠르네요 （歳月は本当に早いですね）
　　　セウォルン ジョンマル ッパ ル ネ ヨ

重要度 ★★★☆	漢字	単語の例		日本語の訓読み
세	細	상세 サンセ 詳細 세균 セギュン 細菌 세포 セポ 細胞		細い 가늘다 ガヌルダ

例文➡ 이것은 상세일정입니다 （これは詳細日程です）
　　　イ ゴスン サン セイルチョンイム ニ ダ

「左（좌）」の単語例「左側」は、
ふだんは「ひだりがわ」って読むけれど、
ここでは「さそく」って読まないといけないね。
「左」を使う熟語を思い浮かべて、訓読みのものを
音読みに変換してみるのも大切だよ！

PART 4　韓国語の漢字語を読もう〜！

ア
カ
サ
タ
ナ
ハ
マ・ヤ
ラ・ワ

190 재 → サイ

重要度 ★★★★
日本語 Sai
当てずっぽうの法則
初声の法則 ㅈ → s z t(d)
母音 ㅐ → ai
同音異字の法則

재 — 再

重要度 ★★★★

漢字	単語の例		日本語の訓読み
再	재개 ジェゲ	再開	再び
	재고 ジェゴ	再考	다시
	재혼 ジェホン	再婚	ダシ

例文 ➡ 다시 한번 재고해 주세요 （もう一度再考してください）
ダシ ハンボン ジェゴ ヘ ジュセヨ

재 — 才

重要度 ★★★

漢字	単語の例		関連語
才	재능 ジェヌン	才能	さい
	천재 チョンジェ	天才	살
	수재 スジェ	秀才	サル

例文 ➡ 그는 음악에 재능이 있어요 （彼は音楽に才能があります）
グヌン ウマゲ ジェヌンイ イッソヨ

재 — 災

重要度 ★★★

漢字	単語の例		日本語の訓読み
災	화재 ファジェ	火災	災い
	재해 ジェヘ	災害	재난, 재앙
	재난 ジェナン	災難	ジェナン ジェアン

例文 ➡ 화재가 발생했습니다 （火災が発生しました）
ファジェガ パルセンヘッスムニダ

재 — 裁

重要度 ★★

漢字	単語の例		日本語の訓読み
裁	재판 ジェパン	裁判	裁く
	독재 ドクチェ	独裁	재판하다
	결재 ギョルチェ	決裁	ジェパンハダ

例文 ➡ 그는 재판에서 이겼습니다 （彼は裁判で勝ちました）
グヌン ジェパネソ イギョッスムニダ

재 — 載

重要度 ★★

漢字	単語の例		日本語の訓読み
載	기재 ギジェ	記載	載せる
	게재 ゲジェ	掲載	싣다, 얹다
	적재 ジョクチェ	積載	シッタ オンタ

例文 ➡ 주소를 기재해 주세요 （住所を記載してください）
ジュソルル ギジェヘ ジュセヨ

186

191

重要度 ★★★☆☆

Chae 채 → Sai サイ

当てずっぽうの法則
- 初声の法則: ㅊ → (s) ch j
- 母音: ㅐ → ai
- 同音異字の法則

重要度 ★★★★☆	漢字	単語の例	日本語の訓読み
채	債	채무 チェム 債務 채권 チェックォン 債権 국채 グクチェ 国債	—

例文 ➡ 이것은 10년 만기 채권입니다 （これは10年満期債権です）
イ ゴ スン シム ニョン マン ギ チェックォ ニム ニ ダ

重要度 ★★★★☆	漢字	単語の例	日本語の訓読み
채	彩	색채 セクチェ 色彩 채색 チェセク 彩色 홍채 ホンチェ 虹彩	彩る 채색하다, 색칠하다 チェ セ カ ダ セク チ ラ ダ

例文 ➡ 그는 정치적인 색채가 강합니다 （彼は政治的な色彩が強いです）
グ ヌン チョン チ ジョ ギン セク チェ ガ ガン ハム ニ ダ

重要度 ★★★★☆	漢字	単語の例	日本語の訓読み
채	採	채혈 チェヒョル 採血 채용 チェヨン 採用 채점 チェッチョム 採点	採る 채용하다, 뽑다 チェヨン ハ ダ ッポブ タ

例文 ➡ 그는 정사원으로 채용되었습니다 （彼は正社員に採用されました）
グ ヌン ジョン サ ウォ ヌ ロ チェヨン デ オッス ム ニ ダ

重要度 ★★★★☆	漢字	単語の例	日本語の訓読み
채	菜	야채 ヤチェ 野菜 채식 チェシク 菜食 산채 サンチェ 山菜	—

例文 ➡ 그는 채식주의자입니다 （彼は菜食主義者です）
グ ヌン チェ シク チュ イ ジャ イム ニ ダ

192

重要度 ★★★☆☆

Cheo 처 → Sai サイ

当てずっぽうの法則
- 初声の法則: ㅊ → (s) ch j

187

重要度 ★★★☆☆	漢字	単語の例			日本語の訓読み
처	妻	애처	エチョ	愛妻	つま
		부처	プチョ	夫妻	아내, 처
		처자	チョジャ	妻子	アネ チョ

例文 ➡ 그는 애처가입니다 （彼は愛妻家です）
　　　グヌン エチョガ イムニ ダ

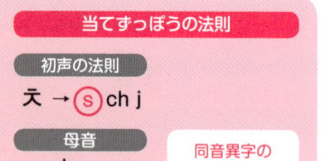

193

重要度 ★★★☆☆

Choe　→　Sai

최　→　サイ

当てずっぽうの法則
初声の法則
ㅊ → ⓢ ch j
母音
ㅚ → ai
同音異字の法則

重要度 ★★★☆☆	漢字	単語の例			日本語の訓読み
최	催	개최	ゲチェ	開催	催す
		최면	チェミョン	催眠	개최하다
		주최	ジュチェ	主催	ゲチェ ハ ダ

例文 ➡ 올림픽이 개최되었습니다 （オリンピックが開催されました）
　　　オリムピギ　ゲチェデ オッスム ニ ダ

重要度 ★★★★☆	漢字	単語の例			日本語の訓読み
최	最	최고	チェゴ	最高	最も
		최악	チェアク	最悪	가장
		최근	チェグン	最近	ガ ジャン

例文 ➡ 당신이 최고입니다 （あなたが最高です）
　　　ダンシニ チェゴ イムニ ダ

194

重要度 ★★★★☆

Jae　→　Zai

재　→　ザイ

当てずっぽうの法則
無視の法則
初声の法則
ㅈ → s ⓩ t(d)
母音
ㅐ → ai
同音異字の法則

重要度 ★★★★☆	漢字	単語の例			日本語の訓読み
재	在	존재	ジョンジェ	存在	在る
		실재	シルチェ	実在	있다
		주재	ジュジェ	駐在	イッタ

例文 ➡ 저는 신의 존재를 믿습니다 （私は神様の存在を信じています）
　　　ジョヌン シ ネ ジョンジェルル ミッスム ニ ダ

重要度	★★★★	漢字	単語の例			日本語の訓読み
재		材	재료	ジェリョ	材料	—
			재질	ジェジル	材質	
			인재	インジェ	人材	

例文 ➡ 회사는 인재 확보가 중요합니다 （会社は人材確保が重要です）
フェ サ ヌン インジェ ファクポ ガ ジュンヨ ハム ニ ダ

重要度	★★★★	漢字	単語の例			日本語の訓読み
재		財	재산	ジェサン	財産	—
			재력	ジェリョク	財力	
			재단	ジェダン	財団	

例文 ➡ 그는 핸섬하고 재산이 많습니다 （彼はハンサムで財産が多いです）
グヌン ヘン ソ マ ゴ ジェ サ ニ マンスム ニ ダ

195

重要度 ★★★★

Joe → Zai
죄 → ザイ

当てずっぽうの法則
無視の法則
初声の法則
ㅈ → s/z/t(d)
母音
ㅚ → ai

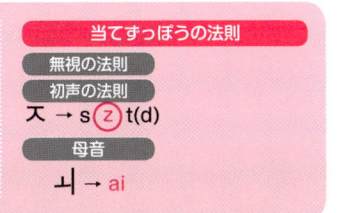

重要度	★★★★	漢字	単語の例			日本語の訓読み
죄		罪	범죄	ボムジェ	犯罪	つみ
			무죄	ムジェ	無罪	죄
			죄인	ジェイン	罪人	ジェ

例文 ➡ 완전범죄는 없습니다 （完全犯罪はありません）
ワンジョン ボム ジェ ヌン オプスム ニ ダ

196

重要度 ★★★

Sak → saku
삭 → サク

当てずっぽうの法則
初声の法則　　パッチムの法則
ㅅ → s/j/z　　ㄱ → ク/キ
母音
ㅏ → a

重要度	★★★	漢字	単語の例			日本語の訓読み
삭		削	삭제	サクチェ	削除	削る
			삭감	サッカム	削減	깎다
			굴삭	グルサク	掘削	ッカク タ

例文 ➡ 컴퓨터 파일을 삭제했습니다 （コンピュータファイルを削除しました）
コムピュト パ イルル サクチェヘッスム ニ ダ

PART 4
韓国語の漢字語を読もう〜！

ア・カ
サ
タ
ナ
ハ
マ・ヤ
ラ・ワ

189

197

重要度 ★★★★☆
日本語

Jak 작 → **saku** サク

当てずっぽうの法則
初声の法則: ㅈ → ⓢ z t(d)
パッチムの法則: ㄱ → ⓚ キ
母音: ㅏ → a

重要度	漢字	単語の例	日本語の訓読み
★★★★☆		작가 ジャッカ 作家	作る
작	作	원작 ウォンジャク 原作	만들다
		작성 ジャクソン 作成	マンドゥルダ

例文 ➡ 보고서를 작성해 주세요 （報告書を作成してください）
　　　　ボ ゴ ソルル ジャクソンヘ ジュ セ ヨ

198

重要度 ★★★☆☆
日本語

Chaek 책 → **saku** サク

当てずっぽうの法則
初声の法則: ㅊ → ⓢ ch j
パッチムの法則: ㄱ → ⓚ キ

重要度	漢字	単語の例	日本語の訓読み
★★★☆☆		정책 ジョンチェク 政策	
책	策	책정 チェクチョン 策定	―
		비책 ビチェク 秘策	

例文 ➡ 교육 정책이 중요합니다 （教育政策が重要です）
　　　　ギョユク チョンチェギ ジュン ヨ ハム ニ ダ

199

重要度 ★★★★☆
日本語

Sal 살 → **Satsu** サツ

当てずっぽうの法則
初声の法則: ㅅ → s
パッチムの法則: ㄹ → ⓣ チ
母音: ㅏ → a

重要度	漢字	単語の例	日本語の訓読み
★★★★☆		살인 サリン 殺人	殺す
살	殺	암살 アムサル 暗殺	죽이다
		자살 ジャサル 自殺	ジュギ ダ

例文 ➡ 그는 암살당했습니다 （彼は暗殺されました）
　　　　グヌン アムサルタンヘッスム ニ ダ

200

重要度 ★★★

Chal **찰** → Satsu **サツ**

当てずっぽうの法則

初声の法則: ㅊ → ⓢ ch j
パッチムの法則: ㄹ → ツ チ
母音: ㅏ → a
同音異字の法則

重要度	漢字	単語の例	関連後
★★★	찰 察	경찰 ギョンチャル 警察 시찰 シチャル 視察 고찰 ゴチャル 考察	察する 헤아리다, 살피다 ヘアリダ サルピダ

例文 ➡ 사회문제에 대한 고찰 (社会問題に対する考察)
サフェムンジェエ デハン ゴチャル

重要度	漢字	単語の例	日本語の訓読み
★★★★	찰 札	입찰 イプチャル 入札 낙찰 ナクチャル 落札 서찰 ソチャル 書札	ふだ 표, 팻말 ピョ ペンマル

例文 ➡ 그 회사는 입찰에 응했습니다 (その会社は入札に応じました)
グ フェサヌン イプチャレ ウンヘッスムニダ

201

重要度 ★★

Chwal **촬** → Satsu **サツ**

当てずっぽうの法則

初声の法則: ㅊ → ⓢ ch j
パッチムの法則: ㄹ → ツ チ
母音: ㅘ → a

重要度	漢字	単語の例	日本語の訓読み
★★	촬 撮	촬영 チュアリョン 撮影	撮る 찍다, 촬영하다 ッチクタ チュアリョンハダ

例文 ➡ 여기가 그 드라마를 촬영한 장소입니다 (ここがそのドラマを撮影した場所です)
ヨギガ グ ドゥラマルル チュアリョンハン ジャンソイムニダ

当てずっぽうの法則はそれぞれに大切だけど、「살」「찰」みたいに「ㄹ」パッチムがあるときに忘れちゃいけないのがパッチムの法則「ㄹ→ツ」だね。
これを思い出したら、一気にピーンとくるよ！

PART 4 韓国語の漢字語を読もう〜！

ア カ **サ** タ ナ ハ マ・ヤ ラ・ワ

202

重要度 ★★★★☆　日本語

Jap 잡 → **Zatsu** ザツ

当てずっぽうの法則
- 無視の法則
- 初声の法則　ㅈ → s(z)t(d)
- 母音　ㅏ → a
- パッチムの法則　ㅂ → ツ

重要度	漢字	単語の例		日本語の訓読み
★★★★☆ 잡	雑	복잡 ボクチャプ	複雑	—
		잡지 ジャプチ	雑誌	
		잡무 ジャムム	雑務	

例文 ➡ 잡지사에 취직했습니다 （雑誌社に就職しました）
ジャプチ　サ　エ　チュィジ ケッスム ニ　ダ

203

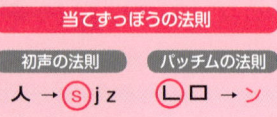

重要度 ★★★★★　日本語

San 산 → **San** サン

当てずっぽうの法則
- 初声の法則　ㅅ → s j z
- 母音　ㅏ → a
- パッチムの法則　ㄴ ㄹ → ン
- 同音異字の法則

重要度	漢字	単語の例		日本語の訓読み
★★★☆☆ 산	傘	우산 ウサン	*雨傘	かさ 우산 ウ サン
		낙하산 ナカサン	落下傘	
		산하 サナ	傘下	

例文 ➡ 그들은 우산을 썼습니다 （彼らは雨傘をさしました）
グ ドゥルン　ウ サ ヌル ッソッスム ニ　ダ

重要度	漢字	単語の例		日本語の訓読み
★★★★★ 산	山	후지산 フジサン	富士山	やま 산 サン
		등산 ドゥンサン	登山	
		하산 ハサン	下山	

例文 ➡ 제 취미는 등산입니다 （私の趣味は登山です）
ジェ チュィミ ヌン ドゥン サ ニム ニ　ダ

重要度	漢字	単語の例		日本語の訓読み
★★★☆☆ 산	散	산보 サンポ	散歩	散らす 어지르다 オ ジ ル ダ
		발산 パルサン	発散	
		해산 ヘサン	解散	

例文 ➡ 가끔 스트레스 발산이 필요합니다 （たまにストレス発散が必要です）
ガックム ストゥレス　バル サ ニ　ピリョハム ニ　ダ

重要度	★★★★☆	漢字	単語の例		日本語の訓読み
산		産	생산	センサン 生産	産まれる
			산부인과	サンブインクァ 産婦人科	太ōなだ
			산업	サノプ 産業	テオナダ
例文 ➡ 어제는 산부인과에 갔습니다 （昨日は産婦人科に行きました）
オジェヌン サンブ インクァ エ カッスム ニ ダ

重要度	★★★★☆	漢字	単語の例		日本語の訓読み
산		算	산수	サンス 算数	—
			계산	ゲサン 計算	
			결산	ギョルサン 決算	
例文 ➡ 이것은 간단한 산수 문제입니다 （これは簡単な算数の問題です）
イ ゴスン ガンダナン サンス ムンジェイム ニ ダ

重要度	★★☆☆☆	漢字	単語の例		日本語の訓読み
산		酸	산소	サンソ 酸素	酸っぱい
			유산균	ユサンギュン 乳酸菌	시다
			산화	サヌァ 酸化	シダ
例文 ➡ 산소호흡기가 필요합니다 （酸素呼吸器が必要です）
サンソ ホフプキ ガ ピリョハム ニ ダ

204

重要度 ★★★★★　**日本語**

Sam 삼 → サン San

当てずっぽうの法則
- 初声の法則：ㅅ → s / j / z
- パッチムの法則：ㄴ ㅁ → ン
- 母音：ㅏ → a

重要度	★★★★★	漢字	単語の例		日本語の訓読み
삼		三	삼월	サムォル 三月	みっつ
			삼각형	サムガキョン 三角形	셋
			삼위	サムィ 三位	セッ
例文 ➡ 삼월에 서울에 갈 예정입니다 （三月にソウルに行く予定です）
サムォレ ソウレ ガル リェジョンイム ニ ダ

> 「산」は発音が日本語と近くてイイね～。
> 「후지산」とか「산수」とか、わかりやすい！
> でも、「傘」の単語例「우산」って何だろう…？？
> 「サン」は傘だから、「ウ傘」、え～と、「ウ」って
> 音読みする漢字って・・・？ 漢字が思い浮かんだら、
> 訓読みするなど、ひとひねりしてみて！

PART 4　韓国語の漢字語を読もう～！

205

重要度 ★★★
Jan → Zan
잔 → ザン

当てずっぽうの法則
- 無視の法則
- 初声の法則　ㅈ → s(z)t(d)
- 母音　ㅏ → a
- パッチムの法則　ㄴ ロ→ン

重要度 ★★★	漢字	単語の例		日本語の訓読み
잔	残	잔고　ジャンゴ　残高 잔금　ジャングム　残金 잔액　ジャネク　残額		残る 남다 ナム タ

例文 ➡ 잔고 증명서를 보여 주세요　(残高証明書を見せてください))
　　　ジャンゴ ジュンミョンソ ル　ポ ヨ ジュセ ヨ

206

重要度 ★★★★★
Sa → Si
사 → シ

当てずっぽうの法則
- 初声の法則　ㅅ → (s)jz
- 同音異字の法則

重要度 ★★	漢字	単語の例		日本語の訓読み
사	仕	봉사　ポンサ　奉仕 급사　グプサ　*給仕		—

例文 ➡ 저는 매주 토요일에 봉사를 합니다　(私は毎週の土曜日に奉仕をします)
　　　ジョヌン メジュ ト ヨ イ レ ポンサルル ハムニ ダ

重要度 ★★★★★	漢字	単語の例		日本語の訓読み
사	使	사용　サヨン　使用 사명　サミョン　使命 대사　デサ　大使		使う 사용하다 サヨン ハ ダ

例文 ➡ 이것이 사용 방법입니다　(これが使用方法です)
　　　イ ゴ シ　サヨン パンポ ビムニ ダ

重要度 ★★	漢字	単語の例		日本語の訓読み
사	司	상사　サンサ　上司 사법　サボプ　司法 사령관　サリョングァン　司令官		つかさどる 맡다, 담당하다 マッタ ダムダン ハ ダ

例文 ➡ 그의 상사는 무섭습니다　(彼の上司は怖いです)
　　　グ エ サンサヌン ム ソプスムニ ダ

重要度	★★★☆☆	漢字	単語の例	日本語の訓読み
사	史	역사 ヨㇰサ 歴史 사상최고 ササンチェゴ 史上最高 국사 グㇰサ 国史	—

例文 ➡ 역사는 반복됩니다　（歴史は繰り返されます）
　　　　ヨㇰサ ヌン パンポㇰテㇺ ニ ダ

重要度	★★★★☆	漢字	単語の例	日本語の訓読み
사	四	사월 サウォル 四月 사계 サゲ 四季 사차원 サチャウォン *四次元	よっつ 넷 ネッ

例文 ➡ 사월은 잔인한 달입니다　（四月は残酷な月です）
　　　　サ ウォ ルン ジャ ニ ナン ダ リㇺニダ

重要度	★★★☆☆	漢字	単語の例	日本語の訓読み
사	士	신사 シンサ 紳士 변호사 ビョノサ 弁護士 박사 パㇰサ 博士	—

例文 ➡ 그는 신사입니다　（彼は紳士です）
　　　　グ ヌン シンサイㇺ ニ ダ

重要度	★★★☆☆	漢字	単語の例	日本語の訓読み
사	師	의사 ウィサ 医師 간호사 ガノサ 看護師 교사 ギョサ 教師	—

例文 ➡ 교사의 역할이 중요합니다　（教師の役割が重要です）
　　　　ギョサ エ ヨクァリ ジュンヨ ハㇺ ニ ダ

重要度	★★★★☆	漢字	単語の例	日本語の訓読み
사	思	의사 ウィサ 意思 사고 サゴ 思考 사상 ササン 思想	思う 생각하다 センガカダ

例文 ➡ 그의 사상이 의심스럽습니다　（彼の思想が疑わしいです）
　　　　グ エ ササンイ ウィシㇺ ス ロㇷ゚スㇺニダ

重要度	★★★★☆	漢字	単語の例	日本語の訓読み
사	死	사망 サマン 死亡 치사량 チサリャン 致死量 필사적 ピㇽサジョㇰ 必死的	死ぬ 죽다 ジュㇰタ

例文 ➡ 그는 필사적으로 노력했습니다　（彼は必死的に〈必死に〉努力しました）
　　　　グ ヌン ピㇽ サ ジョㇰ ロ ノリョケッスㇺ ニ ダ

PART 4　韓国語の漢字語を読もう〜！

重要度 ★★★☆☆	漢字	単語の例	日本語の訓読み
사	私	사생활 サセンファル 私生活 사유지 サユジ 私有地 사복 サボク 私服	わたし 저, 나 ジョ ナ

例文 ➡ 그의 사생활을 존중합니다　（彼の私生活を尊重します）
　　　　グ エ　サセンファルル　ジョンジュンハム ニ ダ

重要度 ★★☆☆☆	漢字	単語の例	日本語の訓読み
사	詞	가사 ガサ 歌詞 동사 ドンサ 動詞 대사 デサ ＊台詞	―

例文 ➡ 일본어는 동사가 어려워요　（日本語は動詞が難しいです）
　　　　イルボノヌン　ドンサ ガ　オリョウォヨ

重要度 ★☆☆☆☆	漢字	単語の例	日本語の訓読み
사	飼	사육 サユク 飼育 사료 サリョ 飼料	飼う 기르다 ギ ル ダ

例文 ➡ 사료값이 올랐습니다　（飼料の値段が値上がりしました）
　　　　サリョガプ シ　オルラッスム ニ ダ

207

重要度 ★★★★☆		日本語	当てずっぽうの法則
시 Si	→	シ Si	初声の法則　ㅅ → ⓢ j z 母音　ㅣ → i 同音異字の法則

重要度 ★★★☆☆	漢字	単語の例	日本語の訓読み
시	始	개시 ゲシ 開始 원시적 ウォンシジョク 原始的 창시자 チャンシジャ 創始者	始める 시작하다 シジャカ ダ

例文 ➡ 내일부터 영업 개시입니다　（明日から営業開始です）
　　　　ネイルブ ト　ヨンオプ ケ　シイム ニ ダ

重要度 ★★★★★	漢字	単語の例	日本語の訓読み
시	市	시장 シジャン 市場 시장 シジャン 市長 도시 ドシ 都市	―

例文 ➡ 여기는 한국의 전통시장입니다　（ここは韓国の伝統市場です）
　　　　ヨ ギ ヌン　ハング ゲ　ジョントン シ ジャンイム ニ ダ

196

重要度	★★☆☆☆	漢字	単語の例		日本語の訓読み
시		施	시설 シソル	施設	施す
			실시 シルシ	実施	베풀다
			시행 シヘン	施行	ベプルダ

例文 ➡ 내일부터 투표를 실시합니다 (明日から投票を実施します)
ネイルブト トゥピョルル シルシ ハムニダ

重要度	★★★☆☆	漢字	単語の例		日本語の訓読み
시		視	시선 シソン	視線	みる
			시야 シヤ	視野	보다
			경시 ギョンシ	軽視	ボダ

例文 ➡ 그녀는 남자의 시선을 느꼈습니다 (彼女は男性の視線を感じました)
グニョヌン ナムジャエ シソヌル ヌッキョッスムニダ

重要度	★★☆☆☆	漢字	単語の例		関連語
시		詩	시인 シイン	詩人	詩
			시적 シッチョク	詩的	시
			시집 シジプ	詩集	シ

例文 ➡ 그는 한국을 대표하는 시인입니다 (彼は韓国を代表する詩人です)
グヌン ハンググル デピョハヌン シイニムニダ

重要度	★★★★☆	漢字	単語の例		日本語の訓読み
시		試	시험 シホム	試験	試す
			시식 シシク	試食	시험하다
			시련 シリョン	試練	シホマダ

例文 ➡ 저에게 시련은 있어도 실패는 없습니다 (私に試練はあっても失敗はありません)
ジョエゲ シリョヌンイッソド シルペヌン オプスムニダ

208

重要度	★★★★★		日本語	当てずっぽうの法則
SSi			Si	初声の法則
씨	→		シ	ㅅ → ⓢ j z
				母音
				ㅣ → i

重要度	★★★★★	漢字	単語の例		関連語
씨		氏	씨명 ッシミョン	氏名	〜氏
			기무라 씨 ギムラッシ	木村氏	씨
					ッシ

例文 ➡ 기무라 씨는 정치가입니다 (木村氏は政治家です)
ギムラッシヌン ジョンチガ イムニダ

209

重要度 ★★★★★

Ja 자 → **Si** シ

当てずっぽうの法則
初声の法則
ㅈ → ⓢ z t(d)
同音異字の法則

重要度 ★★★★☆	漢字	単語の例		日本語の訓読み
자	姿	자세 ジャセ	姿勢	すがた
		고자세 ゴジャセ	高姿勢	모습
		저자세 ジョジャセ	低姿勢	モスプ

例文 → 편한 자세로 앉아 주세요 (楽な姿勢で座ってください)
　　　　ピョナン ジャセロ アンジャ ジュセ ヨ

重要度 ★★★★☆	漢字	単語の例		関連語
자	子	자녀 ジャニョ	子女	こども
		자음 ジャウム	子音	아이
		모자 モジャ	母子	アイ

例文 → 한글은 자음과 모음이 있습니다 (ハングルは子音と母音があります)
　　　　ハン グルン ジャウムグァ モ ウミ イッスムニダ

重要度 ★★★★☆	漢字	単語の例		日本語の訓読み
자	資	자격 ジャギョク	資格	—
		자금 ジャグム	資金	
		자본 ジャボン	資本	

例文 → 그 회사는 자금이 부족하다 (その会社は資金が不足している)
　　　　グ フェサヌン ジャグ ミ ブジョカダ

210

重要度 ★★★★

Ji 지 → **Si** シ

当てずっぽうの法則
初声の法則
ㅈ → ⓢ z t
母音
ㅣ → i
同音異字の法則

重要度 ★★★☆☆	漢字	単語の例		日本語の訓読み
지	志	의지 ウィジ	意志	志す
		지향 ジヒャン	志向	뜻을 두다
		지원 ジウォン	志願	ツトゥスル ドゥダ

例文 → 인간은 자유 의지를 가지고 있다 (人間は自由意志を持っている)
　　　　インガヌン ジャユ ウィジルル ガジゴ イッタ

重要度	★★★☆☆	漢字	単語の例		日本語の訓読み
지		指	지시 ジシ	指示	指す
			지도 ジド	指導	가리키다
			지정 ジジョン	指定	ガリキダ

例文 ➡ 지시대로 하세요　（指示通りにしてください）
ジシデロ　ハセヨ

重要度	★★★☆☆	漢字	単語の例		日本語の訓読み
지		支	지지 ジジ	支持	支える
			지배 ジベ	支配	받치다, 지탱하다
			지원 ジウォン	支援	バッチダ　ジテンハダ

例文 ➡ 정신은 육체를 지배합니다　（精神は肉体を支配します）
ジョンシヌン　ユクチェルル　ジ　ベハム　ニダ

重要度	★☆☆☆☆	漢字	単語の例		日本語の訓読み
지		旨	취지 チュイジ	趣旨	むね
			요지 ヨジ	要旨	취지
			논지 ノンジ	論旨	チュイジ

例文 ➡ 질문의 취지는 무엇입니까 ?　（質問の趣旨は何ですか？）
ジルム　ネ　チュィ　ジ　ヌン　ム　オシムニッカ

重要度	★★★★☆	漢字	単語の例		日本語の訓読み
지		止	금지 グムジ	禁止	止まる
			정지 ジョンジ	停止	멈추다
			방지 バンジ	防止	モムチュダ

例文 ➡ 여기는 주차 금지 지역입니다　（ここは駐車禁止区域です）
ヨ　ギヌン　ジュチャ　グムジ　ジ　ヨギムニダ

重要度	★★★★☆	漢字	単語の例		日本語の訓読み
지		紙	지폐 ジペ	紙幣	かみ
			지면 ジミョン	紙面	종이
			용지 ヨンジ	用紙	ジョンイ

例文 ➡ 이 용지에 써 주세요　（この用紙に書いてください）
イ　ヨンジ　エ　ッソ　ジュセヨ

重要度	★★★☆☆	漢字	単語の例		日本語の訓読み
지		脂	지방 ジバン	脂肪	あぶら
			수지 スジ	樹脂	기름
					ギルム

例文 ➡ 체내 지방을 태우는 방법　（体内脂肪を燃やす方法）
チェネ　ジバンウル　テ　ウヌン　バンボプ

重要度	★☆☆☆☆	漢字	単語の例		日本語の訓読み
	지	**至**	하지 동지 지난	ハジ 夏至 ドンジ 冬至 ジナン 至難	至る 이르다, 도달하다 イルダ ドダラダ

例文 ➡ 오늘은 낮이 가장 긴 하지입니다 （今日は昼が一番長い夏至です）
オ ヌルン ナジ ガジャン ギン ハジイムニダ

重要度	★★★☆☆	漢字	単語の例		日本語の訓読み
	지	**誌**	잡지 일지 월간지	ジャプチ 雑誌 イルチ 日誌 ウォルガンジ 月刊誌	―

例文 ➡ 그 잡지는 재미있어요 （その雑誌はおもしろいです）
グ ジャプチヌン ジェミ イッ ソ ヨ

211

重要度 ★★★☆☆　　日本語

Chi　→　Si

치 → シ

当てずっぽうの法則
初声の法則
ㅊ → ⓢ ch j
母音
ㅣ → i

重要度	★★★☆☆	漢字	単語の例		日本語の訓読み
	치	**歯**	치과 충치 발치	チックァ 歯科 チュンチ ＊虫歯 パルチ 抜歯	は 이빨 イッパル

例文 ➡ 내일 치과에 가야 돼요 （明日、歯科に行かなければなりません）
ネイル チックァエ ガヤ デヨ

212

重要度 ★★★★★　　日本語

Sa　→　Ji

사 → ジ

当てずっぽうの法則
無視の法則
初声の法則
ㅅ → s ⓙ z

同音異字の法則

重要度	★★★★☆	漢字	単語の例		日本語の訓読み
	사	**事**	사무실 사업 군사	サムシル 事務室 サオプ 事業 グンサ 軍事	こと 일, 것 イル ゴッ

例文 ➡ 사무실을 이전했습니다 （事務室を移転しました）
サム シルル イジョネッスムニダ

200

重要度	★☆☆☆☆	漢字	単語の例	日本語の訓読み
사		似	유사 ユサ 類似 근사치 グンサチ 近似値	似る 닮다, 비슷하다 ダムタ ビスタダ

例文 ➡ 제시된 비용은 근사치입니다　（提示された費用は近似値です）
ジェ シ デン ビ ヨン ウン グン サ チ イ s ニ ダ

重要度	★☆☆☆☆	漢字	単語の例	日本語の訓読み
사		寺	사원 サウォン 寺院 금각사 グムガクサ 金閣寺	お寺 절 ジョル

例文 ➡ 쿄토에 금각사가 있습니다　（京都に金閣寺があります）
キョト エ　グムガクサ ガ　イッスムニ ダ

重要度	★★☆☆☆	漢字	単語の例	日本語の訓読み
사		辞	사전 サジョン 辞典 사표 サピョ 辞表 사퇴 サトェ 辞退	辞める 그만두다 グ マンドゥダ

例文 ➡ 한국어 사전이 필요합니다　（韓国語の辞典が必要です）
ハング ゴ　サ ジョ ニ　ピリョハム ニ ダ

213

重要度 ★★★★★　日本語

Si → Ji

시 → ジ

当てずっぽうの法則
無視の法則
初声の法則
ㅅ → s ⓙ z
母音
ㅣ → i
同音異字の法則

重要度	★★★★★	漢字	単語の例	日本語の訓読み
시		時	시간 シガン 時間 시대 シデ 時代 시차 シチャ 時差	とき 때 ッテ

例文 ➡ 시간 있어요？　（時間ありますか？）
シガン イッソ ヨ

重要度	★★★★☆	漢字	単語の例	日本語の訓読み
시		示	지시 ジシ 指示 제시 ジェシ 提示 시사 シサ ＊示唆	示す 나타내다, 제시하다 ナタネダ ジェシハダ

例文 ➡ 조건을 제시해 주세요　（条件を提示してください）
ジョッコ ヌル ジェシ ヘ ジュセ ヨ

PART 4　韓国語の漢字語を読もう～！

ア・カ・**サ**・タ・ナ・ハ・マ・ヤ・ラ・ワ

201

214

重要度 ★★★★★
日本語

아 → ジ
A　　Ji

当てずっぽうの法則

重要度 ★★★★★	漢字	単語の例	日本語の訓読み
아	児	아동　アドン　児童 육아　ユガ　育児 고아　ゴア　孤児	―

例文 → 매일 육아 일기를 쓰고 있어요　（毎日育児日記を書いています）
　　　メイル ユ ガ イル ギルル ッスゴ イッソ ヨ

215

重要度 ★★★★★
日本語

자 → ジ
Ja　　Ji

当てずっぽうの法則
初声の法則
ㅈ → s ⓙ t(d)

同音異字の法則

重要度 ★★★★★	漢字	単語の例	日本語の訓読み
자	字	한자　ハンチャ　漢字 숫자　スッチャ　数字 적자　ジョクチャ　赤字	じ 글자 グルチャ

例文 → 한자는 어려워요　（漢字は難しいです）
　　　ハンチャヌン オリョウォヨ

重要度 ★★★★★	漢字	単語の例	日本語の訓読み
자	磁	자석　ジャソク　磁石 자기　ジャギ　磁気 도자기　ドジャギ　陶磁器	―

例文 → 이것은 영구 자석입니다　（これは永久磁石です）
　　　イ ゴスン ヨング ジャソギムニ ダ

重要度 ★★★★★	漢字	単語の例	日本語の訓読み
자	自	자신　ジャシン　自信 자기　ジャギ　自己 자동차　ジャドンチャ　自動車	自ら 스스로 ススロ

例文 → 자기 자신을 믿으세요　（自己〈自分〉自身を信じてください）
　　　ジャギ ジャ シヌル ミ ドゥセ ヨ

216

重要度 ★★★

Cha　→　Ji

차　→　ジ

当てずっぽうの法則
- 無視の法則
- 初声の法則　ㅊ → s ch ⓙ

重要度 ★★★	漢字	単語の例	日本語の訓読み
차	次	차남　チャナム　次男 제일차　チェイルチャ　第一次 차원　チャウォン　次元	つぎ 다음 ダウム

例文 ➡ 저는 차남입니다　（私は次男です）
　　　ジョヌン チャナ ミムニ ダ

217

重要度 ★★★★

Saek　→　Siki

색　→　シキ

当てずっぽうの法則
- 初声の法則　ㅅ → ⓢ j z
- パッチムの法則　ㄱ → ク ㋖

重要度 ★★★★	漢字	単語の例	日本語の訓読み
색	色	색채　セクチェ　色彩 색소　セクソ　色素 색맹　センメン　色盲	いろ 색, 색깔 セク セッカル

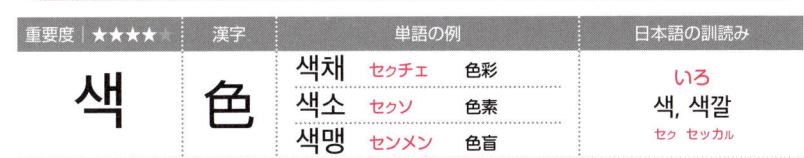

➡「ショク」p233　例文 ➡ 이것은 멜라닌 색소입니다　（これはメラニン色素です）
　　　　　　　　　　　イ ゴスン メルラニン セクソイムニ ダ

218

重要度 ★★★★

Sik　→　Siki

식　→　シキ

当てずっぽうの法則
- 初声の法則　ㅅ → ⓢ j z
- パッチムの法則　ㄱ → ク ㋖
- 母音　ㅣ → i
- 同音異字の法則

重要度 ★★★★	漢字	単語の例	日本語の訓読み
식	式	결혼식　ギョロンシク　結婚式 성인식　ソンインシク　成人式 공식　ゴンシク　公式	―

例文 ➡ 어디에서 결혼식을 하세요 ?　（どこで結婚式をしますか？）
　　　オディエ ソ ギョロン シグル ハ セヨ

重要度 ★★★☆☆	漢字	単語の例		日本語の訓読み
식	識	의식 지식 상식	ウィシク 意識 ジシク 知識 サンシク 常識	—

例文➡ 그는 상식이 있는 사람입니다　(彼は常識のある人です)
　　　グヌン　サン シ ギ　インヌン　サ ラ ミ ム ニ ダ

219

重要度 ★★★★☆

Chil 칠 → **Sichi** シチ

当てずっぽうの法則
初声の法則　ㅊ → ⓢ ch j
パッチムの法則　ㄹ → ッ チ
母音　ㅣ → i

重要度 ★★★★★	漢字	単語の例		日本語の訓読み
칠	七	칠월 칠석 칠전팔기	チルォル 七月 チルソク *七夕 チルチョンパルギ 七転八起	ななつ 일곱 イルゴプ

例文➡ 오늘은 칠월 칠일입니다　(今日は7月7日です)
　　　オ ヌルン　チルォル　チ リ リムニ ダ

220

重要度 ★☆☆☆☆

Seup 습 → **Sitsu** シツ

当てずっぽうの法則
初声の法則　ㅅ → ⓢ j z
パッチムの法則　ㅂ → ッ ウ
母音　ㅡ → i

重要度 ★☆☆☆☆	漢字	単語の例		日本語の訓読み
습	湿	습기 습지 습진	スプキ 湿気 スプチ 湿地 スプチン 湿疹	湿る 축축해지다 チュクチュケ ジ ダ

例文➡ 일본은 습기가 많습니다　(日本は湿気が多いです)
　　　イル ボ ヌン　スプ キ ガ　マンスムニ ダ

> 日本語の読みが「シチ」「シツ」「ジツ」のものも、
> 当てずっぽうのポイントはパッチムにあり！
> わかりやすい〜。
> でも202ページの「아 → ジ」みたいに、
> ぜんぜん法則がないものは…、
> 少数派だから覚えちゃいましょう〜（笑）。

221

重要度 ★★★★★

실 (Sil) → **シツ** (Sitsu)

当てずっぽうの法則
- 初声の法則: ㅅ → s j z
- パッチムの法則: ㄹ → ツ チ
- 母音: ㅣ → i
- 同音異字の法則

重要度 ★★★★☆	漢字	単語の例			日本語の訓読み
실	失	실망	シルマン	失望	失う
		실패	シルペ	失敗	잃다, 잃어버리다
		분실	ブンシル	紛失	イルタ イロボリダ

例文 → 그가 오지 않아서 실망했어요 （彼が来なくて失望しました）
クガ オジ アナソ シルマンヘッソヨ

重要度 ★★★★★	漢字	単語の例			日本語の訓読み
실	室	교실	ギョシル	教室	―
		사무실	サムシル	事務室	
		병실	ビョンシル	病室	

例文 → 지금 교실에는 아무도 없어요 （今教室には誰もいません）
ジグム ギョシレヌン アムド オプソヨ

222

重要度 ★★★★☆

질 (Jil) → **シツ** (Sitsu)

当てずっぽうの法則
- 初声の法則: ㅈ → s z t(d)
- パッチムの法則: ㄹ → ツ チ
- 母音: ㅣ → i
- 同音異字の法則

重要度 ★★☆☆☆	漢字	単語の例			日本語の訓読み
질	疾	질환	ジルアン	疾患	やまい
		질병	ジルビョン	疾病	병
		질주	ジルチュ	疾走	ビョン

例文 → 질병을 예방합니다 （疾病を予防します）
ジルビョンウル イェバンハムニダ

重要度 ★★★★☆	漢字	単語の例			日本語の訓読み
질	質	질문	ジルムン	質問	―
		성질	ソンジル	性質	
		체질	チェジル	体質	

例文 → 질문 있어요? （質問はありますか？）
ジルムン イッソヨ

223

重要度 ★★★★
Sil 실 → ジツ Jitsu
日本語

当てずっぽうの法則
初声の法則: ㅅ → s ⓙ z
バッチムの法則: ㄹ → ㋡ チ
母音: ㅣ → i

重要度	漢字	単語の例			日本語の訓読み
★★★★	実	현실	ヒョンシル	現実	実る
		구실	グシル	口実	여물다, 익다
		진실	ジンシル	真実	ヨ ムルダ　イクタ

例文➡ 꿈이 현실이 되었습니다 （夢が現実になりました）
　　　ックミ ヒョンシ リ デオッスムニ ダ

224

重要度 ★★★★★
Il 일 → ジツ Jitsu
日本語

当てずっぽうの法則
バッチムの法則: ㄹ → ㋡ チ
母音: ㅣ → i

重要度	漢字	単語の例			日本語の訓読み
★★★★★	日	휴일	ヒュイル	休日	ひ
		후일	フイル	後日	날
		종일	ジョンイル	終日	ナル

➡「ニチ」p311　例文➡ 로마의 휴일 （ローマの休日）
　　　　　　　　　　　 ロ マ エ ヒュイル

225

重要度 ★★★★☆
Sa 사 → シャ Sya
日本語

当てずっぽうの法則
初声の法則: ㅅ → ⓢ j z
同音異字の法則

重要度	漢字	単語の例			日本語の訓読み
★★★★☆	砂	토사	トサ	土砂	すな
		황사	ファンサ	*黄砂	모래
					モ レ

➡「サ」p183　例文➡ 오늘은 황사가 심합니다 （今日は黄砂がひどいです）
　　　　　　　　　　 オ ヌルン ファンサ ガ　シマムニ ダ

206

重要度	★★★★	漢字	単語の例		日本語の訓読み
사		舎	역사 ヨクサ	駅舎	—
			청사 チョンサ	庁舎	

例文 → 청사가 이전되었습니다 （庁舎が移転されました）
チョンサ ガ イ ジョン デ オッスム ニ ダ

重要度	★★★★	漢字	単語の例		日本語の訓読み
사		写	사진 サジン	写真	写す
			복사 ボクサ	複写	베끼다
			모사 モサ	模写	ベッキダ

例文 → 사진을 찍어 주시겠어요? （写真を撮ってもらえませんか？）
サ ジヌル ッチゴ ジュ シ ゲッソ ヨ

重要度	★★★★	漢字	単語の例		日本語の訓読み
사		射	발사 パルサ	発射	射る
			사격 サギョク	射撃	쏘다
			반사 パンサ	反射	ッソ ダ

例文 → 군대에서 사격 연습을 했습니다 （軍隊で射撃練習をしました）
グンデ エ ソ サギョク ヨンスブル ヘッスム ニ ダ

重要度	★★★★	漢字	単語の例		日本語の訓読み
사		斜	경사 ギョンサ	傾斜	斜めに
			사시 サシ	斜視	비스듬히
			사양 サヤン	斜陽	ビストゥミ

例文 → 이것은 지반 경사를 측정하는 장치입니다 （これは地盤の傾斜を測定する装置です）
イゴスン ジバン ギョンサルル チュクチョンハヌン ジャンチ イムニ ダ

重要度	★★★★	漢字	単語の例		日本語の訓読み
사		社	회사 フェサ	会社	—
			사회 サフェ	社会	
			사원 サウォン	社員	

例文 → 저는 회사원입니다 （私は会社員です）
ジョヌン フェサ ウォニム ニ ダ

重要度	★★★★	漢字	単語の例		日本語の訓読み
사		謝	감사 ガムサ	感謝	謝る
			사죄 サジェ	謝罪	사과하다, 사죄하다
					サグァ ハダ サジェハダ

例文 → 정말 감사합니다 （本当に感謝します）
ジョンマル ガム サ ハム ニ ダ

207

226

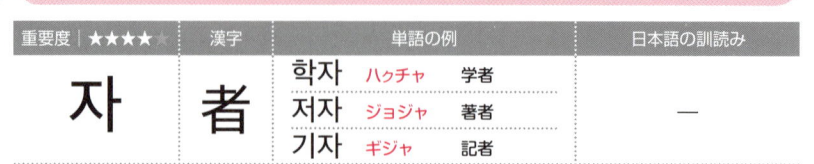

重要度 ★★★★
日本語
当てずっぽうの法則
初声の法則

자 (Ja) → **シャ** (Sya)

ㅈ → Ⓢ z t(d)

重要度 ★★★★	漢字	単語の例		日本語の訓読み
자	者	학자 ハクチャ 学者 저자 ジョジャ 著者 기자 ギジャ 記者		―

例文 ➡ 저자와 만나 보고 싶어요　（著者に会ってみたいです）
　　　 ジョジャワ　マンナ　ポゴ　シポヨ

227

重要度 ★★
日本語
当てずっぽうの法則
初声の法則　パッチムの法則

석 (Seok) → **シャク** (Syaku)

ㅅ → Ⓢ j z　　ㄱ → Ⓚ キ

重要度 ★★	漢字	単語の例		日本語の訓読み
석	釈	석방 ソクパン 釈放 주석 ジュソク 注釈 석가 ソッカ *釈迦		―

例文 ➡ 그는 석방되었습니다　（彼は釈放されました）
　　　 グヌン　ソクパン　デオッスム　ニ　ダ

228

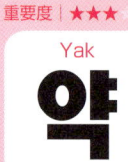

重要度 ★★★
日本語
当てずっぽうの法則
パッチムの法則

약 (Yak) → **ジャク** (Jyaku)

ㄱ → Ⓚ キ

母音
ㅑ → ya

同音異字の法則

重要度 ★★★★	漢字	単語の例		日本語の訓読み
약	若	약간 ヤッカン 若干 노약 ノヤク *老若		若い 젊다 ジョム タ

例文 ➡ 소금을 약간 넣어 주세요　（塩を若干入れてください）
　　　 ソグムル　ヤッカン　ノオ　ジュセヨ

重要度 ★★★★	漢字	単語の例			日本語の訓読み
약	弱	약점	ヤクチョム	弱点	弱い
		쇠약	スェヤク	衰弱	약하다
		병약	ビョンヤク	病弱	ヤカダ

例文 → 누구나 약점이 있습니다 （誰でも弱点があります）
ヌグナ ヤクチョミ イッスムニダ

229

重要度 ★★★★　**日本語**

수 → シュ　Su → Syu

当てずっぽうの法則

初声の法則　ㅅ → s j z

母音　ㅜ → yu

同音異字の法則

重要度 ★★★★	漢字	単語の例			日本語の訓読み
수	守	수비	スビ	守備	守る
		수호	スホ	守護	지키다, 소중히 하다
		공수	ゴンス	攻守	ジキダ ソジュンヒ ハダ

例文 → 그 팀은 수비가 약해요 （そのチームは守備が弱いです）
グ ティムン スビガ ヤケヨ

重要度 ★★★★	漢字	単語の例			日本語の訓読み
수	手	악수	アクス	握手	て
		수단	スダン	手段	手
		박수	パクス	拍手	ソン

例文 → 악수해 주세요 （握手してください）
アクス ヘ ジュセヨ

重要度 ★★★★	漢字	単語の例			日本語の訓読み
수	殊	특수	トゥクス	特殊	―

例文 → 이것은 특수한 경우입니다 （これは特殊な場合です）
イ ゴスン トゥクスハン ギョンウイムニダ

重要度 ★★★★	漢字	単語の例			日本語の訓読み
수	首	자수	ジャス	自首	くび
		수상	スサン	首相	首
		수도	スド	首都	モク

例文 → 한국의 수도는 서울입니다 （韓国の首都はソウルです）
ハングゲ スドヌン ソウリムニダ

PART 4　韓国語の漢字語を読もう〜！

230

重要度 ★★★★

Ju	→	Syu
주		シュ

当てずっぽうの法則

初声の法則
ㅈ → Ⓢ z t(d)

母音
ㅜ → yu

同音異字の法則

重要度 ★★★★	漢字	単語の例		日本語の訓読み
주	主	주요 ジュヨ 主要 주인공 ジュインゴン 主人公 민주 ミンジュ 民主		主に 주로 ジュロ

例文 ➡ 주요 내용을 정리해 주세요 （主要内容を整理してください）
　　　　ジュヨ　ネヨンウル ジョンニ ヘ　ジュセ ヨ

重要度 ★★★★	漢字	単語の例		日本語の訓読み
주	酒	포도주 ポドジュ 葡萄酒 음주 ウムジュ 飲酒 청주 チョンジュ 清酒		お酒 술 スル

例文 ➡ 음주 운전은 해서는 안 됩니다 （飲酒運転はしてはいけません）
　　　　ウムジュ ウンジョヌン ヘ ソ ヌン アン デム ニ ダ

231

重要度 ★★★

Chwi	→	Syu
취		シュ

当てずっぽうの法則

初声の法則
ㅊ → Ⓢ ch j

同音異字の法則

重要度 ★★★	漢字	単語の例		日本語の訓読み
취	取	취재 チュイジェ 取材 취득 チュイドゥク 取得 섭취 ソプチュイ 摂取		取る 잡다, 들다 ジャプタ　ドゥルダ

例文 ➡ 비자를 취득했습니다 （ビザを取得しました）
　　　　ビジャルル チュイドゥ ケッスム ニ ダ

重要度 ★★	漢字	単語の例		日本語の訓読み
취	趣	취미 チュイミ 趣味 취지 チュイジ 趣旨 악취미 アクチュイミ 悪趣味		おもむき 정취, 멋 ジョンチュイ　モッ

例文 ➡ 제 취미는 독서입니다 （私の趣味は読書です）
　　　　ジェ チュイ ミ ヌン ドク ソ イム ニ ダ

232

重要度 ★★★★☆
日本語
当てずっぽうの法則
無視の法則
初声の法則
ㅅ → s / j / z
母音
ㅜ → yu
同音異字の法則

Su 수 → Jyu ジュ

重要度 ★★★☆☆	漢字	単語の例			日本語の訓読み
수	受	수험 감수성 수신	スホム ガムスソン スシン	受験 感受性 受信	受ける 받다 バッタ

例文 ➡ 메일을 수신했습니다 （メールを受信しました）
　　　メ イルル ス シネッスムニダ

重要度 ★★★★☆	漢字	単語の例			日本語の訓読み
수	授	수업 교수 수상	スオプ ギョス スサン	授業 教授 授賞	―

例文 ➡ 수업은 몇 시부터입니까？ （授業は何時からですか？）
　　　ス オブン ミョッ シブ トイムニッカ

233

重要度 ★★★★☆
日本語
当てずっぽうの法則
初声の法則
ㅅ → s / j / z
母音
ㅜ → yu
同音異字の法則

Su 수 → Syuu シュウ

重要度 ★★★★☆	漢字	単語の例			日本語の訓読み
수	収	수입 수집 수축	スイプ スジブ スチュク	収入 収集 収縮	収める 거두다 ゴドゥダ

例文 ➡ 당신의 연간 수입은 얼마입니까？ （あなたの年間収入はいくらですか？）
　　　ダンシネ ヨンガン ス イブン オルマイムニッカ

重要度 ★★★☆☆	漢字	単語の例			日本語の訓読み
수	修	연수 수행 필수	ヨンス スヘン ピルス	研修 *修行 必修	―

例文 ➡ 연수기간은 1주일입니다 （研修期間は1週間です）
　　　ヨンス ギ ガヌン イルチュイリムニダ

重要度 ★☆☆☆☆	漢字	単語の例			日本語の訓読み
수	愁	향수 수심 우수	ヒャンス スシム ウス	郷愁 愁心 憂愁	愁い 근심, 걱정 _{グンシム　ゴクチョン}

例文➡ 그는 깊은 향수를 느꼈다　（彼は深い郷愁を感じた）
　　　グヌン ギプン ヒャンスルル ヌッキョッタ

重要度 ★★☆☆☆	漢字	単語の例			日本語の訓読み
수	秀	우수 수재 수작	ウス スジェ スジャク	優秀 秀才 秀作	秀でる 빼어나다, 뛰어나다 _{ッペオナダ　ッティオナダ}

例文➡ 그는 우수한 인재입니다　（彼は優秀な人材です）
　　　グヌン ウスハン インジェイムニダ

234

重要度 ★★★★☆

Jong　→　Syuu
종　→　**シュウ**

当てずっぽうの法則
初声の法則　　パッチムの法則
ㅈ → ⓢ z t(d)　　ㅇ → ウ イ

同音異字の法則

重要度 ★★★★☆	漢字	単語の例			日本語の訓読み
종	終	최종 종점 종말	チェジョン ジョンチョム ジョンマル	最終 終点 終末	終わる 끝나다 _{ックンナダ}

例文➡ 그는 최종 면접에서 합격했다　（彼は最終の面接で合格した）
　　　グヌン チェジョン ミョンジョベソ ハプキョケッタ

重要度 ★★★★☆	漢字	単語の例			日本語の訓読み
종	宗	종교 종파 개종	ジョンギョ ジョンパ ゲジョン	宗教 宗派 改宗	—

➡「ソウ」p260　例文➡ 당신의 종교는 무엇입니까？　（あなたの宗教は何ですか）
　　　　　　　　　　　ダンシネ ジョンギョヌン ムオシムニッカ

「愁（수）」「秀（수）」の単語例にある
「憂愁」と「優秀」は、どちらもハングルが「우수」。
「日本語で同じ発音は、韓国語でも同じ発音の確率が高い」、
まさに「同音異字の法則」だね！
同音異義語はたくさんあるから、文章の中では、
前後の内容から、漢字や意味を推測して読もう〜。

212

235

重要度 ★★★★★

Ju **주** → Syuu **シュウ**

当てずっぽうの法則
- 初声の法則: ㅈ → s z t(d)
- 母音: ㅜ → yu
- 同音異字の法則

重要度	漢字	単語の例		日本語の訓読み
★★★	周	주위 ジュウィ	周囲	—
주		삼주년 サムジュニョン	三周年	
		주변 ジュビョン	周辺	

例文 ➡ 오늘은 결혼 삼주년입니다 (今日は結婚3周年です)
オ ヌルン ギョロン サムジュニョニム ニ ダ

重要度	漢字	単語の例		日本語の訓読み
★★★	州	제주도 ジェジュド	済州島	—
주		경주 ギョンジュ	慶州	
		광주 グァンジュ	光州	

例文 ➡ 저는 제주도에 간 적이 있습니다 (私は済州島に行ったことがあります)
ジョヌン ジェジュド エ ガン ジョギ イッスム ニ ダ

重要度	漢字	単語の例		日本語の訓読み
★★★★	週	주말 ジュマル	週末	—
주		매주 メジュ	毎週	
		격주 ギョクチュ	隔週	

例文 ➡ 다음 주말에 영화 봅시다 (今度の週末に映画見ましょう)
ダウム チュマ レ ヨンファ ボプシ ダ

236

重要度 ★★☆☆☆

Jung **중** → Syuu **シュウ**

当てずっぽうの法則
- 初声の法則: ㅈ → s z t(d)
- パッチムの法則: ㅇ → ウ イ
- 母音: ㅜ → yu

重要度	漢字	単語の例		日本語の訓読み
★★☆☆☆	衆	공중 ゴンジュン	公衆	—
중		대중 デジュン	大衆	
		민중 ミンジュン	民衆	

例文 ➡ 최근에는 공중전화를 사용하지 않습니다 (最近は公衆電話を使いません)
チェ グ ネ ヌン ゴンジュンジョヌァルル サヨン ハ ジ アンスム ニ ダ

PART 4 韓国語の漢字語を読もう〜!

237

重要度 ★★★★
Jip 집 → Syuu シュウ

当てずっぽうの法則
初声の法則： ㅈ → ⓢ z t(d)
パッチムの法則： ㅂ → ⓤ ッ

重要度	漢字	単語の例			日本語の訓読み
★★★★ 집	集	집중	ジプチュン	集中	集める
		집단	ジプタン	集団	모으다
		집합	ジパプ	集合	モウダ

例文 ➡ 눈 앞의 일에 집중하세요 （目の前のことに集中してください）
　　　　ヌ　ナペ　イレ　ジプチュンハ セ ヨ

238

重要度 ★★★
Chu 추 → Syuu シュウ

当てずっぽうの法則
初声の法則： ㅊ → ⓢ ch j
母音： ㅜ → yu

重要度	漢字	単語の例			日本語の訓読み
★★★ 추	秋	추석	チュソク	秋夕	あき
		추분	チュブン	秋分	가을
		입추	イプチュ	立秋	ガウル

例文 ➡ 오늘은 추분입니다 （今日は秋分です）
　　　　オ ヌルン チュブニムニ ダ

239

重要度 ★★★★
Chwi 취 → Syuu シュウ

当てずっぽうの法則
初声の法則： ㅊ → ⓢ ch j
同音異字の法則

重要度	漢字	単語の例			日本語の訓読み
★★★★ 취	就	취직	チュイジク	就職	就く
		취로	チュイロ	就労	들다, 취임하다
		성취	ソンチュイ	*成就	ドゥルダ チュイイ マダ

例文 ➡ 대기업에 취직했어요 （大企業〈大手〉に就職しました）
　　　　デギ オベ チュィジケッソヨ

214

重要度	★★★★☆	漢字	単語の例	日本語の訓読み
취	臭	구취 グチュイ 口臭 악취 アクチュイ 悪臭 무취 ムチュイ 無臭		臭う 냄새가 나다 ネムセガ ナダ

例文 ➡ 무색 무취의 액체 （無色無臭の液体）
ム センムチュィ エ エクチェ

240

重要度 ★★★★★

日本語

십 Sip → ジュウ Jyuu

当てずっぽうの法則
無視の法則　初声の法則　パッチムの法則
ㅅ → s ⓙ z　　ㅂ → ⓒ ッ

重要度	★★★★★	漢字	単語の例	日本語の訓読み
십	十	십자가 シプチャガ 十字架 십이지 シビジ 十二支 십팔번 シッパルボン 十八番		とお 열 ヨル

例文 ➡ 서울에는 십자가가 많아요 （ソウルには十字架が多いです）
ソウレ ヌン シプチャガ ガ マナ ヨ

241

重要度 ★★☆☆☆

日本語

유 Yu → ジュウ Jyuu

当てずっぽうの法則
母音
ㅠ → yu

重要度	★★☆☆☆	漢字	単語の例	日本語の訓読み
유	柔	유도 ユド 柔道 유연 ユヨン 柔軟 유술 ユスル 柔術		柔らかい 부드럽다 プドゥロプタ

例文 ➡ 그녀는 몸이 유연합니다 （彼女は体が柔軟です）
グニョヌン モミ ユヨナムニダ

真面目にがんばりすぎると疲れちゃうから
仲間といっしょに、クイズ感覚で
楽しんで解くようにするといいね！

PART 4　韓国語の漢字語を読もう〜！

242

重要度 ★★★★★

Ju **주** → Jyuu **ジュウ**

日本語

当てずっぽうの法則
初声の法則: ㅈ → s/j/t(d)
母音: ㅜ → yu

重要度 ★★★★☆	漢字	単語の例		日本語の訓読み
주	住	주민 ジュミン 住民 주택 ジュテク 住宅 주소 ジュソ 住所		住む 살다 サルダ

例文 ➡ 일본의 주민세는 비쌉니다 （日本の住民税は高いです）
イル ボ ネ ジュミンセヌン ビッサムニ ダ

243

重要度 ★★★★☆

Jung **중** → Jyuu **ジュウ**

日本語

当てずっぽうの法則
初声の法則: ㅈ → s/j/t(d)
パッチムの法則: ㅇ → ウ/イ
母音: ㅜ → yu

重要度 ★★★★☆	漢字	単語の例		日本語の訓読み
중	重	중요 ジュンヨ 重要 중심 ジュンシム 重心 중시 ジュンシ 重視		重い 무겁다 ムゴプタ

例文 ➡ 이것은 중요문화재입니다 （これは重要文化財です）
イ ゴ スン ジュン ヨ ムヌァジェイム ニ ダ

244

重要度 ★★★☆☆

Suk **숙** → Syuku **シュク**

日本語

当てずっぽうの法則
初声の法則: ㅅ → s/j z
パッチムの法則: ㄱ → ク/キ
母音: ㅜ → yu
同音異字の法則

重要度 ★★★★☆	漢字	単語の例		日本語の訓読み
숙	宿	숙제 スクチェ 宿題 숙박 スクパク 宿泊 합숙 ハプスク 合宿		─

例文 ➡ 겨울방학 숙제가 많아요 （冬休みの宿題が多いです）
ギョウルバンハク スクチェガ マ ナ ヨ

重要度 ★★★★☆	漢字	単語の例		日本語の訓読み
숙	淑	숙녀 スンニョ 淑女 정숙 ジョンスク 貞淑		—

例文 ➡ 그녀는 정숙한 숙녀입니다 （彼女は貞淑な淑女です）
グニョヌン ジョンス カン スンニョイム ニ ダ

245

重要度 ★★★☆☆

Chuk 축 → **Syuku** シュク

当てずっぽうの法則
- 初声の法則: ㅊ → ⓢ ch j
- バッチムの法則: ㄱ → ⓚ キ
- 母音: ㅜ → yu
- 同音異字の法則

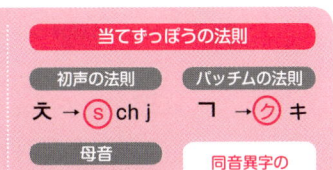

重要度 ★★★☆☆	漢字	単語の例		日本語の訓読み
축	祝	축하 チュカ 祝賀 축복 チュクポク 祝福		祝う 축하하다 チュカ ハ ダ

例文 ➡ 합격을 축하합니다 （合格を祝賀します）
ハプキョグル チュ カ ハム ニ ダ

重要度 ★★☆☆☆	漢字	単語の例		日本語の訓読み
축	縮	긴축 ギンチュク 緊縮 축소 チュクソ 縮小 압축 アプチュク 圧縮		縮む 줄어들다 ジュロドゥルダ

例文 ➡ 지금은 긴축 경영을 하고 있습니다 （今は緊縮経営をしています）
ジ グ ムン ギンチュッキョンヨン ウル ハ ゴ イッスム ニ ダ

246

重要度 ★★☆☆☆

Suk 숙 → **Jyuku** ジュク

当てずっぽうの法則
- 無視の法則
- 初声の法則: ㅅ → ⓙ
- バッチムの法則: ㄱ → ⓚ キ
- 母音: ㅜ → yu

重要度 ★★☆☆☆	漢字	単語の例		日本語の訓読み
숙	熟	숙어 スゴ 熟語 숙성 スクソン 熟成 성숙 ソンスク 成熟		熟す 무르익다 ムルイクタ

例文 ➡ 영어 숙어를 공부했습니다 （英語の熟語を勉強しました）
ヨン オ ス ゴルル コンブ ヘッスム ニ ダ

PART 4 韓国語の漢字語を読もう～！

247

重要度 ★★★★
Chul 出 → Syutsu シュツ

当てずっぽうの法則
初声の法則: ㅊ → s ch j
バッチムの法則: ㄹ → ツ チ
母音: ㅜ → yu

重要度 ★★★★	漢字	単語の例		日本語の訓読み
출	出	출현 チュリョン	出現	出る
		출석 チュルソク	出席	나오다
		출신 チュルシン	出身	ナオダ

例文 ➡ 저는 오사카 출신입니다 (私は大阪出身です)
ジョヌン オ サ カ チュルシ ニ ム ニ ダ

248

重要度 ★★★
Sul 술 → Jyutsu ジュツ

当てずっぽうの法則
無視の法則
初声の法則: ㅅ → s j z
バッチムの法則: ㄹ → ツ チ
母音: ㅜ → yu
同音異字の法則

重要度 ★★★	漢字	単語の例		日本語の訓読み
술	術	미술 ミスル	美術	―
		마술 マスル	魔術	
		기술 ギスル	技術	

例文 ➡ 저는 현대미술을 좋아합니다 (私は現代美術が好きです)
ジョヌン ヒョンデ ミ スルル ジョア ハム ニ ダ

重要度 ★	漢字	単語の例		日本語の訓読み
술	述	논술 ノンスル	論述	述べる
		기술 ギスル	記述	말하다
		전술 ジョンスル	前述	マラダ

例文 ➡ 논술시험은 어려워요 (論述試験は難しいです)
ノンスル シ ホムン オリョウォヨ

249

重要度 ★★★
Sun 순 → Syun シュン

当てずっぽうの法則
初声の法則: ㅅ → s j z
バッチムの法則: ㄴ ㅁ → ン
母音: ㅜ → yu

重要度 ★★★★	漢字	単語の例		日本語の訓読み
순	瞬	순간 スンガン	瞬間	瞬く
		순발력 スンバルリョク	瞬発力	깜박거리다 ッカムパッコリダ

例文 ➡ 사랑하는 순간만큼은 진실입니다 (愛してる瞬間だけは真実です)
サラン ハ ヌン スンガンマンクムン ジン シ リ ム ニ ダ

250

重要度 ★★★☆☆ 日本語

춘 Chun → **シュン** Syun

当てずっぽうの法則
初声の法則 ㅊ → s ch j
パッチムの法則 ㄴ → ン
母音 ㅜ → yu

重要度 ★★★	漢字	単語の例		日本語の訓読み
춘	春	춘분 チュンブン	春分	はる
		사춘기 サチュンギ	思春期	봄 ボム
		춘추전국 チュンチュジョングク	春秋戦国	

例文 ➡ 사춘기와 여드름의 관계 (思春期とニキビの関係)
サチュン ギ ワ ヨドゥル メ グァンゲ

251

重要度 ★★★★ 日本語

순 Sun → **ジュン** Jyun

当てずっぽうの法則
無視の法則
初声の法則 ㅅ → s j z
パッチムの法則 ㄴ → ン
母音 ㅜ → yu
同音異字の法則

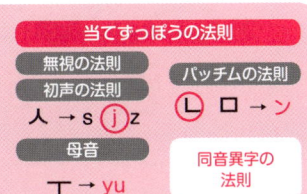

重要度 ★★☆☆☆	漢字	単語の例		日本語の訓読み
순	旬	상순 サンスン	上旬	―
		중순 ジュンスン	中旬	
		하순 ハスン	下旬	

例文 ➡ 이번달 하순부터 출장입니다 (今月下旬から出張です)
イ ボンタル ハスンブ ト チュルチャンイム ニ ダ

重要度 ★★★★	漢字	単語の例		日本語の訓読み
순	純	순금 スングム	純金	―
		순정 スンジョン	純正	
		순수 スンス	純粋	

例文 ➡ 이 반지는 순금입니다 (この指輪は純金です)
イ バンジ ヌン スング ミ ニ ダ

PART 4 韓国語の漢字語を読もう〜！

ア カ **サ** タ ナ ハ マ・ヤ ラ・ワ

重要度	★★★★	漢字	単語の例		日本語の訓読み
순		巡	순회 スヌェ	巡回	巡る
			순시 スンシ	巡視	돌다
			순찰 スンチャル	巡察	ドルダ

例文 ➡ 한류스타의 순회공연 （韓流スターの巡回公演）
ハルリュ スタ エ スヌェゴンヨン

重要度	★★★★	漢字	単語の例		日本語の訓読み
순		順	순서 スンソ	順序	—
			순위 スヌィ	順位	
			순응 スヌン	順応	

例文 ➡ 순서를 지켜 주세요 （順序を守ってください）
スン ソ ル ジ キョ ジュ セ ヨ

252

重要度 ★★★★☆

Jun 준 → ジュン Jyun

日本語

当てずっぽうの法則
- 初声の法則　ㅈ → s(j)t(d)
- バッチムの法則　ㄴ ㅁ → ン
- 母音　ㅜ → yu
- 同音異字の法則

重要度	★★★★	漢字	単語の例		関連語
준		準	준비 ジュンビ	準備	準じる
			기준 ギジュン	基準	준하다
			수준 スジュン	水準	ジュナ ダ

例文 ➡ 운동 전에는 준비운동을 합시다 （運動の前には準備運動をしましょう）
ウンドン ジョネ ヌン ジュンビ ウンドンウル ハプ シ ダ

重要度	★★☆☆☆	漢字	単語の例		日本語の訓読み
준		遵	준수 ジュンス	遵守	—
			준법 ジュンポプ	遵法	

例文 ➡ 교통법규를 준수합시다 （交通法規を遵守しましょう）
ギョトンポプキュルル ジュンス ハプ シ ダ

> 日本人には、「ㅓ」と「ㅗ」の違いがわかりにくいから、「서」「소」の区別が難しいかな。
> どっちもハングルの読みをカタカナで書くと「ソ」になっちゃうからね。
> できるだけカタカナの読みには頼らないようにしよう。

253

重要度 ★★★★
Seo 서 → **Syo** ショ

当てずっぽうの法則
初声の法則
ㅅ → ⓢ j z

同音異字の法則

重要度 ★★★☆	漢字	単語の例		日本語の訓読み
서	署	경찰서 ギョンチャルソ 警察署 서명 ソミョン 署名 부서 ブソ 部署		―

例文 ➡ 여기에 서명해 주세요　（ここに署名して下さい）
　　　ヨギエ　ソミョンヘ　ジュセヨ

重要度 ★★☆☆	漢字	単語の例		日本語の訓読み
서	暑	피서 ピソ 避暑 대서 デソ 大暑 소서 ソソ 小暑		暑い 덥다 ドプタ

例文 ➡ 피서지는 뭐든지 비쌉니다　（避暑地は何でも高いです）
　　　ピソジヌン　ムォドゥンジ　ピッサムニダ

重要度 ★★★★	漢字	単語の例		日本語の訓読み
서	書	교과서 ギョグァソ 教科書 계약서 ゲヤクソ 契約書 도서관 ドソグァン 図書館		書く 쓰다 ッスダ

例文 ➡ 어제는 도서관에서 공부했습니다　（昨日は図書館で勉強しました）
　　　オジェヌン　ドソグァネソ　ゴンブヘッスムニダ

254

重要度 ★★★★
So 소 → **Syo** ショ

当てずっぽうの法則
初声の法則
ㅅ → ⓢ j z

重要度 ★★★★	漢字	単語の例		日本語の訓読み
소	所	소유 ソユ 所有 소재지 ソジェジ 所在地 연구소 ヨングソ 研究所		ところ 곳 ゴッ

例文 ➡ 이 집은 누구 소유입니까？　（この家は誰の所有ですか）
　　　イ　ジブン　ヌグ　ソ　ユイムニッカ

PART 4 韓国語の漢字語を読もう〜！

255

重要度 ★★☆☆☆
Cheo
쳐 → **ショ** Syo

日本語

当てずっぽうの法則
初声の法則
ㅊ → Ⓢ ch j

重要度 ★★★★☆	漢字	単語の例	日本語の訓読み
처	処	처녀 チョニョ 処女 대처 デチョ 対処 처리 チョリ 処理	—

例文 ➡ 그는 처녀 비행에 성공했다 （彼は処女飛行に成功した）
　　　グヌン チョニョ ビヘンエ ソンゴンヘッタ

256

重要度 ★★★★☆
Cho
초 → **ショ** Syo

日本語

当てずっぽうの法則
初声の法則
ㅊ → Ⓢ ch j

重要度 ★★★★☆	漢字	単語の例	日本語の訓読み
초	初	최초 チェチョ 最初 초기 チョギ 初期 초심 チョシム 初心	初めて 처음 チョウム

例文 ➡ 세계 최초의 금속활자 （世界最初の金属活字）
　　　セゲ チェチョエ グムソクァルチャ

257

重要度 ★★★★★
Nyeo
녀 → **ジョ** Jyo

日本語

当てずっぽうの法則

頭音法則（*）

重要度 ★★★★☆	漢字	単語の例	日本語の訓読み
녀	女	*여자 ヨジャ 女子 남녀 ナムニョ 男女 *여학생 ヨハクセン 女学生	おんな 여자 ヨジャ

➡「ニョ」p312　例文 ➡ 여자와 남자의 차이 （女子と男子の差異〈女と男の違い〉）
　　　　　　　　　　ヨジャワ ナムジャエ チャイ

258

重要度 ★★★

Seo
서 → **ジョ** Jyo

当てずっぽうの法則
- 無視の法則
- 初声の法則

ㅅ → s ⓙ z

重要度	漢字	単語の例		日本語の訓読み
★★★		순서 スンソ 順序		—
서	序	질서 ジルソ 秩序		
		서막 ソマヶ 序幕		

例文 ➡ 질서를 지켜 주세요 （秩序を守ってください）
　　　　ジルソ ルル ジキョ ジュセヨ

259

重要度 ★★★

Je
제 → **ジョ** Jyo

当てずっぽうの法則
- 初声の法則

ㅈ → s ⓙ t(d)

重要度	漢字	単語の例		日本語の訓読み
★★★		제거 ジェゴ 除去		除く
제	除	삭제 サクチェ 削除		제외하다, 없애다
		제외 ジェウェ 除外		ジェウェハダ オプセダ

例文 ➡ 그 파일을 삭제해 주세요 （そのファイルを削除してください）
　　　　グ パイルル サクチェヘ ジュセヨ

260

重要度 ★★★

Jo
조 → **ジョ** Jyo

当てずっぽうの法則
- 初声の法則

ㅈ → s ⓙ t(d)

重要度	漢字	単語の例		日本語の訓読み
★★★		보조 ポジョ 補助		助ける
조	助	조수 ジョス 助手		돕다, 살리다
		조연 ジョヨン 助演		ドプタ サルリダ

例文 ➡ 정부로부터 보조금을 받았다 （政府から補助金をもらった）
　　　　ジョンブロブト ポジョグムル パダッタ

261

重要度 ★★★★★
日本語
Sang 상 → ショウ Syou

当てずっぽうの法則
初声の法則 ㅅ → ⓢ j z
パッチムの法則 ㅇ → ⓤ イ
同音異字の法則

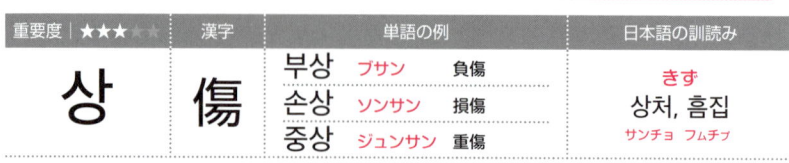

重要度 ★★★☆☆	漢字	単語の例	日本語の訓読み
상	傷	부상　プサン　負傷 손상　ソンサン　損傷 중상　ジュンサン　重傷	きず 상처, 흠집 サンチョ　フムチプ

例文 ➡ 그는 전쟁에서 부상당했습니다　（彼は戦争で負傷しました）
　　　グヌン　ジョンジェンエ　ソ　ブ サンダンヘッスム ニ ダ

重要度 ★★★★★	漢字	単語の例	日本語の訓読み
상	償	상금　サングム　償金 배상　ベサン　賠償 보상　ボサン　補償	償う 갚다, 보상하다 ガプタ　ボサン ハ ダ

例文 ➡ 그는 배상금을 받았습니다　（彼は賠償金をもらいました）
　　　グヌン　ベ サング ムル　バダッスム ニ ダ

重要度 ★★★★★	漢字	単語の例	日本語の訓読み
상	商	상인　サンイン　商人 상업　サンオプ　商業 상호　サンホ　商号	商う 장사하다 ジャンサ ハ ダ

例文 ➡ 그이 직업은 상인입니다　（彼の職業は商人です）
　　　グ イ　ジ ゴブン　サンイニ ム ニ ダ

重要度 ★☆☆☆☆	漢字	単語の例	日本語の訓読み
상	床	온상　オンサン　温床 기상　ギサン　起床 저상버스　ジョサンボス　低床バス	ゆか 마루 マル

例文 ➡ 아침 6시에 기상합니다　（朝6時に起床します）
　　　アチム　ヨソッシ エ　ギサンハム ニ ダ

重要度 ★☆☆☆☆	漢字	単語の例	日本語の訓読み
상	祥	발상지　バルサンジ　発祥地	―

例文 ➡ 죽염의 발상지는 한국입니다　（竹塩の発祥地は韓国です）
　　　ジュギョメ　バル サンジ ヌン　ハング ギム ニ ダ

重要度	★★★★☆	漢字	単語の例		日本語の訓読み
상		詳	상세 サンセ	詳細	詳しい
			미상 ミサン	未詳	상세하다, 자세하다
					サンセ ハ ダ ジャセ ハ ダ

例文 ➡ 상세한 내용을 알고 싶어요 (詳細な内容を知りたいです)
サンセハン ネヨンウル アルゴ シ ポ ヨ

重要度	★★★☆☆	漢字	単語の例		日本語の訓読み
상		賞	감상 ガムサン	鑑賞	—
			대상 デサン	大賞	
			현상 ヒョンサン	懸賞	

例文 ➡ 제 취미는 영화감상입니다 (私の趣味は映画鑑賞です)
ジェ チュィミ ヌン ヨンファガムサンイム ニ ダ

重要度	★★★★☆	漢字	単語の例		日本語の訓読み
상		相	수상 スサン	首相	—
			재상 ジェサン	宰相	
			상당 サンダン	*相当	

➡ 「ソウ」p257 例文 ➡ 수상보좌관 (首相補佐官)
スサン ポ ジャグァン

重要度	★★☆☆☆	漢字	単語の例		関連語
상		象	인상 インサン	印象	ぞう
			현상 ヒョンサン	現象	코끼리
			대상 デサン	対象	コッキリ

例文 ➡ 첫인상이 중요합니다 (第一印象が重要です)
チョディンサン イ ジュンヨ ハム ニ ダ

262

重要度 ★★★★★

Saeng 생 ➡ **Syou** ショウ

当てずっぽうの法則
初声の法則: ㅅ → ⓢ j z
パッチムの法則: ㅇ → ⓤ イ

重要度	★★★★★	漢字	単語の例		日本語の訓読み
생		生	일생 イルセン	一生	生きる
			탄생 タンセン	誕生	살다
			학생 ハクセン	*学生	サルダ

➡ 「セイ」p242 例文 ➡ 그리스도의 탄생 (キリストの誕生)
グ リ ス ド エ タンセン

263

重要度 ★★★★
Seong **성** → 日本語 Syou **ショウ**

当てずっぽうの法則
初声の法則: ㅅ → ⓢ j z
パッチムの法則: ㅇ → ⓤ イ
同音異字の法則

重要度	漢字	単語の例		日本語の訓読み
★★★☆☆ 성	省	성찰 ソンチャル 省察 *생략 センニャク 省略		省く 생략하다, 줄이다 センニャカダ ジュリダ

例文 ➡ 설명은 생략하겠습니다　（説明は省略します）
　　　ソルミョンウン センニャカゲッスムニダ

重要度	漢字	単語の例		日本語の訓読み
★★★★☆ 성	性	근성 グンソン 根性 악성 アクソン *悪性 성격 ソンキョク *性格		—

➡「セイ」p243　例文 ➡ 그 사람은 성격이 좋아요　（その人は性格がいいです）
　　　　　　　　　　グ サラムン ソンキョギ ジョアヨ

264

重要度 ★★★★★
So **소** → 日本語 Syou **ショウ**

当てずっぽうの法則
初声の法則: ㅅ → ⓢ j z
同音異字の法則

重要度	漢字	単語の例		日本語の訓読み
★★★★★ 소	小	소설 ソソル 小説 최소 チェソ 最小 소식 ソシク 小食		小さい 작다 ジャクタ

例文 ➡ 소식은 장수의 비결입니다　（小食は長寿の秘訣です）
　　　ソシグン ジャンスエ ビギョリムニダ

あ、また出てきた！
「省（성）」のところ、気づいたかな？
2つの単語例に使われているハングル、違う字だよね。
忘れちゃった人は、PART1の20ページを見返してみよう。

226

重要度 ★★★☆☆	漢字	単語の例	日本語の訓読み
소	少	소녀 ソニョ 少女 소년 ソニョン 少年 다소 ダソ 多少	少ない 적다 ジョッタ

例文 → 소년과 소녀는 행복했습니다 （少年と少女は幸せでした）
ソニョングァ ソニョヌン ヘンボ ケッスム ニ ダ

重要度 ★★★☆☆	漢字	単語の例	日本語の訓読み
소	消	취소 チュィソ *取消 소비 ソビ 消費 해소 ヘソ 解消	消す 끄다, 지우다 ックダ ジウダ

例文 → 그 계약을 취소했습니다 （その契約を取消しました）
グ ゲヤグル チュィソ ヘッスム ニ ダ

重要度 ★★☆☆☆	漢字	単語の例	日本語の訓読み
소	焼	소주 ソジュ 焼酎 연소 ヨンソ 燃焼 소각 ソガッ 焼却	焼く 태우다, 굽다 テウダ グプタ

例文 → 저는 소주를 좋아합니다 （私は焼酎が好きです）
ジョヌン ソジュルル ジョ ア ハム ニ ダ

重要度 ★★☆☆☆	漢字	単語の例	日本語の訓読み
소	笑	폭소 ポクソ 爆笑 실소 シルソ 失笑 담소 ダムソ 談笑	笑う 웃다 ウッタ

例文 → 그의 말에 폭소했습니다 （彼の言葉に爆笑しました）
グ エ マ レ ポクソ ヘッスム ニ ダ

265

重要度 ★★★★☆

日本語

Seung 승 → Syou ショウ

当てずっぽうの法則

初声の法則: ㅅ → Ⓢ jz
パッチムの法則: ㅇ → Ⓤ イ
同音異字の法則

重要度 ★★★★☆	漢字	単語の例	日本語の訓読み
승	勝	우승 ウスン 優勝 승부 スンブ 勝負 승리 スンニ 勝利	勝つ 이기다 イギダ

例文 → 지금부터가 승부입니다 （今からが勝負です）
ジグム ブ ト ガ スンブ イム ニ ダ

227

重要度 ★★★	漢字	単語の例			日本語の訓読み
承	承	승낙	スンナク	承諾	—
		계승	ゲスン	継承	
		전승	ジョンスン	伝承	

例文 ➡ 결혼 승낙을 받고 싶어요 （結婚の承諾を得たいです）
ギョロン スンナ グル パッコ シボ ヨ

重要度 ★★	漢字	単語の例			日本語の訓読み
승	昇	승진	スンジン	昇進	昇る
		상승	サンスン	上昇	올라가다
		승격	スンキョク	昇格	オルラ ガ ダ

例文 ➡ 그녀는 회사에서 승진했습니다 （彼女は会社で昇進しました）
グニョヌン フェ サ エ ソ スンジネッスムニ ダ

266 장 → ショウ
Jang　Syou

当てずっぽうの法則
初声の法則: ㅈ → ⓢ z t(d)
パッチムの法則: ㅇ → ⓤ イ
同音異字の法則

重要度 ★★★★	漢字	単語の例			日本語の訓読み
장	将	장군	ジャングン	将軍	—
		장래	ジャンネ	将来	
		주장	ジュジャン	主将	

例文 ➡ 그는 장래의 계획을 세웠다 （彼は将来の計画を立てた）
グヌン ジャンネ エ ゲ フェグル セ ウォッタ

重要度 ★★★	漢字	単語の例			日本語の訓読み
장	章	문장	ムンジャン	文章	—
		헌장	ホンジャン	憲章	
		훈장	フンジャン	勲章	

例文 ➡ 문장력은 매우 중요합니다 （文章力はとても重要です）
ムンジャン ニョグン メ ウ ジュンヨ ハムニ ダ

重要度 ★★★★	漢字	単語の例			日本語の訓読み
장	障	고장	ゴジャン	故障	—
		장해	ジャンヘ	障害	
		보장	ボジャン	保障	

例文 ➡ 세탁기가 고장났어요 （洗濯機が故障しました）
セ タッ キ ガ ゴジャンナッソ ヨ

267

重要度 ★★★

Jo **조** → Syou **ショウ**

当てずっぽうの法則
初声の法則
ㅈ → Ⓢ z t(d)

重要度 ★★★★	漢字	単語の例		日本語の訓読み
조	照	조명 ジョミョン 照明 조회 ジョフェ 照会 대조 デジョ 対照		照らす 비추다 ピチュダ

例文 ➡ 여기는 조명이 어두워요 （ここは照明が暗いです）
　　　ヨ ギヌン ジョミョンイ オドゥウォヨ

268

重要度 ★★★★

Jeung **증** → Syou **ショウ**

当てずっぽうの法則
初声の法則　　バッチムの法則
ㅈ → Ⓢ z t(d)　　ㅇ → Ⓤ イ

同音異字の法則

重要度 ★★★★	漢字	単語の例		日本語の訓読み
증	症	증상 ジュンサン 症状 염증 ヨムチュン 炎症 후유증 フユッチュン 後遺症		―

例文 ➡ 잇몸 염증이 나았습니다 （歯茎の炎症が治りました）
　　　インモム ヨムチュンイ ナアッスムニ ダ

重要度 ★★★★	漢字	単語の例		関連語
증	証	증명 ジュンミョン 証明 증거 ジュンゴ 証拠 보증 ボジュン 保証		証する 증명하다 ジュンミョンハ ダ

例文 ➡ 증거는 있습니까? （証拠はありますか？）
　　　ジュンゴ ヌン イッスムニ ッカ

230ページの「招（초）」の例文にある「パーティー」など、日本語で長音を表現するときの音引き「ー」にあたる符号は、ハングルにはないんだよ。「アイスクリーム 아이스크림」「テーブル 테이블」
　　　　　　　アイスクリム　　　　　テイブル
「スーパーカー 슈퍼카」っていう感じになるんだね。
　　　　　　　シュポカ

269

重要度 ★★★☆☆

日本語: Cho 초 → Syou ショウ

当てずっぽうの法則
初声の法則
ㅊ → ⓢ ch j

重要度	漢字	単語の例		日本語の訓読み
★★★☆☆ 초	招	초대 チョデ	招待	招く
		초래 チョレ	招来	초대하다
		초빙 チョビン	招聘	チョデ ハ ダ

例文 ➡ 파티 초대장을 받았어요 (パーティーの招待状をもらいました)
パ ティ チョデッチャンウル パ ダッ ソ ヨ

270

重要度 ★★☆☆☆

日本語: Chung 충 → Syou ショウ

当てずっぽうの法則
初声の法則 / パッチムの法則
ㅊ → ⓢ ch j　　ㅇ → ⓤ イ

重要度	漢字	単語の例		日本語の訓読み
★★☆☆☆ 충	衝	충격 チュンギョク	衝撃	―
		충동 チュンドン	衝動	
		충돌 チュンドル	衝突	

例文 ➡ 또 충동구매 했습니다 (また衝動買いしました)
ット チュンドング メ ヘッスム ニ ダ

271

重要度 ★★★★★

日本語: Sang 상 → Jyou ジョウ

当てずっぽうの法則
無視の法則 / パッチムの法則
初声の法則　　ㅇ → ⓤ イ
ㅅ → s ⓙ z
同音異字の法則

重要度	漢字	単語の例		日本語の訓読み
★★★★☆ 상	常	상식 サンシㇰ	常識	常に
		일상 イルサン	日常	항상
		비상구 ピサング	非常口	ハンサン

例文 ➡ 일상 생활에 감사하고 있습니다 (日常生活に感謝しています)
イルサン センファレ ガム サ ハ ゴ イッスム ニ ダ

重要度 ★★★★★	漢字	単語の例	日本語の訓読み
상	状	형상　ヒョンサン　形状 상태　サンテ　状態 상황　サンファン　状況	—

例文➡ 지금 상황은 어때요？ （今の状況はどうですか？）
　　　ジグム　サンファンウン　オッテ　ヨ

重要度 ★★★★	漢字	単語の例	日本語の訓読み
상	上	이상　イサン　以上 향상　ヒャンサン　向上 사상　ササン　史上	うえ 위 ウィ

例文➡ 한국어 실력이 향상되었어요 （韓国語の実力が向上しました）
　　　ハング　ゴ　シルリョ ギ　ヒャンサンデ　オッ ソ　ヨ

272

重要度 ★★★☆☆　日本語
Seong　Jyou
성 → ジョウ

当てずっぽうの法則
無視の法則　パッチムの法則
初声の法則
ㅅ → s ⓙ z　　ㅇ → ウ イ

重要度 ★★★☆☆	漢字	単語の例	日本語の訓読み
성	城	성문　ソンムン　城門 불야성　プリャソン　不夜城 성주　ソンジュ　城主	しろ 성 ソン

例文➡ 서울은 오늘도 불야성입니다 （ソウルは今日も不夜城です）
　　　ソウル ン　オ ヌル ド　プリャソンイム ニ　ダ

273

重要度 ★★★☆☆　日本語
Seung　Jyou
승 → ジョウ

当てずっぽうの法則
無視の法則　パッチムの法則
初声の法則
ㅅ → s ⓙ z　　ㅇ → ウ イ

重要度 ★★★☆☆	漢字	単語の例	日本語の訓読み
승	乗	승차　スンチャ　乗車 탑승　タプスン　搭乗 승무원　スンムウォン　乗務員	乗る 타다 タダ

例文➡ 그는 비행기에 탑승했습니다 （彼は飛行機に搭乗しました）
　　　グヌン　ビヘン ギ　エ　タプスンヘッスム ニ　ダ

PART 4　韓国語の漢字語を読もう〜！

ア カ サ タ ナ ハ マ・ヤ ラ・ワ

231

274

重要度 ★☆☆☆☆

잉 (Ing) → **ジョウ** (Jyou)

当てずっぽうの法則
パッチムの法則
ㅇ → ウイ

重要度 ★☆☆☆☆	漢字	単語の例		日本語の訓読み
잉	剰	과잉 グァイン	過剰	—
		잉여 インヨ	余剰	

例文 ➡ 공급 과잉으로 가격이 하락했다 （供給過剰で価格が下落した）
コングァ クァイン ウロ ガギョギ ハ ラケッタ

275

重要度 ★★★★★

장 (Jang) → **ジョウ** (Jyou)

当てずっぽうの法則
初声の法則　パッチムの法則
ㅈ → s ⓙ t(d)　ㅇ → ウイ

重要度 ★★★★★	漢字	単語の例		日本語の訓読み
장	場	장소 ジャンソ	＊場所	—
		시장 シジャン	市場	
		현장 ヒョンジャン	＊現場	

例文 ➡ 만나는 장소를 정합시다 （待ち合わせの場所を決めましょう）
マンナ ヌン ジャンソ ルル ジョンハプ シ ダ

276

重要度 ★★★★★

정 (Jeong) → **ジョウ** (Jyou)

当てずっぽうの法則
初声の法則　パッチムの法則
ㅈ → s ⓙ t(d)　ㅇ → ウイ
同音異字の法則

重要度 ★★★★☆	漢字	単語の例		日本語の訓読み
정	情	애정 エジョン	愛情	情けない
		감정 ガムジョン	感情	한심하다
		인정 インジョン	人情	ハンシマダ

例文 ➡ O형 남자의 애정 표현 （O型男性の愛情表現）
オヒョン ナムジャエ エジョン ピョヒョン

重要度 ★★★★	漢字	単語の例	日本語の訓読み
정	錠	정제 ジョンジェ 錠剤	—

例文 ➡ 비타민 C 정제 （ビタミンCの錠剤）
　　　　ビ タ ミン C ジョンジェ

277

重要度 ★★★★

Jo 　→　Jyou

조 → **ジョウ**

当てずっぽうの法則
初声の法則
ㅈ → s ⓙ t(d)

重要度 ★★★★	漢字	単語の例	日本語の訓読み
조	条	조건 ジョッコン 条件 조약 ジョヤク 条約 신조 シンジョ 信条	—

例文 ➡ 그 대신 한 가지 조건이 있어요 （その代わりに一つ条件があります）
　　　　グ デシン ハン ガ ジ ジョッコ ニ イッソ ヨ

278

重要度 ★★★

Saek 　→　Syoku

색 → **ショク**

当てずっぽうの法則
初声の法則　　バッチムの法則
ㅅ → ⓢ j z　　ㄱ → ⓚ キ

重要度 ★★★★	漢字	単語の例	日本語の訓読み
색	色	음색 ウムセク 音色 안색 アンセク 顔色 희색 ヒセク 喜色	いろ 색, 색깔 セク セッカル

➡「シキ」p203　例文 ➡ 그이 안색이 변했다 （彼の顔色が変わった）
　　　　　　　　　　　グ イ アンセギ ピョネッタ

「잉」から当てずっぽうで「剰」を導き出すのは
ちょっと難しいかも…。
そういうのも中にはあるけど、
少数派だから覚えちゃってね！

233

279

重要度 ★★★★
Sik 식 → ショク Syoku

日本語

当てずっぽうの法則
初声の法則: ㅅ → ⓢ jz
パッチムの法則: ㄱ → ⓚ キ
同音異字の法則

重要度	漢字	単語の例	日本語の訓読み
★★★☆☆ 식	飾	장식 ジャンシク 装飾 허식 ホシク 虚飾 분식 ブンシク 粉飾	飾る 장식하다, 꾸미다 ジャンシ カ ダ ックミ ダ

例文 → 그 시계는 장식용입니다 (その時計は装飾用です)
　　　グ　シ ゲヌン ジャンシンニョンイム ニ ダ

重要度	漢字	単語の例	日本語の訓読み
★★★★☆ 식	植	식물 シンムル 植物 이식 イシク 移植 식수 シクス 植樹	植える 심다 シム タ

例文 → 그는 식물학자가 되었다 (彼は植物学者になった)
　　　グ ヌン シンムルハクチャガ　テオッタ

重要度	漢字	単語の例	日本語の訓読み
★★★★★ 식	食	식사 シクサ 食事 식당 シクタン 食堂 외식 ウェシク 外食	食べる 먹다 モクタ

例文 → 식사하러 갑시다 (食事しに行きましょう)
　　　シクサ ハ ロ ガプシダ

280

重要度 ★★★★
Jik 직 → ショク Syoku

日本語

当てずっぽうの法則
初声の法則: ㅈ → ⓢ z t(d)
パッチムの法則: ㄱ → ⓚ キ
同音異字の法則

重要度	漢字	単語の例	日本語の訓読み
★★★☆☆ 직	織	방직 バンジク 紡織 조직 ジョジク *組織 조직적 ジョジクチョク *組織的	織る 짜다 ッチャ ダ

例文 → 내년에 조직개편을 합니다 (来年に組織改編をします)
　　　ネニョネ ジョジッケピョヌル ハム ニ ダ

重要度	★★★★☆	漢字	単語の例		日本語の訓読み
직		職	직장	ジクチャン 職場	—
			직원	ジグォン 職員	
			구직	グジク 求職	

例文 ○○는 꿈의 직장입니다 (○○は夢の職場です)
○○ヌン ックメ ジクチャンイムニダ

281

重要度 ★★★★★ 日本語

신 → **シン**

当てずっぽうの法則
初声の法則　ㅅ → s j z
バッチムの法則　ㄴㅁ → ン
母音　ㅣ → i
同音異字の法則

重要度	★★☆☆☆	漢字	単語の例		日本語の訓読み
신		伸	신축	シンチュク 伸縮	伸びる
			추신	チュシン 追伸	늘어나다, 신장하다
					ヌロナダ シンジャンハダ

例文 이 옷은 신축성이 좋습니다 (この洋服は伸縮性がいいです)
イ オスン シンチュクソン イ ジョッスムニダ

重要度	★★★★★	漢字	単語の例		日本語の訓読み
신		信	신앙	シナン 信仰	信じる
			자신	ジャシン 自信	믿다
			신용	シニョン 信用	ミッタ

例文 그는 신용받고 승진했다 (彼は信用されて昇進した)
グヌン シニョンパッコ スンジネッタ

重要度	★★☆☆☆	漢字	単語の例		日本語の訓読み
신		娠	임신	イムシン 妊娠	—

例文 아내가 임신했습니다 (家内が妊娠しました)
アネガ イムシネッスムニダ

重要度	★★★★★	漢字	単語の例		日本語の訓読み
신		新	최신	チェシン 最新	新しい
			신문	シンムン 新聞	새롭다
			신선	シンソン 新鮮	セロプタ

例文 이것은 최신 모델입니다 (これは最新モデルです)
イ ゴスン チェシン モ デリムニダ

重要度	★★★★★	漢字	単語の例		日本語の訓読み
신		申	신청 シンチョン 申請 신고 シンゴ 申告 상신 サンシン 上申		申し上げる 말씀드리다 マルスムドゥリ ダ
例文 →	어제 소득세를 신고했습니다　（昨日所得税を申告しました） オジェ ソドゥク セルル シンゴ ヘッスム ニ ダ				

重要度	★★★★★	漢字	単語の例		日本語の訓読み
신		神	신화 シヌァ 神話 정신 ジョンシン 精神 신경 シンギョン 神経		かみ 신 シン
例文 →	그의 정신 연령은 낮아요　（彼の精神年齢は低いです） グ エ ジョンシン ニョルリョンウン ナ ジャヨ				

重要度	★★★★★	漢字	単語の例		日本語の訓読み
신		身	자신 ジャシン 自身 출신 チュルシン 出身 신장 シンジャン 身長		み 몸 モム
例文 →	저는 오사카 출신입니다　（私は大阪出身です） ジョヌン オ サカ チュルシニムニ ダ				

282

重要度 ★★★★

Sim 심 → シン Sin

当てずっぽうの法則
- 初声の法則: ㅅ → s / j z
- バッチムの法則: ㄴ ㅁ → ン
- 母音: ㅣ → i
- 同音異字の法則

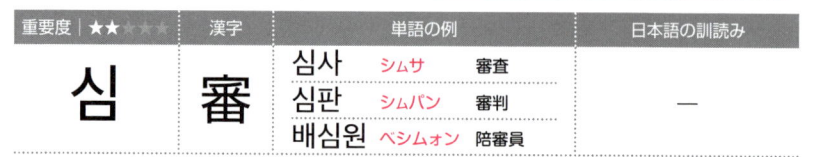

重要度	★★★★★	漢字	単語の例		日本語の訓読み
심		審	심사 シムサ 審査 심판 シムパン 審判 배심원 ペシムォン 陪審員		―
例文 →	그는 심사위원이 되었습니다　（彼は審査委員になりました） グヌン シム サ ウィウォニ デオッスム ニ ダ				

重要度	★★★★★	漢字	単語の例		日本語の訓読み
심		心	결심 ギョルシム 決心 효심 ヒョシム 孝心 심장 シムジャン 心臓		こころ 마음 マ ウム
例文 →	사랑은 결심입니다　（愛は決心です） サランウン ギョルシ ミムニ ダ				

重要度 ★★★	漢字	単語の例		日本語の訓読み
심	深	심야 シミャ 심각 シムガク 심려 シムニョ	深夜 深刻 深慮	深い 깊다 ギフタ

例文➡ 심야버스를 타고 갑니다 （深夜バスに乗って行きます）
シミャボ スルル タゴ ガムニダ

283

重要度 ★★★★

Jin 진 → **Sin** シン

当てずっぽうの法則
- 無視の法則
- 初声の法則　ㅈ → Ⓢ z t(d)
- 母音　ㅣ → i
- パッチムの法則　ㄴ ㅁ → ン
- 同音異字の法則

重要度 ★★★★	漢字	単語の例		日本語の訓読み
진	進	진행 ジネン 진출 ジンチュル 직진 ジクチン	進行 進出 直進	進む 나아가다 ナアガダ

例文➡ 직진해 주세요 （直進してください）
ジクチネ ジュセヨ

重要度 ★★	漢字	単語の例		日本語の訓読み
진	震	지진 ジジン 진도 ジンド 진동 ジンドン	地震 震度 震動	震える 떨리다, 흔들리다 ットゥリダ フンドゥルリダ

例文➡ 지진은 정말 무서워요 （地震は本当に怖いです）
ジ ジ ヌン ジョンマル ム ソ ウォ ヨ

284

重要度 ★★★★

Chin 친 → **Sin** シン

当てずっぽうの法則
- 初声の法則　ㅊ → Ⓢ ch j
- 母音　ㅣ → i
- パッチムの法則　ㄴ ㅁ → ン

重要度 ★★★★	漢字	単語の例		日本語の訓読み
친	親	친절 チンジョル 양친 ヤンチン 친선 チンソン	親切 両親 親善	おや 부모 プモ

例文➡ 일본 사람은 친절합니다 （日本人は親切です）
イルボン サラムン チンジョラムニダ

PART 4　韓国語の漢字語を読もう〜！

237

285 침 → シン

重要度 ★★★ 　日本語
Chim → Sin

当てずっぽうの法則
- 初声の法則: ㅊ → s ch j
- 母音: ㅣ → i
- パッチムの法則: ㄴㅁ → ン
- 同音異字の法則

침 / 侵 （重要度 ★★★）

単語の例	日本語の訓読み
침략　チムニャク　侵略	侵す
침입　チミプ　侵入	침범하다
침식　チムシク　侵食	チムボマダ

例文 ➡ 그 전쟁은 침략전쟁입니다 （その戦争は侵略戦争です）
グ ジョンジェンウン チム ニャクチョンジェンイム ニ ダ

침 / 寝 （重要度 ★★）

単語の例	日本語の訓読み
침실　チムシル　寝室	寝る
침식　チムシク　寝食	자다
취침　チュイチム　就寝	ジャダ

例文 ➡ 부부의 침실 （夫婦の寝室）
ブ ブ エ チムシル

침 / 浸 （重要度 ★★）

単語の例	日本語の訓読み
침수　チムス　浸水	浸す
침투　チムトゥ　浸透	적시다
침식　チムシク　浸食	ジョクシダ

例文 ➡ 침투압이 발생하는 원인 （浸透圧が発生する原因）
チム トゥ ア ビ パルセン ハ ヌン ウォニン

침 / 針 （重要度 ★★）

単語の例	日本語の訓読み
방침　パンチム　方針	はり
지침　ジチム　指針	바늘
	パ ヌル

例文 ➡ 회사의 방침을 정했습니다 （会社の方針を決めました）
フェ サ エ パン チ ムル チョンヘッスム ニ ダ

「침」の「侵、寝、浸」は漢字の形が似ているね。
ここの単語例にも、同音異義語が入っているね〜。

286

重要度 ★★★☆☆ | 日本語

신 (Sin) → **ジン** (Jin)

当てずっぽうの法則
- 無視の法則
- 初声の法則: ㅅ → s/j/z
- 母音: ㅣ → i
- パッチムの法則: ㄴㅁ → ン
- 同音異字の法則

重要度 ★★☆☆☆

漢字	単語の例	日本語の訓読み
신 腎	신장 シンジャン 腎臓 신장염 シンジャンニョム 腎臓炎 신부전 シンブジョン 腎不全	―

例文 ➡ 신장염이 나았습니다 (腎臓炎が治りました)
　　　 シンジャンニョミ　ナ アッスム ニ ダ

重要度 ★★★☆☆

漢字	単語の例	日本語の訓読み
신 迅	신속 シンソク 迅速 신속성 シンソクソン 迅速性	―

例文 ➡ 신속한 대응에 감사드립니다 (迅速な対応に感謝いたします)
　　　 シンソ カン デウン エ ガム サ ドゥリム ニ ダ

287

重要度 ★★★★★ | 日本語

인 (In) → **ジン** (Jin)

当てずっぽうの法則
- パッチムの法則: ㄴㅁ → ン
- 母音: ㅣ → i
- 同音異字の法則

重要度 ★★★★☆

漢字	単語の例	日本語の訓読み
인 人	애인 エイン 愛人 인생 インセン 人生 인격 インキョク 人格	ひと 사람, 인간 サラム　インガン

➡「ニン」p313　例文 ➡ 제 애인은 한국 사람입니다 (私の愛人〈恋人〉は韓国人です)
　　　　　　　　　　 ジェ エ イ ヌン ハングク サ ラ ミム ニ ダ

重要度 ★★★★☆

漢字	単語の例	日本語の訓読み
인 仁	인심 インシム 仁心 인덕 インドク 仁徳 인천 インチョン 仁川	―

例文 ➡ 인천국제공항 (仁川国際空港)
　　　 インチョングクチェ ゴン ハン

PART 4　韓国語の漢字語を読もう〜！

239

288

重要度 ★★★☆☆

日本語

도 (Do) → **ズ** (Zu)

当てずっぽうの法則

重要度	漢字	単語の例		関連語
★★★☆☆ 도	図	지도 ジド / 도표 ドピョ / 도면 ドミョン	地図 / 図表 / 図面	ず 도형, 도면, 그림 ドヒョン ドミョン グリム

➡「ト」p296 例文 ➡ 한국 지도 있어요？ （韓国の地図ありますか？）
ハングク チ ド イッソ ヨ

289

重要度 ★★★★★

日本語

수 (Su) → **スイ** (Sui)

当てずっぽうの法則
初声の法則
ㅅ → Ⓢ j z
同音異字の法則

重要度	漢字	単語の例		日本語の訓読み
★★★★☆ 수	水	향수 ヒャンス / 수영 スヨン / 수요일 スヨイル	香水 / 水泳 / 水曜日	みず 물 ムル

例文 ➡ 오늘은 수요일입니다 （今日は水曜日です）
オ ヌルン ス ヨ イ リムニ ダ

重要度	漢字	単語の例		日本語の訓読み
★★☆☆☆ 수	遂	수행 スヘン / 완수 ワンス	遂行 / 完遂	遂げる 이루다 イ ル ダ

例文 ➡ 그는 자기 임무를 수행했다 （彼は自分の任務を遂行した）
グヌン ジャ ギ イム ム ルル ス ヘンヘッタ

スポーツの名称

サッカー（蹴球）　　축구 チュック
バスケットボール（籠球）　농구 ノング
バレーボール（排球）　배구 ペグ

音をそのままハングルで表したものもあるけど、漢字語のものも結構あるよ！

290

重要度 ★★★★☆ | 日本語 | 当てずっぽうの法則

Su 수 → Suu スウ

初声の法則：ㅅ → ⓢ j z
母音：ㅜ → u

重要度	漢字	単語の例			日本語の訓読み
★★★★☆ 수	数	수학	スハク	数学	かず 수 ス
		소수	ソス	少数	
		수량	スリャン	数量	

例文 ➡ 수학은 어려워요 （数学は難しいです）
　　　ス ハ グン オリョウォヨ

291

重要度 ★★☆☆☆ | 日本語 | 当てずっぽうの法則

Chon 촌 → Sun スン

初声の法則：ㅊ → ⓢ ch j
パッチムの法則：ㄴㅁ → ン

重要度	漢字	単語の例			関連語
★★☆☆☆ 촌	寸	삼촌	サムチョン	三寸	すん 길이, 치수 ギリ チス
		촌각	チョンガク	寸刻	
		촌평	チョンピョン	寸評	

例文 ➡ 촌각을 다투는 사태 （寸刻を争う事態）
　　　チョンガ グル ダトゥヌン サテ

292

重要度 ★★★★☆ | 日本語 | 当てずっぽうの法則

Se 세 → Se セ

初声の法則：ㅅ → ⓢ j z
母音：ㅔ → e

重要度	漢字	単語の例			関連語
★★★★☆ 세	世	세계	セゲ	世界	世の中 세상 セサン
		출세	チュルセ	出世	
		세대	セデ	世代	

例文 ➡ 세계 여행을 가고 싶어요 （世界旅行を〈に〉行きたいです）
　　　セゲ ヨヘンウル ガゴ シポヨ

PART 4 韓国語の漢字語を読もう〜！

アカサタナハマ・ヤラ・ワ

293

重要度 ★★★★

日本語

생 (Saeng) → **セイ** (Sin)

当てずっぽうの法則
- 初声の法則: ㅅ → ⓢ j z
- パッチムの法則: ㅇ → ウ イ
- 同音異字の法則

重要度	漢字	単語の例	日本語の訓読み
★★★★	생 / 生	생명 センミョン 生命 생활 センファル 生活 학생 ハクセン 学生	なま 生 セン

➡「ショウ」p225

例文 ➡ 소중한 생명을 지킵시다 (大切な生命を守りましょう)
ソジュンハン センミョンウル ジキプシ ダ

重要度	漢字	単語の例	日本語の訓読み
★☆☆☆☆	생 / 牲	희생 ヒセン 犠牲	―

例文 ➡ 자기를 희생했습니다 (自分を犠牲にしました)
ジャギルル ヒセンヘッスムニ ダ

294

重要度 ★★★★

日本語

서 (Seo) → **セイ** (Sei)

当てずっぽうの法則
- 初声の法則: ㅅ → ⓢ j z
- 母音: ㅓ → e
- 同音異字の法則

重要度	漢字	単語の例	日本語の訓読み
★★★★	서 / 西	서력 ソリョク 西暦 서구 ソグ 西欧 서구 ソグ *西口	にし 서쪽 ソッチョク

➡「サイ」p185

例文 ➡ 서력 (서기) 2000년 (西暦 2000 年)
ソリョク (ソ ギ) イ チョンニョン

重要度	漢字	単語の例	日本語の訓読み
★★★★	서 / 誓	서약서 ソヤクソ 誓約書 선서 ソンソ 宣誓	誓う 맹세하다 メンセハ ダ

例文 ➡ 저희들은 선서했습니다 (私たちは宣誓しました)
ジョヒ ドゥルン ソン ソヘッスムニ ダ

295

重要度 | ★★★★★
Seong
성 → **セイ** Sei

日本語

当てずっぽうの法則

初声の法則: ㅅ → ⓢ j z
パッチムの法則: ㅇ → ウ ⓘ
母音: ㅓ → e
同音異字の法則

重要度 | ★★★★★ | 漢字: **性**

単語の例			日本語の訓読み
이성	イソン	異性	—
성격	ソンキョク	性格	
남성	ナムソン	男性	

➡「ショウ」p226

例文 ➡ 그는 성격이 나빠요 (彼は性格が悪いです)
グ ヌン ソンキョギ ナッパ ヨ

重要度 | ★★★★☆ | 漢字: **姓**

単語の例			日本語の訓読み
성명	ソンミョン	姓名	—
동성동명	ドンソンドンミョン	同姓同名	

例文 ➡ 여기에 성명을 써 주세요 (ここに姓名を書いてください)
ヨ ギ エ ソンミョンウル ッソ ジュセ ヨ

重要度 | ★★★★★ | 漢字: **成**

単語の例			日本語の訓読み
성공	ソンゴン	成功	成る
성과	ソンックァ	成果	되다, 이루어지다
성인	ソンイン	成人	デダ イルオジダ

例文 ➡ 실패는 성공의 어머니입니다 (失敗は成功の母です)
シルペ ヌン ソンゴンエ オ モ ニ イムニ ダ

重要度 | ★★★☆☆ | 漢字: **星**

単語の例			日本語の訓読み
위성	ウィソン	衛星	ほし
혜성	ヘソン	彗星	별
금성	グムソン	金星	ビョル

例文 ➡ 위성방송용 안테나 (衛星放送用のアンテナ)
ウィソン バン ソンヨン アン テ ナ

重要度 | ★★★☆☆ | 漢字: **聖**

単語の例			日本語の訓読み
성서	ソンソ	聖書	—
성인	ソンイン	聖人	
신성	シンソン	神聖	

例文 ➡ 성서를 읽은 적이 있어요? (聖書を読んだことがありますか)
ソン ソルル イルグン ジョギ イッソ ヨ

PART 4 韓国語の漢字語を読もう〜!

重要度	★★★★☆	漢字	単語の例		日本語の訓読み
성	声	음성	ウムソン	音声	こえ
		성우	ソンウ	声優	목소리
		성명	ソンミョン	声明	モクソリ

例文➡ 음성 인식 기능이 있습니다　（音声認識機能があります）
ウムソン インシッ キ ヌン イ イッスムニ ダ

296　Jeong → Sei　정 → セイ

当てずっぽうの法則
- 初声の法則：ㅈ → s／z t(d)
- パッチムの法則：ㅇ → ウ イ
- 母音：ㅓ → e
- 同音異字の法則

重要度	★★★★★	漢字	単語の例		日本語の訓読み
정	正	정확	ジョンファク	正確	正しい
		부정	ブジョン	不正	바르다
		정의	ジョンイ	正義	バルダ

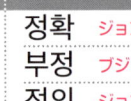

例文➡ 그는 시계처럼 정확합니다　（彼は時計のように正確です）
グヌン シ ゲチョロム ジョンファカムニ ダ

重要度	★★★★☆	漢字	単語の例		日本語の訓読み
정	政	정치	ジョンチ	政治	—
		정부	ジョンブ	政府	
		정권	ジョンクォン	政権	

例文➡ 저는 정치에 관심이 없어요　（私は政治に関心が無いです）
ジョヌン ジョンチ エ クァン シ ミ オプソ ヨ

重要度	★★★★☆	漢字	単語の例		日本語の訓読み
정	整	정리	ジョンニ	整理	整える
		정비	ジョンビ	整備	조정하다, 정돈하다
		조정	ジョジョン	調整	ジョジョンハ ダ ジョンド ナ ダ

例文➡ 서랍을 정리해 주세요　（引き出しを整理してください）
ソ ラ ブル ジョン ニ ヘ ジュ セ ヨ

重要度	★★★☆☆	漢字	単語の例		日本語の訓読み
정	精	정신	ジョンシン	精神	—
		정산	ジョンサン	精算	
		정밀	ジョンミル	精密	

例文➡ 정신은 육체를 지배합니다　（精神は肉体を支配します）
ジョン シ ヌン ユクチェルル ジ ベ ハムニ ダ

重要度 ★★	漢字	単語の例	日本語の訓読み
정	静	안정 アンジョン 安静 냉정 ネンジョン 冷静 정숙 ジョンスㇰ 静粛	静かだ 조용하다 ジョヨンハダ

例文 → 냉정하게 판단해 주세요 （冷静に判断してください）
ネンジョンハゲ パンダネ ジュセヨ

297

重要度 ★★★★

Je **제** → Sei **セイ**

当てずっぽうの法則
初声の法則 ㅈ → ⓢ z t(d)
母音 ㅔ → e
同音異字の法則

重要度 ★★★★	漢字	単語の例	関連語
제	制	강제적 ガンジェジョㇰ 強制的 규제 ギュジェ 規制 제도 ジェド 制度	制する 제압하다, 누르다 ジェアパダ ヌルダ

例文 → PC를 강제 종료했습니다 （PCを強制終了しました）
ＰＣルル ガンジェ ジョンニョヘッスムニダ

重要度 ★★★★	漢字	単語の例	日本語の訓読み
제	製	제작 ジェジャㇰ 製作 제조 ジェジョ 製造 제품 ジェプㇺ 製品	—

例文 → 새로운 제품을 개발했습니다 （新しい製品を開発しました）
セロウン ジェプムル ゲバレッスムニダ

298

重要度 ★★★★

Cheong **청** → Sei **セイ**

当てずっぽうの法則
初声の法則 ㅊ → ⓢ ch j
パッチムの法則 ㅇ → ウ ㇰ
母音 ㅓ → e
同音異字の法則

重要度 ★★	漢字	単語の例	日本語の訓読み
청	晴	쾌청 クェチョン 快晴 청천 チョンチョン 晴天	—

例文 → 날씨가 쾌청하네요 （天気が快晴ですね）
ナルシガ クェチョンハネヨ

PART 4 韓国語の漢字語を読もう〜！

245

重要度 ★★★★	漢字	単語の例			日本語の訓読み
청	清	청소	チョンソ	清掃	清い
		청순	チョンスン	清純	清らか
		청주	チョンジュ	清酒	マクタ

例文 ➡ 깨끗하게 청소해 주세요 （キレイに清掃してください）
ッケック タゲ チョンソ ヘ ジュセヨ

重要度 ★★★	漢字	単語の例			日本語の訓読み
청	青	청년	チョンニョン	青年	青い
		청소년	チョンソニョン	青少年	파랗다
		청색	チョンセク	*青色	パラタ

例文 ➡ 청소년을 위한 음악회 （青少年のための音楽会）
チョン ニョヌル ウィハン ウ マ ケ

重要度 ★★	漢字	単語の例			日本語の訓読み
청	請	요청	ヨチョン	要請	—
		청구	チョング	請求	
		하청	ハチョン	*下請	

例文 ➡ 정부에 지원을 요청했습니다 （政府に支援を要請しました）
ジョンブ エ ジウォヌル ヨチョンヘッスム ニ ダ

299

重要度 ★★★　日本語
Se → Zei
세 → ゼイ

当てずっぽうの法則
無視の法則
初声の法則
ㅅ → s j (z)
母音
ㅔ → e

重要度 ★★★	漢字	単語の例			日本語の訓読み
세	税	세금	セグム	税金	—
		세무서	セムソ	税務署	
		탈세	タルセ	脱税	

例文 ➡ 세금에 관해서 질문이 있어요 （税金について質問があります）
セグ メ グァネソ ジルム ニ イッソ ヨ

日本語読みが「セイ」の漢字は、
242ページ「생」の「生、牲」、243ページ「성」の「性、姓」、
244ページ「정」の「正、政、整」「精、静」、
245ページ「제」の「制、製」と「청」の「晴、清、青、請」、
それぞれ似た形のものが多いね！

300

重要度 ★★★★

Seok **석** → Seki **セキ**

当てずっぽうの法則
- 初声の法則: ㅅ → ⓢ j z
- パッチムの法則: ㄱ → ク ㉕
- 母音: ㅓ → e
- 同音異字の法則

重要度	漢字	単語の例		関連語
★★★★	석 席	출석 결석 즉석	チュルソク 出席 ギョルソク 欠席 ジュクソク 即席	せき 자리 ジャリ

例文 ➡ 그는 회의에 출석하였다　(彼は会議に出席した)
　　　　　グヌン フェイエ チュルソ カヨッタ

重要度	漢字	単語の例		日本語の訓読み
★☆☆☆☆	석 夕	조석 칠석 석간	ジョソク 朝夕 チルソク *七夕 ソッカン *夕刊	ゆう 저녁 ジョニョク

例文 ➡ 칠석에 비가 오지 않았어요　(七夕に雨が降りませんでした)
　　　　　チルソゲ ビガ オジ アナッソヨ

重要度	漢字	単語の例		日本語の訓読み
★★★★★	석 石	석유 석탄 운석	ソギュ 石油 ソクタン 石炭 ウンソク 隕石	いし 돌 ドル

例文 ➡ 우리 나라는 석유를 수입하고 있습니다　(わが国は石油を輸入しています)
　　　　　ウリ ナラヌン ソギュルル スイパゴ イッスムニダ

301

重要度 ★★★★

Jeok **적** → Seki **セキ**

当てずっぽうの法則
- 初声の法則: ㅈ → ⓢ z t(d)
- パッチムの法則: ㄱ → ク ㉕
- 母音: ㅓ → e
- 同音異字の法則

重要度	漢字	単語の例		日本語の訓読み
★★★☆☆	적 積	면적 축적 견적	ミョンジョク 面積 チュクチョク 蓄積 ギョンジョク *見積	積む 쌓다 ッサタ

例文 ➡ 견적서를 부탁합니다　(見積書をお願いします)
　　　　　ギョンジョクソルル プタカムニダ

PART 4　韓国語の漢字語を読もう〜！

247

重要度 ★★★★	漢字	単語の例		日本語の訓読み
적	籍	본적 ボンジョク / 호적 ホジョク / 국적 グクチョク	本籍 / 戸籍 / 国籍	—

例文 ➡ 당신의 국적은 어디입니까 ? （あなたの国籍はどこですか）
タン シ ネ グクチョグン オディイムニッカ

重要度 ★★★	漢字	単語の例		日本語の訓読み
적	赤	적도 ジョクト / 적혈구 ジョキョルグ / 적자 ジョクチャ	赤道 / 赤血球 / *赤字	赤い / 빨갛다 ッパル ガ タ

例文 ➡ 이번달에는 무역적자를 기록하였다 （今月は貿易赤字を記録した）
イボン タ レ ヌン ム ヨクチョクチャ ル ル キ ロ カ ヨッタ

重要度 ★★★	漢字	単語の例		日本語の訓読み
적	跡	기적 ギジョク / 유적 ユジョク / 추적 チュジョク	奇跡 / 遺跡 / 追跡	あと / 흔적 フンジョク

例文 ➡ 기적은 반드시 일어납니다 （奇跡は必ず起きます）
ギジョグン バンドゥシ イ ロ ナムニ ダ

302

重要度 ★★★★

Chaek 책 → **Seki** セキ

当てずっぽうの法則
初声の法則: ㅊ → ⓢ ch j
パッチムの法則: ㄱ → ク ㋖

重要度 ★★★★	漢字	単語の例		日本語の訓読み
책	責	책임 チェギム / 무책임 ムチェギム / 책무 チェンム	責任 / 無責任 / 責務	責める / 나무라다 ナムラ ダ

例文 ➡ 개인적으로 책임지겠습니다 （個人的に責任をとります）
ゲインジョグ ロ チェギム ジ ゲッスムニ ダ

303

重要度 ★★★★

Seol 설 → **Setsu** セツ

当てずっぽうの法則
初声の法則: ㅅ → ⓢ j z
パッチムの法則: ㄹ → ㋡ チ
母音: ㅓ → e
同音異字の法則

248

重要度	★★★★	漢字	単語の例		日本語の訓読み
설		設	설비 ソルビ	設備	設ける
			설치 ソルチ	設置	마련하다, 설치하다
			설립 ソルリプ	設立	マリョナダ ソルチハダ

例文 ➡ 에어콘을 설치했습니다　（エアコンを設置しました）
　　　エオコヌル ソルチ ヘッスムニ ダ

重要度	★★★	漢字	単語の例		日本語の訓読み
설		雪	대설 デソル	*大雪	ゆき
			설욕 ソリョク	雪辱	눈
			설원 ソルォン	雪原	ヌン

例文 ➡ 대설주의보가 발령되었습니다　（大雪注意報が発令されました）
　　　デソルチュイボガ　バルリョンデオッスムニ ダ

重要度	★★★★	漢字	単語の例		日本語の訓読み
설		説	설명 ソルミョン	説明	説く
			소설 ソソル	小説	말하다, 설명하다
			전설 ジョンソル	伝説	マラダ ソルミョンハダ

例文 ➡ 제대로 설명해 주세요　（きちんと説明してください）
　　　ジェデロ ソルミョンヘ ジュセヨ

304

重要度 ★★★★　　**日本語**　　**当てずっぽうの法則**

Jeol → Setsu

절 → セツ

初声の法則: ㅈ → s z t(d)
バッチムの法則: ㄹ → ッチ
母音: ㅓ → e
同音異字の法則

重要度	★★★★	漢字	単語の例		日本語の訓読み
절		切	적절 ジョクチョル	適切	切る
			절단 ジョルタン	切断	끊다, 자르다
					ックンタ ジャルダ

例文 ➡ 그는 적절한 조치를 했다　（彼は適切な措置をとった）
　　　グヌン ジョクチョラン ジョチルル ヘッタ

重要度	★★★★	漢字	単語の例		日本語の訓読み
절		折	좌절 ジュアジョル	挫折	折れる
			골절 ゴルチョル	骨折	접히다, 꺾어지다
			우여곡절 ウヨゴクチョル	紆余曲折	ジョピダ ッコッコジダ

例文 ➡ 그 동안 우여곡절이 있었습니다　（その間、紆余曲折がありました）
　　　グドンアン ウヨゴクチョリ イッソッスムニ ダ

249

重要度 ★★★★	漢字	単語の例			日本語の訓読み
절	節	절약	ジョリャク	節約	—
		절전	ジョルチョン	節電	
		조절	ジョジョル	調節	

例文 ➡ 전기를 절약합시다　（電気を節約しましょう）
ジョンギ ルル ジョリャ カプ シ ダ

305

重要度 ★★★★

日本語

Jeop 접 → セツ Setsu

当てずっぽうの法則

初声の法則　ㅈ → ⓢ z t(d)
バッチムの法則　ㅂ → ⓣ ウ
母音　ㅓ → e

重要度 ★★★★	漢字	単語の例			関連語
접	接	면접	ミョンジョプ	面接	接する
		직접	ジクチョプ	直接	접하다
		접대	ジョプテ	接待	ジョパ ダ

例文 ➡ 제가 직접 만들었습니다　（私が直接作りました）
ジェ ガ ジクチョン マンドゥロッスム ニ ダ

306

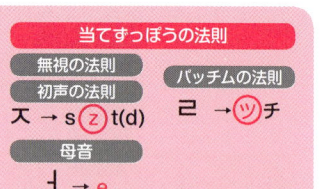

重要度 ★★★

日本語

Jeol 절 → ゼツ Zetsu

当てずっぽうの法則

無視の法則
初声の法則　ㅈ → s ⓩ t(d)
バッチムの法則　ㄹ → ⓣ チ
母音　ㅓ → e

重要度 ★★★	漢字	単語の例			日本語の訓読み
절	絶	절망	ジョルマン	絶望	絶える
		절대	ジョルテ	絶対	끊어지다
		거절	ゴジョル	拒絶	ックノジ ダ

例文 ➡ 그것은 절대 반대합니다　（それは絶対反対します）
グ ゴ スン ジョルテ バン デ ハム ニ ダ

「宣（선）」の単語例「宣布」は、普段あまり聞かない言葉かな。韓国語でよく使う漢字語が、日本でもよく使われているとはかぎらないよね。日本語の熟語の意味も、わからないものはすぐに調べるくせをつけよう。

307

重要度 ★★★★★

Seon **선** → Sen **セン**

日本語

当てずっぽうの法則

初声の法則: ㅅ → s j z
パッチムの法則: ㄴ → ン
母音: ㅓ → e
同音異字の法則

重要度 ★★★★★	漢字	単語の例			日本語の訓読み
선	**先**	선생	ソンセン	先生	さっき
		선배	ソンベ	先輩	아까
		우선	ウソン	優先	アッカ

例文 ➡ 한국어 선생님 （韓国語の先生）
ハング ゴ ソンセンニム

重要度 ★★☆☆☆	漢字	単語の例			日本語の訓読み
선	**宣**	선언	ソノン	宣言	—
		선포	ソンポ	宣布	
		선전	ソンジョン	宣伝	

例文 ➡ 그는 금연을 선언했습니다 （彼は禁煙を宣言しました）
グヌン グミョヌル ソノネッスムニダ

重要度 ★☆☆☆☆	漢字	単語の例			日本語の訓読み
선	**扇**	선풍기	ソンプンギ	扇風機	あおぐ
		선동	ソンドン	扇動	부채질하다
					プジェジラダ

例文 ➡ 선풍기를 사고 싶어요 （扇風機を買いたいです）
ソンプンギルル サゴ シポヨ

重要度 ★★★★★	漢字	単語の例			日本語の訓読み
선	**線**	노선	ノソン	路線	—
		선로	ソルロ	線路	
		일호선	イロソン	一号線	

例文 ➡ 노선버스의 정류장 （路線バスの停留場）
ノソン ボス エ ジョンニュジャン

重要度 ★★★☆☆	漢字	単語の例			日本語の訓読み
선	**船**	선박	ソンバク	船舶	ふね
		선장	ソンジャン	船長	배
		선원	ソヌォン	船員	ベ

例文 ➡ 그는 선원이 되었다 （彼は船員になった）
グヌン ソヌォニ デオッタ

PART 4 韓国語の漢字語を読もう〜！

重要度 ★★★★	漢字	単語の例	日本語の訓読み
선	選	선수　ソンス　選手 선거　ソンゴ　選挙 선택　ソンテゥ　選択	選ぶ 고르다, 뽑다 ゴ ル ダ ッポプ タ

例文➡ 그는 대통령 선거에 출마했습니다　（彼は大統領選挙に出馬しました）
　　　 グ ヌン デトンニョン ソン ゴ エ チュルマ ヘッスム ニ ダ

重要度 ★★★★	漢字	単語の例	日本語の訓読み
선	鮮	조선　ジョソン　朝鮮 신선　シンソン　新鮮 선명　ソンミョン　鮮明	鮮やかだ 선명하다 ソンミョンハ ダ

例文➡ 조선시대에 한글이 만들어졌습니다　（朝鮮時代にハングルがつくられました）
　　　 ジョソン シ デ エ ハングリ マンドゥロ ジョッスム ニ ダ

308

重要度 ★★★　日本語

Jeon 전 → Sen セン

当てずっぽうの法則
- 初声の法則：ㅈ → s z t(d)
- バッチムの法則：ㄴ ㅁ → ン
- 母音：ㅓ → e
- 同音異字の法則

重要度 ★★★★	漢字	単語の例	日本語の訓読み
전	專	전문가　ジョンムンガ　専門家 전념　ジョンニョム　専念 전업주부　ジョノプチュブ　専業主婦	専ら 오로지 オ ロ ジ

例文➡ 그녀는 공부에 전념했습니다　（彼女は勉強に専念しました）
　　　 グ ニョヌン コンブ エ ジョンニョメッスム ニ ダ

重要度 ★★★★	漢字	単語の例	日本語の訓読み
전	戰	전쟁　ジョンジェン　戦争 전투　ジョントゥ　戦闘 작전　ジャクチョン　作戦	戦う 싸우다 ッサウ ダ

例文➡ 전쟁과 평화　（戦争と平和）
　　　 ジョンジェングァ ピョンファ

重要度 ★★★★	漢字	単語の例	日本語の訓読み
전	錢	금전　グムジョン　金銭 동전　ドンジョン　銅銭 무전　ムジョン　無銭	ぜに 동전, 돈 ドンジョン ドン

例文➡ 그는 무전 여행에 성공했다　（彼は無銭旅行に成功した）
　　　 グ ヌン ムジョン ニョヘン エ ソンゴンヘッタ

309

重要度 ★★★

Jeom **점** → Sen **セン**

日本語

当てずっぽうの法則
- 初声の法則: ㅈ → ⓢ z t(d)
- パッチムの法則: ㄴ ㅁ → ン
- 母音: ㅓ → e

重要度	漢字	単語の例		日本語の訓読み
★★★★ ☆		독점 ドクチョム 独占		占う
점	占	점유율 ジョミュユル 占有率		점치다
		점령 ジョムニョン 占領		ジョム チ ダ

例文 ➡ 그 회사는 시장을 독점하였다 （その会社は市場を独占した）
グ フェ サ ヌン シ ジャンウル ドクチョ マ ヨッタ

310

重要度 ★★★★

Cheon **천** → Sen **セン**

日本語

当てずっぽうの法則
- 初声の法則: ㅊ → ⓢ ch j
- パッチムの法則: ㄴ ㅁ → ン
- 母音: ㅓ → e
- 同音異字の法則

重要度	漢字	単語の例		日本語の訓読み
★★★★ ☆		온천 オンチョン 温泉		いずみ
천	泉	온천수 オンチョンス 温泉水		샘
		원천 ウォンチョン 源泉		セム

例文 ➡ 일본은 온천 천국입니다 （日本は温泉天国です）
イル ボ ヌン オンチョン チョン グ ギム ニ ダ

重要度	漢字	単語の例		日本語の訓読み
★★☆☆☆		산천초목 サンチョンチョモク 山川草木		かわ
천	川	하천 ハチョン 河川		강
				ガン

例文 ➡ 일본의 삼대 하천 （日本の三大河川）
イル ボネ サム デ ハ チョン

重要度	漢字	単語の例		日本語の訓読み
★★★★ ☆		천 년 チョンニョン 千年		—
천	千	천차만별 チョンチャマンビョル 千差万別		
		일확천금 イルァクチョングム 一攫千金		

例文 ➡ 사람의 성격은 천차만별입니다 （人の性格は千差万別です）
サ ラ メ ソンキョグン チョンチャ マン ビョリム ニ ダ

重要度 ★★★★★	漢字	単語の例	日本語の訓読み
천	践	실천 シルチョン 実践	—

例文 ➡ 뭐든지 실천이 중요합니다 （何でも実践が重要です）
ムォドゥンジ シルチョ ニ ジュン ヨ ハム ニ ダ

重要度 ★★★★★	漢字	単語の例	日本語の訓読み
천	遷	천도 チョンド 遷都 좌천 ジュアチョン 左遷 천이 チョニ 遷移	—

例文 ➡ 그는 좌천되었습니다 （彼は左遷されました）
グ ヌン ジュアチョンデオッスム ニ ダ

311

重要度 ★★★☆☆　日本語

Seon　　Zen

선 → **ゼン**

当てずっぽうの法則
無視の法則　パッチムの法則
初声の法則　ㄴ ㅁ → ン
ㅅ → s j z
母音
ㅓ → e

重要度 ★★★☆☆	漢字	単語の例	日本語の訓読み
선	善	최선 チェソン 最善 개선 ゲソン 改善 선악 ソナク 善悪	よい 좋다 ジョタ

例文 ➡ 그것은 개선되어야 합니다 （それは改善されなければなりません）
グ ゴ スン ゲ ソン デ オ ヤ ハム ニ ダ

312

重要度 ★★★★★　日本語

Yeon　　Zen

연 → **ゼン**

当てずっぽうの法則
パッチムの法則
ㄴ ㅁ → ン
母音
ㅕ → e

重要度 ★★★★★	漢字	単語の例	日本語の訓読み
연	然	자연 ジャヨン 自然 당연 ダンヨン 当然 우연 ウヨン 偶然	—

例文 ➡ 자연은 신비합니다 （自然は神秘です）
ジャ ヨ ヌン シンビ ハム ニ ダ

313

重要度 | ★★★★★
日本語

Jeon 전 → **Zen** ゼン

当てずっぽうの法則
- 無視の法則
- 初声の法則: ㅈ → s (z) t(d)
- 母音: ㅓ → e
- パッチムの法則: ㄴ ㅁ → ン
- 同音異字の法則

重要度	漢字	単語の例	日本語の訓読み
★★★★★	전 / 全	전부 ジョンブ 全部 안전 アンジョン 安全 전체 ジョンチェ 全体	まったく 완전히, 전혀 ワンジョニ ジョニョ

例文 → 전부 얼마예요? （全部でいくらですか？）
ジョンブ オルマ エ ヨ

重要度	漢字	単語の例	日本語の訓読み
★★★★★	전 / 前	오전 オジョン 午前 이전 イジョン 以前 전후 ジョヌ 前後	まえ 앞 アプ

例文 → 오전 9시까지 출근합니다 （午前9時までに出勤します）
オジョン アホプシッカジ チュルグナムニ ダ

314

重要度 | ★★★☆☆
日本語

So 소 → **So** ソ

当てずっぽうの法則
- 初声の法則: ㅅ → s j z
- 母音: ㅗ → o

重要度	漢字	単語の例	日本語の訓読み
★★★☆☆	소 / 訴	소송 ソソン 訴訟 고소 ゴソ 告訴 제소 ジェソ 提訴	訴える 호소하다, 고소하다 ホソハダ ゴソハダ

例文 → 그는 소송에서 이겼습니다 （彼は訴訟に勝ちました）
グヌン ソソンエソ イギョッスムニ ダ

サ行は漢字がたくさんあったけど、もう「ソ」まで来たよ！だいぶ終わりが近づいてきたね〜。

315

重要度 ★★★☆☆
Jo 조 → So ソ
日本語

当てずっぽうの法則
初声の法則 ㅈ → Ⓢ z t(d)
母音 ㅗ → o
同音異字の法則

重要度 ★★★★☆	漢字	単語の例	日本語の訓読み
조	措	조치　ジョチ　措置	—

例文 ➡ 중장기 조치를 강구했습니다　（中長期措置を講じました）
ジュンジャンギ　ジョ チ ルル　ガング ヘッスム ニ ダ

重要度 ★★★★☆	漢字	単語の例	日本語の訓読み
조	祖	조국　ジョグク　祖国 증조부　ジュンジョブ　曾祖父 증조모　ジュンジョモ　曾祖母	—

例文 ➡ 저는 조국을 사랑합니다　（私は祖国を愛しています）
ジョヌン ジョ グ グル　サランハム ニ ダ

316

重要度 ★★★☆☆
Cho 초 → So ソ
日本語

当てずっぽうの法則
初声の法則 ㅊ → Ⓢ ch j
母音 ㅗ → o
同音異字の法則

重要度 ★★★☆☆	漢字	単語の例	日本語の訓読み
초	礎	기초　ギチョ　基礎 초석　チョソク　礎石 정초　ジョンチョ　定礎	いしずえ 주춧돌 ジュチュットル

例文 ➡ 한국어는 기초문법이 중요합니다　（韓国語は基礎文法が重要です）
ハング ゴ ヌン　ギ チョムン ボ ビ ジュン ヨ ハム ニ ダ

重要度 ★☆☆☆☆	漢字	単語の例	日本語の訓読み
초	楚	사면초가　サミョンチョガ　四面楚歌	—

例文 ➡ 그는 현재 사면초가입니다　（彼は現在四面楚歌です）
グ ヌン　ヒョンジェ　サミョン チョ ガ イム ニ ダ

256

317

重要度 ★★★★★

Sang **상** → Sou **ソウ**

当てずっぽうの法則
- 初声の法則　ㅅ → ⓢ j z
- パッチムの法則　ㅇ → ウ イ
- 同音異字の法則

重要度	漢字	単語の例		日本語の訓読み
★☆☆☆☆　상	喪	상실　サンシル　喪失 상가　サンガ　喪家		—

例文 ➡ 기억상실증　（記憶喪失症）
　　　ギ オｸ サンシルチュン

重要度	漢字	単語の例		日本語の訓読み
★★★★★　상	想	상상　サンサン　想像 감상　ガムサン　感想 발상　バルサン　発想		—

例文 ➡ 상상해 보세요　（想像してみてください）
　　　サンサン ヘ　ボ セ ヨ

重要度	漢字	単語の例		日本語の訓読み
★★★★★　상	相	상담　サンダム　相談 상대적　サンデジョｸ　相対的 상호　サンホ　相互		—

➡ 「ショウ」p225　例文 ➡ 달러가 상대적으로 상승했습니다　（ドルが相対的に上昇しました）
　　　　　　　　　　　ダルロガ　サンデジョｸ グ ロ　サンスンヘッスム ニ ダ

318

重要度 ★★☆☆☆

So **소** → Sou **ソウ**

当てずっぽうの法則
- 初声の法則　ㅅ → ⓢ j z
- 母音　ㅗ → o
- 同音異字の法則

重要度	漢字	単語の例		日本語の訓読み
★★☆☆☆　소	掃	대청소　デチョンソ　大清掃		掃く 쓸다 ッスル ダ

例文 ➡ 연말 대청소　（年末の大清掃〈大掃除〉）
　　　ヨンマル　デ チョン ソ

PART 4　韓国語の漢字語を読もう〜！

サ

重要度	★★★☆☆	漢字	単語の例		日本語の訓読み
소		騒	소동 ソドン	騒動	騒ぐ
			소음 ソウム	騒音	떠들다, 소란피우다
			소란 ソラン	騒乱	ットゥルダ ソランピウダ

例文 ➡ 소음을 줄였습니다 （騒音を減らしました）
　　　ソ ウムル ジュリョッスムニ ダ

319

重要度 ★★★★☆
Song　日本語　Sou
송 → ソウ

当てずっぽうの法則
初声の法則： ㅅ → Ⓢ j z
母音： ㅗ → o
パッチムの法則： ㅇ → ウ イ
同音異字の法則

重要度	★☆☆☆☆	漢字	単語の例		日本語の訓読み
송		宋	송씨 宋氏	ソンシ	―

重要度	★★★★☆	漢字	単語の例		日本語の訓読み
송		送	송금 ソングム	送金	送る
			방송 パンソン	放送	보내다
			송신 ソンシン	送信	ボ ネ ダ

例文 ➡ 매달 집에 송금하고 있습니다 （毎月家に送金しています）
　　　メダル ジ ベ ソングマ ゴ イッスムニ ダ

320

重要度 ★★★☆☆
Jang　日本語　Sou
장 → ソウ

当てずっぽうの法則
初声の法則： ㅈ → Ⓢ z t(d)
パッチムの法則： ㅇ → ウ イ
同音異字の法則

重要度	★★☆☆☆	漢字	単語の例		日本語の訓読み
장		壮	장사 ジャンサ	壮士	―
			장년 ジャンニョン	壮年	
			비장 ピジャン	悲壮	

例文 ➡ 비장한 각오로 임하고 있습니다 （悲壮な覚悟で臨んでいます）
　　　ピジャンハン ガ ゴ ロ イマ ゴ イッスムニ ダ

258

重要度 ★★☆☆☆	漢字	単語の例	日本語の訓読み
장	荘	별장　ビョルチャン　別荘 장엄　ジャンオム　荘厳	—

例文 ➡ 해변에 별장이 있습니다　（海辺に別荘があります）
　　　ヘビョ ネ　ビョルチャンイ　イッスム ニ ダ

重要度 ★★★☆☆	漢字	単語の例	日本語の訓読み
장	装	장치　ジャンチ　装置 복장　ボクチャン　服装 장식　ジャンシク　装飾	装う 꾸미다, 가장하다 ックミ ダ　ガジャンハ ダ

例文 ➡ 안전장치를 설치했습니다　（安全装置を設置しました）
　　　アンジョンジャンチ ルル　ソル チ ヘッスム ニ ダ

321

重要度 ★★★☆☆　　日本語

Jaeng　→　Sou
쟁　→　ソウ

当てずっぽうの法則
初声の法則　　パッチムの法則
ㅈ → Ⓢ z t(d)　　ㅇ → ウイ

重要度 ★★★☆☆	漢字	単語の例	日本語の訓読み
쟁	争	경쟁　ギョンジェン　競争 분쟁　ブンジェン　紛争 논쟁　ノンジェン　論争	争う 다투다, 경쟁하다 ダトゥダ　ギョンジェンハ ダ

例文 ➡ 경쟁보다 협력이 좋습니다　（競争より協力がいいです）
　　　ギョンジェンボ ダ　ヒョムニョ ギ　ジョッスム ニ ダ

322

重要度 ★★★☆☆　　日本語

Jo　→　Sou
조　→　ソウ

当てずっぽうの法則
初声の法則
ㅈ → Ⓢ z t(d)
母音
ㅗ → o
同音異字の法則

重要度 ★★★☆☆	漢字	単語の例	日本語の訓読み
조	操	조종　ジョジョン　操縦 조작　ジョジャク　操作 체조　チェジョ　体操	操る 조종하다, 다루다 ジョジョンハ ダ　ダル ダ

例文 ➡ 저는 매일 아침 체조를 합니다　（私は毎日の朝体操をします）
　　　ジョヌン　メ イ　ラ チム　チェジョル ル　ハム ニ ダ

PART 4　韓国語の漢字語を読もう〜！

ア　カ　サ　タ　ナ　ハ　マ・ヤ　ラ・ワ

259

重要度 ★★★☆☆	漢字	単語の例			日本語の訓読み
조	早	조퇴	ジョトェ	早退	早い 빠르다, 이르다 ッパルダ イルダ
		조조	ジョジョ	早朝	
		조기	ジョギ	早期	

例文 → 오늘 회사를 조퇴했어요　（今日会社を早退しました）
　　　オヌル フェサルル ジョトェヘッソヨ

重要度 ★☆☆☆☆	漢字	単語の例			日本語の訓読み
조	遭	조난	ジョナン	遭難	遭う 만나다 マンナダ
		조우	ジョウ	遭遇	

例文 → 조난 신고를 했습니다　（遭難申告をしました）
　　　ジョナン シンゴルル ヘッスムニダ

323

重要度 ★★★★☆

日本語

Jong 종 → **Sou** ソウ

当てずっぽうの法則

初声の法則: ㅈ → Ⓢ z t(d)
パッチムの法則: ㅇ → Ⓤイ
母音: ㅗ → o

重要度 ★★★★☆	漢字	単語の例			日本語の訓読み
종	宗	종교	ジョンギョ	*宗教	—
		종파	ジョンパ	*宗派	
		세종	セジョン	世宗	

→「シュウ」p212　例文 → 종교의 자유는 필요합니다　（宗教の自由は必要です）
　　　　　　　　　　　ジョンギョエ ジャユヌン ピリョハムニダ

324

重要度 ★★★★☆

日本語

Chang 창 → **Sou** ソウ

当てずっぽうの法則

初声の法則: ㅊ → Ⓢ ch j
パッチムの法則: ㅇ → Ⓤイ

同音異字の法則

重要度 ★★★★☆	漢字	単語の例			日本語の訓読み
창	創	창조	チャンジョ	創造	—
		창업	チャンオプ	創業	
		창작	チャンジャク	創作	

例文 → 저는 창업하고 싶어요　（私は創業したいです）
　　　ジョヌン チャンオパゴ シポヨ

重要度 ★★★☆☆	漢字	単語の例	日本語の訓読み
창	窓	동창회 ドンチャンフェ 同窓会 학창 ハクチャン 学窓 차창 チャチャン 車窓	まど 창문 チャンムン

例文 ➡ 오랜만에 동창회에 갔습니다 （久しぶりに同窓会に行きました）
オレンマ ネ ドンチャンフェ エ ガッスムニ ダ

325

重要度 ★★★☆☆

Cho → Sou

초 → ソウ

当てずっぽうの法則

初声の法則
ㅊ → Ⓢ ch j

母音
ㅗ → o

重要度 ★★★★☆	漢字	単語の例	日本語の訓読み
초	草	초식 チョシク 草食 초원 チョウォン 草原 잡초 ジャプチョ 雑草	くさ 풀 プル

例文 ➡ 최근에 초식남이 증가하고 있어요 （最近、草食男が増加しています）
チェ グ ネ チョシンナ ミ ジュン ガ ハ ゴ イッソ ヨ

326

重要度 ★★★☆☆

Chong → Sou

총 → ソウ

当てずっぽうの法則

初声の法則
ㅊ → Ⓢ ch j

バッチムの法則
ㅇ → ウイ

母音
ㅗ → o

重要度 ★★★★☆	漢字	単語の例	日本語の訓読み
총	総	총계 チョンゲ 総計 총리 チョンニ 総理 총무부 チョンムブ 総務部	—

例文 ➡ 상세한 내용은 총무부에 문의 바랍니다 （詳しい内容は総務部にお問い合わせください）
サンセ ハン ネ ヨンウン チョンム ブ エ ム ニ バラムニ ダ

「宗（종）」の単語例にある「세종（世宗）」とは、李氏朝鮮の第4代国王で、ハングルの創製者。大変な読書家、勉強家だったそうだよ！世宗大王とも呼ばれて、今でもとても尊敬されているんだよね。

PART 4 韓国語の漢字語を読もう〜！

ア カ サ タ ナ ハ マ・ヤ ラ・ワ

327

重要度 ★★★★★ 日本語

Cheung → Sou

층 → ソウ

当てずっぽうの法則
- 初声の法則: ㅊ → ⓢ ch j
- パッチムの法則: ㅇ → ⓤイ

重要度	漢字	単語の例		日本語の訓読み
층 ★★★★★	層	하층 ハチュン 下層 계층 ゲチュン 階層 삼층 サムチュン 三層（三階）		—

例文 ➡ 그 사무실은 삼 층에 있어요　（その事務室は三階にあります）
　　　グ　サ　ムシルン　サムチュンエ　イッソ　ヨ

328

重要度 ★★★ 日本語

Jang → Zou

장 → ゾウ

当てずっぽうの法則
- 無視の法則
- 初声の法則: ㅈ → s ⓩ t(d)
- パッチムの法則: ㅇ → ⓤイ
- 同音異字の法則

重要度	漢字	単語の例		関連語
장 ★★★	臟	내장 ネジャン 内臟 간장 ガンジャン 肝臟 심장 シムジャン 心臟		もつ 내장 ネジャン

例文 ➡ 심장이 두근두근합니다　（心臟がドキドキしています）
　　　シムジャンイ　ドゥグンドゥグ ナムニ ダ

重要度	漢字	単語の例		日本語の訓読み
장 ★★★★	藏	냉장고 ネンジャンゴ 冷蔵庫 소장 ソジャン 所蔵 장서 ジャンソ 蔵書		くら 곳간, 창고 ゴッカン　チャンゴ

例文 ➡ 냉장고에 우유가 없어요　（冷蔵庫に牛乳がないです）
　　　ネンジャンゴ　エ　ウ ユガ　オプソ ヨ

329

重要度 ★★★ 日本語

Jo → Zou

조 → ゾウ

当てずっぽうの法則
- 無視の法則
- 初声の法則: ㅈ → s ⓩ t(d)
- 母音: ㅗ → o

重要度	★★★☆☆	漢字	単語の例		日本語の訓読み
조		造	구조	グジョ　構造	造る
			제조	ジェジョ　製造	만들다
			조성	ジョソン　造成	マンドゥル ダ

例文 → 여기는 상품을 제조하는 공장입니다　（ここは商品を製造する工場です）
ヨギヌン　サンプムル　ジェジョハヌン　ゴンジャンイムニダ

330

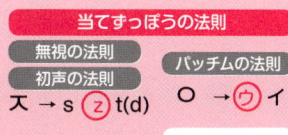

重要度 ★★☆☆☆

Jeung　증　→　日本語　Zou　ゾウ

当てずっぽうの法則
- 無視の法則
- 初声の法則　ㅈ → s (z) t(d)
- パッチムの法則　ㅇ → ウイ
- 同音異字の法則

重要度	★★☆☆☆	漢字	単語の例		日本語の訓読み
증		贈	기증	ギジュン　寄贈	贈る
			증여	ジュンヨ　贈与	보내다
			증정	ジュンジョン　贈呈	ボ ネ ダ

例文 → 재산을 증여받았습니다　（財産を贈与されました）
ジェサヌル　ジュンヨ　バダッスムニダ

重要度	★★☆☆☆	漢字	単語の例		日本語の訓読み
증		増	증원	ジュンウォン　増員	増す
			증감	ジュンガム　増減	늘다
			증산	ジュンサン　増産	ヌル ダ

例文 → 직원이 증원되었습니다　（職員が増員されました）
ジグォニ　ジュンウォンデ オッスムニダ

331

重要度 ★★★★★

Sok　속　→　日本語　Soku　ソク

当てずっぽうの法則
- 初声の法則　ㅅ → s j z
- パッチムの法則　ㄱ → ク キ
- 母音　ㅗ → o

重要度	★★★★★	漢字	単語の例		日本語の訓読み
속		速	속도	ソクト　速度	はやい
			속력	ソンニョク　速力	빠르다
			신속	シンソク　迅速	ッパル ダ

例文 → 속도와 속력의 차이를 아세요？　（速度と速力の差を知っていますか）
ソクト ワ　ソンニョゲ　チャイルル　ア セ ヨ

PART 4　韓国語の漢字語を読もう〜！

ア カ サ タ ナ ハ マ・ヤ ラ・ワ

332

重要度 ★★★★☆
日本語
Jok → Soku
족 → ソク

当てずっぽうの法則
- 初声の法則: ㅈ → Ⓢ z t(d)
- パッチムの法則: ㄱ → Ⓚ キ
- 母音: ㅗ → o

重要度	漢字	単語の例		日本語の訓読み
★★★★☆	족 足	만족 マンジョク 満足 부족 ブジョク 不足 충족 チュンジョク 充足		あし 발 パル

例文 ➡ 지금 일에 만족하세요？ （今の仕事に満足していますか？）
ジグム イレ マンジョカ セヨ

333

重要度 ★★★☆☆
日本語
Jeuk → Soku
즉 → ソク

当てずっぽうの法則
- 初声の法則: ㅈ → Ⓢ z t(d)
- パッチムの法則: ㄱ → Ⓚ キ

重要度	漢字	単語の例		日本語の訓読み
★★★☆☆	즉 即	즉시 ジュクシ 即時 즉석 ジュクソク 即席 즉흥적 ジュクンジョク 即興的		すなわち 즉 ジュク

例文 ➡ 바이러스는 즉시 삭제하세요 （ウイルスは即時削除してください）
バイ ラ スヌン ジュクシ サクチェ ハ セ ヨ

334

重要度 ★☆☆☆☆
日本語
Chok → Soku
촉 → ソク

当てずっぽうの法則
- 初声の法則: ㅊ → Ⓢ ch j
- パッチムの法則: ㄱ → Ⓚ キ
- 母音: ㅗ → o

重要度	漢字	単語の例		日本語の訓読み
★☆☆☆☆	촉 促	독촉 ドクチョク 督促 촉진 チョクチン 促進		促す 재촉하다, 촉구하다 ジェチョ カ ダ チョック ハ ダ

例文 ➡ 경제 성장을 촉진시켰습니다 （経済成長を促進しました）
ギョンジェ ソンジャンウル チョクチン シ キョッスム ニ ダ

264

335

重要度 ★★★★
Cheuk → Soku
측 → ソク

当てずっぽうの法則
初声の法則: ㅊ → s ch j
パッチムの法則: ㄱ → ク キ
同音異字の法則

重要度 ★★★☆☆	漢字	単語の例		日本語の訓読み
측	側	측면 チュンミョン 側面 측근 チュックン 側近 좌측 ジュアチュク *左側		かわ 측 チュㇰ

例文 ➡ 여기는 좌측통행입니다 （ここは左側通行です）
　　　ヨ ギ ヌン ジュアチュㇰトンヘン イム ニ ダ

重要度 ★★★☆☆	漢字	単語の例		日本語の訓読み
측	測	측량 チュンニャン 測量 예측 イェチュㇰ 予測 추측 チュチュㇰ 推測		測る 재다 ジェダ

例文 ➡ 선거 예측이 빗나갔습니다 （選挙の予測が外れました）
　　　ソンゴ イェチュギ ピンナガッスム ニ ダ

336

重要度 ★★☆☆
Chik → Soku
칙 → ソク

当てずっぽうの法則
初声の法則: ㅊ → s ch j
パッチムの法則: ㄱ → ク キ

重要度 ★★☆☆☆	漢字	単語の例		日本語の訓読み
칙	則	규칙 ギュチㇰ 規則 원칙 ウォンチㇰ 原則 반칙 パンチㇰ 反則		―

例文 ➡ 원칙대로 처리하겠습니다 （原則通り処理いたします）
　　　ウォンチㇰ テ ロ チョリ ハ ゲッスム ニ ダ

266ページの「俗（속）」の単語例「民俗」と「族（족）」の単語例「民族」。
「民俗」と「民族」、あれ、どっちがどっちだっけ？なんてふと悩むこともあるけれど（ない？ 笑）、韓国語は「속」と「족」で発音が違うから迷わずにすみますね〜。

PART 4 韓国語の漢字語を読もう〜！

337

重要度 ★★★☆☆

속 (Sok) → **ゾク** (Zoku)

当てずっぽうの法則
- 無視の法則
- 初声の法則: ㅅ → s j (z)
- 母音: ㅗ → o
- パッチムの法則: ㄱ → ク キ
- 同音異字の法則

重要度	漢字	単語の例			日本語の訓読み
★★☆☆☆	俗	민속	ミンソク	民俗	—
		속물	ソンムル	俗物	
		속세	ソクセ	俗世	

例文 ➡ 한국의 민속촌에 가고 싶어요　(韓国の民俗村に行きたいです)
　　　ハング ゲ　ミンソクチョネ　ガゴ　シポヨ

重要度	漢字	単語の例			関連語
★★★☆☆	属	소속	ソソク	所属	属する
		속성	ソクソン	属性	속하다
		직속	ジクソク	直属	ソカダ

例文 ➡ 그는 민주당 소속입니다　(彼は民主党所属です)
　　　グヌン　ミンジュダン　ソソギムニ ダ

重要度	漢字	単語の例			日本語の訓読み
★★★☆☆	続	계속	ゲソク	継続	続く
		지속	ジソク	持続	계속하다, 계속되다
		속편	ソクピョン	続編	ゲソカダ　ゲソクテダ

例文 ➡ 지속 가능한 사회를 만듭시다　(持続可能な社会を作りましょう)
　　　ジ ソッ　カ ヌンハン　サ フェルル　マンドゥプシ ダ

338

重要度 ★★★★☆

족 (Jok) → **ゾク** (Zoku)

当てずっぽうの法則
- 無視の法則
- 初声の法則: ㅈ → s (z) t (d)
- 母音: ㅗ → o
- パッチムの法則: ㄱ → ク キ

重要度	漢字	単語の例			日本語の訓読み
★★★★☆	族	가족	ガジョク	家族	—
		귀족	グィジョク	貴族	
		민족	ミンジョク	民族	

例文 ➡ 가족이 가장 소중합니다　(家族が一番大切です)
　　　ガジョギ　ガ ジャン　ソ ジュンハムニ ダ

339

重要度 ★★★

Sol **솔** → Sotus **ソツ**

当てずっぽうの法則
- 初声の法則: ㅅ → s j z
- バッチムの法則: ㄹ → ツ チ
- 母音: ㅗ → o

重要度	漢字	単語の例			日本語の訓読み
★★★★☆	率	솔선	ソルソン	率先	率いる
솔		경솔	ギョンソル	軽率	통솔하다 トンソラダ
		솔직	ソルチク	率直	

➡「リツ」p379　例文➡ 솔선해서 청소를 합니다 （率先して掃除をします）
ソルソネソ チョンソルル ハムニダ

340

重要度 ★★★★

Jol **졸** → Sotsu **ソツ**

当てずっぽうの法則
- 無視の法則
- 初声の法則: ㅈ → s z t
- バッチムの法則: ㄹ → ツ チ
- 母音: ㅗ → o

重要度	漢字	単語の例			日本語の訓読み
★★★★☆	卒	졸업	ジョロプ	卒業	—
졸		고졸	ゴジョル	高卒	
		병졸	ビョンジョル	兵卒	

例文➡ 그녀는 졸업 여행을 갔습니다 （彼女は卒業旅行に行きました）
グニョヌン ジョロム ニョヘンウル ガッスムニダ

341

重要度 ★★★★

Son **손** → Son **ソン**

当てずっぽうの法則
- 初声の法則: ㅅ → s j z
- バッチムの法則: ㄴㅁ → ン
- 母音: ㅗ → o
- 同音異字の法則

重要度	漢字	単語の例			日本語の訓読み
★★★☆☆	孫	자손	ジャソン	子孫	まご
손		손자	ソンジャ	孫子	손자 ソンジャ

例文➡ 저는 왕의 자손입니다 （私は王の子孫です）
ジョヌン ワンエ ジャソニムニダ

重要度	★★★★☆	漢字	単語の例		日本語の訓読み
손		損	손해 ソネ	損害	損なう
			손실 ソンシル	損失	손상되다
			파손 パソン	破損	ソンサンデ ダ

例文 ➡ 태풍으로 도로가 파손되었다　（台風で道路が破損した）
テプンウロ ドロガ パソンデオッタ

342

重要度 ★★★★☆

Jon 존 → ソン Son

当てずっぽうの法則
- 初声の法則：ㅈ → ⓢ z t(d)
- パッチムの法則：ㄴ → ン
- 母音：ㅗ → o
- 同音異字の法則

重要度	★★★★☆	漢字	単語の例		日本語の訓読み
존		存	존재 ジョンジェ	存在	―
			보존 ボジョン	*保存	
			기존 ギジョン	既存	

例文 ➡ 인간의 존재 의미는 무엇일까요?　（人間の存在意味は何でしょうか）
インガネ ジョンジェ ウィミヌン ム オ シルッカヨ

重要度	★★★☆☆	漢字	単語の例		日本語の訓読み
존		尊	존경 ジョンギョン	尊敬	とうとい
			존중 ジョンジュン	尊重	귀중하다
			자존심 ジャジョンシム	自尊心	グィジュンハ ダ

例文 ➡ 저는 남편을 존경합니다　（私は夫を尊敬しています）
ジョヌン ナンピョヌル ジョンギョンハム ニ ダ

343

重要度 ★★★☆☆

Chon 촌 → ソン Son

当てずっぽうの法則
- 初声の法則：ㅊ → ⓢ ch j
- パッチムの法則：ㄴ → ン
- 母音：ㅗ → o
- 同音異字の法則

重要度	★★★☆☆	漢字	単語の例		日本語の訓読み
촌		村	농촌 ノンチョン	農村	むら
			어촌 オチョン	漁村	마을
			민속촌 ミンソクチョン	*民俗村	マ ウル

例文 ➡ 장래에 농촌에서 살고 싶어요　（将来に農村で住みたいです）
ジャネ エ ノンチョネ ソ サルゴ シポヨ

344

重要度 ★★★★ | 日本語 | 当てずっぽうの法則
Da 다 → Ta 夕

- 無視の法則
- 初声の法則
  ㄷ → ⓣ d
- 母音
  ㅏ → a

重要度	漢字	単語の例			日本語の訓読み
★★★★ 다	多	다소 ダソ	多少		多い
		다수 ダス	多数		많다
		다양 ダヤン	多様		マンタ

例文 ➡ 세상에는 다양한 사람이 있습니다 （世の中には多様な人がいます）
セサン エ ヌン ダ ヤンハン サ ラ ミ イッスム ニ ダ

345

重要度 ★★★★ | 日本語 | 当てずっぽうの法則
Ta 타 → Ta 夕

- 初声の法則
  ㅌ → ⓣ d
- 母音
  ㅏ → a

重要度	漢字	単語の例			関連語
★★★★ 타	他	타인 タイン	他人		その他
		타국 タグク	他国		기타, 그 외
		기타 ギタ	其の他		ギタ グ ウェ

例文 ➡ 타국에서의 생활은 힘들어요 （他国での生活は大変です）
タ グ ゲ ソ エ センファルン ヒムドゥロ ヨ

346

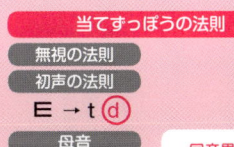

重要度 ★★★★ | 日本語 | 当てずっぽうの法則
Ta 타 → Da ダ

- 無視の法則
- 初声の法則
  ㅌ → t ⓓ
- 母音
  ㅏ → a
- 同音異字の法則

重要度	漢字	単語の例		関連語
★★★ 타	堕	타락 タラク	堕落	だれる
				긴장이 풀리다
				キンジャンイ プル リ ダ

例文 ➡ 타락한 정치인 （堕落した政治家）
タ ラ カン ジョンチイン

重要度 ★★★☆☆	漢字	単語の例			日本語の訓読み
타	妥	타당	タダン	妥当	—
		타협	タヒョブ	妥協	
		타결	タギョル	妥結	

例文 → 그것은 타당한 조치입니다　(それは妥当な措置です)
　　　　グ ゴスン タダンハン ジョチイムニ ダ

重要度 ★★★☆☆	漢字	単語の例			日本語の訓読み
타	打	타격	タギョク	打撃	打つ
		타산	タサン	打算	치다, 때리다
		타파	タパ	打破	チ ダ ッテ リ ダ

例文 → 리먼쇼크로 타격을 입었다　(リーマンショックで打撃を受けた)
　　　　リモンショク ロ タギョグル イ ボッタ

347

重要度 ★★★☆☆　日本語
Nae → Tai
내 → タイ

当てずっぽうの法則
母音　ㅐ → ai

重要度 ★★★☆☆	漢字	単語の例			日本語の訓読み
내	耐	내구성	ネグソン	耐久性	耐える
		인내	インネ	忍耐	견디다, 버티다
		내성	ネソン	耐性	ギョンディ ダ ボティ ダ

例文 → 이 제품은 내구성이 좋다　(この製品は耐久性が良い)
　　　　イ ジェブムン ネ グソン イ ジョタ

348

重要度 ★★★★★　日本語
Dae → Tai
대 → タイ

当てずっぽうの法則
無視の法則
初声の法則　ㄷ → ⓣd
母音　ㅐ → ai
同音異字の法則

重要度 ★★★☆☆	漢字	単語の例			関連語
대	対	절대	ジョルテ	絶対	つい
		상대	サンデ	相対	쌍
		대결	デギョル	対決	ッサン

例文 → 여야당의 대결 국면　(与野党の対決局面)
　　　　ヨ ヤダン エ デ ギョル グン ミョン

대 帯

重要度 ★★☆☆☆

単語の例			日本語の訓読み
시간대	シガンデ	時間帯	おび
휴대	ヒュデ	携帯	띠
아열대	アヨルテ	亜熱帯	ッティ

例文 ➡ 황금 시간대의 TV 드라마 （黄金の時間帯の TV ドラマ）
　　　ファングム シガンデ エ　TV ドゥラマ

대 待

重要度 ★★★☆☆

単語の例			日本語の訓読み
기대	ギデ	期待	待つ
대기	デギ	待機	기다리다
학대	ハクテ	虐待	キダリダ

例文 ➡ 기대하고 있습니다　（期待しています）
　　　ギデ ハ ゴ イッスム ニ ダ

대 貸

重要度 ★★★☆☆

単語の例			日本語の訓読み
임대	イムデ	賃貸	貸す
대여	デヨ	貸与	빌려주다
대출	デチュル	*貸出	ピルリョジュダ

例文 ➡ 은행의 대출 금리는 비쌉니다　（銀行の貸出金利は高いです）
　　　ウ ネンエ　デチュル　グム ニ ヌン　ビッサム ニ ダ

대 隊

重要度 ★★★☆☆

単語の例			日本語の訓読み
군대	グンデ	軍隊	—
부대	ブデ	部隊	
대열	デヨル	隊列	

例文 ➡ 군대 생활은 힘듭니다　（軍隊生活は大変です）
　　　グンデ　センファルン　ヒムドゥム ニ ダ

대 大

重要度 ★★★★★

単語の例			日本語の訓読み
대기	デギ	大気	大きい
확대	ファクテ	*拡大	크다
대중	デジュン	大衆	クダ

➡「ダイ」p274　例文 ➡ 대중 문학을 좋아합니다　（大衆文学が好きです）
　　　　　　　　　　デジュン　ム ナグル　ジョア ハム ニ ダ

「大（대）」は、スポーツの応援などでよく聞く「テ〜ハンミングゥ！」（대한민국 大韓民国）でおなじみだね！

PART 4　韓国語の漢字語を読もう〜！

271

349

重要度 ★★★★☆
日本語
Che 체 → タイ Tai

当てずっぽうの法則
同音異字の法則

重要度	漢字	単語の例			日本語の訓読み
★★★★☆					
체	体	체중	チェジュン	体重	からだ
		액체	エクチェ	液体	몸
		구체적	グチェジョク	具体的	モム

例文 ➡ 체중을 20키로 줄였어요 （体重を20キロ減らしました）
チェジュンウル イシプ キ ロ チュリョッ ソ ヨ

重要度	漢字	単語の例			日本語の訓読み
★★★☆☆					
체	替	교체	ギョチェ	交替	替える
		대체	デチェ	代替	바꾸다, 교환하다
					バックダ ギョファナダ

例文 ➡ 평화적인 정권 교체 （平和的な政権交替）
ピョンファ ジョギン ジョンクォン ギョチェ

重要度	漢字	単語の例			日本語の訓読み
★★☆☆☆					
체	滞	연체	ヨンチェ	延滞	—
		체류	チェリュ	滞留	
		정체	ジョンチェ	停滞	

例文 ➡ 체류자격변경신청서 （滞留資格変更申請書）
チェ リュ ジャ ギョク ピョン ギョン シン チョン ソ

350

重要度 ★★★☆☆
日本語
Tae 태 → タイ Tai

当てずっぽうの法則
初声の法則
ㅌ → t d
母音
ㅐ → ai
同音異字の法則

重要度	漢字	単語の例			日本語の訓読み
★★☆☆☆					
태	太	태극기	テグッキ	太極旗	太い
		태양	テヤン	太陽	굵다
		태평양	テピョンヤン	太平洋	グクタ

例文 ➡ 태극기는 한국의 국기입니다 （太極旗は韓国の国旗です）
テグッキ ヌン ハング ゲ クッキ イム ニ ダ

重要度 ★★★★★	漢字	単語の例		日本語の訓読み
태	怠	태만 권태기	テマン　怠慢 グォンテギ　倦怠期	怠ける 게으름피우다 ゲウルムピウダ
例文 →	기무라 씨 부부는 권태기입니다　（木村さん夫婦は倦怠期です） キ ム ラ ッシ　ブ ブ ヌン　グォンテ ギイムニ ダ			

重要度 ★★★★★	漢字	単語の例		日本語の訓読み
태	態	태도 상태 사태	テド　態度 サンテ　状態 サテ　事態	—
例文 →	그는 수업 태도가 나빠요　（彼は授業態度が悪いです） グヌン　スオプ　テドガ　ナッパヨ			

重要度 ★★★★★	漢字	単語の例		日本語の訓読み
태	胎	태아 태내 태동	テア　胎児 テネ　胎内 テドン　胎動	—
例文 →	어머니와 태아는 건강합니다　（お母さんと胎児は健康です） オ モ ニ ワ　テ ア ヌン ゴン ガン ハム ニ ダ			

351

重要度 ★★★☆☆

Toe 퇴 → タイ Tai

当てずっぽうの法則

初声の法則　ㅌ → t/d

母音　ㅚ → ai

重要度 ★★★☆☆	漢字	単語の例		日本語の訓読み
퇴	退	사퇴 후퇴 퇴직	サトェ　辞退 フトェ　後退 トェジク　退職	退く 물러서다, 물러나다 ムルロソダ　ムルロナダ
例文 →	그는 내년에 퇴직합니다　（彼は来年退職します） グヌン　ネニョネ　トェジカムニ ダ			

よ～し、タ行もどんどん解いていこう～！

352

重要度 ★★★★★

Dae **대** → Dai **ダイ**

日本語

当てずっぽうの法則
- 初声の法則　ㄷ → t(d)
- 母音　ㅐ → ai
- 同音異字の法則

重要度	漢字	単語の例		日本語の訓読み
★★★★ ☆	대 代	대표 デピョ 代表 시대 シデ 時代 현대 ヒョンデ 現代		代わる 바뀌다 パックィ ダ

例文 → 제가 대표이사입니다　（私が代表取締役です）
　　　ジェガ　デピョイ サイムニ ダ

重要度	漢字	単語の例		日本語の訓読み
★★★★★	대 大	대학 デハク 大学 대통령 デトンニョン 大統領 대사관 デサグァン ＊大使館		大きい 크다 クダ

→「タイ」p271　例文 → 대학 수업료가 너무 비싸요　（大学の授業料が高すぎます）
　　　　　　　　　　　　デ ハク　スオムニョガ　ノム　ピッサヨ

重要度	漢字	単語の例		日本語の訓読み
★★★★ ☆	대 台	대본 デボン 台本 무대 ムデ ＊舞台		—

例文 → 세계의 무대에 서고 싶어요　（世界の舞台に立ちたいです）
　　　セゲエ　ムデエ ソゴ　シポヨ

353

重要度 ★★★★ ☆

Je **제** → Dai **ダイ**

日本語

当てずっぽうの法則
- 無視の法則
- 初声の法則　ㅈ → s z t(d)
- 同音異字の法則

重要度	漢字	単語の例		日本語の訓読み
★★★★ ☆	제 第	제일 ジェイル 第一 낙제 ナクチェ 落第 제삼회 ジェサムェ 第三回		—

例文 → 학생 시절에 낙제한 적이 있습니다　（学生時代に落第したことがあります）
　　　ハクセン シジョレ ナクチェハン ジョギ　イッスムニ ダ

重要度 ★★★★☆	漢字	単語の例	日本語の訓読み
제	題	제목 ジェモク 題目 숙제 スクチェ 宿題 문제 ムンジェ 問題	—

例文 ➡ 숙제가 많아요　（宿題が多いです）
　　　スクチェガ　マナヨ

重要度 ★★★☆☆	漢字	単語の例	日本語の訓読み
제	弟	형제 ヒョンジェ 兄弟 제자 ジェジャ ＊弟子	おとうと 남동생 ナムドンセン

例文 ➡ 그는 삼형제입니다　（彼は３人兄弟です）
　　　グヌン　サミョンジェイムニダ

354

重要度 ★★★☆☆

Taek　→　Taku

택　→　タク

当てずっぽうの法則
初声の法則　ㅌ → t d
パッチムの法則　ㄱ → ク キ

重要度 ★★★☆☆	漢字	単語の例	日本語の訓読み
택	宅	택배 テクペ 宅配 주택 ジュテク 住宅 사택 サテク 社宅	—

例文 ➡ 그는 사택에 살고 있습니다　（彼は社宅に住んでいます）
　　　グヌン　サテゲ　サルゴ　イッスムニダ

355

重要度 ★★☆☆☆

Tak　→　Taku

탁　→　タク

当てずっぽうの法則
初声の法則　ㅌ → t d
パッチムの法則　ㄱ → ク キ
母音　ㅏ → a
同音異字の法則

重要度 ★★☆☆☆	漢字	単語の例	日本語の訓読み
탁	卓	탁구 タック 卓球 식탁 シクタク 食卓 탁월 タグオル 卓越	—

例文 ➡ 탁구는 건강에 좋습니다　（卓球は健康にいいです）
　　　タックヌン　ゴンガンエ　ジョッスムニダ

PART 4　韓国語の漢字語を読もう〜！

重要度 ★★☆☆☆	漢字	単語の例		日本語の訓読み
탁	濯	세탁 セタㇰ	洗濯	すすぐ
		세탁기 セタッキ	洗濯機	헹구다 ヘング ダ

例文 ➡ 신형 세탁기를 샀어요 （新型洗濯機を買いました）
　　　シニョン セタッキルル サッソ ヨ

356

重要度 ★★★☆☆

Nak 낙 → Daku ダク

当てずっぽうの法則
- 無視の法則
- 初声の法則　ㄴ → n ⓓ
- 母音　ㅏ → a
- パッチムの法則　ㄱ → ㋗ キ

重要度 ★★★☆☆	漢字	単語の例		日本語の訓読み
낙	諾	*허락 ホラㇰ	許諾	―
		승낙 スンニャㇰ	承諾	

例文 ➡ 결혼을 승낙해 주십시오 （結婚を承諾してください）
　　　ギョロ ヌルスン ナ ケ ジュシㇷ゚シ オ

357

重要度 ★★★☆☆

Dal 달 → Tatsu タツ

当てずっぽうの法則
- 無視の法則
- 初声の法則　ㄷ → ⓣ d
- 母音　ㅏ → a
- パッチムの法則　ㄹ → ㋓ チ

重要度 ★★★☆☆	漢字	単語の例		関連語
달	達	달인 ダリン	達人	達する
		달성 ダルソン	達成	도달하다 ドダラダ
		전달 ジョンダル	伝達	

例文 ➡ 그녀는 요리의 달인입니다 （彼女は料理の達人です）
　　　グニョヌン ヨ リ エ ダ リ ニㇺニ ダ

> 「濯（탁）」の単語例「세탁기」は、日本語とほとんど発音が同じだね～。「冷蔵庫（냉장고）」はどうかな。「ネンジャンゴ ネンジャンゴ・・・」ずーっと繰り返し言ってると…、レイゾウコって聞こえるかも！？（笑）

276

358

重要度 ★★★☆☆ 　日本語

탈 → **ダツ**
Tal　　Datsu

当てずっぽうの法則
- 無視の法則
- 初声の法則　ㅌ → t ⓓ
- 母音　ㅏ → a
- パッチムの法則　ㄹ → ッ チ

重要度 ★★★★☆	漢字	単語の例		日本語の訓読み
탈	奪	약탈　ヤクタル	略奪	奪う
		박탈　パクタル	剥奪	빼앗다
		탈환　タルァン	奪還	ッペ アッタ

例文➡ 그는 변호사 자격을 박탈당했다　（彼は弁護士の資格を剥奪された）
　　　クヌン ビョノサ ジャギョグル パクタルタンヘッタ

重要度 ★★★★☆	漢字	単語の例		日本語の訓読み
탈	脱	탈의　タリ	脱衣	脱ぐ
		탈옥　タロク	脱獄	벗다
		탈회　タルェ	脱会	ポッタ

例文➡ 탈의실에서 옷을 갈아입었습니다　（脱衣室〈更衣室〉で着替えました）
　　　タリシレソ オスル ガライボッスムニダ

359

重要度 ★★★★☆ 　日本語

단 → **タン**
Dan　　Tan

当てずっぽうの法則
- 無視の法則
- 初声の法則　ㄷ → t ⓓ
- 母音　ㅏ → a
- パッチムの法則　ㄴ → ン
- 同音異字の法則

重要度 ★★★☆☆	漢字	単語の例		日本語の訓読み
단	短	단기　ダンギ	短期	短い
		단편　ダンピョン	短編	짧다
		단명　ダンミョン	短命	ッチャルタ

例文➡ 이것은 단기 연수 프로그램입니다　（これは短期研修プログラムです）
　　　イゴスン ダンギ ヨンス プログレミムニダ

重要度 ★★★★☆	漢字	単語の例		関連語
단	単	간단　ガンダン	簡単	単に
		단순　ダンスン	単純	단지, 다만
		단위　ダヌィ	単位	ダンジ　ダマン

例文➡ 한국어는 간단합니다　（韓国語は簡単です）
　　　ハング゛ゴヌン ガンダナムニダ

PART 4　韓国語の漢字語を読もう〜！

360

重要度 ★★★★☆　日本語
Dam 담 → **Tan** タン

当てずっぽうの法則
- 無視の法則
- 初声の法則　ㄷ → t / d
- 母音　ㅏ → a
- パッチムの法則　ㄴ ㅁ → ン
- 同音異字の法則

重要度	漢字	単語の例		日本語の訓読み
★★★☆☆	担	담당　ダムダン　担当 부담　ブダム　負担 담보　ダムボ　担保		担う 지다, 담당하다 ジダ　ダムダンハダ

例文 ➡ 이 분이 담당입니다　（この方が担当です）
　　　イ　ブニ　ダムダンイムニダ

重要度	漢字	単語の例		日本語の訓読み
★☆☆☆☆	淡	담수　ダムス　淡水 담채　ダムチェ　淡彩		淡い 연하다, 담담하다 ヨナダ　ダムダマダ

例文 ➡ 담채화가 아름답다　（淡彩画が美しい）
　　　ダムチェファガ　アルムダプタ

361

重要度 ★★★☆☆　日本語
Tan 탄 → **Tan** タン

当てずっぽうの法則
- 初声の法則　ㅌ → t / d
- 母音　ㅏ → a
- パッチムの法則　ㄴ ㅁ → ン
- 同音異字の法則

重要度	漢字	単語の例		日本語の訓読み
★★★☆☆	炭	탄산　タンサン　炭酸 석탄　ソクタン　石炭 탄광　タングァン　炭鉱		すみ 숯 スッ

例文 ➡ 탄산음료를 마셨습니다　（炭酸飲料を飲みました）
　　　タンサ ヌムニョルル　マショッスムニダ

重要度	漢字	単語の例		日本語の訓読み
★★★☆☆	誕	탄생　タンセン　誕生 탄생일　タンセンイル　誕生日 성탄　ソンタン　聖誕		―

例文 ➡ 그의 생일은 6월입니다　（彼の誕生日は6月です）
　　　グエ　センイルン　ユウォリムニダ

278

362

重要度 ★★★☆☆

Nan / Dan

난 → ダン

当てずっぽうの法則
- 無視の法則
- 初声の法則　ㄴ → n (d)
- 母音　ㅏ → a
- パッチムの法則　ㄴ → ン

重要度	漢字	単語の例	日本語の訓読み
★★★☆☆	난 暖	난방　ナンバン　暖房 온난화　オンナヌァ　温暖化	暖かい 따뜻하다 ッタットゥ タ ダ

例文 ➡ 지구의 온난화가 심각합니다 （地球の温暖化が深刻です）
　　　チ グ エ　オンナヌァガ　シムガカムニ ダ

363

重要度 ★★★☆☆

Nam / Dan

남 → ダン

当てずっぽうの法則
- 無視の法則
- 初声の法則　ㄴ → n (d)
- 母音　ㅏ → a
- パッチムの法則　ㄴ ㅁ → ン

重要度	漢字	単語の例	日本語の訓読み
★★★★★	남 男	남자　ナムジャ　男子 남성　ナムソン　男性 남녀　ナムニョ　男女	おとこ 남자 ナムジャ

➡ 「ナン」p310

例文 ➡ 남녀는 평등합니다 （男女は平等です）
　　　ナムニョヌン　ピョンドゥンハムニ ダ

364

重要度 ★★★★☆

Dan / Dan

단 → ダン

当てずっぽうの法則
- 初声の法則　ㄷ → t (d)
- 母音　ㅏ → a
- パッチムの法則　ㄴ ㅁ → ン
- 同音異字の法則

重要度	漢字	単語の例	日本語の訓読み
★★★☆☆	단 団	단체　ダンチェ　団体 단결　ダンギョル　団結 재단　ジェダン　財団	―

例文 ➡ 일치 단결해서 열심히 합시다 （一致団結して頑張りましょう）
　　　イルチ　ダンギョレソ　ヨルシミ　ハプシダ

PART 4　韓国語の漢字語を読もう〜！

ア / カ / サ / **タ** / ナ / ハ / マ・ヤ / ラ・ワ

重要度	★★★★☆	漢字	単語の例		日本語の訓読み
단		断	판단 パンダン 判断 단념 ダンニョム 断念 절단 ジョルタン 切断		断つ 끊다, 자르다 ックンタ ジャル ダ

例文 ➡ 겉모습으로 판단해서는 안 됩니다　（外見で判断してはいけません）
　　　 ゴンモ ス ブ ロ パンダ ネ ソ ヌン アン デム ニ ダ

重要度	★★★★☆	漢字	単語の例		日本語の訓読み
단		段	계단 ゲダン 階段 단계 ダンゲ 段階 수단 スダン 手段		―

例文 ➡ 지금은 실험 단계입니다　（今は実験段階です）
　　　 ジ グムン シ ロム ダンゲイム ニ ダ

365

重要度 ★★★☆☆　　日本語

Dam → Dan

담 → ダン

当てずっぽうの法則
- 初声の法則　ㄷ → t(d)
- バッチムの法則　ㄴ(ㅁ) → ン
- 母音　ㅏ → a

重要度	★★★☆☆	漢字	単語の例		日本語の訓読み
담		談	회담 フェダム 会談 담화 ダムァ 談話 담합 ダマプ 談合		―

例文 ➡ 비공식 회담이 있었습니다　（非公式会談がありました）
　　　 ビゴン シ クェダ ミ イッソッスム ニ ダ

366

重要度 ★★★★☆　　日本語

Ji → Chi

지 → チ

当てずっぽうの法則
- 母音　ㅣ → i
- 同音異字の法則

重要度	★★★★☆	漢字	単語の例		日本語の訓読み
지		知	지식 ジシク 知識 지능 ジヌン 知能 지인 ジイン 知人		知る 알다 アル ダ

例文 ➡ 그는 법률에 관한 지식이 있다　（彼は法律に関する知識がある）
　　　 グヌン ポムニュレ グァナン ジ シギ イッタ

重要度	★★★★	漢字	単語の例			関連語
지		地	지구	ジグ	地球	ち、じ
			지역	ジヨク	地域	땅
			지방	ジバン	地方	ッタン

例文 → 지구는 매우 아름답습니다 （地球はとても美しいです）
　　　　ジグヌン　メウ　アルムダプスムニダ

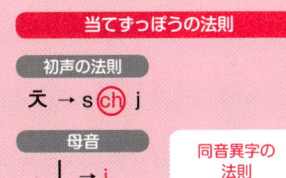

367

重要度	★★★★		日本語		当てずっぽうの法則
	Chi		Chi		初声の法則
	치 → チ				ㅊ → s ch j
					母音　　　　同音異字の法則
					ㅣ → i

重要度	★★★★	漢字	単語の例			日本語の訓読み
치		治	치안	チアン	治安	治める
			치료	チリョ	治療	다스리다, 지배하다
			치유	チユ	治癒	ダスリダ　ジベハダ

例文 → 그 나라는 치안이 나쁘다 （その国は治安が悪い）
　　　　グ　ナラヌン　チアニ ナップダ

重要度	★★★★	漢字	単語の例			日本語の訓読み
치		置	조치	ジョチ	措置	おく
			설치	ソルチ	設置	놓다
			장치	ジャンチ	装置	ノタ

例文 → 몰래카메라를 설치하였다 （隠しカメラを設置した）
　　　　モルレカメラルル　ソルチハヨッタ

重要度	★★★☆☆	漢字	単語の例			日本語の訓読み
치		致	일치	イルチ	一致	―
			유치	ユチ	誘致	
			치명적	チミョンジョク	致命的	

例文 → 치명적인 컴퓨터 바이러스 （致命的なコンピュータウイルス）
　　　　チミョンジョギン　コムピュト　バイロス

日本語が「チ」になるのも、
わかりやすくていいね〜。
全体的に、ハングルの母音が「ㅣ」のものは
当てずっぽうがしやすい気がする！

368

重要度 ★☆☆☆☆ 　日本語
Juk → Chiku
죽 → チク

当てずっぽうの法則
パッチムの法則
ㄱ → ク キ

重要度	漢字	単語の例	日本語の訓読み
★☆☆☆☆	竹	폭죽　ポクチュク　爆竹 죽마　ジュンマ　竹馬 죽염　ジュギョム　*竹塩	たけ 대나무 デナム

例文 ▶ 죽염은 정말 좋습니다　（竹塩は本当にいいです）
　　　ジュギョムン ジョンマル ジョッスムニ ダ

369

重要度 ★★★★☆ 　日本語
Chuk → Chiku
축 → チク

当てずっぽうの法則
初声の法則　　パッチムの法則
ㅊ → s ch j　ㄱ → ク キ
同音異字の法則

重要度	漢字	単語の例	日本語の訓読み
★★★★☆	築	건축　ゴンチュク　建築 구축　グチュク　構築 축조　チュクチョ　築造	きずく 쌓다 ッサ タ

例文 ▶ 그는 건축 설계를 하고 있습니다　（彼は建築の設計をしています）
　　　グヌン ゴンチュク ソルゲルル ハ ゴ イッスムニ ダ

重要度	漢字	単語の例	日本語の訓読み
★★☆☆☆	畜	가축　ガチュク　家畜 축산　チュクサン　畜産 축산업　チュクサノプ　畜産業	—

例文 ▶ 대학에서 축산을 전공했어요　（大学で畜産を専攻しました）
　　　デ ハ ゲ ソ チュクサヌル ジョンゴンヘッ ソ ヨ

重要度	漢字	単語の例	日本語の訓読み
★★☆☆☆	蓄	저축　ジョチュク　貯蓄 축적　チュクチョク　蓄積 축전지　チュクチョンジ　蓄電池	蓄える 모으다, 비축하다 モ ウ ダ　ビチュカ ダ

例文 ▶ 저는 수입의 절반을 저축합니다　（私は収入の半分を貯蓄します）
　　　ジョヌン スイベ ジョルバヌル ジョチュカム ニ ダ

370

重要度｜★☆☆☆☆

질 (Jil) → チツ (Chitsu)

当てずっぽうの法則
- パッチムの法則: ㄹ → ツ チ
- 母音: ㅣ → i

重要度	漢字	単語の例	日本語の訓読み
★☆☆☆☆	질 / 秩	질서　ジルソ　秩序	―

例文 ➡ 여러분 질서를 지켜 주세요　（皆さん、秩序を守ってください）
ヨロブン　ジル ソルル　ジキョ ジュセヨ

371

重要度｜★★★★☆

차 (Cha) → チャ (Cha)

当てずっぽうの法則
- 初声の法則: ㅊ → s (ch) j
- 母音: ㅏ → a

重要度	漢字	単語の例	日本語の訓読み
★★★★☆	차 / 茶	녹차　ノクチャ　緑茶 말차　マルチャ　抹茶 생강차　センガンチャ　生姜茶	お茶 녹차, 차 ノクチャ　チャ

➡「サ」p183

例文 ➡ 말차 아이스크림을 좋아해요　（抹茶アイスクリームが好きです）
マルチャ　アイスクリム ル　ジョア ヘヨ

372

重要度｜★★★★☆

착 (Chak) → チャク (Chaku)

当てずっぽうの法則
- 初声の法則: ㅊ → s (ch) j
- パッチムの法則: ㄱ → ク キ
- 母音: ㅏ → a

重要度	漢字	単語の例	日本語の訓読み
★★★★☆	착 / 着	도착　ドチャク　到着 착수　チャクス　着手 착석　チャクソク　着席	着る 입다 イプタ

例文 ➡ 자리에 착석해 주세요　（席に着席してください）
ジャリ エ　チャクソ ケ　ジュセヨ

PART 4　韓国語の漢字語を読もう～！

373 주 → チュウ

重要度 ★★★★　日本語　当てずっぽうの法則
Ju　Chuu
母音　ㅜ → u
同音異字の法則

重要度 ★★★★　漢字：宙

単語の例			日本語の訓読み
우주	ウジュ	宇宙	―
대우주	デウジュ	大宇宙	
소우주	ソウジュ	小宇宙	

例文 ➡ 우주는 신비합니다　（宇宙は神秘です）
ウジュヌン シンビ ハムニ ダ

重要度 ★☆☆☆☆　漢字：昼

単語の例			日本語の訓読み
주야	ジュヤ	昼夜	ひる
주간	ジュガン	＊昼間	낮 ナッ

例文 ➡ 그는 주야로 일했습니다　（彼は昼夜で働きました）
グヌン ジュヤロ イレッスムニ ダ

重要度 ★☆☆☆☆　漢字：柱

単語の例			日本語の訓読み
주석	ジュソク	柱石	はしら 기둥 ギドゥン

例文 ➡ 국가 주석　（国家柱石）
クッカ ジュソク

重要度 ★★★★　漢字：注

単語の例			日本語の訓読み
주의	ジュイ	注意	注ぐ
주문	ジュムン	注文	따르다 ッタルダ
주사	ジュサ	注射	

例文 ➡ 우선 맥주를 주문했어요　（まずビールを注文しました）
ウソン メクチュルル チュムネッソ ヨ

重要度 ★★★★　漢字：駐

単語の例			日本語の訓読み
주차장	ジュチャジャン	駐車場	―
주둔	ジュドゥン	駐屯	
주재	ジュジェ	駐在	

例文 ➡ 그는 서울에 주재하고 있습니다　（彼はソウルに駐在しています）
グヌン ソウ レ ジュジェ ハ ゴ イッスムニ ダ

284

374

重要度 ★★★★
Jung
중 → **チュウ** Chuu

当てずっぽうの法則
パッチムの法則 ○ → ウイ
母音 ㅜ → u

重要度	漢字	単語の例		日本語の訓読み
★★★★★	中	집중 ジプチュン 集中		なか
중		중심 ジュンシム 中心		안, 속, 가운데
		중앙 ジュンアン 中央		アン ソク ガウンデ

例文 ➡ 집중과 선택이 중요합니다 （集中と選択が重要です）
　　　ジプチュングァ ソンテ ギ ジュンヨ ハム ニ ダ

375

重要度 ★★★
Chung
충 → **チュウ** Chuu

当てずっぽうの法則
初声の法則 ㅊ → s ch j
パッチムの法則 ○ → ウイ
母音 ㅜ → u
同音異字の法則

重要度	漢字	単語の例		日本語の訓読み
★★★	忠	충성 チュンソン 忠誠		—
충		충고 チュンゴ 忠告		
		충실 チュンシル 忠実		

例文 ➡ 그는 충성을 맹세했습니다 （彼は忠誠を誓いました）
　　　 グヌン チュンソンウル メンセ ヘッスム ニ ダ

重要度	漢字	単語の例		日本語の訓読み
★★★	虫	곤충 ゴンチュン 昆虫		むし
충		해충 ヘチュン 害虫		벌레
		충치 チュンチ *虫歯		ボル レ

例文 ➡ 충치가 두 개 있어요 （虫歯が2つあります）
　　　 チュンチ ガ ドゥ ゲ イッソ ヨ

「駐（주）」の例文中にある韓国の首都「ソウル」は、韓国固有の言葉「固有語」なので、漢字表記はありません。
他の都市はほとんど漢字表記があるのに、どうしてソウルはカタカナなの？って思っていた人もいるのでは？（笑）

PART 4 韓国語の漢字語を読もう〜！

376

重要度 ★★★　日本語

Jeo → Cho

저 → チョ

当てずっぽうの法則

同音異字の法則

重要度 ★★★★	漢字	単語の例			日本語の訓読み
저	著	저자	ジョジャ	著者	著しい
		저서	ジョソ	著書	현저하다
		저명	ジョミョン	著名	ヒョンジョ ハ ダ

例文 → 이 저자는 재미있어요　（この著者はおもしろいです）
イ ジョジャヌン ジェミ イッソ ヨ

重要度 ★★★★	漢字	単語の例			日本語の訓読み
저	貯	저금	ジョグム	貯金	ためる
		저축	ジョチュク	貯蓄	모으다, 저축하다
		저장	ジョジャン	貯蔵	モ ウ ダ ジョチュカ ダ

例文 → 미래를 위해 저금했어요　（未来のために貯金しました）
ミ レルル ウィヘ ジョ グ メッ ソ ヨ

377

重要度 ★★★★★　日本語

Jang → Chou

장 → チョウ

当てずっぽうの法則

パッチムの法則
ㅇ → ウイ

同音異字の法則

重要度 ★★★★	漢字	単語の例			日本語の訓読み
장	帳	통장	トンジャン	通帳	―
		일기장	イルギジャン	日記帳	
		장부	ジャンブ	帳簿	

例文 → 오늘 통장을 정리했어요　（今日通帳を整理しました）
オヌル トンジャンウル ジョンニ ヘッ ソ ヨ

重要度 ★★★★	漢字	単語の例			日本語の訓読み
장	張	주장	ジュジャン	主張	―
		긴장	ギンジャン	緊張	
		과장	グァジャン	誇張	

例文 → 그는 자기 주장이 강합니다　（彼は自己主張が強いです）
グヌン ジャギ ジュジャンイ ガンハム ニ ダ

286

重要度	★★★★☆	漢字	単語の例		日本語の訓読み
장		腸	장염 ジャンニョム 腸炎 위장 ウィジャン 胃腸 위장염 ウィジャンニョム 胃腸炎		—

例文 ➡ 스트레스는 위장염을 일으킵니다　（ストレスは胃腸炎を起こします）
　　　ストゥレ　スヌン　ウィジャンニョムル　イル キム ニ　ダ

重要度	★★★★☆	漢字	単語の例		日本語の訓読み
장		長	장남 ジャンナム 長男 장기적 ジャンギジョク 長期的 성장 ソンジャン 成長		長い 길다 ギルダ

例文 ➡ 그 사람은 장남입니다　（その人は長男です）
　　　グ サ　ラムン ジャンナ ミムニ　ダ

378

重要度 ★★☆☆☆
Jeong **정** → Chou **チョウ**

当てずっぽうの法則　パッチムの法則
ㅇ → ウイ

重要度	★★★★☆	漢字	単語の例		日本語の訓読み
정		頂	정상 ジョンサン 頂上 산정 サンジョン 山頂 절정 ジョルチョン 絶頂		頂く 받다 パッタ

例文 ➡ 후지산 정상에 올랐습니다　（富士山の頂上に登りました）
　　　フ ジ サン ジョンサン エ　オルラッスム ニ　ダ

379

重要度 ★★★☆☆
Jo **조** → Chou **チョウ**

母音　ㅗ → o
同音異字の法則

重要度	★★☆☆☆	漢字	単語の例		日本語の訓読み
조		兆	억조 オクチョ 億兆 전조 ジョンジョ 前兆 길조 ギルチョ 吉兆		兆し 징조, 조짐 ジンジョ ジョジム

例文 ➡ 불길한 전조　（不吉な前兆）
　　　ブルギ ラン ジョンジョ

重要度 ★★★☆☆	漢字	単語の例			日本語の訓読み
조	朝	조선	ジョソン	朝鮮	あさ
		조회	ジョフェ	朝会	아침
		왕조	ワンジョ	王朝	ア チム

例文 ➡ 조선왕조실록　（朝鮮王朝実録）
　　　ジョソンワンジョ シル ロヶ

重要度 ★★★☆☆	漢字	単語の例			日本語の訓読み
조	調	조사	ジョサ	調査	調べる
		조절	ジョジョル	調節	조사하다
		강조	ガンジョ	強調	ジョサ ハ ダ

例文 ➡ 상세하게 조사해 주세요　（詳細に調査してください）
　　　サン セ ハ ゲ ジョサ ヘ ジュセ ヨ

重要度 ★★★☆☆	漢字	単語の例			日本語の訓読み
조	鳥	백조	ベクチョ	白鳥	とり
		조류	ジョリュ	鳥類	새
		불사조	ブルサジョ	不死鳥	セ

例文 ➡ 불사조처럼 부활한 남자　（不死鳥のように復活した男）
　　　ブル サ ジョ チョロム　ブファラン ナムジャ

380　청 Cheong → チョウ Chou

当てずっぽうの法則
初声の法則：ㅊ → s ch j
パッチムの法則：ㅇ → ウ イ
同音異字の法則

重要度 ★★★☆☆	漢字	単語の例			日本語の訓読み
청	庁	시청	シチョン	市庁	―
		관청	グァンチョン	官庁	
		청사	チョンサ	庁舎	

例文 ➡ 시청에 볼일이 있어요　（市庁に用事があります）
　　　シチョン エ ボル リ リ イッソ ヨ

重要度 ★★☆☆☆	漢字	単語の例			日本語の訓読み
청	聴	청취	チョンチュイ	聴取	聴く
		시청자	シチョンジャ	視聴者	듣다
		청문회	チョンムヌェ	聴聞会	ドゥッタ

例文 ➡ 시청자의 전화를 기다리고 있습니다　（視聴者の電話を待っています）
　　　シチョンジャエ ジョヌァルル ギ ダリ ゴ イッスムニ ダ

381

重要度 ★★★☆☆
日本語
当てずっぽうの法則

Cho　　Chou
초 → チョウ

初声の法則
ㅊ → s ch j

母音
ㅗ → o

重要度	漢字	単語の例	日本語の訓読み
★★★☆☆ 초	超	초고속　チョゴソク　超高速 초음파　チョウムパ　超音波 초월　チョウォル　超越	超える 초과하다, 초월하다 チョグァハ ダ　チョウォラ ダ

例文 ➡ 초음파 검사를 받았어요　（超音波検査を受けました）
　　　 チョウムパ　ゴムサルル　パダッソ ヨ

382

重要度 ★★★☆☆
日本語
当てずっぽうの法則

Jik　　Choku
직 → チョク

パッチムの法則
ㄱ → ク キ

重要度	漢字	単語の例	日本語の訓読み
★★★☆☆ 직	直	직접　ジクチョプ　直接 솔직　ソルチク　率直 정직　ジョンジク　*正直	直す 고치다 ゴチダ

例文 ➡ 그에게서 직접 들은 이야기입니다　（彼から直接聞いた話です）
　　　 グ エ ゲソ　ジクチョプ　トゥルン イ ヤ ギ イム ニ ダ

383

重要度 ★★★☆☆
日本語
当てずっぽうの法則

Jin　　Chin
진 → チン

パッチムの法則
ㄴ ロ → ン

母音
ㅣ → i

重要度	漢字	単語の例	日本語の訓読み
★★★☆☆ 진	珍	진미　ジンミ　珍味 산해진미　サネジンミ　山海の珍味 진기　ジンギ　珍奇	珍しい 희한하다 ヒ ハナダ

例文 ➡ 산해진미는 무슨 뜻입니까?　（山海の珍味とはどんな意味ですか）
　　　 サ ネ ジンミ ヌン　ムスン ットゥシム ニッカ

384

重要度 ★★★★
Tong
통 → ツウ
Tsuu
日本語

当てずっぽうの法則
初声の法則　パッチムの法則
ㅌ → ⓣd　　ㅇ → ⓤイ

同音異字の法則

重要度 ★★★☆☆ ／ 漢字：痛

통 痛

単語の例		
고통	ゴトン	苦痛
통쾌	トンクェ	痛快
비통	ビトン	悲痛

日本語の訓読み
痛い
아프다
アプダ

例文 ➡ 그와의 이별은 고통이었습니다　（彼との離別は苦痛でした）
グ ワ エ　イビョルン　ゴ トン イオッスム ニ ダ

重要度 ★★★★☆ ／ 漢字：通

통 通

単語の例		
보통	ボトン	普通
교통	ギョトン	交通
통과	トングァ	通過

関連語
通じる
통하다
トン ハ ダ

例文 ➡ 학교 성적은 보통이었어요　（学校の成績は普通でした）
ハッキョ　ソンジョグン　ボ トン イオッソ ヨ

385

重要度 ★★★★
Jeo
저 → テイ
Tei
日本語

当てずっぽうの法則
無視の法則
初声の法則
ㅈ → s z ⓣ(d)
母音
ㅓ → e

同音異字の法則

重要度 ★★★★☆ ／ 漢字：低

저 低

単語の例		
저가	ジョッカ	低価
저하	ジョハ	低下
저속	ジョソク	低速

日本語の訓読み
低い
낮다
ナッタ

例文 ➡ 최근 저가 화장품이 인기입니다　（最近低価化粧品が人気です）
チェグン　ジョッカ　ファジャン プ ミ　イン キ イム ニ ダ

重要度 ★☆☆☆☆ ／ 漢字：底

저 底

単語の例		
철저	チョルチョ	徹底
도저	ドジョ	到底
저력	ジョリョク	*底力

日本語の訓読み
そこ
바닥
バ ダク

例文 ➡ 역시 그는 저력이 있어요　（さすが彼は底力があります）
ヨクシ　グ ヌン　ジョリョギ　イッ ソ ヨ

386

重要度 ★★★

Jeong **정** → Tei **テイ**

日本語

当てずっぽうの法則
- 無視の法則
- 初声の法則　ㅈ → s z t(d)
- 母音　ㅓ → e
- パッチムの法則　ㅇ → ウ イ
- 同音異字の法則

重要度 ★★★★★

漢字	単語の例	日本語の訓読み
정 停	정차　ジョンチャ　停車 정전　ジョンジョン　停電 정류장　ジョンニュジャン　停留場	とまる 머물다, 멈추다 モ ムル ダ　モムチュダ

例文 ➡ 지진으로 정전되었습니다　（地震で停電になりました）
　　　ジ ジ ヌ ロ　ジョンジョンデ オッスムニ ダ

重要度 ★★★★★

漢字	単語の例	日本語の訓読み
정 定	결정　ギョルチョン　決定 인정　インジョン　認定 정기적　ジョンギジョク　定期的	定める 정하다 ジョン ハ ダ

例文 ➡ 육아는 아이의 미래를 결정한다　（育児は子供の未来を決定する）
　　　ユ ガ ヌン　アイ エ　ミ レ ルル　ギョルチョンハンダ

重要度 ★★★★★

漢字	単語の例	日本語の訓読み
정 庭	가정　ガジョン　家庭 정원　ジョンウォン　庭園	にわ 마당, 뜰 マ ダン　ットゥル

例文 ➡ 행복한 가정을 만들고 싶어요　（幸せな家庭を築きたいです）
　　　ヘン ボ カン　ガジョンウル　マンドゥルゴ　シ ポ ヨ

重要度 ★★★★★

漢字	単語の例	日本語の訓読み
정 程	과정　グァジョン　過程 음정　ウムジョン　音程 공정　ゴンジョン　工程	ほど 정도 ジョンド

例文 ➡ 훈련 과정이 중요합니다　（訓練課程が重要です）
　　　フルリョン　グァジョン イ　ジュン ヨ ハム ニ ダ

重要度 ★★★★★

漢字	単語の例	日本語の訓読み
정 訂	정정　ジョンジョン　訂正 개정　ゲジョン　改訂 교정　ギョジョン　校訂	―

例文 ➡ 교과서가 개정되었습니다　（教科書が改訂されました）
　　　ギョグァソ ガ　ゲジョンデオッスム ニ ダ

PART 4　韓国語の漢字語を読もう〜！

387

重要度 ★★★

日本語

제 (Je) → テイ (Tei)

当てずっぽうの法則
- 無視の法則
- 初声の法則 ㅈ → s z t(d)
- 母音 ㅔ → e
- 同音異字の法則

重要度 ★★★★	漢字	単語の例			日本語の訓読み
제	帝	황제	ファンジェ	皇帝	—
		제국	ジェグク	帝国	
		제왕	ジェワン	帝王	

例文 ➡ 제국호텔을 예약했어요　（帝国ホテルを予約しました）
　　　ジェグ　コ テルル　イェヤ ケッソ ヨ

重要度 ★★★★	漢字	単語の例			日本語の訓読み
제	提	제안	ジェアン	提案	—
		제공	ジェゴン	提供	
		제시	ジェシ	提示	

例文 ➡ 제안이 하나 있습니다　（提案がひとつあります）
　　　ジェア ニ　ハ ナ　イッスム ニ ダ

388

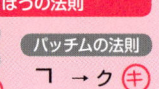

重要度 ★★★★★

日本語

적 (Jeok) → テキ (Teki)

当てずっぽうの法則
- 無視の法則
- 初声の法則 ㅈ → s z t(d)
- パッチムの法則 ㄱ → ク キ
- 母音 ㅓ → e
- 同音異字の法則

重要度 ★★	漢字	単語の例			関連語
적	摘	지적	ジジョク	指摘	お摘み
		적발	ジョクパル	摘発	안주
		적출	ジョクチュル	摘出	アンジュ

例文 ➡ 그는 문제를 지적했습니다　（彼は問題を指摘しました）
　　　グヌン ムンジェルル　ジ ジョケッスム ニ　ダ

重要度 ★★★	漢字	単語の例			日本語の訓読み
적	敵	무적	ムジョク	無敵	かたき
		적국	ジョックク	敵国	원수
		적군	ジョックン	敵軍	ウォン ス

例文 ➡ 그는 천하무적입니다　（彼は天下無敵です）
　　　グヌン　チョ ナ ム ジョ ギム ニ ダ

重要度 ★★★★★	漢字	単語の例		日本語の訓読み
적	的	적중 절대적 상대적	ジョクチュン 的中 ジョルテジョク 絶対的 サンデジョク 相対的	まと 목표, 대상 モクピョ デサン

例文 ➡ 신은 절대적인 존재입니다 （神は絶対的な存在です）
　　　シヌン ジョルテジョギン ジョンジェイム ニ ダ

389

重要度 ★★★☆☆　日本語

Cheol 철 → テツ **Tetsu**

当てずっぽうの法則

パッチムの法則　ㄹ → ッ・チ

母音　ㅓ → e

同音異字の法則

重要度 ★☆☆☆☆	漢字	単語の例		日本語の訓読み
철	哲	철학 명철	チョラク 哲学 ミョンチョル 明哲	—

例文 ➡ 이 제품에는 철학이 있습니다 （この製品には哲学があります）
　　　イ チェプ メヌン チョラ ギ イッスムニ ダ

重要度 ★★★☆☆	漢字	単語の例		関連語
철	徹	철야 철저 관철	チョリャ 徹夜 チョルチョ 徹底 グァンチョル 貫徹	徹する 철저하다 チョルチョ ハ ダ

例文 ➡ 시험 공부로 철야했습니다 （試験勉強で徹夜しました）
　　　シ ホム ゴンブ ロ チョリャヘッスム ニ ダ

重要度 ★★★☆☆	漢字	単語の例		日本語の訓読み
철	鉄	지하철 철도 철근	ジハチョル 地下鉄 チョルト 鉄道 チョルグン 鉄筋	—

例文 ➡ 저는 지하철로 출근합니다 （私は地下鉄で出勤します）
　　　ジョヌン ジ ハ チョルロ チュル グナムニ ダ

韓国語でも、「○○的」っていう言い方はよくしますよ〜。
覚えておくと便利だね。

PART 4　韓国語の漢字語を読もう〜！

ア カ サ **タ** ナ ハ マ・ヤ ラ・ワ

390

重要度 ★★★☆

Jeon **전** → Ten **テン**

当てずっぽうの法則
- 無視の法則
- 初声の法則 ㅈ → s z (t(d))
- 母音 ㅓ → e
- バッチムの法則 ㄴ ㅁ → ン
- 同音異字の法則

重要度 ★★★★☆	漢字	単語の例	日本語の訓読み
전	典	전형적 ジョニョンジョク 典型的 사전 サジョン 辞典 특전 トゥクチョン 特典	—

例文 ➡ 그는 전형적인 일본인입니다 (彼は典型的な日本人です)
　　　グヌン ジョニョンジョギン イルボ ニニムニ ダ

重要度 ★★★★☆	漢字	単語の例	日本語の訓読み
전	展	전시회 ジョンシフェ 展示会 전개 ジョンゲ 展開 발전 パルチョン 発展	—

例文 ➡ 어제 전시회에 다녀왔어요 (昨日展示会に行って来ました)
　　　オジェ ジョンシフェエ ダニョワッソヨ

重要度 ★★★★☆	漢字	単語の例	日本語の訓読み
전	転	운전 ウンジョン 運転 자전거 ジャジョンゴ 自転車 회전 フェジョン 回転	転ぶ 구르다, 넘어지다 グルダ ノモジダ

例文 ➡ 국제운전면허증 (国際運転免許証)
　　　グクチェウンジョンミョノッチュン

391

重要度 ★★★★☆

Jeom **점** → Ten **テン**

当てずっぽうの法則
- 無視の法則
- 初声の法則 ㅈ → s z (t(d))
- 母音 ㅓ → e
- バッチムの法則 ㄴ ㅁ → ン
- 同音異字の法則

重要度 ★★★★☆	漢字	単語の例	日本語の訓読み
점	店	백화점 ペクァジョム 百貨店 점원 ジョムオン 店員 지점 ジジョム 支店	お店 가게 ガゲ

例文 ➡ 지금 백화점에서 세일을 합니다 (今、百貨店でセールをやっています)
　　　ジグム ペクァジョメソ セイルル ハムニダ

294

重要度	★★★★	漢字	単語の例		日本語の訓読み
점		点	점수 ジョムス 点数 종점 ジョンチョム 終点 약점 ヤクチョム 弱点		—

例文 ➡ 누구나 약점은 있습니다 （誰でも弱点はあります）
　　　ヌ グ ナ　ヤクチョムン イッスム ニ ダ

392

重要度 ★★★★ **日本語**
Cheon　　Ten
천 → テン

当てずっぽうの法則
パッチムの法則
ㄴ　ㅁ→ン
母音
ㅓ→e

重要度	★★★★	漢字	単語の例		関連語
천		天	천재 チョンジェ 天才 천하 チョナ 天下 천국 チョングク 天国		てん、あま 하늘 ハ ヌル

例文 ➡ 지구야말로 천국입니다 （地球こそ天国です）
　　　ジ グ ヤマル ロ　チョングギム ニ ダ

393

重要度 ★★　　**日本語**
Cheom　　Ten
첨 → テン

当てずっぽうの法則
パッチムの法則
ㄴ　ㅁ→ン
母音
ㅓ→e

重要度	★★	漢字	単語の例		日本語の訓読み
첨		添	첨부 チョムブ 添付 첨가 チョムガ 添加 별첨 ビョルチョム 別添		添える 곁들이다, 첨부하다 ギョットゥ リ ダ　チョムブ ハ ダ

例文 ➡ 파일을 첨부합니다 （ファイルを添付します）
　　　パ イルル チョムブ ハム ニ ダ

> 日本語読みが同じ「テン」で
> ハングルが「전」「점」「천」「첨」…。
> 当てずっぽうで読むときはいいけど、
> つづりはちょっとややこしいかな〜。
> 漢字は少しずつだから、何とか覚えちゃおう！

PART 4　韓国語の漢字語を読もう〜！

295

394

重要度 ★★★★☆
Jeon → Den
전 → デン

当てずっぽうの法則
- 無視の法則
- 初声の法則 ㅈ → s z ⓣ(d)
- 母音 ㅓ → e
- パッチムの法則 ⓛ ㄹ → ン
- 同音異字の法則

重要度 ★★★☆☆	漢字	単語の例		日本語の訓読み
전	伝	전설 ジョンソル	伝説	伝える
		유전 ユジョン	遺伝	전하다
		전달 ジョンダル	伝達	ジョナ ダ

例文 ➡ 그는 살아 있는 전설입니다 (彼は生きている伝説です)
　　　　グヌン サラ インヌン ジョンソリムニ ダ

重要度 ★★★★☆	漢字	単語の例		関連語
전	田	전원 ジョヌォン	田園	た、たんぼ
		유전 ユジョン	油田	논
		대전 デジョン	大田(デジョン)	ノン

例文 ➡ 일본에서 유전이 발견되었습니다 (日本で油田が発見されました)
　　　　イルボ ネソ ユジョニ バルギョンデ オッスムニ ダ

重要度 ★★★★★	漢字	単語の例		日本語の訓読み
전	電	전기 ジョンギ	電気	—
		전화 ジョヌァ	電話	
		전자 ジョンジャ	電子	

例文 ➡ 내일 전화할게요 (明日電話しますね)
　　　　ネイル ジョヌァハルケ ヨ

395

重要度 ★★★★☆
Do → To
도 → ト

当てずっぽうの法則
- 無視の法則
- 初声の法則 ㄷ → ⓣ d
- 母音 ㅗ → o
- 同音異字の法則

重要度 ★★★★☆	漢字	単語の例		関連語
도	図	도서관 ドソグァン	図書館	ず
		의도 ウィド	意図	도형, 도면, 그림
		도표 ドピョ	*図表	ドヒョン ドミョン グリム

➡「ズ」p240　例文 ➡ 국립중앙도서관 (国立中央図書館)
　　　　　　　　　　グンニプチュンアン ド ソ グァン

296

重要度	★★☆☆☆	漢字	単語の例		日本語の訓読み
도		徒	도보 ドボ	徒歩	—
			신도 シンド	信徒	
			사도 サド	使徒	

例文 ➡ 역에서 도보로 10분 걸려요　（駅から徒歩で10分かかります）
　　　ヨゲソ　ドボロ　シップン　ゴルリョヨ

重要度	★★★☆☆	漢字	単語の例		日本語の訓読み
도		途	별도 ビョルト	別途	—
			용도 ヨンド	用途	
			도중 ドジュン	途中	

例文 ➡ 별도의 조건은 없습니다　（別途の条件はありません）
　　　ビョルト エ ジョッコヌン オプスムニ ダ

重要度	★★★★☆	漢字	単語の例		日本語の訓読み
도		都	도시 ドシ	都市	みやこ
			수도 スド	首都	수도 スド
			도심 ドシム	都心	

例文 ➡ 한국의 수도는 서울입니다　（韓国の首都はソウルです）
　　　ハング ゲ スド ヌン ソ ウ リムニ ダ

396

重要度 ★★★★★　日本語

토 → ト

To → To

当てずっぽうの法則

初声の法則
ㅌ → ⓣd

母音
ㅗ → o

重要度	★★☆☆☆	漢字	単語の例		日本語の訓読み
토		吐	구토 グト	嘔吐	吐く
			토혈 トヒョル	吐血	토하다 トハダ
			토로 トロ	吐露	

例文 ➡ 바이러스로 설사와 구토를 했습니다　（ウイルスで下痢と嘔吐をしました）
　　　バイロスロ ソルサワ グトルル ヘッスムニ ダ

「吐（토）」の例文のハングル「바이러스」を見て「バイロス??」となった人、いるかな。
日本語だと「ウイルス」だからわかりにくいけど、英語のつづり「virus」を思い浮かべると、なるほど！　ってなるよね！

397

重要度 ★★★★☆ 日本語

ノ → ド
No   Do

当てずっぽうの法則
- 無視の法則
- 初声の法則
  ㄴ → n ⓓ
- 母音
  ㅗ → o
- 同音異字の法則

重要度	漢字	単語の例	日本語の訓読み
★★★★☆ ノ	努	노력 ノリョク 努力 노력가 ノリョッカ 努力家	努める 힘쓰다, 노력하다 ヒムスダ ノリョカダ

例文 ➡ 꿈을 위해서 노력하고 있어요 (夢のために努力しています)
ックムル ウィヘソ ノリョカゴ イッソヨ

重要度	漢字	単語の例	日本語の訓読み
★★★★☆ ノ	怒	격노 ギョンノ 激怒 분노 ブンノ 憤怒 노기 ノギ 怒気	怒る 화내다, 성내다 ファネダ ソンネダ

例文 ➡ 국민은 격노했습니다 (国民は激怒しました)
グンミヌン ギョンノヘッスムニダ

重要度	漢字	単語の例	日本語の訓読み
★★★★☆ ノ	奴	노예 ノイェ 奴隷	やつ 녀석, 놈 ニョソク ノム

例文 ➡ 돈의 노예가 되고 싶지 않아요 (お金の奴隷になりたくないです)
ドネ ノイェガ デゴ シプチ アナヨ

398

重要度 ★★★★★ 日本語

ト → ド
To   Do

当てずっぽうの法則
- 無視の法則
- 初声の法則
  ㅌ → t ⓓ
- 母音
  ㅗ → o

重要度	漢字	単語の例	日本語の訓読み
★★★★★ ト	土	토요일 トヨイル 土曜日 토지 トジ *土地 토성 トソン 土星	つち 흙 フク

例文 ➡ 오늘은 즐거운 토요일입니다 (今日は楽しい土曜日です)
オヌルン チュルゴウン トヨイリムニダ

399

重要度 ★★★★

당 Dang → **トウ** Tou

当てずっぽうの法則
- 無視の法則
- 初声の法則　ㄷ → t(d)
- バッチムの法則　ㅇ → ウイ
- 同音異字の法則

重要度 ★★★★	漢字	単語の例	日本語の訓読み
당	党	악당　アクタン　悪党 민주당　ミンジュダン　民主党 신당　シンダン　新党	—

例文 → 선거에서 민주당이 승리했습니다　（選挙で民主党が勝利しました）
ソンゴ エソ ミンジュダンイ スンニヘッスムニダ

重要度 ★★★★	漢字	単語の例	日本語の訓読み
당	当	당선　ダンソン　当選 당연　ダンヨン　当然 적당　ジョクタン　適当	当たる 맞다 マッタ

例文 → 그것은 당연한 결과입니다　（それは当然な結果です）
グ ゴスン ダンヨナン ギョルグァイムニダ

重要度 ★★★★	漢字	単語の例	日本語の訓読み
당	糖	당뇨병　ダンニョッピョン　糖尿病 당분　ダンブン　糖分 혈당　ヒョルタン　血糖	—

例文 → 아버지의 당뇨병이 완치되었습니다　（父の糖尿病が完治しました）
アボジエ ダンニョッピョンイ ワンチデオッスムニダ

400

重要度 ★★★★

도 Do → **トウ** Tou

当てずっぽうの法則
- 無視の法則
- 初声の法則　ㄷ → t(d)
- 母音　ㅗ → o
- 同音異字の法則

重要度 ★★	漢字	単語の例	日本語の訓読み
도	倒	압도적　アプトジョク　圧倒的 졸도　ジョルト　卒倒 도산　ドサン　倒産	倒れる 쓰러지다, 넘어지다 ッスロジダ ノモジダ

例文 → 압도적인 실력으로 이겼습니다　（圧倒的な実力で勝ちました）
アプトジョギン シルリョグロ イギョッスムニダ

PART 4　韓国語の漢字語を読もう〜！

重要度	★★★★☆	漢字	単語の例		日本語の訓読み
도		刀	집도 ジプト	執刀	かたな
			일본도 イルボンド	日本刀	칼
			단도 ダンド	短刀	カル

例文 ➡ 일본도는 비쌉니다 （日本刀は高いです）
イルボンド ヌン ビッサム ニ ダ

重要度	★★★★☆	漢字	単語の例		日本語の訓読み
도		島	반도 バンド	半島	しま
			군도 グンド	群島	섬
			제주도 ジェジュド	済州島	ソム

例文 ➡ 제주도에 가 보고 싶어요 （済州島に行ってみたいです）
ジェジュド エ ガ ボゴ シポヨ

重要度	★★★★☆	漢字	単語の例		日本語の訓読み
도		盗	강도 ガンド	強盗	盗む
			도난 ドナン	盗難	훔치다
			절도 ジョルト	窃盗	フムチダ

例文 ➡ 소년이 강도를 잡았습니다 （少年が強盗を捕まえました）
ソニョニ ガンドルル ジャバッスム ニ ダ

重要度	★★★★☆	漢字	単語の例		日本語の訓読み
도		到	도착 ドチャク	到着	―
			도달 ドダル	到達	
			도래 ドレ	到来	

例文 ➡ 그는 뉴욕에 도착했습니다 （彼はニューヨークに到着しました）
グヌン ニュヨゲ ドチャケッスム ニ ダ

401

重要度 ★★★★★

Dong 동 → Tou トウ

当てずっぽうの法則
無視の法則
初声の法則 ㄷ → t d
母音 ㅗ → o
バッチムの法則 ㅇ → ウイ
同音異字の法則

重要度	★★★★★	漢字	単語の例		日本語の訓読み
동		冬	동계 ドンゲ	冬季	ふゆ
			동면 ドンミョン	冬眠	겨울
			춘하추동 チュナチュドン	春夏秋冬	ギョウル

例文 ➡ 한국은 춘하추동 계절이 있어요 （韓国は春夏秋冬の季節があります）
ハンググン チュナ チュドン ゲジョリ イッソヨ

300

重要度	★★☆☆☆	漢字	単語の例			日本語の訓読み
동		凍	냉동	ネンドン	冷凍	凍える
			해동	ヘドン	解凍	얼다
			동결	ドンギョル	凍結	オルダ

例文 ➡ 여기는 냉동식품 코너입니다 （ここは冷凍食品コーナーです）
ヨ ギ ヌン ネンドンシプム コ ノ イム ニ ダ

重要度	★★★★★	漢字	単語の例			日本語の訓読み
동		東	동해	ドンヘ	東海（トンヘ）	ひがし
			동서	ドンソ	東西	동쪽
			동북	ドンブク	東北	ドンチョク

例文 ➡ 동북지역은 온천이 유명합니다 （東北地域は温泉が有名です）
ドンブクチ ヨ グン オンチョ ニ ユ ミョンハム ニ ダ

402

重要度 ★★★☆☆

Du 두 → Tou トウ

日本語

当てすっぽうの法則
無視の法則
初声の法則
ㄷ → t d
同音異字の法則

重要度	★★★☆☆	漢字	単語の例			日本語の訓読み
두		豆	두부	ドゥブ	豆腐	まめ
			두유	ドゥユ	豆乳	콩
						コン

例文 ➡ 두부는 영양이 풍부합니다 （豆腐は栄養が豊富です）
ドゥ ブ ヌン ヨンヤンイ プン ブ ハム ニ ダ

重要度	★★★☆☆	漢字	単語の例			日本語の訓読み
두		頭	구두	グドゥ	口頭	あたま
			선두	ソンドゥ	先頭	머리
			두뇌	ドゥノェ	*頭脳	モ リ

例文 ➡ 그는 두뇌 회전이 빠릅니다 （彼は頭脳の回転が速いです）
グ ヌン ドゥノェ フェジョニ ッパルム ニ ダ

229ページでも書いたけど、「到（도）」の例文にある「ニューヨーク」の音引き「ー」にあたる符合は韓国語にはないんだよ。

PART 4 韓国語の漢字語を読もう〜！

403

重要度 ★★★★☆
日本語
등 Deung → **トウ** Tou

当てずっぽうの法則
- 無視の法則
- 初声の法則 ㄷ → ⓣd
- パッチムの法則 ㅇ → ⓤイ
- 同音異字の法則

重要度	漢字	単語の例			日本語の訓読み
★★☆☆☆	登	등장	ドゥンジャン	登場	登る
등		등교	ドゥンギョ	登校	오르다, 올라가다
		등록	ドゥンノク	登録	オルダ オルラガダ

例文 ➡ 등록 마감일은 언제입니까? （登録締切日はいつですか）
　　　ドゥンノン マ ガ ミルン オンジェイムニッカ

重要度	漢字	単語の例			日本語の訓読み
★★★★☆	等	평등	ピョンドゥン	平等	など
등		균등	ギュンドゥン	均等	등
		등급	ドゥングプ	等級	ドゥン

例文 ➡ 사람은 법 아래 평등합니다 （人は法の下で平等です）
　　　サ ラムン ポ　バ レ ピョンドゥンハム ニ ダ

404

重要度 ★★★★☆
日本語
탕 Tang → **トウ** Tou

当てずっぽうの法則
- 初声の法則 ㅌ → ⓣd
- パッチムの法則 ㅇ → ⓤイ

重要度	漢字	単語の例			日本語の訓読み
★★★★☆	湯	삼계탕	サムゲタン	参鶏湯（サムゲタン）	お湯
탕		설농탕	ソルロンタン	雪濃湯（ソルロンタン）	뜨거운 물
					ットゥゴ ウン ムル

例文 ➡ 삼계탕은 정말 맛있어요 （参鶏湯は本当においしいです）
　　　サム ゲタンウン ジョンマル　マ シッ ソ　ヨ

「湯（탕）」の単語例「参鶏湯」「雪濃湯」なんて、漢字を当てずっぽうで当てる前に、おいしそうな「サムゲタン」「ソルロンタン」を思い浮かべちゃうよね〜。

405

重要度 ★★★★

토 (To) → **トウ** (Tou)

当てずっぽうの法則
- 初声の法則: ㅌ → ⓣd
- 母音: ㅗ → o

重要度	漢字	単語の例			日本語の訓読み
★★★★	討	토론	トロン	討論	—
		토론회	トロヌェ	討論会	
		검토	ゴムト	検討	

例文 ➡ 신중하게 검토해 보겠습니다 （慎重に検討してみます）
シンジュンハ ゲ ゴムト ヘ ボ ゲッスムニ ダ

406

重要度 ★★★

통 (Tong) → **トウ** (Tou)

当てずっぽうの法則
- 初声の法則: ㅌ → ⓣd
- パッチムの法則: ㅇ → ウイ
- 母音: ㅗ → o

重要度	漢字	単語の例			日本語の訓読み
★★★	統	통일	トンイル	統一	—
		통계	トンゲ	統計	
		전통	ジョントン	伝統	

例文 ➡ 그는 천하를 통일했습니다 （彼は天下を統一しました）
グ ヌン チョナ ルル トンイレッスムニ ダ

407

重要度 ★★★★

당 (Dang) → **ドウ** (Dou)

当てずっぽうの法則
- 初声の法則: ㄷ → tⓓ
- パッチムの法則: ㅇ → ウイ

重要度	漢字	単語の例			関連語
★★★★	堂	식당	シクタン	食堂	堂々と
		성당	ソンダン	聖堂	당당히
		당당	ダンダン	堂々	ダンダンヒ

例文 ➡ 저는 성당에서 결혼했습니다 （私は聖堂で結婚しました）
ジョヌン ソンダンエ ソ ギョロネッスムニ ダ

PART 4 韓国語の漢字語を読もう〜！

タ

303

408

重要度 ★★★★★

도 (Do) → **ドウ** (Dou)

当てずっぽうの法則
- 初声の法則: ㄷ → t ⓓ
- 母音: ㅗ → o
- 同音異字の法則

重要度 ★★☆☆☆ | 漢字: 導

単語の例		
지도	ジド	指導
도입	ドイプ	導入
주도적	ジュドジョク	主導的

日本語の訓読み
導く　이끌다　イックルダ

例文 ▶ 새로운 제도를 도입했습니다　(新しい制度を導入しました)
セ ロウン ジェドルル ドイペッスムニダ

重要度 ★★★★★ | 漢字: 道

単語の例		
도덕	ドドク	道徳
도구	ドグ	道具
보도	ボド	報道

日本語の訓読み
みち　길　ギル

例文 ▶ 인간은 도구를 사용하는 동물입니다　(人間は道具を使う動物です)
インガヌン ドグルル サヨンハヌン ドンムリムニダ

409

重要度 ★★★★★

동 (Dong) → **ドウ** (Dou)

当てずっぽうの法則
- 初声の法則: ㄷ → t ⓓ
- パッチムの法則: ㅇ → ウイ
- 母音: ㅗ → o
- 同音異字の法則

重要度 ★★★★★ | 漢字: 動

単語の例		
동물	ドンムル	動物
운동	ウンドン	運動
행동	ヘンドン	行動

日本語の訓読み
動く　움직이다　ウムジギダ

例文 ▶ 수영은 유산소 운동입니다　(水泳は有酸素運動です)
スヨンウン ユサンソ ウンドンイムニダ

重要度 ★★★★★ | 漢字: 同

単語の例		
동시	ドンシ	同時
동의	ドンイ	同意
공동	ゴンドン	共同

日本語の訓読み
同じだ　같다, 동일하다　ガッタ ドンイラダ

例文 ▶ 그 조건에 동의합니다　(その条件に同意します)
グ ジョッコネ ドンイハムニダ

重要度 ★★★☆☆	漢字	単語の例	日本語の訓読み
동	洞	명동　ミョンドン　明洞（ミョンドン） 동굴　ドングル　洞窟 공동화　ゴンドンファ　空洞化	—

例文 ➡ 명동은 화장품이 유명합니다　（明洞は化粧品が有名です）
　　　 ミョンドンウン　ファジャンプ　ミ　ユミョンハム　ニ　ダ

重要度 ★★☆☆☆	漢字	単語の例	日本語の訓読み
동	童	아동　アドン　児童 동화　ドンファ　童話 동심　ドンシム　童心	—

例文 ➡ 아동복지법이 성립되었습니다　（児童福祉法が成立しました）
　　　 アドンボクチッポ　ビ　ソンニブ テオッスム　ニ　ダ

410

重要度 ★★★☆☆　　日本語
Deuk　→　Toku
득 → トク

当てずっぽうの法則
無視の法則　　パッチムの法則
初声の法則
ㄷ → ⓣd　　ㄱ → ⓚキ

重要度 ★★★☆☆	漢字	単語の例	日本語の訓読み
득	得	소득　ソドゥク　所得 취득　チュイドゥク　取得 획득　フェクトゥク　獲得	得る 얻다 オッタ

例文 ➡ 운전면허를 취득했습니다　（運転免許を取得しました）
　　　 ウンジョン ミョノルル チュイドゥケッスム ニ ダ

411

重要度 ★★★☆☆　　日本語
Teuk　→　Toku
특 → トク

当てずっぽうの法則
初声の法則　　パッチムの法則
ㅌ → ⓣd　　ㄱ → ⓚキ

重要度 ★★★☆☆	漢字	単語の例	関連語
특	特	특별　トゥクピョル　特別 특허　トゥコ　特許 특집　トゥクチプ　特集	とくに 특히 トゥキ

例文 ➡ 당신은 저에게 있어서 특별합니다　（あなたは私にとって特別です）
　　　 ダンシヌン ジョエ ゲ イッソ ソ トゥクピョラム ニ ダ

305

412

重要度 ★★★★

日本語

Dok 독 → Doku ドク

当てずっぽうの法則

初声の法則　ㄷ → t ⓓ
バッチムの法則　ㄱ → ⓒ キ
母音　ㅗ → o
同音異字の法則

重要度 ★★★★	漢字	単語の例		日本語の訓読み
독	毒	중독　ジュンドㇰ　中毒 소독　ソドㇰ　消毒 독약　ドギャㇰ　毒薬		―

例文 ➡ 알코올중독으로 치료받았습니다　（アルコール中毒で治療を受けました）
　　　アルコオルジュンドㇰ グロ　チリョバ ダッスムニ ダ

重要度 ★★★★	漢字	単語の例		関連語
독	独	독립　ドンニㇷ゚　独立 단독　ダンドㇰ　単独 고독　ゴドㇰ　孤独		独り言 혼잣말 ホンジャンマル

例文 ➡ 인간은 모두 고독한 존재입니다　（人間はみんな孤独な存在です）
　　　インガヌン モドゥ ゴドカン ジョンジェイムニ ダ

重要度 ★★★★	漢字	単語の例		日本語の訓読み
독	読	독서　ドㇰソ　読書 독자　ドㇰチャ　読者 애독　エドㇰ　愛読		読む 읽다 イㇰタ

例文 ➡ 제 취미는 독서입니다　（私の趣味は読書です）
　　　ジェ チュィミ ヌン ドㇰ ソ イㇺ ニ ダ

413

重要度 ★★★

日本語

Dol 돌 → Totsu トッ

当てずっぽうの法則

無視の法則
初声の法則　ㄷ → ⓣ d
バッチムの法則　ㄹ → ⓒ チ
母音　ㅗ → o

重要度 ★★★	漢字	単語の例		日本語の訓読み
돌	突	충돌　チュンドル　衝突 돌연　ドリョン　突然 돌파구　ドルパグ　突破口		突く 찌르다 ッチル ダ

例文 ➡ 자동차의 충돌테스트　（自動車の衝突テスト）
　　　ジャドンチャ エ チュンドル テ ストゥ

306

414

重要度 ★★★★★ 日本語 当てずっぽうの法則

Cheol → Totsu

철 → トツ

パッチムの法則
ㄹ → ツ チ

重要度	漢字	単語の例	日本語の訓読み
철 ★★★★★	凸	요철 ヨチョル 凹凸	―

例文 ➡ 노면에 요철이 있다 (路面に凹凸がある)
　　　　ノミョネ ヨチョリ イッタ

415

重要度 ★★★★★ 日本語 当てずっぽうの法則

Don → Ton

돈 → トン

無視の法則　パッチムの法則
初声の法則　ㄴ ㅁ → ン
ㄷ → t d
母音　　　　同音異字の法則
ㅗ → o

重要度	漢字	単語の例	日本語の訓読み
돈 ★★★★★	豚	양돈 ヤンドン 養豚	ぶた 돼지 ドェジ

例文 ➡ 그는 시골에서 양돈을 하고 있습니다 (彼は田舎で養豚をしています)
　　　　グヌン シゴレソ ヤンドヌル ハゴ イッスムニダ

重要度	漢字	単語の例	日本語の訓読み
돈 ★★★★★	頓	정돈 ジョンドン 整頓	―

例文 ➡ 정리 정돈하는 습관이 중요합니다 (整理整頓する習慣が重要です)
　　　　ジョンニ ジョンド ナヌン スプクァニ ジュン ヨ ハムニ ダ

ハングルは、前後に来る文字によって、いろいろと発音が変化するよね。
「独（독）」の単語例「독립（独立）」も、実際の読みは「ドンニプ」だけど、当てずっぽう的には、
1文字ずつ「독（ドク）」「립（リプ）」って見ていったほうが、だんぜん日本語の音に近いよ！

416

重要度 ★★☆☆☆ | 日本語 | 当てずっぽうの法則

Dun 둔 → Don ドン

初声の法則 ㄷ → t (d)
バッチムの法則 ㄴ ㅁ → ン

重要度	漢字	単語の例		日本語の訓読み
둔 ★★☆☆☆	鈍	둔감 ドゥンガム 鈍感 둔기 ドゥンギ 鈍器 둔각 ドゥンガク 鈍角		鈍い 둔하다 ドゥナダ

例文 ➡ 여자의 변화에 둔감한 남자가 많다　（女性の変化に鈍感な男が多い）
ヨジャエ　ピョヌァエ　ドゥンガマン　ナムジャガ　マンタ

たくさんあるな〜と思っていたけど、
もう3分の2まで来たね！
日本語読みで並べているから、「カ・サ・タ行」の
漢字が多くなるんだよね。
みんな、だいぶ当てずっぽうで読むのに
慣れてきたかな？
ちなみに、韓国語の単語は、「ㄱㅅㅇㅈ」で
始まるものが多いよ。
さあ、残りも楽しんで解いていこう〜！

417

重要度 ★★★★
내 (Nae) → **ナイ** (Nai)
日本語

当てずっぽうの法則
- 初声の法則: ㄴ → n d
- 母音: ㅐ → ai
- 同音異字の法則

重要度	漢字	単語の例	日本語の訓読み
★☆☆☆	내 / 乃	내지 ネジ 乃至（ないし）	―

例文 ➡ 10억 내지 20억 （10億乃至20億）
シボン ネジ イシポク

重要度	漢字	単語の例	関連語
★★★★	내 / 内	안내 アンネ 案内 이내 イネ 以内 내면 ネミョン 内面	そのうち 나중에 ナ ジュン エ

例文 ➡ 지금부터 20분 이내에 갈게요 （今から20分以内に行きます）
ジグムブト イシップン イネエ ガルケヨ

418

重要度 ★★★☆
난 (Nan) → **ナン** (Nan)
日本語

当てずっぽうの法則
- 初声の法則: ㄴ → n d
- パッチムの法則: ㄴ → ン
- 母音: ㅏ → a

重要度	漢字	単語の例	日本語の訓読み
★★★☆	난 / 難	비난 ビナン 非難 도난 ドナン 盗難 난국 ナングク 難局	難しい 어렵다 オリョプタ

例文 ➡ 신문은 정부의 정책을 비난하였다 （新聞は政府の政策を非難した）
シンムヌン ジョンブエ ジョンチェグル ビナナヨッタ

> ナ行は数が少ないですね〜。
> 全体的に音も似ているから読みやすい！
> 全部暗記できちゃうかな？（笑）

PART 4 韓国語の漢字語を読もう〜！

419

重要度 ★★★★★

남 (Nam) → **ナン** (Nan)

当てずっぽうの法則
- 初声の法則: ㄴ → n d
- パッチムの法則: ㄴ ㅁ → ン
- 母音: ㅏ → a
- 同音異字の法則

重要度	漢字	単語の例		日本語の訓読み
★★★★★ 남	男	장남 ジャンナム 長男 차남 チャナム 次男 남성 ナムソン *男性		おとこ 남자 ナムジャ

→「ダン」p279　例文→ 저는 차남입니다 （私は次男です）
ジョヌン チャナ ミムニ ダ

重要度	漢字	単語の例		日本語の訓読み
★★★★★ 남	南	남산 ナムサン 南山 남극 ナムグク 南極 남북 ナムブク 南北		みなみ 남쪽 ナムチョク

例文→ 서울에서는 남산이 가장 높아요 （ソウルでは南山が一番高いです）
ソウ レ ソ ヌン ナム サ ニ ガ ジャン ノ パ ヨ

420

重要度 ★★★★★

이 (I) → **二** (Ni)

当てずっぽうの法則
- 母音: ㅣ → i

重要度	漢字	単語の例		日本語の訓読み
★★★★★ 이	二	이중 イジュン 二重 이십 イシプ 二十 제이회 ジェイフェ 第二回		ふたつ 둘 ドゥル

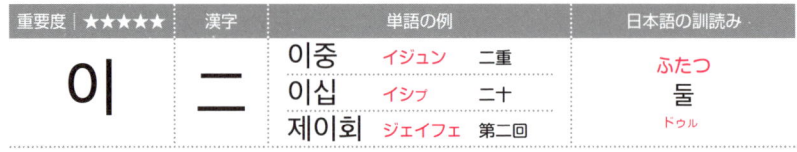

例文→ 사무실은 이십층에 있어요 （事務室は二十階にあります）
サ ム シルン イ シプチュンエ イッソ ヨ

曜日の名称

月曜日	월요일 ウォリョイル	火曜日	화요일 ファイル
水曜日	수요일 ス ヨイル	木曜日	목요일 モギョイル
金曜日	금요일 グミョイル	土曜日	토요일 ド ヨイル
日曜日	일요일 イリョイル		

310

421

重要度 ★★★
Yuk
육 → ニク
Niku
日本語

当てずっぽうの法則
パッチムの法則
ㄱ → ク キ

重要度 ★★★	漢字	単語の例		関連語
육	肉	근육 グニュク	筋肉	にく
		육체 ユクチェ	肉体	고기 ゴギ
		육식 ユクシク	肉食	

例文 ➡ 그는 키가 크고 근육질입니다 (彼は背が高くて筋肉質です)
　　　　グヌン キガ クゴ クニュクチリムニダ

422

重要度 ★★★★★
Il
일 → ニチ
Nichi
日本語

当てずっぽうの法則
パッチムの法則
ㄹ → ッ チ
母音
ㅣ → i

重要度 ★★★★★	漢字	単語の例		日本語の訓読み
일	日	일요일 イリョイル	日曜日	ひ
		일상 イルサン	日常	날 ナル
		일본 イルボン	日本	

➡「ジツ」p206　例文 ➡ 오늘은 일요일입니다 (今日は日曜日です)
　　　　　　　　　　オヌルン イリョイリムニダ

423

重要度 ★★★
Yu
유 → ニュウ
Nyuu
日本語

当てずっぽうの法則
母音
ㅠ → yu

重要度 ★★★	漢字	単語の例		日本語の訓読み
유	乳	우유 ウユ	牛乳	ちち
		유산균 ユサンギュン	乳酸菌	젖 ジョッ
		모유 モユ	母乳	

例文 ➡ 저는 매일 아침 우유를 마셔요 (私は毎朝牛乳を飲みます)
　　　　ジョヌン メイル アチム ウユルル マショヨ

PART 4　韓国語の漢字語を読もう〜！

ア
カ
サ
タ
ナ
ハ
マ・ヤ
ラ・ワ

424

重要度 ★★★★☆
日本語
Ip 입 → Nyuu ニュウ

当てずっぽうの法則
パッチムの法則
ㅂ → ウ ッ

重要度 ★★★★☆	漢字	単語の例	日本語の訓読み
입	入	수입 スイプ 収入 가입 ガイプ 加入 입장 イプチャン 入場	入る 들어오다, 들어가다 ドゥロ オダ ドゥロ ガダ

例文 ➡ 선수들이 입장하고 있습니다 （選手達が入場しています）
ソンスドゥリ イプチャンハゴ イッスムニダ

425

重要度 ★★★★★
日本語
Nyeo 녀 → Nyo ニョ

当てずっぽうの法則
初声の法則
ㄴ → ⓝ d

頭音法則（*）

重要度 ★★★★☆	漢字	単語の例	日本語の訓読み
녀	女	*여인 ヨイン 女人 천녀 チョンニョ 天女 *여성 ヨソン *女性	おんな 여자 ヨジャ

➡「ジョ」p222 例文 ➡ 여성을 위한 레스토랑 （女性のためのレストラン）
ヨソンウル ウィハン レ ス トラン

426

重要度 ★★★☆☆
日本語
Nyo 뇨 → Nyou ニョウ

当てずっぽうの法則
初声の法則
ㄴ → ⓝ d
母音
ㅛ → yo

頭音法則（*）

重要度 ★★★☆☆	漢字	単語の例	関連語
뇨	尿	당뇨병 ダンニョッピョン 糖尿病 *요도 ヨド 尿道 방뇨 バンニョ 放尿	おしっこ 오줌 オ ジュム

例文 ➡ 당뇨병은 고칠 수 있어요 （糖尿病は治せます）
ダンニョッピョンウン ゴ チル ス イッソ ヨ

427

重要度 ★★★★★
In
인 → **ニン** Nin

当てずっぽうの法則
パッチムの法則: ㄴ ロ→ン
母音: ㅣ→i
同音異字の法則

重要度	漢字	単語の例	日本語の訓読み
★★★★★ 인	人	인간 インガン 人間 인기 インキ 人気 인형 イニョン 人形	ひと 사람, 인간 サラム インガン

→「ジン」p239
例文→ 그녀는 인형처럼 예뻐요 （彼女は人形のように可愛いです）
グニョヌン イニョンチョロム イェッポ ヨ

重要度	漢字	単語の例	日本語の訓読み
★★ 인	忍	인내 インネ 忍耐 인내력 インネリョク 忍耐力 잔인 ジャニン 残忍	―

例文→ 저는 인내력이 있는 편입니다 （私は忍耐力があるほうです）
ジョヌン インネリョギ インヌン ピョニムニ ダ

重要度	漢字	単語の例	日本語の訓読み
★★★ 인	認	확인 ファギン 確認 인식 インシク 認識 부인 ブイン 否認	認める 인정하다 インジョン ハ ダ

例文→ 비행기 예약을 확인하고 싶은데요 （飛行機の予約を確認したいのですが）
ピヘンギ イェヤグル ファギナゴ シプンデ ヨ

428

重要度 ★★★
Nyeong
녕 → **ネイ** Nei

当てずっぽうの法則
初声の法則: ㄴ→n d
パッチムの法則: ㅇ→ウ イ
母音: ㅕ→e

重要度	漢字	単語の例	日本語の訓読み
★★★ 녕	寧	안녕 アンニョン 安寧	むしろ 오히려 オ ヒ リョ

例文→ 안녕하세요 （安寧ですか〈こんにちは〉）
アンニョンハ セ ヨ

429

重要度 ★★★☆☆

Yeol	日本語 Netsu	当てずっぽうの法則
열	→ ネツ	パッチムの法則 ㄹ → ツ チ
		母音 ㅕ → e

重要度 ★★★☆☆	漢字	単語の例	日本語の訓読み
열	熱	열심 ヨルシム 熱心 열중 ヨルチュン 熱中 열망 ヨルマン 熱望	熱い 뜨겁다 ットゥゴプ タ

例文 ➡ 그는 일에 열중하고 있습니다 （彼は仕事に熱中しています）
　　　 グヌン　イレ　ヨルチュンハ ゴ　イッスム ニ ダ

430

重要度 ★★★★★

Nyeon	日本語 Nen	当てずっぽうの法則
년	→ ネン	初声の法則 ㄴ → ⓝ d　パッチムの法則 ⓛ ㅁ → ン
		母音 ㅕ → e　頭音法則（*）

重要度 ★★★★★	漢字	単語の例	日本語の訓読み
년	年	작년 ジャンニョン 昨年 내년 ネニョン 来年 *연령 ヨルリョン 年齢	とし 나이 ナ イ

例文 ➡ 작년 3월에 입사했습니다 （昨年の3月に入社しました）
　　　 ジャンニョン サ ムォレ イプサ ヘッスム ニ ダ

431

重要度 ★★★☆☆

Nyeom	日本語 Nen	当てずっぽうの法則
념	→ ネン	初声の法則 ㄴ → ⓝ d　パッチムの法則 ㄴ ㅁ → ン
		母音 ㅕ → e　頭音法則（*）

重要度 ★★★☆☆	漢字	単語の例	関連語
념	念	기념 ギニョム 記念 *염원 ヨモン 念願 신념 シンニョム 信念	念する 염원하다 ヨ ムオナ ダ

例文 ➡ 오늘은 결혼 기념일입니다 （今日は結婚記念日です）
　　　 オ ヌルン ギョロン ギ ニョ ミ リム ニ ダ

432

重要度 ★★★★

Nong 농 → Nou ノウ

日本語

当てずっぽうの法則
- 初声の法則: ㄴ → (n)d
- パッチムの法則: ㅇ → ウ イ
- 母音: ㅗ → o
- 同音異字の法則

重要度	漢字	単語の例			日本語の訓読み
★★★	濃	농도	ノンド	濃度	濃い
		농후	ノンフ	濃厚	진하다
		농축	ノンチュク	濃縮	ジナダ

例文→ 염분 농도가 높아요 (塩分の濃度が高いです)
ヨムブン ノンドガ ノパヨ

重要度	漢字	単語の例			日本語の訓読み
★	膿	축농	チュンノン	蓄膿	うむ
		축농증	チュンノンチュン	蓄膿症	곪다
					ゴムタ

例文→ 어머니는 축농증이 있어요 (母は蓄膿症があります)
オモニヌン チュンノンチュンイ イッソヨ

重要度	漢字	単語の例			日本語の訓読み
★★★★	農	농민	ノンミン	農民	—
		농업	ノンオプ	農業	
		농가	ノンガ	農家	

例文→ 여기는 전부 농가였습니다 (ここは全部農家でした)
ヨギヌン ジョンブ ノンガ ヨッスムニダ

433

重要度 ★★★★

Noe 뇌 → Nou ノウ

日本語

当てずっぽうの法則
- 初声の法則: ㄴ → (n)d

重要度	漢字	単語の例			日本語の訓読み
★★★	脳	두뇌	ドゥノェ	頭脳	—
		대뇌	デノェ	大脳	
		뇌리	ノェリ	脳裏	

例文→ 전자두뇌 또는 인공두뇌 (電子頭脳または人工頭脳)
ジョンジャ ドゥノェ ットヌン インゴン ドゥノェ

434

重要度 ★★★★

Neung 능 → ノウ Nou

当てずっぽうの法則
初声の法則: ㄴ → nd
パッチムの法則: ㅇ → ウイ

重要度	漢字	単語の例		日本語の訓読み
★★★★ 능	能	능력 ヌンニョク	能力	—
		가능 ガヌン	可能	
		기능 ギヌン	機能	

例文 ➡ 저는 능력 있는 남자가 좋아요 （私は能力のある男が好きです）
ジョヌン ヌンニョ ギンヌン ナムジャガ ジョアヨ

ナ行はあっという間に終わり！
みなさんも、だいぶ読めるように
なってきたんじゃないかな？

저는 능력 있는 남자가 좋아요

だよね〜（笑）。

435

重要度 ★★★

Pa 파 → **Ha** 八

日本語

当てずっぽうの法則

初声の法則
ㅍ → h b

母音
ㅏ → a

同音異字の法則

重要度 ★★☆☆☆	漢字	単語の例	日本語の訓読み
파	把	파악　パアㇰ　把握	―

例文 ➡ 이미 업무를 파악했어요　（すでに業務を把握しました）
　　　イミ　オムムルル　パ アケッソ ヨ

重要度 ★★★☆☆	漢字	単語の例	日本語の訓読み
파	波	파동　パドン　波動 주파수　ジュパス　周波数 전파　ジョンパ　電波	なみ 파도 パ ド

例文 ➡ 전파의 주파수　（電波の周波数）
　　　ジョンパ エ ジュパス

重要度 ★★★☆☆	漢字	単語の例	日本語の訓読み
파	派	파견　パギョン　派遣 파벌　パボル　派閥 파생　パセン　派生	―

例文 ➡ 미국은 군대를 파견했습니다　（アメリカは軍隊を派遣しました）
　　　ミ グ グン グン デ ルル パ ギョネッスム ニ ダ

重要度 ★★★★☆	漢字	単語の例	日本語の訓読み
파	破	파괴　パグェ　破壊 파산　パサン　破産 폭파　ポㇰパ　爆破	破る 깨다, 부수다 ッケダ ブスダ

例文 ➡ 환경이 파괴되고 있습니다　（環境が破壊されています）
　　　ファンギョンイ パグェデ ゴ イッスムニ ダ

これは…、わりとそのまま読めるね！

PART 4 韓国語の漢字語を読もう〜！

ア・カ・サ・タ・ナ・ハ・マ・ヤ・ラ・ワ

317

436

重要度 ★★★★

Ma 마 → Ba バ

日本語

当てずっぽうの法則
無視の法則
初声の法則
ㅁ → m ⓑ
母音
ㅏ → a

重要度 ★★★★	漢字	単語の例		日本語の訓読み
마	馬	경마 ギョンマ	競馬	うま
		출마 チュルマ	出馬	말
		마력 マリョク	馬力	マル

➡「マ」p356 例文 ➡ 경마에 돈을 걸었습니다 （競馬にお金をかけました）
ギョンマ エ ドヌル ゴロッスムニ ダ

437

重要度 ★★★★

Bae 배 → Hai ハイ

日本語

当てずっぽうの法則
無視の法則
初声の法則
ㅂ → b ⓗ
母音
ㅐ → ai

同音異字の法則

重要度 ★★☆☆☆	漢字	単語の例		日本語の訓読み
배	拝	예배 イェベ	礼拝	拝む
		배견 ベギョン	拝見	절하다
		배례 ベリェ	拝礼	ジョラ ダ

例文 ➡ 교회에서 예배를 드렸습니다 （教会で礼拝をささげました）
ギョフェ エ ソ イェベ ルル ドゥリョッスムニ ダ

重要度 ★★★☆☆	漢字	単語の例		関連語
배	排	배제 ベジェ	排除	排する
		배척 ベチョク	排斥	배제하다
		배수 ベス	排水	ベジェハ ダ

例文 ➡ 폭력단 배제 조례 （暴力団排除条例）
ポンニョクタン ベジェ ジョリェ

重要度 ★★★★	漢字	単語の例		日本語の訓読み
배	杯	건배 ゴンベ	乾杯	さかずき
		축배 チュクベ	祝杯	술잔
		고배 ゴベ	苦杯	スルチャン

例文 ➡ 그러면 건배합시다 （では、乾杯しましょう）
ク ロ ミョン ゴンベ ハプシ ダ

重要度	★★★★★	漢字	単語の例		日本語の訓読み
배		背	배경 ベギョン	背景	せい キ
			배후 ベフ	背後	キ
			배신 ベシン	背信	

例文 ➡ 이것은 역사적인 배경이 있습니다 (これは歴史的な背景があります)
イ ゴスン ヨクサジョギン ベギョンイ イッスムニダ

重要度	★★★★★	漢字	単語の例		日本語の訓読み
배		輩	후배 フベ	後輩	―
			선배 ソンベ	先輩	

例文 ➡ 이 사람은 제 후배입니다 (この人は私の後輩です)
イ サラムン ジェ フベイムニダ

重要度	★★★★★	漢字	単語の例		日本語の訓読み
배		配	배우자 ベウジャ	配偶者	配る ナヌオジュダ
			배달 ベダル	配達	나누어 주다
			지배 ジベ	支配	

例文 ➡ 여기에 배우자 이름을 써 주세요 (ここに配偶者の名前を書いてください)
ヨギエ ベウジャ イルムルッソ ジュセヨ

438

重要度 ★★★★★

Mae 매 → **Bai** バイ

当てずっぽうの法則
無視の法則
初声の法則
ㅁ → m ⓑ
母音
ㅐ → ai
同音異字の法則

重要度	★★★★★	漢字	単語の例		日本語の訓読み
매		媒	매개 メゲ	媒介	―
			촉매 チョンメ	触媒	
			용매 ヨンメ	溶媒	

例文 ➡ 촉매에 관한 연구 (触媒に関する研究)
チョンメ エ グァナン ヨング

重要度	★★★★★	漢字	単語の例		日本語の訓読み
매		買	매매 メメ	売買	買う サダ
			매수 メス	買収	사다
			구매 グメ	購買	

例文 ➡ 토지매매 계약서를 작성했습니다 (土地売買契約書を作成しました)
トジメメ ゲヤクソルル ジャクソンヘッスムニダ

319

重要度 ★★★★	漢字	単語の例	日本語の訓読み
매	売	판매 パンメ 販売 경매 ギョンメ 競売 발매 バルメ 発売	売る 팔다 パルダ

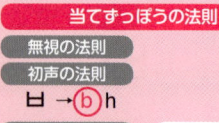

例文 ➡ 지금 예약 판매를 하고 있습니다　（今予約販売をしています）
　　　ジグム　イェヤッ　パンメルル　ハゴ　イッスムニダ

439

重要度 ★★★★　日本語
Bae → Bai
배 → バイ

当てずっぽうの法則
無視の法則
初声の法則
ㅂ → ⓑ h
母音
ㅐ → ai
同音異字の法則

重要度 ★★★★	漢字	単語の例	日本語の訓読み
배	倍	두배 トゥベ 二倍 배율 ベユル 倍率 배수 ベス 倍数	—

例文 ➡ 10배율 망원경　（10倍率の望遠鏡）
　　　シッ　ベ　ユル　マンウォンギョン

重要度 ★★☆☆	漢字	単語の例	日本語の訓読み
배	培	재배 ジェベ 栽培 배양 ベヤン 培養	培う 기르다, 배양하다 ギルダ　ベヤンハダ

例文 ➡ 집에서 야채를 재배하고 있어요　（家で野菜を栽培しています）
　　　ジベソ　ヤチェルル　ジェベ　ハゴ　イッソヨ

重要度 ★★★☆	漢字	単語の例	日本語の訓読み
배	賠	배상 ベサン 賠償	—

例文 ➡ 손해 배상을 청구하겠습니다　（損害賠償を請求します）
　　　ソネ　ベサンウル　チョング　ハゲッスムニダ

重要度 ★★☆☆	漢字	単語の例	日本語の訓読み
배	陪	배식 ベシク 陪食 배심원 ベシムォン 陪審員 배석 ベソク 陪席	—

例文 ➡ 배심원은 무죄를 선언했습니다　（陪審員は無罪を宣言しました）
　　　ベシムォヌン　ムジェルル　ソノ　ネッスムニダ

440

重要度 ★★★★

박 → **ハク**
Bak → Haku

当てずっぽうの法則

- 無視の法則
- 初声の法則　ㅂ → b ⓗ
- 母音　ㅏ → a
- パッチムの法則　ㄱ → ⓚ キ
- 同音異字の法則

重要度 ★★★☆☆	漢字	単語の例	日本語の訓読み
박	博	박사　バクサ　博士 박물관　パンムルグァン　博物館 박람회　パンナムェ　博覧会	—

例文 ➡ 한국에는 김치박물관이 있습니다　（韓国にはキムチ博物館があります）
　　　　ハング　ゲヌン　ギムチ　パンムルグァニ　イッスムニダ

重要度 ★★★★☆	漢字	単語の例	日本語の訓読み
박	泊	숙박　スクパク　宿泊 외박　ウェバク　外泊 1박2일　イルバギイル　一泊二日	泊まる 묵다, 숙박하다 ムクタ　スクパカダ

例文 ➡ 어제 숙박 예약을 하였습니다　（昨日宿泊予約をしました）
　　　　オジェ　スクパ　ギェヤグル　ハヨッスムニダ

重要度 ★★☆☆☆	漢字	単語の例	日本語の訓読み
박	舶	선박　ソンバク　船舶	—

例文 ➡ 선박회사에 취직했어요　（船舶会社に就職しました）
　　　　ソンバ　ケサエ　チュィジ　ケッソヨ

重要度 ★★★☆☆	漢字	単語の例	日本語の訓読み
박	迫	박력　バンニョク　迫力 긴박　ギンバク　緊迫 압박　アッパク　圧迫	—

例文 ➡ 저는 박력 있는 남자가 좋아요　（私は迫力のある男が好きです）
　　　　ジョヌン　バンニョ　ギンヌン　ナムジャガ　ジョアヨ

「배」の「倍、培、賠、陪」、
「박」の「泊、舶、迫」、などなど
ハングルが同じものは、やっぱり漢字も似てる
（漢字の一部が同じ）！
覚えやすいな〜♪

441

重要度 ★★★★★　日本語

Baek → Haku

백 → ハク

当てずっぽうの法則
無視の法則
初声の法則
ㅂ → b (h)
バッチムの法則
ㄱ → ク キ

重要度 ★★★★★	漢字	単語の例		日本語の訓読み
백	白	고백　ゴベク　告白 공백　ゴンベク　空白 자백　ジャベク　自白		白い 하얗다 ハヤタ

例文 ➡ 그가 사랑의 고백을 했습니다　（彼が愛の告白をしました）
　　　　グガ　サランエ　ゴ ベグル ヘッスムニ ダ

442

重要度 ★☆☆☆☆　日本語

Maek → Baku

맥 → バク

当てずっぽうの法則
無視の法則
初声の法則
ㅁ → m (b)
バッチムの法則
ㄱ → ク キ

重要度 ★☆☆☆☆	漢字	単語の例		日本語の訓読み
맥	麦	맥아　メガ　麦芽		むぎ 보리 ボリ

例文 ➡ 맥아의 효능　（麦芽の効能）
　　　　メ ガ エ　ヒョヌン

443

重要度 ★★★☆☆　日本語

Pok → Baku

폭 → バク

当てずっぽうの法則
無視の法則
初声の法則
ㅍ → h (b)
バッチムの法則
ㄱ → ク キ

重要度 ★★★☆☆	漢字	単語の例		日本語の訓読み
폭	爆	폭탄　ポクタン　爆弾 폭격　ポッキョク　爆撃 폭발　ポクパル　爆発		—

例文 ➡ 화산이 폭발했습니다　（火山が爆発しました）
　　　　ファサ ニ　ポクパ レッスム ニ ダ

444

重要度 ★★★★★ | 日本語 | 当てずっぽうの法則

Pal → Haku
팔 → ハチ

- 初声の法則: ㅍ → ⓗ b
- バッチムの法則: ㄹ → ッ ⓒ
- 母音: ㅏ → a

重要度 ★★★★★	漢字	単語の例	日本語の訓読み
팔	八	팔월 パルオル 八月 팔십 パルシプ 八十 십팔번 シッパルボン 十八番	やっつ 여덟 ヨドル

例文 ➡ 십팔번을 들려 주세요　(十八番を聞かせてくださ[い])
　　　シッパル ボ ヌル ドゥルリョ ジュ セ ヨ

445

重要度 ★★★★★ | 日本語 | 当てずっぽうの法則

Bal → Hatsu
발 → ハツ

- 無視の法則
- 初声の法則: ㅂ → b ⓗ
- 母音: ㅏ → a
- バッチムの法則: ㄹ → ッ チ
- 同音異字の法則

重要度 ★★★★★	漢字	単語の例	日本語の訓読み
발	発	발생 パルセン 発生 개발 ゲバル 開発 발전 パルチョン 発電	発つ 출발하다, 떠나다 チュルバラダ ットナダ

例文 ➡ 태양발전 에너지　(太陽発電エネルギー)
　　　テヤンパルチョン エ ノ ジ

重要度 ★★☆☆☆	漢字	単語の例	関連語
발	髪	산발 サンバル 散髪 백발 ペクパル 白髪	髪の毛 머리카락, 머리털 モリ カラク モリトル

例文 ➡ 백발의 신사　(白髪の紳士)
　　　ペク パ レ シンサ

韓国語でも得意なもののことを「十八番」って言うんだね〜。

446

重要度 ★★★

Bal 발 → バツ Batsu

日本語

当てずっぽうの法則

初声の法則: ㅂ → (b)h
パッチムの法則: ㄹ → (ツ)チ
母音: ㅏ → a

重要度	漢字	単語の例		日本語の訓読み
발 ★★★	抜	발군 선발 발치	バルグン 抜群 ソンバル 選抜 バルチ 抜歯	抜く 빼다, 뽑다 ッペダ ッポプタ

例文 ➡ 그는 음악에 발군의 재능이 있습니다 (彼は音楽に抜群の才能があります)
　　　グヌン ウマ ゲ バルグ ネジェヌン イ イッスムニ ダ

447

重要度 ★★★

Beol 벌 → バツ Batsu

日本語

当てずっぽうの法則

初声の法則: ㅂ → (b)h
パッチムの法則: ㄹ → (ツ)チ

同音異字の法則

重要度	漢字	単語の例		日本語の訓読み
벌 ★☆☆☆☆	伐	벌채 살벌	ボルチェ 伐採 サルボル 殺伐	—

例文 ➡ 삼림을 벌채해서는 안 됩니다 (森林を伐採してはいけません)
　　　サムニムル ボルチェ ヘソヌン アンデムニ ダ

重要度	漢字	単語の例		関連語
벌 ★★★	罰	형벌 벌금 벌칙	ヒョンボル 刑罰 ボルグム 罰金 ボルチク 罰則	罰する 벌하다, 처벌하다 ボラダ チョボラダ

例文 ➡ 지각하면 벌금 1000원입니다 (遅刻したら罰金1000ウォンです)
　　　チガ カミョン ボルグム チョ ヌォニムニ ダ

重要度	漢字	単語の例		日本語の訓読み
벌 ★★☆☆☆	閥	재벌 파벌 학벌	ジェボル 財閥 パボル 派閥 ハクボル 学閥	—

例文 ➡ 그는 재벌입니다 (彼は財閥です)
　　　グヌン ジェボリムニ ダ

448

重要度 ★★★★★ | **日本語**
반 Ban → **ハン** Han

- 当てずっぽうの法則
- 無視の法則
- 初声の法則　ㅂ → b (h)
- パッチムの法則　ㄴ → ン
- 母音　ㅏ → a
- 同音異字の法則

重要度 ★★☆☆☆	漢字	単語の例	日本語の訓読み
반	伴	동반　ドンバン　同伴 반려　バルリョ　伴侶	伴う 따르다, 수반하다 ッタルダ　スバナダ

例文 ➡ 인생의 반려자를 찾고 있어요　（人生の伴侶者〈伴侶〉を探しています）
　　　インセンエ　バルリョジャルル　チャッコ　イッソ　ヨ

重要度 ★★★★☆	漢字	単語の例	関連語
반	半	반도체　バンドチェ　半導体 전반　ジョンバン　前半 후반　フバン　後半	半分 반, 절반 バン ジョルバン

例文 ➡ 반도체 산업 육성 계획　（半導体産業育成計画）
　　　バンドチェ　サノブ　ユクソン　ゲフェク

重要度 ★★★★★	漢字	単語の例	日本語の訓読み
반	反	반대　バンデ　反対 반성　バンソン　反省 위반　ウィバン　違反	かえって 오히려, 반대로 オ ヒリョ　バンデロ

例文 ➡ 입장이 반대가 되었습니다　（立場が反対になりました）
　　　イプチャンイ　バン　デ　ガ　デオッスムニ　ダ

重要度 ★★☆☆☆	漢字	単語の例	日本語の訓読み
반	搬	반송　バンソン　搬送 반출　バンチュル　搬出 반입　バニブ　搬入	―

例文 ➡ 이것은 반출 금지입니다　（これは搬出禁止です）
　　　イ　ゴ スン　バンチュル　グムジ　イムニ　ダ

重要度 ★☆☆☆☆	漢字	単語の例	日本語の訓読み
반	班	반장　バンジャン　班長	―

例文 ➡ 학교에서 반장이 되었습니다　（学校で班長になりました）
　　　ハッキョ　エ　ソ　バンジャンイ　デオッスムニ　ダ

PART 4　韓国語の漢字語を読もう～！

ア／カ／サ／タ／ナ／**ハ**／マ・ヤ／ラ・ワ

325

重要度 ★★★	漢字	単語の例	日本語の訓読み
반	般	일반　イルバン　一般 전반적　ジョンバンジョク　全般的	—

例文 ➡ 일반적인 연애　（一般的な恋愛）
　　　イル バン ジョギン　ヨ ネ

重要度 ★★	漢字	単語の例	日本語の訓読み
반	飯	반점　パンジョム　飯店 일상다반사　イルサンダバンサ　日常茶飯事	めし 밥 パプ

例文 ➡ 그런 일은 일상다반사입니다　（そんなことは日常茶飯事です）
　　　ク ロン　イルン　イルサンダ バン サ イム ニ ダ

449

重要度 ★★★

Beon → Han
번 → ハン

当てずっぽうの法則
無視の法則
初声の法則　ㅂ → b(h)
パッチムの法則　ㄴ ㅁ → ン

重要度 ★★★	漢字	単語の例	日本語の訓読み
번	繁	번영　ポニョン　繁栄 번식　ポンシク　繁殖 번잡　ポンジャプ　繁雑	—

例文 ➡ 생물은 번식합니다　（生物は繁殖します）
　　　セン ムルン ポンシ カム ニ ダ

450

重要度 ★★★★

Beom → Han
범 → ハン

当てずっぽうの法則
無視の法則
初声の法則　ㅂ → b(h)
パッチムの法則　ㄴ ㅁ → ン
同音異字の法則

重要度 ★★★★	漢字	単語の例	日本語の訓読み
범	犯	범인　ポミン　犯人 범죄　ポムジェ　犯罪 범행　ポメン　犯行	犯す 범하다 ポマダ

例文 ➡ 범인이 체포되었습니다　（犯人が逮捕されました）
　　　ポ ミ ニ　チェ ポ デ オッスム ニ ダ

重要度	★★★☆☆	漢字	単語の例		日本語の訓読み
범		範	범위 모범 규범	ボムィ 範囲 モボム 模範 ギュボム 規範	—

例文 ➡ 모범택시를 탔습니다　(模範タクシーに乗りました)
　　　モ ボムテクシルル タッスムニ ダ

451

重要度 ★★★★★　日本語

Pan 판 → **Han** ハン

当てずっぽうの法則
- 初声の法則：ㅍ → (h) b
- パッチムの法則：ㄴ → ン
- 母音：ㅏ → a
- 同音異字の法則

重要度	★★★★★	漢字	単語の例		関連語
판		判	판단 판결 비판	パンダン 判断 パンギョル 判決 ピパン 批判	ハンコ 도장 ドジャン

例文 ➡ 사람은 판단 기준이 다릅니다　(人は判断基準が異なります)
　　　サ ラムン パンダン ギジュニ ダルムニ ダ

重要度	★★★☆☆	漢字	単語の例		日本語の訓読み
판		版	출판사 판권 판화	チュルパンサ 出版社 パンクォン 版権 パヌァ 版画	—

例文 ➡ 출판사에서 편집하고 있어요　(出版社で編集しています)
　　　チュルパン サ エ ソ ピョンジパゴ イッソ ヨ

重要度	★★★★☆	漢字	単語の例		日本語の訓読み
판		販	판매 시판 판로	パンメ 販売 シパン 市販 パルロ 販路	—

例文 ➡ 그는 판로를 개척했습니다　(彼は販路を開拓しました)
　　　グヌン パルロルル ゲチョケッスムニ ダ

もちろんだよ～。楽勝楽勝。

これ！　わかる？

PART 4　韓国語の漢字語を読も～！

452

重要度 ★★★★★
Man 만 → Ban バン

当てずっぽうの法則
- 無視の法則
- 初声の法則　ㅁ → m ⓑ
- 母音　ㅏ → a
- パッチムの法則　ㄴ → ン

重要度	漢字	単語の例		関連語
★★★★☆	万	만세　マンセ　万歳 만유인력　マニュイルリョク　万有引力 전차만별　チョンチャマンビョル　千差万別		まん **만** マン

➡「マン」p359

例文 ➡ 뉴튼의 만유인력　（ニュートンの万有引力）
　　　ニュトゥ ネ　マニュイルリョク

453

重要度 ★★★☆☆
Ban 반 → Ban バン

当てずっぽうの法則
- 初声の法則　ㅂ → ⓑ h
- 母音　ㅏ → a
- パッチムの法則　ㄴ → ン
- 同音異字の法則

重要度	漢字	単語の例		日本語の訓読み
★★★☆☆	盤	기반　ギバン　基盤 원반　ウォムバン　円盤 골반　ゴルバン　骨盤		—

例文 ➡ 골반 다이어트가 유행하고 있어요　（骨盤ダイエットが流行しています）
　　　ゴルバン　ダイオトゥガ　ユヘンハゴ　イッソヨ

重要度	漢字	単語の例		日本語の訓読み
★☆☆☆☆	磐	반석　バンソク　磐石		—

例文 ➡ 반석의 의미는 무엇인가요？　（磐石の意味は何ですか）
　　　バンソゲ　ウィミヌン　ム オ シンガヨ

> このあたりはどんどん解けるね〜。
> 知らない単語を読めると自分でびっくりしちゃう！

454

重要度 ★★★★
日本語

Beon 번 → **Ban** バン

当てずっぽうの法則
初声の法則 ㅂ → ⓑ h
パッチムの法則 ㄴ ㅁ → ン

重要度	漢字	単語の例		日本語の訓読み
★★★★ 번	番	당번 ダンボン 当番 번호 ボノ 番号 번지 ボンジ 番地		―

例文➡ 전화번호 가르쳐 주세요 （電話番号を教えてください）
チョヌァ ボノ ガルチョ ジュセヨ

455

重要度 ★★★
日本語

Pan 판 → **Ban** バン

当てずっぽうの法則
無視の法則
初声の法則 ㅍ → h ⓑ
母音 ㅏ → a
パッチムの法則 ㄴ ㅁ → ン

重要度	漢字	単語の例		日本語の訓読み
★★★ 판	板	간판 ガンパン 看板 게시판 ゲシパン 掲示板		いた 판자 パンジャ

例文➡ 게시판을 검색했습니다 （掲示板を検索しました）
ゲ シ パヌル ゴム セケッスム ニ ダ

456

重要度 ★★★★
日本語

Bu 부 → **Hi** ヒ

当てずっぽうの法則
無視の法則
初声の法則 ㅂ → b ⓗ

重要度	漢字	単語の例		日本語の訓読み
★★★★ 부	否	부정 ブジョン 否定 거부 ゴブ 拒否 부인 ブイン 否認		否む 부정하다, 거절하다 ブジョンハ ダ ゴジョラ ダ

例文➡ 그는 범죄를 부인했습니다 （彼は犯罪を否認しました）
グ ヌン ボムジェルル ブ イネッスムニ ダ

457 비 → ヒ

重要度 ★★★★★　日本語 Hi
Bi

当てずっぽうの法則
無視の法則
初声の法則　ㅂ → b ⓗ
母音　ㅣ → i
同音異字の法則

重要度 ★★★★★	漢字	単語の例	日本語の訓読み
비	悲	자비 ジャビ 慈悲 비극 ビグク 悲劇 비관 ビグァン 悲観	悲しい 슬프다 スルプダ

例文 ▶ 셰익스피어의 4대 비극 （シェークスピアの4大悲劇）
　　　シェイクス ピ オ エ サ デ ビグク

重要度 ★★☆☆☆	漢字	単語の例	日本語の訓読み
비	批	비평 ビピョン 批評 비판 ビパン 批判 비난 ビナン 批難	—

例文 ▶ 건설적인 비판은 필요합니다 （建設的な批判は必要です）
　　　ゴンソルチョギン ビ パ ヌン ピリョハム ニ ダ

重要度 ★★★☆☆	漢字	単語の例	日本語の訓読み
비	秘	비밀 ビミル 秘密 비결 ビギョル 秘訣 신비 シンビ 神秘	秘める 감추다, 숨기다 ガムチュダ スムギダ

例文 ▶ 그 여자는 신비한 매력이 있어요 （その女性は神秘的な魅力があります）
　　　グ ヨジャ ヌン シンビハン メ リョギ イッソヨ

重要度 ★★★★★	漢字	単語の例	日本語の訓読み
비	費	비용 ビヨン 費用 소비 ソビ 消費 경비 ギョンビ 経費	費やす 소비하다, 쓰다 ソビハダ ッスダ

例文 ▶ 추가 비용은 제가 부담하겠습니다 （追加費用は私が負担します）
　　　チュガ ビヨンウン ジェガ ブ ダ マ ゲッスム ニ ダ

重要度 ★★★★★	漢字	単語の例	日本語の訓読み
비	非	비상구 ビサング 非常口 비상시 ビサンシ 非常時 비효율 ビヒョユル 非効率	—

例文 ▶ 비상구는 저쪽입니다 （非常口はあちらです）
　　　ビサン グ ヌン ジョッチョギム ニ ダ

重要度 ★★★★	漢字	単語の例		日本語の訓読み
비	飛	비행기 ビヘンギ 비약 ビヤク 비상 ビサン	飛行機 飛躍 飛翔	飛ぶ 날다 ナルダ

例文 ➡ 비행기가 연착되었습니다　（飛行機が延着しました）
　　　　ビヘンギ ガ ヨンチャクテオッスムニ ダ

458

重要度 ★★★☆☆

Pi　피 → ヒ　Hi　日本語

当てずっぽうの法則
初声の法則　ㅍ → h b
母音　ㅣ → i
同音異字の法則

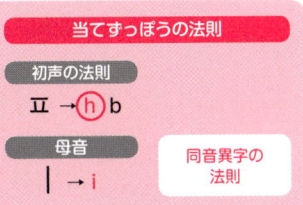

重要度 ★★☆☆☆	漢字	単語の例		日本語の訓読み
피	疲	피로 ピロ	疲労	疲れる 피곤하다 ピゴナダ

例文 ➡ 피로 회복에 좋은 음식　（疲労回復に良い食べ物）
　　　　ピロ フェボゲ ジョウン ウムシク

重要度 ★★★☆☆	漢字	単語の例		日本語の訓読み
피	被	피해 ピヘ 피고 ピゴ 피폭 ピポク	被害 被告 被爆	かぶる 쓰다 ッスダ

例文 ➡ 다행히 피해는 없었습니다　（幸いに被害はありませんでした）
　　　　ダヘンイ ピ ヘヌン オプソッスムニ ダ

重要度 ★★★★	漢字	単語の例		日本語の訓読み
피	避	피난 ピナン 피서 ピソ 피임 ピイム	避難 避暑 避妊	避ける 피하다 ピハダ

例文 ➡ 화재 피난 훈련　（火災避難訓練）
　　　　ファジェ ピナン フルリョン

日本語読みが「ヒ・ビ」のものも読みやすいね！
ん〜でもハングルの「비」「피」の区別が日本人には難しいかな〜。
発音を正しく覚えればハングルもわかるようになるよ！

PART 4　韓国語の漢字語を読もう〜！

ア・カ・サ・タ・ナ・ハ・マ・ヤ・ラ・ワ

459

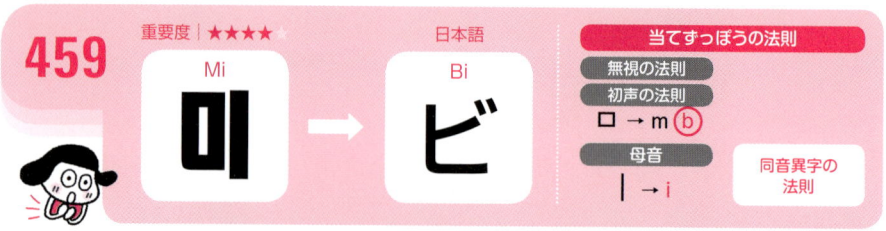

重要度 ★★★★
Mi
미 → **ビ**
Bi
日本語

当てずっぽうの法則
無視の法則
初声の法則
ㅁ → m ⓑ
母音
ㅣ → i
同音異字の法則

重要度 ★★★★	漢字	単語の例			日本語の訓読み
미	尾	미행	ミヘン	尾行	お 꼬리 ッコリ
		어미	オミ	語尾	
		교미	ギョミ	交尾	

例文 ➡ 경찰이 그를 미행했습니다　（警察が彼を尾行しました）
　　　ギョンチャ リ　グ ルル　ミヘンヘッスム ニ ダ

重要度 ★★★☆☆	漢字	単語の例			日本語の訓読み
미	微	미소	ミソ	微笑	—
		미생물	ミセンムル	微生物	
		현미경	ヒョンミギョン	顕微鏡	

例文 ➡ 일본미생물학회　（日本微生物学会）
　　　イル ボン ミ センムル ラクェ

重要度 ★☆☆☆☆	漢字	単語の例			日本語の訓読み
미	眉	백미	ベンミ	白眉	まゆ 눈썹 ヌンソプ
		미간	ミガン	*眉間	

例文 ➡ 미간 주름 제거　（眉間のしわ除去）
　　　ミガン ジュ ルム ジェゴ

重要度 ★★★★	漢字	単語の例			日本語の訓読み
미	美	미인	ミイン	美人	美しい 아름답다 アルムダプタ
		미술	ミスル	美術	
		미국	ミグク	美国〈アメリカ〉	

例文 ➡ 미술 작품을 구입했습니다　（美術作品を購入しました）
　　　ミスル チャク プ ムル　グ イペッスム ニ ダ

重要度 ★☆☆☆☆	漢字	単語の例			日本語の訓読み
미	薔	장미	チャンミ	薔薇	—

例文 ➡ 장미를 선물받았습니다　（バラをプレゼントしてもらいました）
　　　チャンミ ルル ソンムル バ ダッスム ニ ダ

460

重要度 ★★★★☆ 日本語 当てずっぽうの法則

Bi → Bi
비 → ビ

初声の法則: ㅂ → b/h
母音: ㅣ → i
同音異字の法則

重要度 ★★★★☆	漢字	単語の例	日本語の訓読み
비	備	준비 ジュンビ 準備 비고 ビゴ 備考 장비 ジャンビ 装備	備える 갖추다, 비치하다 ガッチュダ ビチハダ

例文➡ 그녀는 마음의 준비를 했습니다 (彼女は心の準備をしました)
　　　グニョヌン マウメ ジュンビルル ヘッスムニダ

重要度 ★☆☆☆☆	漢字	単語の例	日本語の訓読み
비	鼻	비음 ビウム 鼻音 이비인후과 イビイヌックァ 耳鼻咽喉科	はな 코 コ

例文➡ 어제 이비인후과에 갔습니다 (昨日、耳鼻咽喉科に行きました)
　　　オジェ イビ イヌックァエ ガッスムニダ

461

重要度 ★★★★★ 日本語 当てずっぽうの法則

Pil → Hitsu
필 → ヒツ

初声の法則: ㅍ → h/b
パッチムの法則: ㄹ → ツ/チ
母音: ㅣ → i
同音異字の法則

重要度 ★★★★★	漢字	単語の例	日本語の訓読み
필	必	필요 ピリョ 必要 필승 ピルスン 必勝 필수 ピルス 必須	必ず 반드시 パンドゥシ

例文➡ 걱정할 필요 없어요 (心配する必要はありません)
　　　コクチョンハル ピリョ オプソヨ

重要度 ★★★☆☆	漢字	単語の例	日本語の訓読み
필	筆	수필 スピル 随筆 연필 ヨンピル 鉛筆 집필 ジッピル 執筆	ふで 붓 ブッ

例文➡ 그는 수필을 집필했습니다 (彼は随筆を執筆しました)
　　　グヌン スピルル ジッピレッスムニダ

462

重要度 ★★★★★
Baek
백 → ヒャク
Hyaku

当てずっぽうの法則
無視の法則　初声の法則　パッチムの法則
ㅂ → b ⓗ　　ㄱ → ⓒ キ

重要度 ★★★★★	漢字	単語の例		日本語の訓読み
백	百	백성　ベクソン　百姓 백년　ペンニョン　百年 오백　オベク　五百		—

例文 ➡ 인생 백 년 시대　（人生百年時代）
　　　インセン ペン ニョン シ デ

463

重要度 ★★★★☆
Pyeong
평 → ヒョウ
Hyou

当てずっぽうの法則
無視の法則　初声の法則　パッチムの法則
ㅍ → ⓗ b　　ㅇ → ⓤ イ

重要度 ★★★★☆	漢字	単語の例		関連語
평	評	평가　ピョンガ　評価 평판　ピョンパン　評判 평론가　ピョンノンガ　評論家		評する 평가하다 ピョン ガ ハ ダ

例文 ➡ 평가 기준은 무엇입니까 ?　（評価基準は何ですか）
　　　ピョンガ ギ ジュヌン ム オ シム ニ ッカ

464

重要度 ★★★☆☆
Pyo
표 → ヒョウ
Hyou

当てずっぽうの法則
初声の法則
ㅍ → ⓗ b
母音
ㅛ → yo
同音異字の法則

重要度 ★★★☆☆	漢字	単語の例		日本語の訓読み
표	票	투표　トゥピョ　投票 표결　ピョギョル　票決 전표　ジョンピョ　伝票		—

例文 ➡ 인기 투표에서 1 위였어요　（人気投票で1位でした）
　　　インキ トゥピョエ ソ イルイヨッソ ヨ

重要度 ★★★★☆	漢字	単語の例			日本語の訓読み
표	表	표정 표면 대표	ピョジョン ピョミョン デピョ	表情 表面 代表	おもて 겉 ゴッ

例文 ➡ 그는 국가대표 선수입니다 （彼は国家代表選手です）
グヌン グッカ デピョ ソンスイムニ ダ

465

重要度 ★★★★★

Byeong 병 → ビョウ Byou

当てずっぽうの法則
無視の法則　初声の法則　パッチムの法則
ㅂ → ⓑ h　　ㅇ → ⓤ イ

重要度 ★★★★★	漢字	単語の例			日本語の訓読み
병	病	병 병원 성인병	ビョン ビョンウォン ソンインビョン	病（病気） 病院 成人病	やまい 병 ビョン

例文 ➡ 병원은 어디에 있어요？ （病院はどこにありますか）
ビョンウォ ヌン　オディエ　イッソ ヨ

466

重要度 ★★★★☆

Cho 초 → ビョウ Byou

当てずっぽうの法則

重要度 ★★★★★	漢字	単語の例			日本語の訓読み
초	秒	초속 초침 삼초	チョソク チョチム サムチョ	秒速 秒針 三秒	―

例文 ➡ 최대 풍속이 초속 20미터의 태풍 （最大風速が秒速20メートルの台風）
チェデ プンソギ チョソクイシムミト エ テプン

> たま〜にあるね、
> 「초→秒」みたいな、なんの手がかりもないやつ。
> 重要単語だし、しっかり覚えちゃおう！

PART 4　韓国語の漢字語を読もう〜！

ア・カ・サ・タ・ナ・**ハ**・マ・ヤ・ラ・ワ

335

467

重要度 ★★★★ | 日本語

Pum 품 → **Hin** ヒン

当てずっぽうの法則
初声の法則: ㅍ → ⓗ b
パッチムの法則: ㄴ ㅁ → ン

重要度 ★★★★	漢字	単語の例	日本語の訓読み
품	品	품질　ブムジル　品質 품격　ブムキョク　品格 상품　サンブム　商品	―

例文 ▶ 서비스 품질을 개선했습니다 （サービス品質を改善しました）
ソ ビス　ブム ジルル　ゲ ソネッスムニ ダ

468

重要度 ★★★★★ | 日本語

Bu 부 → **Hu** フ

当てずっぽうの法則
無視の法則
初声の法則: ㅂ → b ⓗ
母音: ㅜ → u
同音異字の法則

重要度 ★★★★★	漢字	単語の例	日本語の訓読み
부	釜	부산　ブサン　釜山	かま 솥, 가마 ソッ　ガ マ

例文 ▶ 부산은 항구도시입니다 （釜山は港口〈港湾〉都市です）
ブ サヌン ハング ド シ イムニ ダ

重要度 ★★	漢字	単語の例	日本語の訓読み
부	付	부여　ブヨ　付与 부착　ブチャク　付着 부록　ブロク　付録	付ける 붙이다 ブ チ ダ

例文 ▶ 사용 권한을 부여했습니다 （使用権限を付与しました）
サ ヨン　クォンハヌル　ブ　ヨヘッスムニ ダ

重要度 ★★★★	漢字	単語の例	日本語の訓読み
부	夫	부부　ブブ　*夫婦 부인　ブイン　夫人 부군　ブグン　夫君	おっと 남편 ナム ピョン

例文 ▶ 그들은 부부가 되었습니다 （彼らは夫婦になりました）
グドゥルン　ブ ブ ガ　デオッスムニ ダ

重要度	★★★★☆	漢字	単語の例			日本語の訓読み
부		婦	주부	ジュブ	主婦	—
			가정부	ガジョンブ	家政婦	
			부녀	ブニョ	婦女	

例文 → 저는 전업주부입니다　（私は専業主婦です）
ジョヌン ジョノプチュブ イムニ ダ

重要度	★★☆☆☆	漢字	単語の例			日本語の訓読み
부		浮	부상	ブサン	浮上	浮かぶ
			부력	ブリョク	浮力	떠오르다, 뜨다
			부유	ブユ	浮遊	ットオル ダ ットゥダ

例文 → 수영은 부력이 중요합니다　（水泳は浮力が重要です）
スヨンウン ブリョギ ジュンヨ ハムニ ダ

重要度	★★★★★	漢字	単語の例			日本語の訓読み
부		父	부모	ブモ	父母	ちち
			부자	ブジャ	父子	아버지
			부친	ブチン	*父親	アボジ

例文 → 부모님을 사랑합니다　（父母を愛しています）
ブ モ ニムル サ ランハムニ ダ

重要度	★★☆☆☆	漢字	単語の例			日本語の訓読み
부		腐	두부	ドゥブ	豆腐	腐る
			부패	ブペ	腐敗	썩다
			방부제	バンブジェ	防腐剤	ッソクタ

例文 → 여름에는 음식이 금방 부패됩니다　（夏は食べ物がすぐ腐敗します）
ヨル メヌン ウムシギ グムバン ブ ペ デムニ ダ

重要度	★★☆☆☆	漢字	単語の例			日本語の訓読み
부		負	부하	ブハ	負荷	負ける
			자부	ジャブ	自負	지다, 패하다
			승부	スンブ	勝負	ジダ ペハダ

例文 → 그는 자부심이 강한 사람입니다　（彼は自負心が強い人です）
グヌン ジャブ シ ミ ガンハン サ ラミムニ ダ

重要度	★★★★★	漢字	単語の例			日本語の訓読み
부		不	부족	ブジョク	不足	—
			부재	ブジェ	不在	
			부정	ブジョン	不正	

→「フ」p338　例文 → 수면부족은 비만을 유발합니다　（睡眠不足は肥満を誘発します）
ス ミョンブ ジョグン ビ マヌル ユ バラムニ ダ

337

重要度 ★★☆☆☆	漢字	単語の例		日本語の訓読み
부	富	거부 ゴブ / 풍부 プンブ / 부유 プユ	巨富 / 豊富 / 富裕	とみ 富 ブ

例文 ➡ 바다는 천연 자원이 풍부합니다 （海は天然資源が豊富です）
バ ダ ヌン チョニョン ジャ ウォ ニ プン ブ ハム ニ ダ

469

重要度 ★★★★☆
Bul → Hu

불 → フ

当てずっぽうの法則
無視の法則
初声の法則
ㅂ → b ⓗ
母音
ㅜ → u

重要度 ★★★★☆	漢字	単語の例		日本語の訓読み
불	不	불가능 ブルガヌン / 불안 ブラン / 불평 ブルピョン	不可能 / 不安 / 不平	―

➡「フ」p337　例文 ➡ 나의 사전에 불가능은 없다 （私の辞書に不可能はない）
ナ エ サ ジョネ ブル ガ ヌンウン オプ タ

470

重要度 ★★★★★
Bu → Bu

부 → ブ

当てずっぽうの法則
初声の法則
ㅂ → ⓑ h
母音
ㅜ → u

重要度 ★★★★★	漢字	単語の例		日本語の訓読み
부	部	부분 ブブン / 부장 ブジャン / 부하 ブハ	部分 / 部長 / 部下	―

例文 ➡ 그는 부장으로 승진했다 （彼は部長に昇進した）
グ ヌン ブ ジャン ウ ロ スン ジ ネッタ

471

重要度 ★★★★★
Pung → Huu

풍 → フウ

当てずっぽうの法則
初声の法則
ㅍ → ⓗ b
母音
ㅜ → u

パッチムの法則
ㅇ → ⓤイ

重要度 ★★★★★	漢字	単語の例		日本語の訓読み
풍	風	풍습 プンスプ	風習	かぜ
		풍토 プント	風土	바람
		풍경 プンギョン	風景	バラム

例文 ➡ 그는 자연의 풍경을 사랑했다　（彼は自然の風景を愛した）
　　　　グヌン　ジャヨネ　プンギョウル　サランヘッタ

472

重要度 ★★★★		日本語	当てずっぽうの法則
Bok		Huku	無視の法則
복 → フク			初声の法則　パッチムの法則
			ㅂ → b ⓗ　　ㄱ → ⓒ キ
			同音異字の法則

重要度 ★★★★	漢字	単語の例		関連語
복	服	복무 ボンム	服務	ふく
		복종 ボクチョン	服従	옷
		복장 ボクチャン	服装	オッ

例文 ➡ 그는 경찰로서 20년간 복무했다　（彼は警察（官）として20年間服務した）
　　　　グヌン　ギョンチャルロ ソ　イシムニョンガン ボンム ヘッタ

重要度 ★★★★	漢字	単語の例		日本語の訓読み
복	福	행복 ヘンボク	幸福	—
		축복 チュクボク	祝福	
		복지 ボクチ	福祉	

例文 ➡ 저는 행복합니다　（私は幸福です）
　　　　ジョヌン ヘン ボ カムニ ダ

重要度 ★★★	漢字	単語の例		日本語の訓読み
복	腹	복부 ボクブ	腹部	はら
		복근 ボックン	腹筋	배
		복심 ボクシム	腹心	ペ

例文 ➡ 남자 친구의 복근이 멋있어요　（彼氏の腹筋が格好いいです）
　　　　ナムジャ チング エ ボック ニ モシッソ ヨ

重要度 ★★	漢字	単語の例		日本語の訓読み
복	複	복잡 ボクチャプ	複雑	—
		중복 ジュンボク	重複	
		복합 ボカプ	複合	

例文 ➡ 지금 복잡한 심경입니다　（今複雑な心境です）
　　　　ジ グム　ボクチャパン シムギョンイム ニ ダ

PART 4　韓国語の漢字語を読もう～！

重要度	★★☆☆☆	漢字	単語の例		日本語の訓読み
복		覆	피복 ピボク	被覆	覆う
			복면 ボンミョン	覆面	덮다, 가리다
			전복 ジョンボク	転覆	ドブタ ガリダ

例文 ➡ 복면강도가 잡혔습니다　（覆面強盗が捕まりました）
　　　ボンミョンガンド ガ ジャピョッスムニ ダ

重要度	★★★★☆	漢字	単語の例		日本語の訓読み
복		復	복습 ボクスプ	復習	―
			회복 フェボク	回復	
			복수 ボクス	復讐	

例文 ➡ 복습의 중요성과 방법　（復習の重要性と方法）
　　　ボクス ベ ジュンヨ ソングァ バンボプ

473

重要度 ★★★☆☆	日本語	当てずっぽうの法則
Bu	Huku	無視の法則
부 → フク		初声の法則 ㅂ → b (h)
		母音 ㅜ → u

重要度	★★★☆☆	漢字	単語の例		日本語の訓読み
부		副	부사장 ブサジャン	副社長	―
			부작용 ブジャギョン	副作用	
			부업 ブオプ	副業	

例文 ➡ 부업으로 아르바이트를 하고 있어요　（副業でアルバイトをやっています）
　　　ブ オプ ロ アルバ イトゥルル ハゴ イッソヨ

474

重要度 ★★★★★	日本語	当てずっぽうの法則
Mul	Butsu	無視の法則
물 → ブツ		初声の法則 ㅁ → m (b)
		パッチムの法則 ㄹ → ツ チ
		母音 ㅜ → u

重要度	★★★★★	漢字	単語の例		日本語の訓読み
물		物	동물 ドンムル	動物	もの
			물질 ムルチル	物質	물건
			물가 ムルカ	物価	ムルゴン

例文 ➡ 동경은 물가가 비쌉니다　（東京は物価が高いです）
　　　ドンギョンウン ムルカ ガ ピッサムニ ダ

475

重要度 ★★★★★ | 日本語 | 当てずっぽうの法則
Bun → Hun
분 → フン

- 無視の法則
- 初声の法則 ㅂ → b (h)
- 母音 ㅜ → u
- パッチムの法則 ㄴㅁ → ン
- 同音異字の法則

重要度 ★★★★☆

漢字	単語の例	日本語の訓読み
분 分	분별 ブンビョル 分別 분야 ブニャ 分野 기분 ギブン 気分	わかる 알다 アルダ

例文 ➡ 오늘은 기분이 좋아요 （今日は気分がいいです）
オヌルン ギブ ニ ジョアヨ

重要度 ★★☆☆☆

漢字	単語の例	日本語の訓読み
분 憤	분노 ブンノ 憤怒 분개 ブンゲ 憤慨 울분 ウルブン 鬱憤	憤る 분노하다, 분개하다 ブンノ ハダ ブンゲ ハダ

例文 ➡ 그는 상당히 분개했습니다 （彼はかなり憤慨しました）
グヌン サンダンイ ブンゲ ヘッスム ニ ダ

重要度 ★☆☆☆☆

漢字	単語の例	日本語の訓読み
분 糞	분뇨 ブンニョ 糞尿 분토 ブント 糞土	くそ 똥 ットン

例文 ➡ 농업과 분뇨 처리 기술 （農業と糞尿処理技術）
ノンオプクァ ブンニョ チョリ ギスル

重要度 ★★☆☆☆

漢字	単語の例	日本語の訓読み
분 粉	분식 ブンシク 粉飾 분말 ブンマル 粉末 분쇄 ブンスェ 粉砕	こな 가루 ガル

例文 ➡ 매일 분말 녹즙을 마시고 있어요 （毎日粉末青汁を飲んでいます）
メイル ブンマル ロクチュブル マ シゴ イッソ ヨ

日本語でもそうだけど、外来語のハングル表記も、時代とともに変化するよ。

476

重要度 ★★★★★

문 (Mun) → **ブン** (Bun)

当てずっぽうの法則
- 無視の法則
- 初声の法則：ㅁ → m ⓑ
- 母音：ㅜ → u
- パッチムの法則：ㄴ → ン
- 同音異字の法則

重要度	漢字	単語の例	日本語の訓読み
★★★★★	文	문명 ムンミョン 文明 문장 ムンジャン 文章 문화 ムヌァ 文化	—

例文 ➡ 전통 문화를 지킵시다 （伝統文化を守りましょう）
ジョントン ム ヌァルル ジキプシ ダ

重要度	漢字	単語の例	日本語の訓読み
★★★★★	聞	신문 シンムン 新聞 견문 ギョンムン 見聞 청문회 チョンムヌェ *聴聞会	聞く 듣다 ドゥッタ

例文 ➡ 오늘 신문 보셨어요 ? （今日の新聞を見られましたか）
オ ヌル シンムン ポ ショッソ ヨ

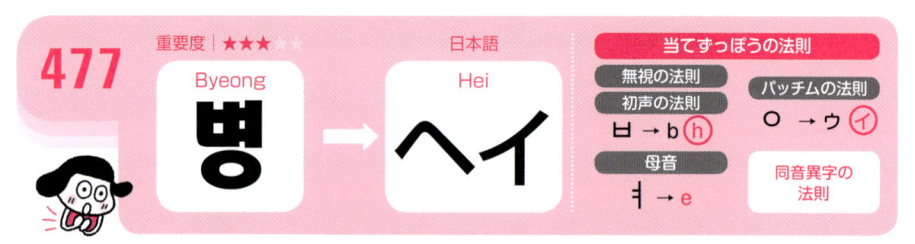

477

重要度 ★★★☆☆

병 (Byeong) → **ヘイ** (Hei)

当てずっぽうの法則
- 無視の法則
- 初声の法則：ㅂ → b ⓗ
- 母音：ㅕ → e
- パッチムの法則：ㅇ → ウ ⓘ
- 同音異字の法則

重要度	漢字	単語の例	日本語の訓読み
★★☆☆☆	併	병합 ビョンハプ 併合 합병 ハッピョン 合併	—

例文 ➡ 그 회사는 합병되었습니다 （その会社は合併されました）
グ フェサヌン ハッピョンデオッスム ニ ダ

重要度	漢字	単語の例	日本語の訓読み
★★☆☆☆	並	병행 ビョンヘン 並行 병렬 ビョンニョル 並列	並ぶ 늘어서다 ヌロソダ

例文 ➡ 병렬 주차는 어려워요 （並列駐車は難しいです）
ビョンニョル チュチャヌン オリョウォヨ

重要度 ★★★☆☆	漢字	単語の例			日本語の訓読み
병	兵	병사	ビョンサ	兵士	—
		병역	ビョンヨク	兵役	
		파병	パビョン	派兵	

例文 → 그는 병역을 마쳤습니다　（彼は兵役を終えました）
グヌン ビョンヨグル マチョッスムニダ

478

重要度 ★★★☆☆

Pyeong　평 → Hei　ヘイ

当てずっぽうの法則
- 初声の法則： ㅍ → h → b
- バッチムの法則： ㅇ → ウ／イ
- 母音： ㅕ → e

重要度 ★★★★☆	漢字	単語の例			日本語の訓読み
평	平	평균	ピョンギュン	平均	平らだ
		공평	ゴンピョン	公平	평평하다
		수평선	スピョンソン	水平線	ピョンピョン ハダ

例文 → 저는 바다의 수평선을 좋아해요　（私は海の水平線が好きです）
ジョヌン バダエ スピョンソヌル ジョアヘヨ

479

重要度 ★★★☆☆

Pye　폐 → Hei　ヘイ

当てずっぽうの法則
- 無視の法則
- 初声の法則： ㅍ → h → b
- 母音： ㅖ → ei
- 同音異字の法則

重要度 ★★☆☆☆	漢字	単語の例			日本語の訓読み
폐	幣	지폐	ジペ	紙幣	—
		화폐	ファペ	貨幣	
		조폐	ジョペ	造幣	

例文 → 그의 취미는 화폐 수집입니다　（彼の趣味は貨幣収集です）
グエ チュィミヌン ファペ スジビムニダ

重要度 ★☆☆☆☆	漢字	単語の例			日本語の訓読み
폐	弊	폐해	ペヘ	弊害	—
		폐사	ペサ	弊社	

例文 → 폐해를 최소화하였습니다　（弊害を最小化しました）
ペヘルル チェソファハヨッスムニダ

重要度	★★★★★	漢字		単語の例		日本語の訓読み
	폐		蔽	차폐 チャペ	遮蔽	—
				은폐 ウンペ	隠蔽	

例文 ➡ 그는 범죄를 은폐했습니다　(彼は犯罪を隠蔽しました)
　　　　グ ヌン ボムジェルル　ウン ペヘッスム ニ ダ

重要度	★★★★★	漢字		単語の例		日本語の訓読み
	폐		閉	폐쇄 ペスェ	閉鎖	閉める
				폐막 ペマク	閉幕	닫다 ダッタ
				밀폐 ミルペ	密閉	

例文 ➡ 올림픽이 폐막되었습니다　(オリンピックが閉幕しました)
　　　　オルリムピギ　ペマクテ オッスム ニ ダ

480

重要度 ★★★★★　日本語

Mi 미 → ベイ **Bei**

当てずっぽうの法則
無視の法則　　パッチムの法則
初声の法則
ㅁ → m ⓑ

重要度	★★★★★	漢字		単語の例		日本語の訓読み
	미		米	미곡 ミゴク	米穀	こめ
				현미 ヒョンミ	*玄米	쌀 ッサル
				백미 ベンミ	*白米	

➡「マイ」p357

例文 ➡ 현미는 영양이 많습니다　(玄米は栄養が多いです)
　　　　ヒョンミ ヌン　ヨンヤン イ　マンスム ニ ダ

481

重要度 ★★★★★　日本語

Byeok 벽 → ヘキ **Heki**

当てずっぽうの法則
無視の法則　　パッチムの法則
初声の法則
ㅂ → b ⓗ　　ㄱ → ク ㋖
母音
ㅕ → e

同音異字の法則

重要度	★★★★★	漢字		単語の例		日本語の訓読み
	벽		壁	장벽 ジャンビョク	障壁	かべ
				벽화 ビョクァ	壁画	벽 ビョク
				암벽 アムビョク	岩壁	

例文 ➡ 관세장벽 과　비관세장벽　(関税障壁と非関税障壁)
　　　　グァン セ ジャンビョク クァ　ビ グァン セ ジャンビョク

重要度 ★☆☆☆☆	漢字	単語の例	日本語の訓読み
벽	碧	벽안　ビョガン　碧眼	—

例文 ➡ 벽안의 서양인　（碧眼の西洋人）
　　　　ビョガネ　ソヤンイン

重要度 ★★★☆☆	漢字	単語の例	日本語の訓読み
벽	璧	쌍벽　ッサンビョク　双璧 완벽　ワンビョク　完璧	—

例文 ➡ 완벽한 사람은 없어요　（完璧な人はいないです）
　　　　ワンビョカン　サラムン　オプソ　ヨ

482

重要度 ★★★★★

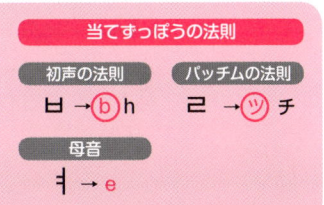

Byeol　　日本語 Betsu

별 → ベツ

当てずっぽうの法則
初声の法則　ㅂ → ⓑ h
パッチムの法則　ㄹ → ツ チ
母音　ㅕ → e

重要度 ★★★★★	漢字	単語の例	日本語の訓読み
별	別	특별　トゥクピョル　特別 차별　チャビョル　差別 별도　ピョルト　別途	別れる 헤어지다 ヘオジダ

例文 ➡ 차별은 좋지 않아요　（差別はよくないです）
　　　　チャビョルン　ジョチ　アナヨ

483

重要度 ★★★★☆

Ban　　日本語 Hen

반 → ヘン

当てずっぽうの法則
無視の法則
初声の法則　ㅂ → b ⓗ
パッチムの法則　ㄴ → ン

重要度 ★★★★☆	漢字	単語の例	日本語の訓読み
반	返	반송　パンソン　返送 반품　パンプム　返品 반납　パンナプ　返納	返す 되돌리다 デドルリダ

例文 ➡ 불량품은 반품시켰어요　（不良品は返品させました）
　　　　プルリャンプムン　パンプム　シキョッソヨ

PART 4　韓国語の漢字語を読もう〜!

ア カ サ タ ナ **ハ** マ・ヤ ラ・ワ

345

484 Byeon → ヘン Hen

重要度 ★★★★

当てずっぽうの法則
- 無視の法則
- 初声の法則　ㅂ → b ⓗ
- 母音　ㅕ → e
- パッチムの法則　ㄴㅁ → ン
- 同音異字の法則

변 / 変

重要度 ★★★★	漢字	単語の例	日本語の訓読み
변	変	변화 ビョヌァ 変化 변심 ビョンシム 変心 변태 ビョンテ 変態	変える 바꾸다 バックダ

例文 ➡ 변화를 두려워하지 마세요　（変化を恐れないでください）
ビョヌァルル　ドゥリョウォハジ　マ　セ　ヨ

변 / 辺

重要度 ★★★★	漢字	単語の例	日本語の訓読み
변	辺	주변 ジュビョン 周辺 신변 シンビョン 身辺	―

例文 ➡ 신변 안전을 보장합니다　（身辺の安全を保障します）
シン ビョ　ナン ジョ ヌル　ボ ジャン ハム ニ　ダ

485 Pyeon → ヘン Hen

重要度 ★★★

当てずっぽうの法則
- 初声の法則　ㅍ → ⓗ b
- 母音　ㅕ → e
- パッチムの法則　ㄴㅁ → ン
- 同音異字の法則

편 / 偏

重要度 ★★	漢字	単語の例	日本語の訓読み
편	偏	편견 ピョンギョン 偏見 편집 ピョンジプ 偏執 편식 ピョンシク 偏食	偏る 치우치다 チウチダ

例文 ➡ 편견을 갖지 말아 주세요　（偏見を持たないでください）
ピョンギョ ヌル　ガッチ　マ ラ ジュ セ ヨ

편 / 片

重要度 ★★★	漢字	単語の例	日本語の訓読み
편	片	파편 パピョン 破片 아편 アピョン 阿片 편도 ピョンド ＊片道	―

例文 ➡ 태양의 파편　（太陽の破片）
テヤン エ　パ ピョン

重要度	★★★☆☆	漢字	単語の例		日本語の訓読み
편		編	편성 ピョンソン 編成 재편 ジェピョン 再編 개편 ゲピョン 改編		編む 짜다 ッチャ ダ

例文 ➡ TV 프로그램이 개편되었습니다 （TV番組が改編されました）
TV プログレミ ゲピョンデオッスムニ ダ

重要度	★☆☆☆☆	漢字	単語の例		日本語の訓読み
편		遍	보편 ポピョン 普遍 편재 ピョンジェ 偏在 편력 ピョルリョク 遍歴		あまねく 골고루 ゴルゴル

例文 ➡ 그것은 보편적인 진리입니다 （それは普遍的な事実です）
グ ゴスン ポピョンジョギン ジルリイムニ ダ

重要度	★★☆☆☆	漢字	単語の例		日本語の訓読み
편		扁	편평 ピョンピョン 扁平 편도선 ピョンドソン 扁桃腺		―

例文 ➡ 편도선이 부었어요 （扁桃腺がはれました）
ピョンド ソニ ブオッソ ヨ

486

重要度	★★★★☆		日本語		当てずっぽうの法則
Bo			Ho		無視の法則 初声の法則 ㅂ → b (h) 母音 ㅗ → o
보	→		호		

重要度	★★★☆☆	漢字	単語の例		日本語の訓読み
보		保	보험 ポホム 保険 보유 ポユ 保有 보관 ポグァン 保管		保つ 유지하다 ユジハダ

例文 ➡ 생명보험에 가입했어요 （生命保険に加入しました）
センミョンボ ホ メ ガイペッソ ヨ

重要度	★★★★☆	漢字	単語の例		日本語の訓読み
보		歩	양보 ヤンボ 譲歩 초보 チョボ 初歩 진보 ジンボ 進歩		歩く 걷다 ゴッタ

例文 ➡ 초보부터 배우는 한국어 （初歩から学ぶ韓国語）
チョボブ ト ベ ウヌンハング ゴ

347

重要度 ★★★	漢字	単語の例	日本語の訓読み
보	補	보조 ポジョ 補助 후보 フボ 候補 보상 ポサン 補償	補う 보충하다 ポチュンハダ

例文 ➡ 그는 후보 선수입니다 （彼は候補選手です）
　　　グヌン フ ボ ソンスイムニ ダ

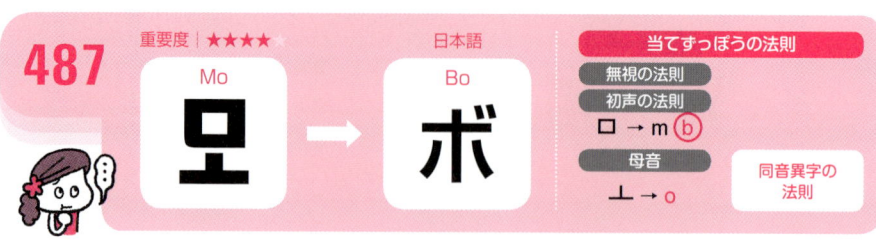

487

重要度 ★★★★　日本語
Mo → Bo
모 → ボ

当てずっぽうの法則
無視の法則
初声の法則
ㅁ → m ⓑ
母音
ㅗ → o
同音異字の法則

重要度 ★★★★	漢字	単語の例	日本語の訓読み
모	募	모집 モジブ 募集 모금 モグム 募金 공모 ゴンモ 公募	募る 모집하다 モジバダ

例文 ➡ 신입사원을 모집합니다 （新入社員を募集します）
　　　シニブサウォヌル モ ジバム ニ ダ

重要度 ★★	漢字	単語の例	日本語の訓読み
모	慕	경모 ギョンモ 敬慕 사모 サモ 思慕 연모 ヨンモ 恋慕	慕う 그리워하다 グリウォハダ

例文 ➡ 그를 사모하고 있어요 （彼を思慕しています）
　　　グルル サ モ ハ ゴ イッ ソ ヨ

重要度 ★★	漢字	単語の例	日本語の訓読み
모	暮	세모 セモ 歳暮	暮らす 살다, 지내다 サルダ ジネダ

例文 ➡ 연말 세모 분위기 （年末歳暮雰囲気〈年の瀬の雰囲気〉）
　　　ヨンマル セ モ ブヌィギ

重要度 ★★★★★	漢字	単語の例	日本語の訓読み
모	母	모국 モグク 母国 모성 モソン 母性 모친 モチン ＊母親	はは 어머니 オモニ

例文 ➡ 제 모국어는 일본어입니다 （私の母国語は日本語です）
　　　ジェ モグ ゴヌン イルボノイムニ ダ

348

488

重要度 ★★★☆☆
日本語
当てずっぽうの法則
無視の法則
初声の法則

Myo　묘 → ボ　Bo

ㅁ → m ⓑ

重要度	漢字	単語の例		日本語の訓読み
★★★☆☆		묘지　ミョジ	墓地	はか
묘	墓	묘석　ミョソク	墓石	묘, 무덤 ミョ　ムドム

例文➡ 국립묘지를 참배하였다　（国立墓地を参拝した）
　　　グンニムミョ　ジルル　チャンベ　ハヨッタ

489

重要度 ★★★★★
日本語
当てずっぽうの法則
無視の法則
初声の法則
パッチムの法則
同音異字の法則

Bang　방 → ホウ　Hou

ㅂ → b ⓗ
ㅇ → ⓤイ

重要度	漢字	単語の例		日本語の訓読み
★★★★★		개방　ゲバン	開放	放す
방	放	방송　バンソン	放送	놓다, 놓아 주다
		방치　バンチ	放置	ノタ、ノア ジュダ

例文➡ 시장 개방을 요구합니다　（市場開放を要求します）
　　　シジャン　ゲバンウル　ヨグ　ハムニダ

重要度	漢字	単語の例		関連語
★★★★★		방법　バンボブ	方法	その方
방	方	방향　バンヒャン	方向	그 분
		방식　バンシク	方式	グ ブン

例文➡ 방향 감각이 없어요　（方向感覚がないです）
　　　バンヒャン　ガムガギ　オプソヨ

重要度	漢字	単語の例		日本語の訓読み
★★★☆☆		방문　バンムン	訪問	訪れる
방	訪	방한　バンハン	訪韓	찾아오다, 방문하다
		방일　バンイル	訪日	チャジャ オダ　バンムナダ

例文➡ 대통령의 공식 방문　（大統領の公式訪問）
　　　デトンニョンエ　ゴンシク　バンムン

490

重要度 ★★★★ 日本語 当てずっぽうの法則
Beop → Hou
법 → ホウ

無視の法則
初声の法則 ㅂ → b ⓗ
バッチムの法則 ㅂ → ⓤツ

重要度 ★★★★	漢字	単語の例		日本語の訓読み
법	法	법률 ボムニュル 法律		—
		법칙 ボプチク 法則		
		헌법 ホンボプ 憲法		

例文 ➡ 무료법률사무소 （無料法律事務所）
　　　ムリョボムニュル サ ム ソ

491

重要度 ★★★★ 日本語 当てずっぽうの法則
Bo → Hou
보 → ホウ

無視の法則
初声の法則 ㅂ → b ⓗ
母音 ㅗ → o
同音異字の法則

重要度 ★★★☆☆	漢字	単語の例		日本語の訓読み
보	報	보고 ボゴ 報告		—
		보도 ボド 報道		
		정보 ジョンボ 情報		

例文 ➡ 보고서를 작성했습니다 （報告書を作成しました）
　　　ボ ゴ ソルル ジャクソンヘッスム ニ ダ

重要度 ★★★★	漢字	単語の例		日本語の訓読み
보	宝	보물 ボムル 宝物		たから
		국보 ククボ 国宝		보물
		가보 ガボ 家宝		ボムル

例文 ➡ 남대문은 국보 1 호입니다 （南大門は国宝1号です）
　　　ナムデ ム ヌン グクボ イ ロイムニ ダ

492

重要度 ★★★☆☆ 日本語 当てずっぽうの法則
Bong → Hou
봉 → ホウ

無視の法則
初声の法則 ㅂ → b ⓗ
母音 ㅗ → o
バッチムの法則 ㅇ → ⓤイ
同音異字の法則

350

重要度	★☆☆☆☆	漢字	単語の例	日本語の訓読み
봉		逢	봉착 ボンチャク 逢着	—

例文 ➔ 난관에 봉착했습니다 （難関に逢着しました）
ナングァ ネ ボンチャケッスム ニ ダ

重要度	★★★☆☆	漢字	単語の例	日本語の訓読み
봉		奉	봉사 ボンサ 奉仕 봉양 ボンヤン 奉養 신봉 シンボン 信奉	奉る 받들다, 모시다 パットゥルダ モシダ

例文 ➔ 사회봉사를 하였습니다 （社会奉仕をしました）
サフェボン サルル ハヨッスム ニ ダ

重要度	★☆☆☆☆	漢字	単語の例	日本語の訓読み
봉		峰	거봉 ゴボン 巨峰 고봉 ゴボン 高峰 최고봉 チェゴボン 最高峰	みね 봉우리 ボンウ リ

例文 ➔ 씨 없는 거봉 （種のない巨峰）
ッシ オムヌン ゴボン

重要度	★☆☆☆☆	漢字	単語の例	日本語の訓読み
봉		縫	봉합 ボンハプ 縫合 봉제 ボンジェ 縫製	縫う 꿰매다 ックェメダ

例文 ➔ 주목받는 봉제기술 （注目される縫製技術）
チュモク パン ヌン ボンジェギ スル

重要度	★☆☆☆☆	漢字	単語の例	日本語の訓読み
봉		蜂	양봉 ヤンボン 養蜂 봉기 ボンギ 蜂起	はち 벌 ボル

例文 ➔ 양봉 기구를 판매합니다 （養蜂器具を販売します）
ヤンボン ギ グルル パンメ ハム ニ ダ

重要度	★☆☆☆☆	漢字	単語の例	日本語の訓読み
봉		鳳	봉황 ボンファン 鳳凰	—

例文 ➔ 한국 대통령의 상징인 봉황 （韓国大統領の象徴である鳳凰）
ハングク テ トンニョン エ サンジンイン ボンファン

351

493

重要度 ★★★

Po
포 → Hou **ホウ**

当てずっぽうの法則
初声の法則 ㅍ → b ⓗ
母音 ㅗ → o
同音異字の法則

重要度	漢字	単語の例		日本語の訓読み
★★★	包	포장 ポジャン 包装 포괄적 ポグァルチョク 包括的 포용 ポヨン 包容		包む 싸다, 포장하다 ッサ ダ ポジャンハ ダ

例文 ▶ 포괄적인 의료보험 （包括的な医療保険）
ポグァルチョギン ウィリョ ポ ホム

重要度	漢字	単語の例		日本語の訓読み
★	砲	총포 チョンポ 銃砲 포화 ポファ 砲火 발포 パルポ 発砲		―

例文 ▶ 총포 규제법이 성립되었다 （銃砲規制法が成立した）
チョンポ ギュジェッポ ビ ソンニプ テ オッ タ

494

重要度 ★★★

Pung
풍 → Hou **ホウ**

当てずっぽうの法則
初声の法則 ㅍ → ⓗ b
パッチムの法則 ㅇ → ⓤ イ

重要度	漢字	単語の例		日本語の訓読み
★★★	豊	풍작 プンジャク 豊作 풍부 プンブ 豊富 풍년 プンニョン 豊年		豊かだ 풍부하다 プンブ ハ ダ

例文 ▶ 금년은 풍작입니다 （今年は豊作です）
グム ニョヌン プンジャギム ニ ダ

495

重要度 ★★★

Mang
망 → Bou **ボウ**

当てずっぽうの法則
無視の法則
初声の法則 ㅁ → m ⓑ
パッチムの法則 ㅇ → ⓤ イ
同音異字の法則

重要度 ★★★☆☆	漢字	単語の例			日本語の訓読み
망	忘	건망증 망각 망년회	ゴンマンチュン マンガク マンニョヌェ	健忘症 忘却 忘年会	忘れる 잊다, 잊어버리다 イッタ イジョボリダ

例文 ➡ 망년회에 참석해 주세요　（忘年会に参席してください）
マンニョヌェエ チャムソケ ジュセヨ

重要度 ★☆☆☆☆	漢字	単語の例			日本語の訓読み
망	忙	다망	ダマン	多忙	忙しい 바쁘다 バップダ

例文 ➡ 다망하신 중에 와 주셔서 감사합니다　（ご多忙の中お越しいただきありがとうございます）
ダマンハ シンジュンエ ワ ジュショソ ガムサハムニダ

重要度 ★★★★☆	漢字	単語の例			日本語の訓読み
망	望	희망 절망 실망	ヒマン ジョルマン シルマン	希望 絶望 失望	望む 바라다, 소망하다 バラダ ソマンハダ

例文 ➡ 희망을 버리지 마세요　（希望を捨てないでください）
ヒマヌル ボリジ マセヨ

重要度 ★★★☆☆	漢字	単語の例			日本語の訓読み
망	亡	사망 멸망 도망	サマン ミョルマン ドマン	死亡 滅亡 逃亡	亡くなる 돌아가시다 ドラガシダ

例文 ➡ 범인은 해외로 도망쳤다　（犯人が海外に逃亡した）
ボミヌン ヘウェロ ドマンチョッタ

496

重要度 ★★★★☆		日本語	当てずっぽうの法則
Buk		Hoku	無視の法則　　バッチムの法則
북	→	ホク	初声の法則 ㅂ → b ⓗ　　ㄱ → ク キ

重要度 ★★★★☆	漢字	単語の例			日本語の訓読み
북	北	북극 북조선 남북	ブックク ブクチョソン* ナムブク	北極 北朝鮮 南北	きた 북쪽 ブクチョク

例文 ➡ 조선민주주의 인민공화국 / 북조선　（朝鮮民主主義人民共和国 / 北朝鮮）
ジョソンミンジュジュイ インミンゴンワグク　ブクチョソン

PART 4　韓国語の漢字語を読もう～！

353

497

重要度 ★★★☆☆ | 日本語 | 当てずっぽうの法則

Mok → Boku
목 → **ボク**

- 無視の法則
- 初声の法則　ㅁ → m ⓑ
- 母音　ㅗ → o
- パッチムの法則　ㄱ → ⓚ キ
- 同音異字の法則

重要度 ★★☆☆☆	漢字	単語の例		日本語の訓読み
목	牧	목사　モクサ　牧師 목장　モクチャン　牧場 방목　バンモク　放牧		—

例文 ➡ 목사님은 기도하였습니다　（牧師さんはお祈りをしました）
　　　モクサ ニムン ギド ハ ヨッスム ニ ダ

重要度 ★★★★☆	漢字	単語の例		日本語の訓読み
목	木	토목　トモク　土木 재목　ジェモク　＊材木 목요일　モギョイル　＊木曜日		き 나무 ナム

➡「モク」p365　例文 ➡ 목요일은 비가 왔습니다　（木曜日は雨が降りました）
　　　　　　　　　　　モギョイルン ビ ガ ワッスム ニ ダ

498

重要度 ★★★★☆ | 日本語 | 当てずっぽうの法則

Bak → Boku
박 → **ボク**

- 初声の法則　ㅂ → ⓑ h
- パッチムの法則　ㄱ → ⓚ キ
- 同音異字の法則

重要度 ★★☆☆☆	漢字	単語の例		日本語の訓読み
박	撲	타박　タバク　打撲 박멸　バンミョル　撲滅		なぐる 때리다 ッテリダ

例文 ➡ 전염병을 박멸합시다　（伝染病を撲滅しましょう）
　　　ジョニョムビョンウル バンミョラプ シ ダ

重要度 ★★★★☆	漢字	単語の例		日本語の訓読み
박	朴	소박　ソバク　素朴 박용하　バギョンハ　＊パク・ヨンハ		—

例文 ➡ 소박한 질문이 있습니다　（素朴な質問があります）
　　　ソ バ カン ジルム ニ イッスム ニ ダ

499

重要度 ★★★★★

Bon **본** → Hon **ホン**

当てずっぽうの法則
- 無視の法則
- 初声の法則 ㅂ → b(h)
- 母音 ㅗ → o
- パッチムの法則 (ㄴ) ㅁ → ン

重要度	漢字	単語の例		関連語
★★★★★ 본	本	일본 イルボン	日本	ほん 책 チェク
		본인 ボニン	本人	
		자본 ジャボン	資本	

例文 → 일본은 경제대국입니다 （日本は経済大国です）
イルボ ヌン ギョンジェ デ グ ギム ニ ダ

500

重要度 ★★★☆☆

Beom **범** → Bon **ボン**

当てずっぽうの法則
- 初声の法則 ㅂ → (b) h
- パッチムの法則 ㄴ (ㅁ) → ン

重要度	漢字	単語の例		日本語の訓読み
★★★☆☆ 범	凡	평범 ピョンボム	平凡	およそ 대체로, 대강 デチェロ デガン
		비범 ビボム	非凡	
		범인 ボミン	凡人	

例文 → 평범한 인생이 행복합니다 （平凡な人生が幸せです）
ピョンボ マン インセン イ ヘン ボ カム ニ ダ

日本人の姓は1文字～4文字と文字数も異なり、種類もかなりたくさんありますが韓国人の姓はほとんど1文字で、「金」「朴」「李」が大半を占めているよ。そのため、名前はフルネームで呼ぶことが多いんだよね。

PART 4 韓国語の漢字語を読もう～！

ア カ サ タ ナ ハ マ・ヤ ラ・ワ

355

501

重要度 ★★★★★
Ma
마 → **マ**
日本語 Ma

当てずっぽうの法則
初声の法則
ㅁ → m b
母音
ㅏ → a

同音異字の法則

重要度 ★☆☆☆☆	漢字	単語の例	日本語の訓読み
마	馬	천마　チョンマ　天馬	うま 말　マル

➡「バ」p318　例文➡ 천마를 탄 왕자님　（天馬に乗った王子様）
チョンマルル タン ワンジャニム

重要度 ★☆☆☆☆	漢字	単語の例	日本語の訓読み
마	磨	연마　ヨンマ　研磨 마모　マモ　磨耗	磨く 닦다　ダクタ

例文➡ 타이어가 마모되었어요　（タイヤが磨耗しました）
タイオガ マモデオッソヨ

重要度 ★★★☆☆	漢字	単語の例	日本語の訓読み
마	麻	마취　マチュイ　麻酔 마비　マビ　麻痺 대마　デマ　大麻	あさ 삼, 삼베　サム, サムベ

例文➡ 마취는 위대한 발명입니다　（麻酔は偉大な発明です）
マチュィヌン ウィデハン パルミョンイム ニ ダ

重要度 ★★★★☆	漢字	単語の例	日本語の訓読み
마	魔	악마　アンマ　悪魔 마녀　マニョ　魔女 마술　マスル　魔術	—

例文➡ 현대사회의 마녀 사냥　（現代社会の魔女狩り）
ヒョンデ サフェエ マニョ サニャン

さあ、マ行が始まったよ。
残り少なくなってきたね！

502

重要度 ★★★★	日本語	当てずっぽうの法則
Mae **매**	Mai **マイ**	初声の法則 ㅁ → m b 母音 ㅐ → ai 同音異字の法則

重要度 ★☆☆☆☆	漢字	単語の例	日本語の訓読み
매	妹	자매 ジャメ 姉妹	いもうと 여동생 ヨドンセン

例文 ➡ 저희들은 자매입니다 （私たちは姉妹です）
ジョ ヒドゥルン ジャ メイムニ ダ

重要度 ★★☆☆☆	漢字	単語の例	日本語の訓読み
매	枚	매수 メス 枚数 삼매 サムメ 3枚	—

例文 ➡ 티켓을 삼매 구입했어요 （チケットを三枚購入しました）
ティ ケスル サムメ グ イペッソ ヨ

重要度 ★★★★	漢字	単語の例	日本語の訓読み
매	毎	매일 メイル 毎日 매월 メウォル 毎月 매년 メニョン 毎年	—

例文 ➡ 저는 매일 공부합니다 （私は毎日勉強します）
ジョヌン メイル コンブハムニ ダ

503

重要度 ★★★☆☆	日本語	当てずっぽうの法則
Mi **미**	Mai **マイ**	初声の法則 ㅁ → m b

重要度 ★★★☆☆	漢字	単語の例	日本語の訓読み
미	米	현미 ヒョンミ 玄米 백미 ベンミ 白米	こめ 쌀 ッサル

➡「ベイ」p344　例文 ➡ 현미는 맛있어요 （玄米はおいしいです）
ヒョンミ ヌン マシッソ ヨ

357

504

重要度 ★★★☆☆ | 日本語

Mak → Maku
막 → マク

当てずっぽうの法則
- 初声の法則: ㅁ → ⓜ b
- パッチムの法則: ㄱ → ⓚ キ
- 母音: ㅏ → a
- 同音異字の法則

重要度	漢字	単語の例		日本語の訓読み
★★★☆☆ 막	膜	세포막 セポマク 細胞膜 고막 ゴマク 鼓膜 골막염 ゴルマンニョム 骨膜炎		ー

例文 ➡ 세포막의 투과성 （細胞膜の透過性）
　　　セ ポ マ　ゲ トゥグァソン

重要度	漢字	単語の例		日本語の訓読み
★★☆☆☆ 막	幕	개막 ゲマク 開幕 폐막 ペマク 閉幕 막부 マクブ *幕府		ー

例文 ➡ 개막식이 거행되었습니다 （開幕式が行われました）
　　　ゲマクシ ギ　ゴヘンデオッスム ニ ダ

505

重要度 ★★★★☆ | 日本語

Mal → Matsu
말 → マツ

当てずっぽうの法則
- 初声の法則: ㅁ → ⓜ b
- パッチムの法則: ㄹ → ⓣ チ
- 母音: ㅏ → a

重要度	漢字	単語の例		日本語の訓読み
★★★★☆ 말	末	주말 ジュマル 週末 월말 ウォルマル 月末 연말 ヨンマル 年末		すえ 끝 ックッ

例文 ➡ 월말이라서 바빠요 （月末だから忙しいです）
　　　ウォルマ リ ラソ　バッパヨ

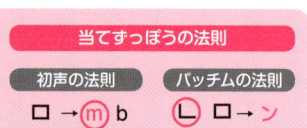

506

重要度 ★★★★☆ | 日本語

Man → Man
만 → マン

当てずっぽうの法則
- 初声の法則: ㅁ → ⓜ b
- パッチムの法則: ㄴ → ン
- 母音: ㅏ → a
- 同音異字の法則

358

重要度 ★★☆☆☆	漢字	単語の例			日本語の訓読み
만	慢	오만 태만 만성적	オマン テマン マンソンジョク	傲慢 怠慢 慢性的	—

例文→ 오만한 사람과 겸허한 사람　（傲慢な人と謙虚な人）
オマナン サラムグァ ギョモハン サラム

重要度 ★★★★☆	漢字	単語の例			日本語の訓読み
만	満	원만 불만 만석	ウォンマン ブルマン マンソク	円満 不満 満席	満ちる 차다 チャダ

例文→ 원만한 부부 생활　（円満な夫婦生活）
ウォンマナン ブブ センファル

重要度 ★★★☆☆	漢字	単語の例			日本語の訓読み
만	漫	만화 낭만 산만	マヌァ ナンマン サンマン	漫画 浪漫 散漫	—

例文→ 일본의 만화는 세계적으로 유명합니다　（日本の漫画は世界的に有名です）
イルボネ マヌァヌン セゲジョグロ ユミョンハムニダ

重要度 ★★★★☆	漢字	単語の例			関連語
만	万	십만 백만 천만	シムマン ペンマン チョンマン	十万 百万 千万	まん 万 マン

→「バン」p328　例文→ 이번달에는 십만 원을 저금했어요　（今月は十万ウォンを貯金しました）
イボンタレヌン シムマ ヌォヌル ジョグメッソヨ

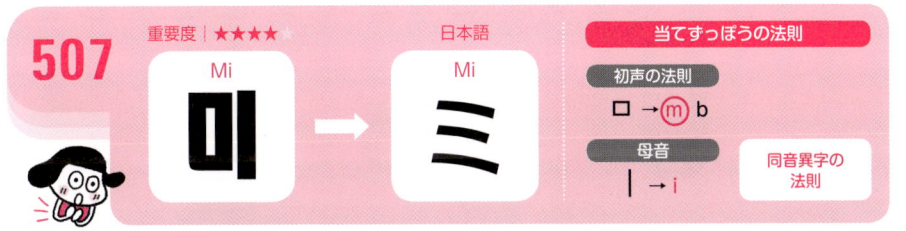

507

重要度 ★★★★☆		日本語		当てずっぽうの法則
Mi 미	→	Mi ミ		初声の法則　ㅁ→ⓜb 母音　ㅣ→i 同音異字の法則

重要度 ★★★★☆	漢字	単語の例			日本語の訓読み
미	味	의미 취미 흥미	ウィミ チュイミ フンミ	意味 趣味 興味	あじ 맛 マッ

例文→ 취미 생활은 필요합니다　（趣味生活は必要です）
チュイミ センファルン ピリョハムニダ

PART 4　韓国語の漢字語を読もう〜！

ア カ サ タ ナ ハ マ・ヤ ラ・ワ

359

重要度 ★★★★☆	漢字	単語の例		日本語の訓読み
미	未	미만 ミマン 미숙 ミスク 미래 ミレ	未満 未熟 未来	いまだに 아직도 アジクト

例文➡ 그의 미래는 밝습니다 （彼の未来は明るいです）
グエ ミレヌン パクスムニダ

508

重要度 ★★★☆☆
Mil 밀 → Mitsu ミツ

当てずっぽうの法則
初声の法則: ㅁ → ⓜ b
パッチムの法則: ㄹ → ⓒ チ
母音: ㅣ → i
同音異字の法則

重要度 ★★★☆☆	漢字	単語の例		日本語の訓読み
밀	密	비밀 ビミル 밀도 ミルト 밀착 ミルチャク	秘密 密度 密着	ひそかに 몰래, 은밀히 モルレ ウンミリ

例文➡ 누구나 비밀이 있습니다 （誰でも秘密があります）
ヌグナ ビミリ イッスムニダ

重要度 ★☆☆☆☆	漢字	単語の例		関連語
밀	蜜	밀월 ミルオル 밀봉 ミルボン	蜜月 蜜蜂	みつ 꿀 ックル

例文➡ 그들은 밀월 관계였습니다 （彼らは蜜月関係でした）
グドゥルン ミルオル グァンゲヨッスムニダ

509

重要度 ★★★★★
Myeong 명 → Myou ミョウ

当てずっぽうの法則
初声の法則: ㅁ → ⓜ b
パッチムの法則: ㅇ → ⓤ イ

重要度 ★★★★★	漢字	単語の例		関連語
명	名	가명 ガミョン 본명 ボンミョン 유명 ユミョン	*仮名 本名 *有名	名前 이름 イルム

➡「メイ」p361

例文➡ 동방신기는 일본에서 유명합니다 （東方神起は日本で有名です）
ドンバンシンギヌン イルボネソ ユミョンハムニダ

360

510

重要度 ★★★★★　日本語

Min　→　Min
민　→　ミン

当てずっぽうの法則
初声の法則　ㅁ → ⓜ b
パッチムの法則　ⓝ ㄴ → ン
母音　ㅣ → i

重要度 ★★★★★	漢字	単語の例		日本語の訓読み
민	民	국민　グンミン　国民 민족　ミンジョク　民族 서민　ソミン　庶民		たみ 백성 ペクソン

例文 ➡ 국민에게는 권리와 의무가 있습니다　（国民には権利と義務があります）
グン ミ ネ ゲヌン グォルリ ワ ウィム ガ イッスム ニ ダ

511

重要度 ★★★★　日本語

Myeong　→　Mei
명　→　メイ

当てずっぽうの法則
初声の法則　ㅁ → ⓜ b
パッチムの法則　ㅇ → ウ ⓘ
母音　ㅕ → e
同音異字の法則

重要度 ★★★★★	漢字	単語の例		関連語
명	名	별명　ビョルミョン　別名 명곡　ミョンゴク　名曲 세명　セミョン　三名		名前 이름 イルム

➡「ミョウ」p360　例文 ➡ 그는 명곡을 불렀습니다　（彼は名曲を歌いました）
グ ヌン ミョンゴグル プルロッスム ニ ダ

重要度 ★★★★★	漢字	単語の例		日本語の訓読み
명	命	생명　センミョン　生命 명령　ミョンニョン　命令 운명　ウンミョン　運命		いのち 목숨, 생명 モクスム センミョン

例文 ➡ 소중하지 않은 생명은 없습니다　（大切じゃない生命はありません）
ソジュンハ ジ　ア ヌン センミョンウン オプスム ニ ダ

重要度 ★★★★★	漢字	単語の例		日本語の訓読み
명	明	설명　ソルミョン　説明 명확　ミョンファク　明確 문명　ムンミョン　文明		明るい 밝다 パクタ

例文 ➡ 명확하게 설명해 주세요　（明確に説明してください）
ミョンファカ ゲ　ソルミョンヘ　ジュセ ヨ

PART 4　韓国語の漢字語を読もう〜！

512

重要度 ★★★☆☆

Myeol → Metsu

멸 → メツ

当てずっぽうの法則
- 初声の法則: ㅁ → m / b
- パッチムの法則: ㄹ → ツ / チ
- 母音: ㅕ → e

重要度	漢字	単語の例		日本語の訓読み
★★★☆☆	滅	멸망 ミョルマン 滅亡		滅びる
		소멸 ソミョル 消滅		멸망하다, 망하다
		환멸 ファンミョル 幻滅		ミョルマン ハ ダ　マン ハ ダ

例文 ➡ 인류 멸망에 관한 영화 （人類滅亡に関する映画）
　　　イルリュ ミョルマン エ グァナン ヨンファ

513

重要度 ★★★☆☆

Myeon → Men

면 → メン

当てずっぽうの法則
- 初声の法則: ㅁ → m / b
- パッチムの法則: ㄴ → ン
- 母音: ㅕ → e
- 同音異字の法則

重要度	漢字	単語の例		日本語の訓読み
★★★☆☆	面	면접 ミョンジョプ 面接		つら
		면담 ミョンダム 面談		얼굴, 낯짝
		면적 ミョンジョク 面積		オルグル ナッチャク

例文 ➡ 그는 면담이 필요합니다 （彼は面談が必要です）
　　　グヌン ミョンダ ミ ピリョハムニ ダ

重要度	漢字	単語の例		日本語の訓読み
★★☆☆☆	麺	냉면 ネンミョン 冷麺		―
		라면 ラミョン 拉麺 (ラーメン)		
		자장면 ジャジャンミョン ジャージャー麺		

例文 ➡ 냉면은 정말 맛있어요 （冷麺は本当においしいです）
　　　ネンミョヌン ジョンマル マ シッ ソ ヨ

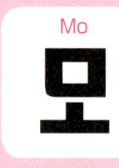

514

重要度 ★★★☆☆

Mo → Mo

모 → モ

当てずっぽうの法則
- 初声の法則: ㅁ → m / b
- 母音: ㅗ → o

重要度 ★★★	漢字	単語の例	日本語の訓読み
모	模	모양 モヤン 模様 규모 ギュモ *規模 모형 モヒョン 模型	—

例文 ➔ 최대 규모의 콘서트 （最大規模のコンサート）
チェデ ギュモ エ コン ソトゥ

515

重要度 ★★★★★　日本語
Mang　Mou
망 → モウ

当てずっぽうの法則
初声の法則　パッチムの法則
ㅁ→ⓜb　ㅇ→ⓘイ
同音異字の法則

重要度 ★★★★★	漢字	単語の例	日本語の訓読み
망	妄	망언 マンオン 妄言 망상 マンサン 妄想	—

例文 ➔ 그는 또 망언을 했습니다 （彼はまた妄言を吐きました）
グヌン ット マン オヌル ヘッスム ニ ダ

重要度 ★★★★★	漢字	単語の例	日本語の訓読み
망	網	연락망 ヨルランマン 連絡網 통신망 トンシンマン 通信網 망라 マンナ 網羅	—

例文 ➔ 비상 연락망 （非常連絡網）
ピ サン ヨルランマン

516

重要度 ★★★★★　日本語
Maeng　Mou
맹 → モウ

当てずっぽうの法則
初声の法則　パッチムの法則
ㅁ→ⓜb　ㅇ→ⓘイ
同音異字の法則

重要度 ★★★★★	漢字	単語の例	日本語の訓読み
맹	孟	맹자 メンジャ 孟子 맹모삼천 メンモサムチョン 孟母三遷	—

例文 ➔ 맹자의 맹모삼천이 유명하다 （孟子の孟母三遷が有名である）
メンジャエ メンモ サムチョニ ユミョン ハ ダ

重要度	★★★★★	漢字	単語の例			日本語の訓読み
맹		猛	맹렬	メンニョル	猛烈	—
			맹위	メンウィ	猛威	
			맹수	メンス	猛獣	

例文 ➡ 야당은 맹렬하게 반대했습니다 （野党は猛烈に反対しました）
ヤダンウン メンニョラ ゲ バンデ ヘッスムニ ダ

重要度	★☆☆☆☆	漢字	単語の例			日本語の訓読み
맹		盲	맹신	メンシン	盲信	—
			맹목	メンモク	盲目	
			맹도견	メンドギョン	盲導犬	

例文 ➡ 맹목적인 사랑 （盲目的な愛）
メンモㇰチョギン サラン

517

重要度 ★★★★☆
Mo → Mou
모 → モウ

当てずっぽうの法則
初声の法則
ㅁ → ⓜ b
母音
ㅗ → o

同音異字の法則

重要度	★★★★☆	漢字	単語の例			日本語の訓読み
모		毛	탈모	タルモ	脱毛	け
			불모	プルモ	不毛	털
			모포	モポ	毛布	トル

例文 ➡ 그는 탈모를 치료하였다 （彼は脱毛を治療した）
グヌン タルモルル チリョハヨッタ

重要度	★★☆☆☆	漢字	単語の例			日本語の訓読み
모		耗	소모	ソモ	消耗	—
			마모	マモ	磨耗	

例文 ➡ 체력을 소모시키는 일 （体力を消耗する仕事）
チェリョグル ソモ シキ ヌンイル

518

重要度 ★★★★★
Mok → Moku
목 → モク

当てずっぽうの法則
初声の法則
ㅁ → ⓜ b
パッチムの法則
ㄱ → ⓚ キ
母音
ㅗ → o

同音異字の法則

重要度	★★★★★	漢字	単語の例		日本語の訓読み
목	木	목요일	モギョイル	木曜日	き
		목공	モッコン	木工	나무
		목재	モクチェ	木材	ナム

➡「ボク」p354 例文➡ 이 건물은 천연목재를 사용했습니다 (この建物は天然木材を使用しました)
イ ゴンムルン チョニョンモクチェルル サヨンヘッスムニ ダ

重要度	★★★★★	漢字	単語の例		日本語の訓読み
목	目	목적	モクチョク	目的	め
		주목	ジュモク	注目	눈
		목표	モクピョ	目標	ヌン

例文➡ 인생의 목표를 세우세요 (人生の目標を立ててください)
インセンエ モク ピョルル セ ウ セ ヨ

519

重要度 ★★★☆☆

Muk 묵 → **Moku** モク

当てずっぽうの法則
初声の法則　ㅁ →ⓜ b
パッチムの法則　ㄱ →Ⓚ キ

重要度	★★★☆☆	漢字	単語の例		日本語の訓読み
묵	黙	침묵	チムムク	沈黙	黙る
		암묵	アムムク	暗黙	가만히 있다
		묵인	ムギン	黙認	ガマ ニ イッタ

例文➡ 정말 침묵은 금인가요? (本当に沈黙は金ですか)
ジョンマル チムムグン グミンガ ヨ

520

重要度 ★★★★★

Mun 문 → **Mon** モン

当てずっぽうの法則
初声の法則　ㅁ →ⓜ b
パッチムの法則　ㄴ ㅁ →ン
同音異字の法則

重要度	★★★★☆	漢字	単語の例		日本語の訓読み
문	問	문제	ムンジェ	問題	問う
		의문	ウィムン	疑問	묻다
		방문	バンムン	訪問	ムッタ

例文➡ 그것은 중대한 문제입니다 (それは重大な問題です)
グ ゴスン ジュンデ ハン ムンジェイム ニ ダ

重要度 ★★★★★	漢字	単語の例	日本語の訓読み
문	門	부문　ブムン　部門 전문가　ジョンムンガ　専門家 정문　ジョンムン　正門	かど 문 ムン

例文 ➡ 정문 앞에서 만납시다　（正門の前で会いましょう）
　　　ジョンム　ナペソ　マンナプシダ

> マ行は、ハングルの子音は全部「ㅁ」だったね。
> もし日本語から韓国語を連想するときには
> かなりやりやすいんじゃないかな？
> 文脈から日本語を想像してみて、
> ハングルと合っているか確認、なんてこともできると
> いろんな方向から読めていいね！

521

重要度 ★★★★★

Ya　야　→　ヤ　Ya

当てずっぽうの法則

初声の法則
ㅇ → 無

母音
ㅑ → ya

同音異字の法則

重要度 ★★★★★	漢字	単語の例	日本語の訓読み
야	夜	야간　ヤガン　夜間 심야　シミャ　深夜 야경　ヤギョン　夜景	よる 밤 バム

例文 ➡ 야간버스를 타고 갑니다　（夜間バスに乗って行きます）
　　　ヤガンボ スルル タゴ ガムニダ

重要度 ★★★★☆	漢字	単語の例	日本語の訓読み
야	野	분야　ブニャ　分野 야구　ヤグ　野球 야당　ヤダン　野党	―

例文 ➡ 저는 야구를 좋아합니다　（私は野球が好きです）
　　　ジョヌン ヤ グルル ジョアハムニダ

522

重要度 ★★★★★

Yak 약 → ヤク Yaku

当てずっぽうの法則
- 初声の法則: ○ → 無
- バッチムの法則: ㄱ → ク キ
- 母音: ㅑ → ya
- 同音異字の法則

重要度	漢字	単語の例		日本語の訓読み
★★★★★ 약	約	약속 ヤクソク 約束 계약 ゲヤク 契約 절약 ジョリャク 節約		―

例文 → 전기를 절약합시다 （電気を節約しましょう）
ジョンギルル ジョリャカプ シ ダ

重要度	漢字	単語の例		日本語の訓読み
★★★★ 약	薬	의약 ウィヤク 医薬 약국 ヤックク 薬局 약사 ヤクサ 薬師（薬剤師）		くすり 약 ヤク

例文 → 이 근처에 약국이 있나요 ？ （この近所に薬局がありますか）
イ グンチョエ ヤック ギ インナ ヨ

重要度	漢字	単語の例		日本語の訓読み
★★★★ 약	躍	활약 ファリャク 活躍 도약 ドヤク 跳躍 약진 ヤクチン 躍進		躍る 뛰다 ットゥイダ

例文 → 최근 여성의 활약이 눈에 띕니다 （最近、女性の活躍が目立ちます）
チェグン ヨ ソンエ ファリャギ ヌ ネ ットゥイムニ ダ

523

重要度 ★★★

Yeok 역 → ヤク Yaku

当てずっぽうの法則
- 初声の法則: ○ → 無
- バッチムの法則: ㄱ → ク キ

重要度	漢字	単語の例		関連語
★★★ 역	訳	통역 トンヨク 通訳 번역 ポニョク 翻訳 직역 ジギョク 直訳		訳す 번역하다, 해석하다 ポニョカダ ヘソカダ

例文 → 번역은 새로운 창작입니다 （翻訳は新しい創作です）
ポニョグン セ ロウン チャンジャギムニ ダ

524

重要度 ★★★☆☆

Yong → Yuu

용 → ユウ

当てずっぽうの法則
- 初声の法則　ㅇ → 無
- パッチムの法則　ㅇ → イ

重要度	漢字	単語の例		日本語の訓読み
★★★☆☆ 용	勇	용기　ヨンギ　勇気 용감　ヨンガム　勇敢 용맹　ヨンメン　勇猛		勇ましい 용감하다 ヨンガマダ

例文 ➡ 그는 용기를 내서 사랑의 고백을 했습니다　（彼は勇気を出して愛の告白をしました）
　　　　グヌン ヨンギルル ネソ サランエ ゴ ベグル ヘッスムニ ダ

525

重要度 ★★★★★

U → Yuu

우 → ユウ

当てずっぽうの法則
- 初声の法則　ㅇ → 無
- 母音　ㅜ → yu
- 同音異字の法則

重要度	漢字	単語の例		日本語の訓読み
★★★☆☆ 우	優	우승　ウスン　優勝 우수　ウス　優秀 우선　ウソン　優先		優しい 다정하다, 상냥하다 ダジョンハダ　サンニャンハダ

例文 ➡ 월드컵 우승　（ワールドカップ優勝）
　　　　ウォルドゥコプ ウスン

重要度	漢字	単語の例		日本語の訓読み
★★★★☆ 우	友	우정　ウジョン　友情 친우　チヌ　親友 우애　ウエ　友愛		とも 친구, 벗 チング、ボッ

例文 ➡ 사랑과 우정 사이　（愛と友情の間）
　　　　サランガ ウジョン サイ

重要度	漢字	単語の例		日本語の訓読み
★★☆☆☆ 우	憂	우울　ウウル　憂鬱 우울증　ウウルチュン　憂鬱症 우려　ウリョ　憂慮		憂い 근심, 걱정 グンシム、ゴクチョン

例文 ➡ 우울증을 치료하였습니다　（憂鬱症を治療しました）
　　　　ウウルチュンウル チリョハヨッスムニ ダ

重要度	★★★	漢字	単語の例	日本語の訓読み
우	郵	우편 ウピョン 郵便 우편물 ウピョンムル 郵便物	—

例文 ➡ 우편물이 도착했습니다 （郵便物が到着しました）
　　　　ウピョンムリ　ドチャケッスムニダ

526

重要度 ★★★★
유 → **ユウ**
Yu　　　Yuu
日本語

当てずっぽうの法則
初声の法則　ㅇ → 無
母音　ㅠ → yu
同音異字の法則

重要度	★☆☆☆☆	漢字	単語の例	日本語の訓読み
유	幽	유령 ユリョン 幽霊	—

例文 ➡ 그 학교에서 유령이 나옵니다 （その学校で幽霊が出ます）
　　　　グ ハッキョエソ　ユリョンイ　ナオムニダ

重要度	★★★★	漢字	単語の例	日本語の訓読み
유	有	유리 ユリ 有利 유명 ユミョン 有名 유력 ユリョク 有力	有る 있다 イッタ

例文 ➡ 취직에 유리한 자격증 （就職に有利な資格証）
　　　　チュィジゲ　ユ　リ　ハン ジャギョクチュン

重要度	★★★★	漢字	単語の例	日本語の訓読み
유	由	이유 イユ 理由 자유 ジャユ 自由 사유 サユ 事由	—

例文 ➡ 사랑에는 이유가 없습니다 （愛には理由がありません）
　　　　サランエヌン　イ　ユ　ガ　オプスムニダ

重要度	★★☆☆☆	漢字	単語の例	日本語の訓読み
유	裕	여유 ヨユ 余裕 유복 ユボク 裕福	—

例文 ➡ 아직 시간적으로 여유가 있어요 （まだ時間的に余裕があります）
　　　　アジク シガンジョグロ　ヨ ユ ガ イッソヨ

重要度 ★★★☆☆	漢字	単語の例			日本語の訓読み
유	誘	유혹 유도 권유	ユホク ユド グォニュ	誘惑 誘導 勧誘	誘う 권하다, 유혹하다 クォナダ ユホカダ

例文 ➡ 그는 유혹에 넘어갔다　（彼は誘惑に負けた）
　　　グヌン ユ ホ ゲ ノ モ ガッタ

重要度 ★★★☆☆	漢字	単語の例			日本語の訓読み
유	遊	유원지 유람선 유희	ユウォンジ ユラムソン ユヒ	遊園地 遊覧船 遊戯	遊ぶ 놀다 ノルダ

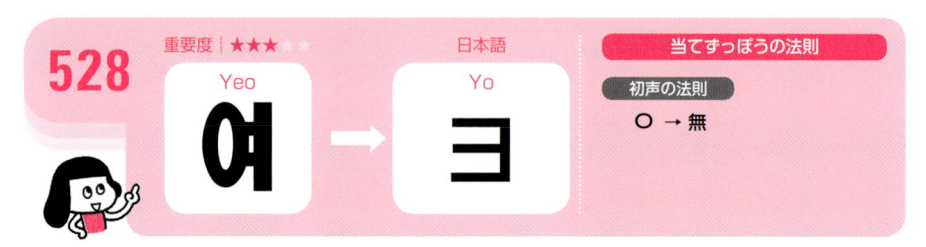

例文 ➡ 유람선으로 세계 일주　（遊覧船で世界一周）
　　　ユラムソ ヌロ セ ゲ イルチュ

527

重要度 ★★★☆☆　日本語
Yung → Yuu
융 → ユウ

当てずっぽうの法則
初声の法則：ㅇ → 無
パッチムの法則：ㅇ → ㋑
母音：ㅠ → yu

重要度 ★★★☆☆	漢字	単語の例			日本語の訓読み
융	融	금융 융자 융합	グミュン ユンジャ ユンハプ	金融 融資 融合	—

例文 ➡ 금융기관의 종류　（金融機関の種類）
　　　グミュンギ グァネ ジョンニュ

528

重要度 ★★★☆☆　日本語
Yeo → Yo
여 → ヨ

当てずっぽうの法則
初声の法則：ㅇ → 無

重要度 ★★★☆☆	漢字	単語の例			日本語の訓読み
여	余	잔여 여지 여유	ジャニョ ヨジ ヨユ	残余 余地 余裕	余る 남다 ナムタ

例文 ➡ 그는 문제의 여지를 남겼다　（彼は問題の余地を残した）
　　　グヌン ムンジェエ ヨ ジルル ナムギョッタ

529

重要度 ★★★★

Yang **양** → You **ヨウ**

当てずっぽうの法則
初声の法則 ○ → 無
パッチムの法則 ○ → ウイ
同音異字の法則

重要度 ★★★☆☆	漢字	単語の例	日本語の訓読み
양	洋	동양 ドンヤン 東洋 서양 ソヤン 西洋 해양 ヘヤン 海洋	―

例文 ➡ 동양과 서양의 만남 （東洋と西洋の出会い）
　　　　ドンヤングァ　ソヤン エ　マンナム

重要度 ★☆☆☆☆	漢字	単語の例	日本語の訓読み
양	羊	양모 ヤンモ 羊毛 양수 ヤンス 羊水	ひつじ 양 ヤン

例文 ➡ 이 옷은 양모 100%입니다 （この洋服は羊毛100%です）
　　　　イ　オスン ヤン モ　ペクポセントゥイム ニ ダ

重要度 ★★★★☆	漢字	単語の例	日本語の訓読み
양	陽	태양 テヤン 太陽 양성 ヤンソン 陽性 양력 ヤンニョク 陽暦	―

例文 ➡ 한여름의 뜨거운 태양 （真夏の熱い太陽）
　　　　ハンニョ ル メ　ットゥ ゴ ウン　テヤン

重要度 ★★★★☆	漢字	単語の例	日本語の訓読み
양	養	영양 ヨンヤン 栄養 휴양 ヒュヤン 休養 교양 ギョヤン 教養	養う 기르다, 양육하다 ギルダ　ヤンユカダ

例文 ➡ 그는 교양 있는 남자입니다 （彼は教養のある男です）
　　　　グヌン　ギョヤン　インヌン　ナムジャイム ニ ダ

あと少しだよ！
ヤ行も割合簡単だったんじゃないかな？
韓国語の読みと日本語がかなり近い感じがするよね。
さあ、いよいよラ行が近づいてきたよ〜。

530

重要度 ★★★★ | **日本語**

요 (Yo) → ヨウ (You)

当てすっぽうの法則

初声の法則: ㅇ → 無

母音: ㅛ → yo

同音異字の法則

重要度	漢字	単語の例	日本語の訓読み
★☆☆☆☆	腰	요통 ヨトン 腰痛	こし 허리 ホ リ

例文 ➡ 어느 틈에 요통이 나았습니다 （いつの間にか腰痛が治りました）
オ ヌ トゥメ ヨトン イ ナアッスム ニ ダ

重要度	漢字	単語の例	日本語の訓読み
★☆☆☆☆	揺	동요 ドンヨ 動揺	揺れる 흔들리다 フンドゥル リ ダ

例文 ➡ 그는 동요하였다 （彼は動揺した）
グヌン ドン ヨ ハ ヨッタ

重要度	漢字	単語の例	日本語の訓読み
★★★★☆	曜	요일 ヨイル 曜日 금요일 グミョイル 金曜日 토요일 トヨイル 土曜日	―

例文 ➡ 어제는 토요일이었습니다 （昨日は土曜日でした）
オジェヌン ト ヨ イ リオッスム ニ ダ

重要度	漢字	単語の例	日本語の訓読み
★★★★☆	要	필요 ピリョ 必要 요청 ヨチョン 要請 요구 ヨグ 要求	いる 필요하다 ピリョ ハ ダ

例文 ➡ 필요는 발명의 어머니 （必要は発明の母）
ピリョヌン パルミョンエ オ モ ニ

重要度	漢字	単語の例	日本語の訓読み
★★★★☆	謡	가요 ガヨ 歌謡 민요 ミニョ 民謡 동요 ドンヨ 童謡	―

例文 ➡ 최신 가요 순위 （最新歌謡順位）
チェシン ガ ヨ スヌィ

372

531

重要度 ★★★ Yong 日本語 You

용 → ヨウ

当てずっぽうの法則
- 初声の法則 ㅇ → 無
- パッチムの法則 ㅇ → ウ / イ
- 母音 ㅛ → yo
- 同音異字の法則

重要度	漢字	単語の例	日本語の訓読み
★★★	용 容	내용 ネヨン 内容 / 허용 ホヨン 許容 / 용이 ヨンイ 容易	―

例文➡ 형식보다 내용이 중요합니다 （形式より内容が重要です）
ヒョンシㇰポダ　ネヨンイ　ジュンヨハㇺニダ

重要度	漢字	単語の例	日本語の訓読み
★☆☆☆☆	용 溶	용액 ヨンエㇰ 溶液 / 용매 ヨンメ 溶媒	溶かす 녹이다 ノギダ

例文➡ 황산화 용액 （硫酸化溶液）
ファンサヌァ　ヨンエㇰ

重要度	漢字	単語の例	日本語の訓読み
★★★★	용 用	사용 サヨン 使用 / 적용 ジョギョン 適用 / 용도 ヨンド 用度	用いる 사용하다 サヨンハダ

例文➡ 사용 방법을 읽어 주세요 （使用方法を読んでください）
サヨン　バンボブㇽ　イㇽゴ　ジュセヨ

532

重要度 ★★★ Eok 日本語 Yoku

억 → ヨク

当てずっぽうの法則
- 初声の法則 ㅇ → 無
- パッチムの法則 ㄱ → ク / キ

重要度	漢字	単語の例	日本語の訓読み
★★★☆☆	억 抑	억제 オㇰチェ 抑制 / 억압 オガㇷ゚ 抑圧 / 억류 オンニュ 抑留	抑える 억제하다 オㇰチェハダ

例文➡ 억압된 사랑과 본능 （抑圧された愛と本能）
オガㇷ゚テン　サラングァ　ボンヌン

373

533

重要度 ★★★★

Ra
라 → Ra
ラ

当てずっぽうの法則

初声の法則
ㄹ → r

母音
ㅏ → a

・頭音法則（*）
・同音異字の法則

重要度 ★★☆☆	漢字	単語の例		日本語の訓読み
라	羅	*나침반 ナチムバン	羅針盤	―
		망라 マンナ	網羅	
		신라 シルラ	新羅	

例文 ➡ 사랑의 나침반 （愛の羅針盤）
　　　サラン エ　ナ チム バン

重要度 ★★☆☆	漢字	単語の例		日本語の訓読み
라	裸	*나체 ナチェ	裸体	はだか
		전라 ジョルラ	全裸	알몸
		반라 バルラ	半裸	アルモム

例文 ➡ 외국 모델의 전라 사진 （外国モデルの全裸写真）
　　　ウェグン モ デ レ ジョル ラ　サ ジン

534

重要度 ★★★★

Rae
래 → Rai
ライ

当てずっぽうの法則

初声の法則
ㄹ → r

母音
ㅐ → ai

頭音法則（*）

重要度 ★★★★	漢字	単語の例		日本語の訓読み
래	来	미래 ミレ	未来	来る
		*내년 ネニョン	来年	오다
		장래 ジャンネ	将来	オダ

例文 ➡ 내년에는 한국에 가고 싶어요 （来年は韓国へ行きたいです）
　　　ネニョ ヌン　ハン グ ゲ　ガ ゴ　シ ポ ヨ

ラ行はちょっと難敵だよ。
何がって、「頭音法則」がたくさん出てくるからね。
忘れちゃった人は、まず 22 ページから
読み返してみよう！

535

重要度 ★★★★
Rak
락 → **ラク** Raku

当てずっぽうの法則
- 初声の法則: ㄹ → r
- パッチムの法則: ㄱ → ク キ
- 母音: ㅏ → a
- 頭音法則（*）
- 同音異字の法則

重要度	漢字	単語の例	日本語の訓読み
★★	락 絡	연락 ヨルラク 連絡 단락 タルラク 短絡	絡む 얽히다 オルキダ

例文 → 빨리 연락하세요 （早く連絡してください）
ッパルリ ヨルラカセヨ

重要度	漢字	単語の例	日本語の訓読み
★★★★	락 落	폭락 ポンナク 暴落 *낙제 ナクチェ 落第 타락 タラク 堕落	落ちる 떨어지다 ットロジダ

例文 → 월요일에 주식이 폭락했습니다 （月曜日に株式が暴落しました）
ウォリョイレ ジュシギ ポンナケッスムニダ

重要度	漢字	単語の例	日本語の訓読み
★★	락 楽	안락 アルラク 安楽 *낙원 ナグォン 楽園 쾌락 クェラク 快楽	楽しい 즐겁다 ジュルゴプタ

→ 「ガク」p112　例文 → 여기가 지상 낙원입니다 （ここが地上の楽園です）
ヨギガ ジサン ナグォニムニダ

536

重要度 ★★★
Ran
란 → **ラン** Ran

当てずっぽうの法則
- 初声の法則: ㄹ → r
- パッチムの法則: ㄴ → ン
- 母音: ㅏ → a
- 頭音法則（*）
- 同音異字の法則

重要度	漢字	単語の例	日本語の訓読み
★★★	란 乱	소란 ソラン 騒乱 *난세 ナンセ 乱世 음란 ウムナン 淫乱	乱れる 흐트러지다 フトゥロジダ

例文 → 난세에 영웅이 탄생된다 （乱世に英雄が誕生する）
ナンセエ ヨンウンイ タンセンデンダ

重要度	★★★	漢字	単語の例		日本語の訓読み
란		卵	계란 ゲラン	鶏卵	たまご
			*난자 ナンジャ	卵子	달걀
			무정란 ムジョンナン	無精卵	ダルギャル

例文 ➡ 유정란과 무정란의 차이 （有精卵と無精卵の差異）
　　　ユジョンナングァ　ムジョンナネ　チャイ

重要度	★★	漢字	単語の例		日本語の訓読み
란		欄	기입란 キイムナン	記入欄	—
			*난간 ナンガン	欄干	
			공란 ゴンナン	空欄	

例文 ➡ 기입란에 기입해 주세요 （記入欄にご記入ください）
　　　ギイムナネ　ギイペジュセヨ

537

重要度 ★★　　　　　　　日本語
Ram → Ran
람 → ラン

当てずっぽうの法則
初声の法則　　パッチムの法則
ㄹ → r　　　　ㄴ ⓜ → ン
母音
ㅏ → a

・頭音法則（*）
・同音異字の法則

重要度	★	漢字	単語の例		日本語の訓読み
람		濫	범람 ボムナム	氾濫	—
			*남용 ナミョン	濫用	

例文 ➡ 홍수로 하천이 범람하고 있습니다 （洪水で河川が氾濫しています）
　　　ホンスロ　ハチョニ　ボムナマゴ　イッスムニダ

重要度	★★★	漢字	単語の例		日本語の訓読み
람		覽	관람 グァルラム	観覧	—
			전람회 ジョルラムェ	展覧会	
			회람 フェラム	回覧	

例文 ➡ 둘이서 관람차를 탔습니다 （2人で観覧車に乗りました）
　　　ドゥリソ　グァルラムチャルル　タッスムニダ

538

重要度 ★★★★★　　　　　日本語
Ri → Ri
리 → リ

当てずっぽうの法則
初声の法則
ㄹ → r
母音
ㅣ → i

・頭音法則（*）
・同音異字の法則

重要度	★★★★☆	漢字	単語の例			日本語の訓読み
リ		利	권리 グォルリ	権利		—
			*이용 イヨン	利用		
			영리 ヨンニ	営利		

例文➡ 현재의 이용 요금 확인 방법 （現在の利用料金確認方法）
ヒョンジェ エ イ ヨン ニョグム ファギン バンボブ

重要度	★★☆☆☆	漢字	単語の例			日本語の訓読み
リ		履	*이력 イリョク	履歴		履く
			*이행 イヘン	履行		신다
			*이수 イス	履修		シンタ

例文➡ 이력서를 제출했습니다 （履歴書を提出しました）
イリョクソ ルル ジェチュレッスム ニ ダ

重要度	★★★★★	漢字	単語の例			日本語の訓読み
リ		李	*이씨조선 イッシジョソン	李氏朝鮮		—
			*이병헌 イビョンホン	*イ・ビョンホン		
			*이준기 イジュンギ	*イ・ジュンギ		

例文➡ 이병헌은 잘생겼어요 （イ・ビョンホンはハンサムです）
イビョン ホ ヌン ジャルセンギョッソ ヨ

重要度	★★★★★	漢字	単語の例			日本語の訓読み
リ		理	무리 ムリ	無理		—
			*이유 イユ	理由		
			관리 グァルリ	管理		

例文➡ 이유 없는 반항 （理由なき反抗）
イ ユ オムヌン バンハン

重要度	★★★★☆	漢字	単語の例			日本語の訓読み
リ		裏	표리 ピョリ	表裏		うら
			*이면 イミョン	裏面		뒤, 뒷면
			뇌리 ノェリ	脳裏		ドゥイ ドゥインミョン

例文➡ 표리일체 （表裏一体）
ピョリ イルチェ

22 ページでも書いたけど、韓国では、「李さん」は「リさん」じゃなくて「イさん」になるんだよね。

重要度 ★★★☆☆	漢字	単語の例	日本語の訓読み
리	離	거리 ゴリ 距離 *이혼 イホン 離婚 분리 ブルリ 分離	離れる 떨어지다 ットロ ジ ダ

例文➡ 왠지 거리감을 느꼈습니다 （なぜか距離感を感じました）
ウェンジ ゴ リ ガ ム ル ヌッキョッスム ニ ダ

539

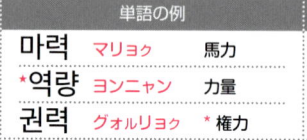

重要度 ★★★★★
Ryeok 력 → Riki リキ

当てずっぽうの法則
初声の法則　ㄹ → r
パッチムの法則　ㄱ → ク(キ)
頭音法則（*）

重要度 ★★★★★	漢字	単語の例	日本語の訓読み
력	力	마력 マリョク 馬力 *역량 ヨンニャン 力量 권력 グォルリョク *権力	ちから 힘 ヒム

➡「リョク」p382　例文➡ 그는 마력이 있습니다 （彼は馬力があります）
グ ヌン マ リョ ギ イッスム ニ ダ

540

重要度 ★★☆☆☆
Ryuk 륙 → Riki リク

当てずっぽうの法則
初声の法則　ㄹ → r
パッチムの法則　ㄱ → ⓒ キ
頭音法則（*）

重要度 ★★☆☆☆	漢字	単語の例	日本語の訓読み
륙	陸	착륙 チャンニュク 着陸 *육상 ユクサン 陸上 이륙 イリュク 離陸	―

例文➡ 비행기가 이륙하였습니다 （飛行機が離陸しました）
ビ ヘン ギ ガ イ リュ カ ヨッスム ニ ダ

「率（률）」の単語例「세율（税率）」「타율（打率）」は、「률」が語頭に来ていないのに、頭音法則で（율）になってるね…。
こんなイレギュラーも、ときどきはあるんだね～。

541

重要度 ★★☆☆☆

Ryul **률** → Ritsu **リツ**

当てずっぽうの法則
- 初声の法則: ㄹ → r
- パッチムの法則: ㄹ → ツ/チ
- 頭音法則(*)
- (率：イレギュラー)

률 — 律

重要度 ★★☆☆☆

漢字	単語の例	日本語の訓読み
律	법률 ボムニュル 法律 *율법 ユルポプ 律法 음률 ウムニュル 音律	—

例文 → 법률상담을 하고 싶어요 (法律相談に乗りたいです)
ボムニュルサン ダ ムル ハゴ シポヨ

률 — 率

重要度 ★★★★☆

漢字	単語の例	日本語の訓読み
率	확률 ファンニュル 確率 *세율 セユル 税率 *타율 タユル 打率	率いる 통솔하다 トンソラダ

→「ソツ」p267

例文 → 이상적인 애인과 만날 확률 (理想の恋人に出会う確率)
イサンジョギン エイングァ マンナル ファンニュル

542

重要度 ★★★☆☆

Ryu **류** → Ryuu **リュウ**

当てずっぽうの法則
- 初声の法則: ㄹ → r
- 母音: ㅠ → yu
- ・頭音法則(*)
- ・同音異字の法則

류 — 流

重要度 ★★★☆☆

漢字	単語の例	日本語の訓読み
流	한류 ハルリュ 韓流 *유행 ユヘン 流行 교류 ギョリュ 交流	流れる 흐르다 フルダ

例文 → 한류스타 인기 랭킹 (韓流スター人気ランキング)
ハルリュスタ インキ レンキン

류 — 留

重要度 ★★★☆☆

漢字	単語の例	日本語の訓読み
留	구류 グリュ 拘留 *유학 ユハク 留学 체류 チェリュ 滞留	とどまる 머물다 モムルダ

例文 → 저는 서울에서 유학했어요 (私はソウルで留学しました)
ジョヌン ソウレソ ユハ ケッソヨ

543

重要度 ★★★☆☆
日本語
当てずっぽうの法則

려 (Ryeo) → **リョ** (Ryo)

初声の法則
ㄹ → r

頭音法則（*）

重要度	漢字	単語の例	日本語の訓読み
★★★☆☆	旅	*여행　ヨヘン　旅行 *여관　ヨグァン　旅館 *여객선　ヨゲクソン　旅客船	たび 여행 ヨ ヘン

려

例文 ➡ 또 여행 가고 싶어요　（また旅行に行きたいです）
　　　　ット ヨヘン ガゴ シポヨ

544

重要度 ★★★★☆
日本語
当てずっぽうの法則

량 (Ryang) → **リョウ** (Ryou)

初声の法則　パッチムの法則
ㄹ → r　　　ㅇ → ウイ

・頭音法則（*）
・同音異字の法則

重要度	漢字	単語の例	日本語の訓読み
★★★☆☆	両	차량　チャリャン　車両 *양국　ヤングク　両国 *양면　ヤンミョン　両面	—

량

例文 ➡ 최근 SUV 차량이 인기입니다　（最近 SUV 車両が人気です）
　　　　チェグン　SUV　チャリャンイ　インキイムニダ

重要度	漢字	単語の例	日本語の訓読み
★☆☆☆☆	梁	교량　ギョリャン　橋梁	—

량

例文 ➡ 교량 건설 현장　（橋梁建設現場）
　　　　ギョリャン　ゴンソル　ヒョンジャン

重要度	漢字	単語の例	日本語の訓読み
★★☆☆☆	糧	식량　シンニャン　食糧 *양식　ヤンシク　糧食 군량　グルリャン　軍糧	かて 양식 ヤンシク

량

例文 ➡ 세계의 식량문제가 심각합니다　（世界の食糧問題が深刻です）
　　　　セゲエ　シンニャンムンジェガ　シムガカムニダ

重要度 ★★★★	漢字	単語の例		日本語の訓読み
량	良	불량 プルリャン / *양호 ヤンホ / 개량 ゲリャン	不良 / 良好 / 改良	良い ヨタ / 좋다 ジョタ

例文 ➡ 불량 채권 처리 비지니스 （不良債権処理ビジネス）
プルリャン チェックォン チョリ ビジニス

重要度 ★★★★	漢字	単語の例		日本語の訓読み
량	量	중량 ジュンニャン / *양산 ヤンサン / 질량 ジルリャン	重量 / 量産 / 質量	—

例文 ➡ 질량보존의 법칙 （質量保存の法則）
ジルリャン ボ ジョ ネ ボプチク

545

重要度 ★★★☆☆　**日本語**

Ryeong　령　→　Ryou　リョウ

当てずっぽうの法則
- 初声の法則：ㄹ → r
- パッチムの法則：ㅇ → ㋑イ
- 頭音法則（*）

重要度 ★★★☆☆	漢字	単語の例		日本語の訓読み
령	領	횡령 フェンニョン / *영사관 ヨンサグァン / 대통령 デトンニョン	横領 / 領事館 / 大統領	—

例文 ➡ 대사관과 영사관의 차이 （大使館と領事館の差異）
デ サ グァングァ ヨン サ グァ ネ チャイ

546

重要度 ★★★☆☆　**日本語**

Ryo　료　→　Ryou　リョウ

当てずっぽうの法則
- 初声の法則：ㄹ → r
- 母音：ㅛ → yo
- 頭音法則（*）
- 同音異字の法則

重要度 ★★☆☆☆	漢字	単語の例		日本語の訓読み
료	了	완료 ワルリョ / 만료 マルリョ	完了 / 満了	—

例文 ➡ 완료 보고서를 작성했습니다 （完成報告書を作成しました）
ワルリョ ボ ゴ ソルル ジャクソンヘッスム ニ ダ

重要度	★★★★☆	漢字	単語の例			日本語の訓読み
료		料	무료	ムリョ	無料	—
			*요리	ヨリ	料理	
			재료	ジェリョ	材料	

例文 ➡ 무료 어플리케이션　（無料アプリ）
　　　　ムリョ　オプルリ　ケイション

547

Ryeok 력 → リョク **Ryoku**

日本語

当てずっぽうの法則
初声の法則　ㄹ → r
パッチムの法則　ㄱ → ク キ
頭音法則（*）

重要度	★★★★★	漢字	単語の例			日本語の訓読み
력		力	화력	ファリョク	火力	ちから
			*역학	ヨカク	*力学	힘
			노력	ノリョク	努力	ヒム

➡「リキ」p378　例文 ➡ 노력한 보람이 있었다　（努力した甲斐があった）
　　　　　　　　　　　　ノリョカン ボラ ミ　イッソッタ

548

Ryun 륜 → リン **Rin**

日本語

当てずっぽうの法則
初声の法則　ㄹ → r
パッチムの法則　ㄴ ㅁ → ン
・頭音法則（*）
・同音異字の法則

重要度	★★★☆☆	漢字	単語の例			日本語の訓読み
륜		倫	불륜	プルリュン	不倫	—
			*윤리	ユルリ	倫理	
			인륜	イルリュン	人倫	

例文 ➡ 그의 불륜이 발각되었습니다　（彼の不倫が発覚しました）
　　　　グ エ　プルリュニ　パルガクテオッスムニダ

重要度	★★☆☆☆	漢字	単語の例			日本語の訓読み
륜		輪	오륜	オリュン	五輪	—
			*윤회	ユヌェ	輪廻	
			연륜	ヨルリュン	年輪	

例文 ➡ 불교의 윤회사상　（仏教の輪廻思想）
　　　　プルギョエ　ユヌェササン

382

549

重要度 ★★★

린 Rin → **リン** Rin

当てずっぽうの法則
- 初声の法則: ㄹ → r
- パッチムの法則: ㄴㅁ → ン
- 母音: ㅣ → i
- 頭音法則（*）
- 同音異字の法則

重要度 ★★★	漢字	単語の例			日本語の訓読み
린	隣	근린	グルリン	近隣	となり
		*인국	イングッ	隣国	이웃, 옆
		*인근	イングン	隣近	イウッ ヨプ

例文 ▶ 근린제국 （近隣諸国）
グルリンジェグッ

重要度 ★☆☆☆☆	漢字	単語の例			日本語の訓読み
린	麟	기린	ギリン	麒麟	―

例文 ▶ 기린은 전설의 동물입니다 （麒麟は伝説の動物です）
ギ リ ヌン ジョンソ レ ドン ム リムニ ダ

550

重要度 ★★★

림 Rim → **リン** Rin

当てずっぽうの法則
- 初声の法則: ㄹ → r
- パッチムの法則: ㄴㅁ → ン
- 母音: ㅣ → i
- 頭音法則（*）
- 同音異字の法則

重要度 ★★★	漢字	単語の例			日本語の訓読み
림	林	삼림	サムニム	森林	はやし
		*임야	イミャ	林野	숲
		죽림	ジュンニム	竹林	スプ

例文 ▶ 삼림욕의 효과 （森林浴の効果）
サムニムニョゲ ヒョグァ

重要度 ★★☆☆☆	漢字	単語の例			日本語の訓読み
림	臨	군림	グルリム	君臨	臨む
		*임시	イムシ	臨時	임하다
		강림	ガンニム	降臨	イマダ

例文 ▶ 추석 임시 열차 시각표 （お盆臨時列車時刻表）
チュソク イム シ ヨルチャ シ ガク ピョ

PART 4 韓国語の漢字語を読もう〜！

551

重要度 ★☆☆☆☆
Ru **루** → Rui **ルイ**

日本語

当てずっぽうの法則
初声の法則
ㄹ → r
母音
ㅜ → u

・頭音法則（*）
・同音異字の法則

重要度	漢字	単語の例			日本語の訓読み
★☆☆☆☆ 루	涙	혈루	ヒョルル	血涙	なみだ 눈물 ヌンムル
		낙루	ナンヌ	落涙	

例文 ➡ 혈루를 흘리는 그리스도상　（血涙を流すキリスト像）
　　　ヒュルルル　フル リヌン　グ リ ス ト サン

重要度	漢字	単語の例			日本語の訓読み
★☆☆☆☆ 루	壘	도루	ドル	盗壘	―
		잔루	ジャルル	残壘	

例文 ➡ 최다 도루왕　（最多盗壘王）
　　　チェダ　ドルワン

552

重要度 ★★★★☆
Ryu **류** → Rui **ルイ**

日本語

当てずっぽうの法則
初声の法則
ㄹ → r

頭音法則（*）

重要度	漢字	単語の例			関連語
★★★★☆ 류	類	서류	ソリュ	書類	類する 비슷하다 ビスタダ
		*유형	ユヒョン	類型	
		종류	ジョンニュ	種類	

例文 ➡ 그는 서류를 작성하였다　（彼は書類を作成した）
　　　グヌン　ソリュルル ジャクソン ハ ヨッタ

頭音法則でハングルが変わったところは注意して！
当てずっぽうは、元のハングルでやろう〜。

553

重要度 ★★★★

Raeng **랭** → Rei **レイ**

当てずっぽうの法則
- 初声の法則: ㄹ → r
- パッチムの法則: ㅇ → ウ(イ)
- 頭音法則(*)

重要度	漢字	単語の例	日本語の訓読み
★★★★	랭 冷	온랭 オルレン 温冷 *냉장고 ネンジャンゴ 冷蔵庫 *냉기 ネンギ 冷気	冷たい 차갑다 チャ ガプ タ

例文 ➡ 한국에서는 김치냉장고가 인기입니다 （韓国ではキムチ冷蔵庫が人気です）
ハング ゲ ソヌン ギムチネンジャンゴ ガ インキイム ニ ダ

554

重要度 ★★★

Ryeong **령** → Rei **レイ**

当てずっぽうの法則
- 初声の法則: ㄹ → r
- パッチムの法則: ㅇ → ウ(イ)
- 母音: ㅕ → e
- 頭音法則(*)
- 同音異字の法則

重要度	漢字	単語の例	日本語の訓読み
★★★	령 令	발령 バルリョン 発令 *영장 ヨンチャン 令状 명령 ミョンニョン 命令	—

例文 ➡ 어제 인사 발령이 있었습니다 （昨日人事発令がありました）
オジェ インサ バルリョンイ イッソッ スム ニ ダ

重要度	漢字	単語の例	日本語の訓読み
★★	령 零	*영세 ヨンセ 零細 *영시 ヨンシ 零時	—

例文 ➡ 지금은 영시 오분 전입니다 （今は零時5分前です）
ジ グムン ヨンシ オブン ジョニムニ ダ

重要度	漢字	単語の例	日本語の訓読み
★★★	령 靈	신령 シルリョン 神霊 *영계 ヨンゲ 霊界 *영감 ヨンガム 霊感	—

例文 ➡ 영계에서 온 남자 （霊界から来た男）
ヨンゲ エ ソ オン ナムジャ

385

555

重要度 ★★★★
Rye
레 → **レイ** Rei
日本語

当てずっぽうの法則

初声の法則
ㄹ → r

母音
ㅖ → ei

・頭音法則（*）
・同音異字の法則

重要度 ★★★★	漢字	単語の例		日本語の訓読み
레	例	사례 サリェ	事例	たとえば 예를 들면 イェ ルル ドゥルミョン
		*예제 イェジェ	例題	
		판례 パルリェ	判例	

例文 ➡ 일본이 좋은 사례입니다 （日本がいい事例です）
イル ポ ニ ジョウン サリェイム ニ ダ

重要度 ★★★★	漢字	単語の例		日本語の訓読み
레	礼	실례 シルリェ	失礼	―
		*예의 イェイ	礼儀	
		경례 ギョンニェ	敬礼	

例文 ➡ 실례지만 누구세요？ （失礼ですが、誰ですか）
シルリェジ マン ヌ グ セ ヨ

556

重要度 ★★★★
Ryeok
력 → **レキ** Reki
日本語

当てずっぽうの法則

初声の法則
ㄹ → r

パッチムの法則
ㄱ → ク (キ)

母音
ㅕ → e

・頭音法則（*）
・同音異字の法則

重要度 ★★	漢字	単語の例		日本語の訓読み
력	暦	음력 ウムニョク	陰暦	こよみ 달력 ダルリョク
		양력 ヤンニョク	陽暦	
		태양력 テヤンニョク	太陽暦	

例文 ➡ 제 생일은 음력으로 6월입니다 （私の誕生日は陰暦で6月です）
ジェ センイルン ウムニョグ ロ ユウォリム ニ ダ

重要度 ★★★★	漢字	単語の例		日本語の訓読み
력	歴	학력 ハンニョク	学歴	―
		*역사 ヨクサ	歴史	
		전력 ジョルリョク	前歴	

例文 ➡ 학력보다 실력이 중요합니다 （学歴より実力が重要です）
ハンニョク ボ ダ シルリョ ギ ジュン ヨ ハム ニ ダ

386

557

重要度 ★★★☆☆

Ryeol 렬 → **Retsu** レツ

日本語

当てずっぽうの法則
- 初声の法則：ㄹ → r
- パッチムの法則：ㄹ → ッ/チ
- 母音：ㅕ → e
- 頭音法則（*）（劣：イレギュラー）
- 同音異字の法則

重要度 ★★★☆☆ ／ 漢字：列

単語の例			日本語の訓読み
행렬	ヘンニョル	行列	—
*열거	ヨルゴ	列挙	
종렬	ジョンニョル	縦列	

例文 ➡ 행렬이 생길 만큼 인기입니다 （行列ができるほど人気です）
ヘンニョリ センギル マンクム インキイムニダ

重要度 ★★★☆☆ ／ 漢字：劣

単語の例			日本語の訓読み
비열	ビヨル	卑劣	劣る
*열등감	ヨルトゥンガム	劣等感	못하다, 뒤떨어지다
우열	ウヨル	優劣	モタダ ドゥィットロジダ

例文 ➡ 성공이란 열등감의 극복이다 （成功とは劣等感の克服である）
ソンゴンイラン ヨルトゥンガメ グゥポギダ

重要度 ★★☆☆☆ ／ 漢字：烈

単語の例			日本語の訓読み
강렬	ガンニョル	強烈	—
*열사	ヨルサ	烈士	
장렬	ジャンニョル	壮烈	

例文 ➡ 그는 강렬한 인상을 남겼다 （彼は強烈な印象を残した）
グヌン ガンニョラン インサンウル ナムギョッタ

あれ？ ラ行はもしかして…
子音が全部「ㄹ」だよね。
ひょっとしてカンタンなんじゃない？
頭音法則でわかりにくい一面もあるけど、
それも、しくみがわかってしまえば
元の音もわかるようになるし（22ページ参照）。
どんどん解いてみて慣れていこう〜。
すぐにわかるようになるよ！

558

重要度 ★★★★★ 
Ryeon: 련 → Ren: レン

当てずっぽうの法則
初声の法則: ㄹ → r
パッチムの法則: ㄴ ㅁ → ン
母音: ㅕ → e
・頭音法則（*）
・同音異字の法則

重要度	漢字	単語の例			日本語の訓読み
★★★★★ 련	恋	비련	ビリョン	悲恋	こい 사랑 サラン
		*연애	ヨネ	恋愛	
		*연모	ヨンモ	恋慕	

例文 ➡ 연애와 사랑 그리고 결혼 （恋愛と愛、そして結婚）
ヨネワ サラン グリゴ ギョロン

重要度	漢字	単語の例			日本語の訓読み
★★★ 련	練	훈련	フルリョン	訓練	—
		*연습	ヨンスプ	練習	
		시련	シリョン	試練	

例文 ➡ 일류는 연습 벌레이다 （一流は練習の虫である）
イルリュヌン ヨンスッ ボルレ イ ダ

重要度	漢字	単語の例			日本語の訓読み
★★★★★ 련	連	관련	グァルリョン	関連	連れる 동행하다 ドンヘンハダ
		*연휴	ヨニュ	連休	
		*연상	ヨンサン	連想	

例文 ➡ 자동차 관련 산업 （自動車関連産業）
ジャドンチャ グァルリョン サノプ

559

重要度 ★★★ 
Ro: 로 → Ro: ロ

当てずっぽうの法則
初声の法則: ㄹ → r
母音: ㅗ → o
・頭音法則（*）
・同音異字の法則

重要度	漢字	単語の例			日本語の訓読み
★★ 로	炉	화로	ファロ	火炉	—
		향로	ヒャンノ	香炉	
		난로	ナルロ	暖炉	

例文 ➡ 난로가 있는 집에서 살고 싶다 （暖炉のある家で住みたい）
ナルロ ガ インヌン ジベソ サルゴ シプタ

重要度	★★★★☆	漢字	単語の例		日本語の訓読み
로		路	진로 ジロ	進路	—
			*노선 ノソン	路線	
			경로 ギョンノ	経路	

例文 → 진로 적성 검사를 받았습니다 （進路適性検査を受けました）
ジロ ジョクソン ゴムサルル バダッスム ニ ダ

重要度	★★☆☆☆	漢字	単語の例		日本語の訓読み
로		露	진로 ジロ	真露	つゆ
			*노골적 ノゴルチョク	露骨的	이슬 イスル
			*노천 ノチョン	露天	

例文 → 노골적인 구애활동 （露骨的な〈露骨な〉求愛活動）
ノ ゴルチョギン グ エ ファルトン

560

重要度 ★★☆☆☆

랑 Rang → **ロウ** Rou

当てずっぽうの法則
初声の法則： ㄹ → r
パッチムの法則： ㅇ → ウ／イ
・頭音法則（*）
・同音異字の法則

重要度	★☆☆☆☆	漢字	単語の例		日本語の訓読み
랑		廊	화랑 ファラン	画廊	—
			회랑 フェラン	回廊	

例文 → 화랑에서 미술품을 감상했습니다 （画廊で美術品を鑑賞しました）
ファラン エ ソ ミスル プ ムル ガムサンヘッスム ニ ダ

重要度	★★☆☆☆	漢字	単語の例		日本語の訓読み
랑		朗	명랑 ミョンナン	明朗	朗らかだ
			*낭독 ナンドク	朗読	명랑하다 ミョンナンハ ダ

例文 → 「명랑소녀성공기」의 주제가 （「明朗少女成功記」の主題歌）
ミョンナン ソ ニョソンゴン ギ エ ジュジェ ガ

重要度	★★☆☆☆	漢字	単語の例		日本語の訓読み
랑		浪	방랑 パンナン	放浪	—
			*낭인 ナンイン	浪人	
			*낭비 ナンビ	浪費	

例文 → 시간을 낭비해서는 안 됩니다 （時間を浪費してはいけません）
シ ガ ヌル ナンビ ヘ ソ ヌン アン デムニ ダ

389

重要度 ★☆☆☆☆	漢字	単語の例		日本語の訓読み
랑	狼	*낭패 ナンペ	狼狽	おおかみ 늑대 ヌヶテ

例文 ➡ 수영장에서 수영복이 없으면 낭패다 （プールで水着が無かったら狼狽する）
スヨンジャン エ ソ スヨンボギ オプ スミョン ナンペダ

重要度 ★★☆☆☆	漢字	単語の例		日本語の訓読み
랑	郎	신랑 シルラン *낭군 ナングン	新郎 郎君（若殿）	―

例文 ➡ 신랑이 입장합니다 （新郎が入場します）
シルラン イ イプチャンハム ニ ダ

561

重要度 ★★★☆☆
Ro **로** → Rou **ロウ**

当てずっぽうの法則
初声の法則　ㄹ → r
母音　ㅗ → o

・頭音法則（*）
・同音異字の法則

重要度 ★★★★★	漢字	単語の例		日本語の訓読み
로	労	근로 グルロ *노동 ノドン 피로 ピロ	勤労 労働 疲労	いたわる 위로하다 ウィロ ハ ダ

例文 ➡ 오늘은 근로자의 날입니다 （今日は勤労者の日です）
オ ヌルン グルロジャエ ナリムニ ダ

重要度 ★★★★★	漢字	単語の例		日本語の訓読み
로	老	경로 キョンノ *노인 ノイン 장로 ジャンノ	敬老 老人 長老	老ける 늙다 ヌヶタ

例文 ➡ 노인과 바다 （老人と海）
ノ イングァ バ ダ

562

重要度 ★☆☆☆☆
Ru **루** → Rou **ロウ**

当てずっぽうの法則
初声の法則　ㄹ → r

・頭音法則（*）
・同音異字の法則

重要度 ★☆☆☆☆	漢字	単語の例			日本語の訓読み
루	楼	신기루 *누각	シンギル ヌガク	蜃気楼 楼閣	—

例文 ➡ 공중누각　（空中楼閣）
　　　　 コンジュンヌ ガク

重要度 ★☆☆☆☆	漢字	単語の例			日本語の訓読み
루	漏	탈루 *누수 *누출	タルル ヌス ヌチュル	脱漏 漏水 漏出	—

例文 ➡ 수도관 누수 공사　（水道管漏水工事）
　　　　 ス ドグァン ヌス ゴンサ

563　록 → ロク

重要度 ★★★☆☆

Rok → Roku

当てずっぽうの法則

初声の法則： ㄹ → r
バッチムの法則： ㄱ → ク キ
母音： ㅗ → o

・頭音法則（*）
・同音異字の法則

重要度 ★☆☆☆☆	漢字	単語の例			日本語の訓読み
록	禄	관록	グァルロク	貫禄	—

例文 ➡ 그는 관록이 있는 배우입니다　（彼は貫禄がある俳優です）
　　　　 グヌン グァルロ ギ インヌン ペ ウイムニ ダ

重要度 ★★★☆☆	漢字	単語の例			日本語の訓読み
록	録	기록 *녹음 수록	ギロク ノグム スロク	記録 録音 収録	—

例文 ➡ 그는 세계기록을 경신했다　（彼は世界記録を更新した）
　　　　 グヌン セゲ ギ ログル キョン シネッタ

みんな疲れてないかな？
がんばらずに、がんばろ〜（笑）

391

564

重要度 ★★★★★

Ryuk **륙** → Roku **ロク**

当てずっぽうの法則
- 初声の法則: ㄹ → r
- パッチムの法則: ㄱ → ク キ
- 頭音法則（*）

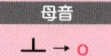

重要度	漢字	単語の例		日本語の訓読み
★★★★★				
륙	六	*유월 ユウォル 六月 *육십 ユクシプ 六十 *육법 ユクポプ 六法		むっつ 여섯 ヨソッ

例文 ➡ 육법전서 （六法全書）
　　　 ユクポプチョンソ

565

重要度 ★★★★

Ron **론** → Ron **ロン**

当てずっぽうの法則
- 初声の法則: ㄹ → r
- 母音: ㅗ → o
- パッチムの法則: ㄴ → ン
- 頭音法則（*）

重要度	漢字	単語の例		関連語
★★★★☆				
론	論	결론 ギョルロン 結論 *논문 ノンムン 論文 언론 オルロン 言論		論じる 논하다 ノナダ

例文 ➡ 결론부터 말하겠습니다 　（結論から言います）
　　　 ギョルロンブト　マ ラゲッスムニ ダ

「六（륙）」の単語例「유월（六月）」は、頭音法則の「륙→육」という変化だけでなく、パッチムの「ㄱ」が取れて「유」になってるよ。イレギュラーな形なので気をつけてね。

566

重要度 ★★★★★
Hwa **화** → Wa **ワ**

当てずっぽうの法則
母音 ㅘ → a
同音異字の法則

重要度 ★★☆☆☆	漢字	単語の例	日本語の訓読み
화	和	조화　ジョファ　調和 화기애애　ファギエエ　和気藹々 불화　ブルァ　不和	—

例文 ➡ 화기애애한 분위기　(和気あいあいな雰囲気)
　　　 ファギ エ エハン ブヌィギ

重要度 ★★★★★	漢字	単語の例	日本語の訓読み
화	話	회화　フェファ　会話 화술　ファスル　話術 전화　ジョヌァ　電話	話す 이야기하다 イヤギハダ

例文 ➡ 내일 전화해도 돼요 ?　(明日電話してもいいですか)
　　　 ネイル ジョヌァヘド デヨ

567

重要度 ★★☆☆☆
Hok **혹** → Waku **ワク**

当てずっぽうの法則
パッチムの法則 ㄱ → ク キ

重要度 ★★☆☆☆	漢字	単語の例	日本語の訓読み
혹	惑	의혹　ウィホク　疑惑 혹성　ホクソン　惑星 곤혹　ゴノク　困惑	—

例文 ➡ 의혹은 완전히 풀리지 않았다　(疑惑は完全に晴れなかった)
　　　 ウィホグン ワンジョニ プルリジ アナッタ

「ワ行」は、ほんのちょっとだよ！

568

重要度 ★☆☆☆☆ | 日本語

만 → ワン
Man Wan

当てずっぽうの法則

パッチムの法則
ㄴ ロ→ン

母音
ㅏ→a

重要度 ★☆☆☆☆	漢字	単語の例	日本語の訓読み
만	湾	항만　ハンマン　港湾	―

例文 ➡ 항만시설을 확대했습니다　（港湾施設を拡大しました）
　　　ハンマン シ ソルル ファクテ ヘッスム ニ ダ

569

重要度 ★★☆☆☆ | 日本語

완 → ワン
Man Wan

当てずっぽうの法則

初声の法則
ㅇ→無

パッチムの法則
ㄴ ロ→ン

母音
ㅘ→a

重要度 ★★☆☆☆	漢字	単語の例	日本語の訓読み
완	腕	수완　スワン　手腕 완력　ワルリョク　腕力	うで 팔 パル

例文 ➡ 그는 수완을 발휘하였다　（彼は手腕を発揮した）
　　　グヌン ス ワヌル パルィハヨッタ

みなさん、お疲れ様でした！
長かったですね～。
でも、これをひととおりチャレンジした人は、
もうかなり「当てずっぽう」で読めるようになってるはず。
感覚を忘れないように、何度も繰り返して
やっているうちに、
きっと、いつの間にか力がついているよ！
楽しみながら続けてくださいね～。

ハングルから引く さくいん

ㄱ

ハングル	[発音]	日本語の読み	ページ
가	[Ga]	カ	98
		ガイ	107
각	[Gak]	カク	109
		キャク	129
간	[Gan]	カン	115
감	[Gam]	カン	116
		ゲン	159
강	[Gang]	キョウ	135
		コウ	168
		ゴウ	177
개	[Gae]	カイ	104
		ガイ	107
		コ	162
객	[Gaek]	キャク	129
거	[Geo]	キョ	133
건	[Geon]	ケン	156
검	[Geom]	ケン	156
게	[Ge]	ケイ	148
격	[Gyeok]	カク	110
		ゲキ	154
견	[Gyeon]	ケン	157
결	[Gyeol]	ケツ	154
경	[Gyeong]	キョウ	136
		ケイ	149
		コウ	169
계	[Gye]	カイ	104
		ケイ	150
고	[Go]	ク	145
		コ	162
		コウ	169
		コク	178
곡	[Gok]	キョク	141
		コク	179
골	[Gol]	コツ	181
공	[Gong]	キョウ	137
		クウ	146
과	[Gwa]	カ	100
		コ	164
관	[Gwan]	カン	116
광	[Gwang]	コウ	171
괴	[Goe]	カイ	105
교	[Gyo]	キョウ	137
		コウ	171
구	[Gu]	キュウ	130
		ク	146
		コウ	172
국	[Guk]	キョク	142
		コク	179
군	[Gun]	クン	147
		グン	148
궁	[Gung]	キュウ	131
권	[Gwon]	ケン	158
귀	[Gwi]	キ	122
규	[Gyu]	キ	122
균	[Gyun]	キン	143
극	[Geuk]	キョク	142
		コク	180
근	[Geun]	キン	143
		コン	181
금	[Geum]	キン	144
		コン	181
급	[Geup]	キュウ	132
긍	[Geung]	コウ	173
기	[Gi]	キ	122
		ギ	127
		コ	164
긴	[Gin]	キン	145
길	[Gil]	キツ	128
김	[Gim]	キン	144

ㄴ

낙	[Nak]	ダク	276
난	[Nan]	ダン	279
		ナン	309
남	[Nam]	ダン	279
		ナン	310
내	[Nae]	タイ	270
		ナイ	309
녀	[Nyeo]	ジョ	222
		ニョ	312
년	[Nyeon]	ネン	314
념	[Nyeom]	ネン	314
녕	[Nyeong]	ネイ	313
노	[No]	ド	298
농	[Nong]	ノウ	315
뇌	[Noe]	ノウ	315
뇨	[Nyo]	ニョウ	312
능	[Neung]	ノウ	316

ㄷ

다	[Da]	サ	183
		タ	269
단	[Dan]	タン	277
		ダン	279
달	[Dal]	タツ	276
담	[Dam]	タン	278
		ダン	280
당	[Dang]	トウ	299
		ドウ	303
대	[Dae]	タイ	270
		ダイ	274
도	[Do]	ズ	240
		ト	296
		トウ	299
		ドウ	304
독	[Dok]	ドク	306
돈	[Don]	トン	307
돌	[Dol]	トツ	306
동	[Dong]	トウ	300
		ドウ	304
두	[Du]	トウ	301

둔	[Dun]	ドン	308
득	[Deuk]	トク	305
등	[Deung]	トウ	302

ㄹ

라	[Ra]	ラ	374
락	[Rak]	ラク	375
란	[Ran]	ラン	375
람	[Ram]	ラン	376
랑	[Rang]	ロウ	389
래	[Rae]	ライ	374
랭	[Raeng]	レイ	385
량	[Ryang]	リョウ	380
려	[Ryeo]	リョ	380
력	[Ryeok]	リキ	378
		リョク	382
		レキ	386
련	[Ryeon]	レン	388
렬	[Ryeol]	レツ	387
령	[Ryeong]	リョウ	381
		レイ	385
례	[Rye]	レイ	386
로	[Ro]	ロ	388
		ロウ	390
록	[Rok]	ロク	391
론	[Ron]	ロン	392
료	[Ryo]	リョウ	381
루	[Ru]	ルイ	384
		ロウ	390
류	[Ryu]	リュウ	379
		ルイ	384
륙	[Ryuk]	リク	378
		ロク	392
륜	[Ryun]	リン	382
률	[Ryul]	リツ	379
리	[Ri]	リ	376
린	[Rin]	リン	383
림	[Rim]	リン	383

ㅁ

마	[Ma]	バ	318
		マ	356
막	[Mak]	マク	358
만	[Man]	バン	328
		マン	358
		ワン	394
말	[Mal]	マツ	358
망	[Mang]	ボウ	352
		モウ	363
매	[Mae]	バイ	319
		マイ	357
맥	[Maek]	バク	322
맹	[Maeng]	モウ	363
면	[Myeon]	メン	362
멸	[Myeol]	メツ	362
명	[Myeong]	ミョウ	360
		メイ	361
모	[Mo]	ボ	348
		モ	362
		モウ	364
목	[Mok]	ボク	354
		モク	364
묘	[Myo]	ボ	349
묵	[Muk]	モク	365
문	[Mun]	ブン	342
		モン	365
물	[Mul]	ブツ	340
미	[Mi]	ビ	332
		ベイ	344
		マイ	357
		ミ	359
민	[Min]	ミン	361
밀	[Mil]	ミツ	360

ㅂ

박	[Bak]	ハク	321
		ボク	354
반	[Ban]	ハン	325
		バン	328
		ヘン	345
발	[Bal]	ハツ	323
		バツ	324
방	[Bang]	ホウ	349
배	[Bae]	ハイ	318
		バイ	320
백	[Baek]	ハク	322
		ヒャク	334
번	[Beon]	ハン	326
		バン	329
벌	[Beol]	バツ	324
범	[Beom]	ハン	326
		ボン	355
법	[Beop]	ホウ	350
벽	[Byeok]	ヘキ	344
변	[Byeon]	ヘン	346
별	[Byeol]	ベツ	345
병	[Byeong]	ビョウ	335
		ヘイ	342
보	[Bo]	ホ	347
		ホウ	350
복	[Bok]	フク	339
본	[Bon]	ホン	355
봉	[Bong]	ホウ	350
부	[Bu]	ヒ	329
		フ	336
		ブ	338
		フク	340
북	[Buk]	ホク	353
불	[Bul]	フ	338
분	[Bun]	フン	341
비	[Bi]	ヒ	330
		ビ	333

ㅅ

사	[Sa]	サ	183
		シ	194
		ジ	200
		シャ	206
삭	[Sak]	サク	189
산	[San]	サン	192
살	[Sal]	サツ	190
삼	[Sam]	サン	193
상	[Sang]	ショウ	224

		ジョウ	230	시	[Si]	ジョウ	231	역 [Yeok]	エキ 91
		ソウ	257			シ	196		ギャク 130
색	[Saek]	シキ	203			ジ	201		ヤク 367
		ショク	233	식	[Sik]	シキ	203	연 [Yeon]	エン 92
생	[Saeng]	ショウ	225			ショク	234		ケン 158
		セイ	242	신	[Sin]	シン	235		ゼン 254
서	[Seo]	サイ	185			ジン	239	열 [Yeol]	ネツ 314
		ショ	221	실	[Sil]	シツ	205	염 [Yeom]	エン 92
		ジョ	223			ジツ	206	영 [Yeong]	エイ 89
		セイ	242	심	[Sim]	シン	236		ゲイ 153
석	[Seok]	シャク	208	십	[Sip]	ジュウ	215	오 [O]	オ 94
		セキ	247	씨	[SSi]	シ	197		ゴ 166
선	[Seon]	セン	251					옥 [Ok]	オク 96
		ゼン	254	**ㅇ**					ギョク 142
설	[Seol]	セツ	248	아	[A]	ア	80		ゴク 180
성	[Seong]	ショウ	226			ガ	103	온 [On]	オン 96
		ジョウ	231			ジ	202	완 [Wan]	カン 117
		セイ	243	악	[Ak]	アク	80		ワン 394
세	[Se]	サイ	185			ガク	112	왕 [Wang]	オウ 94
		セ	241	안	[An]	アン	81	외 [Oe]	ガイ 108
		ゼイ	246			ガン	120	요 [Yo]	ヨウ 372
소	[So]	ショ	221	암	[Am]	アン	82	용 [Yong]	ユウ 368
		ショウ	226			ガン	121		ヨウ 373
		ソ	255	앙	[Ang]	オウ	94	우 [U]	ウ 88
		ソウ	257	애	[Ae]	アイ	80		グウ 147
속	[Sok]	ソク	263	액	[Aek]	エキ	91		ユウ 368
		ゾク	266			ガク	113	운 [Un]	ウン 89
손	[Son]	ソン	267	야	[Ya]	ヤ	366	원 [Won]	イン 87
솔	[Sol]	ソツ	267	약	[Yak]	ジャク	208		エン 93
송	[Song]	ソウ	258			ヤク	367		ガン 121
수	[Su]	シュ	209	양	[Yang]	ヨウ	371		ゲン 160
		ジュ／シュウ	211	어	[Eo]	ギョ	134	월 [Wol]	ガツ 114
		スイ	240			ゴ	165		ゲツ 155
		スウ	241	억	[Eok]	オク	96	위 [Wi]	イ 82
숙	[Suk]	シュク	216			ヨク	373		キ 126
		ジュク	217	언	[Eon]	ゲン	160	유 [Yu]	イ 84
순	[Sun]	シュン	218			ゴン	182		ジュウ 215
		ジュン	219	엄	[Eom]	ゲン	160		ニュウ 311
술	[Sul]	ジュツ	218	업	[Eop]	ギョウ	141		ユウ 369
습	[Seup]	シツ	204			ゴウ	178	육 [Yuk]	イク 86
승	[Seung]	ショウ	227	여	[Yeo]	ヨ	370		ニク 311

ハングルから引く さくいん

397

융	[Yung]	ユウ	370			デン	296			ゾウ	263
은	[Eun]	オン	97	절	[Jeol]	セツ	249	지	[Ji]	シ	198
		ギン	145			ゼツ	250			チ	280
음	[Eum]	イン	87	점	[Jeom]	セン	253	직	[Jik]	ショク	234
		オン	97			テン	294			チョク	289
응	[Eung]	オウ	95	접	[Jeop]	セツ	250	진	[Jin]	シン	237
의	[Ui]	イ	84	정	[Jeong]	ジョウ	232			チン	289
		ギ	128			セイ	244	질	[Jil]	シツ	205
이	[I]	イ	85			チョウ	287			チツ	283
		ニ	310			テイ	291	집	[Jip]	シュウ	214
인	[In]	イン	88	제	[Je]	ジョ	223				
		ジン	239			セイ	245	**ㅊ**			
		ニン	313			ダイ	274	차	[Cha]	サ	184
일	[Il]	イチ	86			テイ	292			ジ	203
		ジツ	206	조	[Jo]	ジョ	223			チャ	283
		ニチ	311			ショウ	229	착	[Chak]	チャク	283
입	[Ip]	ニュウ	312			ジョウ	233	찰	[Chal]	サツ	191
잉	[Ing]	ジョウ	232			ソ	256	창	[Chang]	ソウ	260
						ソウ	259	채	[Chae]	サイ	187
ㅈ						ゾウ	262	책	[Chaek]	サク	190
자	[Ja]	シ	198			チョウ	287			セキ	248
		ジ	202	족	[Jok]	ソク	264	처	[Cheo]	サイ	187
		シャ	208			ゾク	266			ショ	222
작	[Jak]	サク	190	존	[Jon]	ソン	268	천	[Cheon]	セン	253
잔	[Jan]	ザン	194	졸	[Jol]	ソツ	267			テン	295
잡	[Jap]	ザツ	192	종	[Jong]	シュウ	212	첨	[Cheom]	テン	295
장	[Jang]	ショウ	228			ソウ	260	철	[Cheol]	テツ	293
		ジョウ	232	좌	[Jwa]	サ	184			トツ	307
		ソウ	258			ザ	184	청	[Cheong]	セイ	245
		ゾウ	262	죄	[Joe]	ザイ	189			チョウ	288
		チョウ	286	주	[Ju]	シュ	210	체	[Che]	タイ	272
재	[Jae]	サイ	186			シュウ	213	초	[Cho]	ショ	222
		ザイ	188			ジュウ	216			ショウ	230
쟁	[Jaeng]	ソウ	259			チュウ	284			ソ	256
저	[Jeo]	チョ	286	죽	[Juk]	チク	282			ソウ	261
		テイ	290	준	[Jun]	ジュン	220			チョウ	289
적	[Jeok]	セキ	247	중	[Jung]	シュウ	213			ビョウ	335
		テキ	292			ジュウ	216	촉	[Chok]	ソク	264
전	[Jeon]	セン	252			チュウ	285	촌	[Chon]	スン	241
		ゼン	255	즉	[Jeuk]	ソク	264			ソン	268
		テン	294	증	[Jeung]	ショウ	229	총	[Chong]	ソウ	261

촬	[Chwal]	サツ	191
최	[Choe]	サイ	188
추	[Chu]	シュウ	214
축	[Chuk]	シュク	217
		チク	282
춘	[Chun]	シュン	219
출	[Chul]	シュツ	218
충	[Chung]	ショウ	230
		チュウ	285
취	[Chwi]	シュ	210
		シュウ	214
측	[Cheuk]	ソク	265
층	[Cheung]	ソウ	262
치	[Chi]	シ	200
		チ	281
칙	[Chik]	ソク	265
친	[Chin]	シン	237
칠	[Chil]	シチ	204
침	[Chim]	シン	238

ㅋ

| 쾌 | [Kwae] | カイ | 106 |

ㅌ

타	[Ta]	タ／ダ	269
탁	[Tak]	タク	275
탄	[Tan]	タン	278
탈	[Tal]	ダツ	277
탕	[Tang]	トウ	302
태	[Tae]	タイ	272
택	[Taek]	タク	275
토	[To]	ト	297
토	[To]	ド	298
		トウ	303
통	[Tong]	ツウ	290
		トウ	303
퇴	[Toe]	タイ	273
특	[Teuk]	トク	305

ㅍ

파	[Pa]	ハ	317
판	[Pan]	ハン	327
		バン	329
팔	[Pal]	ハチ	323
편	[Pyeon]	ヘン	346
평	[Pyeong]	ヒョウ	334
		ヘイ	343
폐	[Pye]	ヘイ	343
포	[Po]	ホウ	352
폭	[Pok]	バク	322
표	[Pyo]	ヒョウ	334
품	[Pum]	ヒン	336
풍	[Pung]	フウ	338
		ホウ	352
피	[Pi]	ヒ	331
필	[Pil]	ヒツ	333

ㅎ

하	[Ha]	カ	101
학	[Hak]	ガク	113
한	[Han]	カン	118
		ゲン	161
		コン	182
할	[Hal]	カツ	113
함	[Ham]	カン	119
합	[Hap]	ゴウ	178
항	[Hang]	コウ	173
해	[Hae]	カイ	106
		ガイ	108
핵	[Haek]	カク	110
행	[Haeng]	ギョウ	141
		コウ	174
향	[Hyang]	キョウ	138
		コウ	174
허	[Heo]	キョ	134
험	[Heom]	ケン	159
혁	[Hyeok]	カク	111
현	[Hyeon]	ゲン	161
혈	[Hyeol]	ケツ	155
협	[Hyeop]	キョウ	138
형	[Hyeong]	キョウ	139
		ケイ	152
호	[Ho]	コ	164
		ゴ	167
		コウ	175
혹	[Hok]	ワク	393
혼	[Hon]	コン	182
홍	[Hong]	コウ	175
화	[Hwa]	カ	102
		ガ	103
		ワ	393
확	[Hwak]	カク	111
환	[Hwan]	カン	119
활	[Hwal]	カツ	114
황	[Hwang]	オウ	95
		キョウ	139
		コウ	176
회	[Hoe]	カイ	106
획	[Hoek]	カク	112
횡	[Hoeng]	オウ	95
효	[Hyo]	コウ	176
후	[Hu]	ゴ	167
		コウ	177
훈	[Hun]	クン	147
휘	[Hwi]	キ	126
휴	[Hyu]	キュウ	133
		ケイ	153
흉	[Hyung]	キョウ	140
흑	[Heuk]	コク	180
흡	[Heup]	キュウ	133
흥	[Heung]	キョウ	140
희	[Hui]	キ	127

●著者

李　相杓（リー・サンピョ）

韓国ソウル特別市生まれ。亜細亜大学法学部卒業。現在は某自動車メーカーで、同時通訳・技術翻訳などを手がける。
第44回国際聖体大会通訳奉仕、韓国永宗大橋施行時の同時通訳、三星物産建設部門で社内講師、暁星データシステムで社内講師などの実績を持つ。
著者に『リー先生の日本人のための韓国語レッスン』『原形からの変化がわかる！ 韓国語単語活用辞典』『動画レッスン 独学パワー リー先生のはじめての韓国語』（ナツメ社）がある。
また韓国では、日本語学習書籍として『はじめての日本語 破格秘法』『ワハハ日本語の会話』（ともに SISA 日本語社）、『日本語の文法 易しく易しく』（DARAKWON 社）なども出版している。

●スタッフ

装丁・本文デザイン●白畠かおり
カバー・本文イラスト●ふじわらかずえ
本文イラスト●成瀬　瞳（P68～77）
校　　正●星　文子
編集協力●文研ユニオン（佐藤洋子）
編集担当●木村　結（ナツメ出版企画株式会社）

ナツメ社Webサイト
http://www.natsume.co.jp
書籍の最新情報（正誤情報を含む）は
ナツメ社Webサイトをご覧ください。

当てずっぽうの法則　漢字でひらめく韓国語

2014年3月27日　初版発行

著　者	李　相杓	©LEE SANGPYO, 2014
発行者	田村正隆	
発行所	株式会社ナツメ社	
	東京都千代田区神田神保町 1-52　ナツメ社ビル 1F（〒101-0051）	
	電話　03(3291)1257（代表）　　FAX　03(3291)5761	
	振替　00130-1-58661	
制　作	ナツメ出版企画株式会社	
	東京都千代田区神田神保町 1-52　ナツメ社ビル 3F（〒101-0051）	
	電話　03(3295)3921（代表）	
印刷所	ラン印刷社	

ISBN978-4-8163-5592-9　　　　　　　　　　　　　　　　　　Printed in Japan

＜定価はカバーに表示してあります＞
＜落丁・乱丁本はお取り替えします＞

本書の一部または全部を著作権法で定められている範囲を超え、ナツメ出版企画株式会社に無断で複製、転載、データファイル化することを禁じます。